ナチ強制収容所における拘禁制度

ニコラ・ベルトラン
ステファン・エセル▶序文
吉田恒雄▶訳

L'Enfer réglementé

Le régime de détention
dans les camps de concentration

Nicolas Bertrand
Stéphane Hessel

白水社

ナチ強制収容所における拘禁制度

1941年2月、ザクセンハウゼン強制収容所で、乏しい配給食を食べる被収容者たち

本書の出版にあたっては、
フランス国立ブルゴーニュ大学と
フランス国立科学研究所の混成研究ユニットＵＭＲ７３６６ジョルジュ・シュヴァリエ・センターの援助を得た。

本著作は、
ベルリンのフンボルト大学にて二〇一一年七月五日に共同指導プログラムとして公開審査された
法学の学位論文を基にしている。
同論文は二〇一二年度フンボルト大学法学部の学位論文賞を受賞した。

ショアーを記憶するための財団（ＦＭＳ）ほか、
ドイツ学術交流会（ＤＡＡＤ）や学際的ドイツ研究・調査センター（ＣＩＥＲＡ）、
フランス国立ブルゴーニュ大学科学委員会の支援があってはじめて本研究は可能となった。

ナチ強制収容所における拘禁制度
目次

なぜならブーヘンヴァルトでは、
囚人の所持金や工場で作られた物品、労働時間および休憩時間、生者と死者、死体焼却炉の稼働コスト、ホモセクシュアルとロマなど、新来者の時計や毛髪、職業資格、囚人の大学での修学課程、食堂で売っているビールとか安タバコ〈マホルカ〉の購入、また売春ブロックに通った回数などすべてが管理され、分類、登録、記帳のあとには、確認の署名までしてあった。
SS（親衛隊）帝国には官僚的秩序が君臨するのである。

Jorge Semprun, Quel beau dimanche !, Grasset et Fasquelle, 1980, p. 466-467.
（『なんと美しい日曜日！ ブーヘンヴァルト収容所 1944年冬』岩波書店、一九八六年）

用語解説

本書を読まれるまえに

1◆原書はフランス語であり、著者がドイツ語資料からフランス語に訳した文章や用語が頻出する。

2◆著者は、序論にて前置きしているように、
ナチ体制においては法令の本来あるべき優先順位が〝総統の意向〟によって形骸化していたうえ、ナチの行政官は自分たちが策定する文書を無差別に省令や条令、指令、規則、規程、法規、通達などと呼んでいたため、それらを序列化し整理することを断念した。（当然ながら、日本語訳もその曖昧さを引きついでいる）

3◆強制収容所の規律についても、制裁や科罰、刑などの語、
また違反の〝調査〟が所内警察（政治部）に移管された場合は〝捜査〟になるなど、
懲戒規定と普通法の区別が明らかでないため混乱を招くかもしれない。

訳語に対応する原語（ドイツ語）

カポ（囚人頭）◆Kapo/Capo: 特定の労働集団の規律維持を任せられた囚人。

コマンド◆Kommando: 囚人からなる作業隊、SS指導者とSS看守の監視下、収容所の内外で特定の作業に従事する。

ナチ◆NSDAP: 国家社会主義ドイツ労働者党の略、他称である。

ブロック（棟）◆Block：収容ブロック、レフィア（病棟、看護ブロック）、司令部ブロック、映画ブロック（キネ）、売春ブロック（ボルデル）などがあった。

ブロック指導者◆Blockführer：収容ブロック（棟）のSS責任者。

ユダヤ人◆Jude：本書でユダヤ人というとき、それはナチのひどくずさんな基準でユダヤ人と類別された人々を指し、すでに差別・排斥の対象となっていた場合がほとんど。

科罰指令書◆Strafverfügung：収容所司令官が特定の囚人に対して執行すべき懲戒罰を指示する書式。

外部収容所◆Arbeitslager, Aussenkommando…（ドイツ語でも一定の用語はない）：基幹強制収容所に管理面で附属する収容所。

強制収容所監督官◆Inspekteur der Konzentrationslager：強制収容所監督官は種々の文書中で、自分の職名を頻繁に変えてていた。ヨハネス・トゥヘルは、強制収容所監督官を意味する複数の肩書きを整理した：Konzentrationslager. Organisationsgeschichte und Funktion der《Inspektion der Konzentrationslager》1934-1938, Harald Boldt, 1991, p.223-229.

拘禁を命じた当局◆Einweisungsstelle：囚人を強制収容所に拘禁する命令を出した機関。

国民共同体もしくは民族共同体◆Volk, Volksgemeinschaft：ドイツ国民のみで構成される共同体。社会階層間における拮抗の影響を受ける社会（geselschaft）とは反対に、ナチス思想と言語、文化、そして根源的には〝人種〟という定義で、とりわけユダヤ人を排斥することで団結をはかる。

雑役の罰◆Strafarbeit：懲罰としての収容所施設の掃除など。

杖刑◆Prügelstrafe：強制収容所内で制度化されていた身体刑。乾燥させた牛の靭帯の棍棒で囚人の尻を打つ。

職長◆Vorarbeiter：囚人集団の作業現場を統率する囚人。

表1◆強制収容所と親衛隊の関係

親衛隊	親衛隊全国指導者 （ハインリヒ・ヒムラー）		
本部	国家保安本部 （RSHA）		強制収容所監察官、 ただし1942年3月以降は 親衛隊経済管理本部（SS-WVHA）の 所管となる
本部内組織	Ⅳ局 （RSHA-IV） 秘密国家警察 （ゲシュタポ）	Ⅴ局 （RSHA-V） 刑事警察 （クリポ）	D局 （SS-WVHA-D）
強制収容所内組織	第Ⅱ部 政治部		第Ⅰ部 司令部 第Ⅲ部 保護拘禁指導者の管轄 第Ⅳ部 総務管理部〔幕僚部〕 第Ⅴ部 医療部

親衛隊は12の本部からなり、
内RSHA（国家保安本部、ⅣおよびⅤ局）とSS-WVHA（経済管理本部、D局）の各部課が
強制収容所の運営に直接関与する。

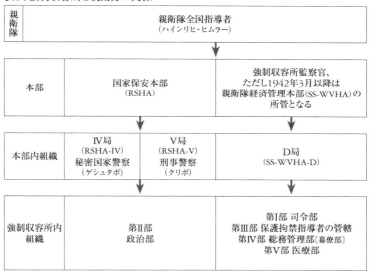

序文

ステファン・エセル

歴史学者が各地の強制収容所記念館《メモリアル》史にとりかかりはじめたというのだから、強制収容所の歴史自体はすでに書かれたのだろうと思っていた。この著作が、じつはまるでその逆であることを教えてくれる。収容所解放から七〇年を経たというのに、その拘禁の〝規範的枠組み〟について書かれたというのは、実際これが最初の著作なのである。著者は斬新的な法学的アプローチにより、本質的テーマでありながら、強制収容所での生活でほとんど知られることのなかった側面――被収容者の毎日を律していたきわめて細かい規則および手続き――を明らかにした。ニコラ・ベルトランは、法学者ならではの厳密さで、拘禁される者たちが収容所に到着するところから、彼らの死体が焼却されるための手続き、その灰がどのように処分されるかを細かく定める拘禁制度を、ナチ〔国家社会主義ドイツ労働者党（ＮＳＤＡＰ）の通称〕の官僚的手順に沿って再現してみせる。強制収容所での拘禁について定めた一般制度および種々の特別制度を再検証するという歴史的にも大きな意味を持つ作業のほか、著者は収容所運営にそれらの規範が適用された目的を分析する。規則および手順を毎日のように逐一適用すること、それがあのような地獄の存在を許すことにつながったというのが彼の見解である。

ブーヘンヴァルト、ロットレーバーオーデ、そしてドーラと各強制収容所に拘禁されていた私の立場から、本著作を読んで得られると思う重要な点を三つあげておきたい。第一に、証言としての価値である。つぎに、囚人がしたがうほかなく、その存在さえ知らずに、したがって証言することもできなかった手続きおよび規則を記したこと。実際のところ、一般の囚人にとって各バラック〔収容棟や本部棟、病棟などの棟〕で重要なのは、ほんのいくつかの決まり事にかぎられていた。私は収容所に到着するなり、同胞のフランス人たちのための通訳という役目を課された。身体を清潔に保つこと、体操、食事と消灯の時刻……についての注意を訳してあげることだった。最後に、すべての決定が、じつはそのほとんどがきちんと文章化された手続きに則っており、勝手に決められたものではなかったということを、私たち囚人には知る術がなかった。全篇を通じ、ニコラ・ベルトランは文書化された手続きが適用される状況を、たとえば紛失した腕時計の逸話をあげて具体的に語る。私の同志アルフレッド・バラショフスキには一般市民風の髪型が許されていたが、それは看守長の個人的配慮のおかげではなく、著者がそれぞれ検証することのできた無数の規定更新のひとつに沿うものだったと、どうして当時の私に理解できただろうか。同じように、私の脱走未遂事件のあと、尋問を指揮した親衛隊将校が死刑を求刑しなかったその理由を、どうして私が知りえたろう？　要するに、逃亡中の私が違反を一切犯していなかったことが立証され、それは全強制収容所の被収容者の脱走に関連する条項として厳に適用するよう徹底されたケースだったのである。

ほかにも著者は、収容所での事務的な側面からの日常を克明に分析している。収容所を知らずにすんだ人びと、ことに強制収容所が解放されて、そこに打ち捨てられた囚人たちの姿を見て、さらには死体焼却の複雑なプロセスが手順通りに進まなくなったせいで、所内の通路脇に山積みになった死体の怖ろしい光景を記憶に刻んだ人ならばなおさらのこと、そんなお役所的な日常が存在したとはとうてい信じられないだろう。あれらの光景は、混沌と無秩序、無法という印象しか与えない。ところが解放前そこに君臨していた地獄は、そんなカオスのなかにではなく、円滑で仮借のない官僚的な管理機構のなかにあったのだ。規範の体系とは、そのように囚人たちをライヒ〔第三帝国、ナチ・ドイツの異称〕に奉仕すべき番号を振られた機械に、また彼らの日常を感情の発露など一切認めぬ手順の連続（起床、食事、労働、就寝……）のくり返しという毎日に変えることを目的としていた。その意味では、そういった規範の体系こそが囚人たちの人間性を徐々に押しつぶしていったのであり、数十万人におよぶ彼らの死も、サディスティックな看守の独断によるものではなく、機械に身分を落とされた人間に強制した労働、それを組織する規則の連日におよぶ厳格な適用によるものだった。強制労働で成りたつこの非人間的な国家機関――人間によって運営される非人間的な機関――を円滑に機能させることそれ自体が、まさに囚人ら大多数の死の原因だった。ならば、その運営側にいた人間たちはそんな施設でどういう気持ちで働けたのだろう。そう問うことは、おそらく正当なのだ。

　その問い、人間ならばだれしも発するであろう問いは、本書のなかで、全規範類の特質そのものに由来する答えをみつけていく。実際、強制収容所にて適用されていた手続きをていねいに読んでいくと、それを読む親衛隊員や囚人たちにそれがどんな作用をもたらしたのかが想像できるのだ。前者の親衛隊員は、当時の法令文にそっくりな条文を適用するにあたり、法的な体裁を持つ指示にしたがっているのだから自分の関与が正当であると考えたのである。そして、その正当性にしがみついているかぎり、彼らは自分たちの行動の倫理性を問うような必要はなかった。ついでながら、戦後の裁判に臨んでも、彼らにとって、その正当性は有効でありつづけた。正しくかつ規則に則って行動したとの主張をくり返し、だがまさに規則を遵守して行動したことが問題の核心であることが理解できないのだった。後者の囚人についていえば、私の証言からも分かるように、彼らは収容所運営に積極的な参加をした。自分の命、仲間の命を守るため、たとえば私の場合だと、それは私自身の命を守るためだった。重要な史料編纂に貢献するということのほかに、ニコラ・ベルトランの著作は、いつになっても反響がやむことのない問題提起――法には最悪の搾取に奉仕するという能力が備わっている――を私たちに思いおこさせつつ、強制収容所を記憶する事業にも新たなページを加えた。[1]

二〇一二年一月

著者まえがき

「いっそのこと、オオカミの群れにおけるヒツジへの愛、またはネコ科動物の菜食主義に関する論考とかにしてもよかったのではないか?」[1]。それが本著作の基となった学位論文の国家社会主義政権下の強制収容所における拘禁制度、つまり法というテーマを目にしたときの驚きを、パリ大学パンテオン・アサス校の法学名誉教授シャルル・ルバン[2]がユーモアをこめて表現した言葉である。実際のはなし、同じ文章に法と強制収容所の二語を同居させるにはいくらか説明が必要なのである。とはいえ、ヨーロッパ大陸のユダヤ人を絶滅させようという最悪の地獄絵が、犯罪をこまごまと処理するための管理規程に概ね則って進められていたことを、私たちはラウル・ヒルバーグによる研究によって知っているのだ。にもかかわらず、地獄さながらの収容所生活のほとんどが規則および手続きの適用された結果であると理解するのは、やはり困難なように思われる。おそらくそのためらいは、規定どおりになされたもの、つまり法に則っているものと、そうすることが正しいものとを無意識のうちに組みあわせているからである。ベルリンにあるドイツ抵抗運動記念館を訪れる高校生たちに、自校の教職員から体罰を受けたらどういう反応をするかと質問すると、いつも「教職員にそんな権利はないよ!」という驚きの声があがる。そうならば、もし権利があったとすればどうなのか? 学校における体罰が規則の構成要素であった時代なら、あの生徒たちは同じように怒っただろうか？　それはないだろう。法による規制のない領域においてこそ、正しいふるまいとはどういうものか教えてくれる意識がほんとうは役に立つのだ。そうでない場合、意識がある状況を判断するよりも、往々にして法への合致がそれにとって代わる。

社会において法との合致がやってよい行為の指標であるとするなら、地獄とは専横に特徴づけられたまったく規則不在の場所でしかありえない。人間性や平和、正義はどうなのかというと、法の厳格な適用の結果ということになるだろう。このように、法が救済であるという概念からすれば、規範のある地獄というのは考えられぬことのようだ。地獄は専横でしかない。強制収容所内で適用されていたような規則が人間性を失わせ、搾取、抑圧、殺人を犯し、また何よりも規律を遵守して行動するような者たちが収容所の地獄化を積極的に支えていたと想像するのは困難なのだ。しかしながら、それが強制収容所における拘禁制度についてはじめてなされる本研究の目的である。そんな調査を控えた私の最初の警戒心は、法に似かよったものすべてに寄せる私たちの無意識かつ盲目的な信頼があからさまになるという点で興味深い。当時すでに収容所の関係者たちは、独断専行ではなしに、その信頼を基に、体裁上は合法的な命令にしたがい行動し、最もサディスティックな専制システムでもとうていやり遂げられないレベルの殺人と非人間化の事業に手を染めたのだが、その説明がついてしまうのである。法的な体裁を整えた拘禁制度のなか、無意識の信頼が彼らの人間としての意識を停止させてしまった。

強制収容所において、拘禁制度が存在して実際に適用されたことが正常な人間を化け物のように行動させたことの唯一の説明とはならないが、重要な要因になったことはたしかだ。だからこそ、収容所解放から七〇年が経過した今、それをより厳密に研究する時なのである。

序論　収容所の全体主義地獄

「全体主義体制には先例がないという代わりに、それは政治哲学におけるさまざまな統治形態の本質的な定義すべてが根拠としていた替え玉——無法統治と法律を基盤にした統治との狭間、また合法的権力と専横的権力との狭間にあってそれらにとって代わるもの——を破裂させてしまったともいえるだろう(1)」。言いかえるなら、全体主義の類型である体制を分析するにあたっては、専断を特徴とする圧制、もしくは合法的な国家体制という古典的な二種の概念を用いるのはむだである(2)。国家社会主義の全体主義体制は特殊な性格を持つからである。

それまでは未知だった特異性

いくつか形式上の不備があったにせよ、ナチ体制というのは専横に特徴づけられる専制体制と同種のものではない。ナチ体制を専制的と性格づけようという誘惑を意識してのことだろう、ハンナ・アーレントはその可能性を明示的に避けている。「全体主義政治が、ある法体系をもうひとつの体系で置き換えることはないし、自らの法についての合意《コンセンスス・ユリス》をつくるわけでも、またひとつの革命のためわざわざ新規に合法性を決めるのでもない。自らの実定法も含んだあらゆる実定法を無視する態度は、いかなるコンセンサス・ユリスをも必要としないということだが、専制国家を特徴づける無法状態や専断、恐怖を受けいれるまでには至っていない[3]」

このようなハンナ・アーレントの警告にもかかわらず、ほとんどの学術文献は専横という概念を用いてナチ体制の説明を試みた。その結果、第三帝国〔神聖ローマ帝国が第一帝国、ビスマルクのドイツ帝国が第二帝国、ナチ体制が第三に該当する〕が徹底して専制的に機能していたことを前面に出すよう、歴史の教師たちは要請される。フランス教育省が作成した二〇一二年度のコレージュ第三級〔日本の中学校第三学年に相当〕歴史カリキュラムへの指導要領には、「ソ連邦と同じように、法律という体裁で存続していたものはまったく形骸化しており、体制の実態は完全なる専制であった[4]」とある。専制を中心に据えたこのような見地が、おそらく強制収容所における拘禁制度がこれまでいかなる研究の対象にもならなかったことの説明になろう。機能形態が専断に特徴づけられているような収容所の拘禁制度を、詳細に研究して何の意味があるだろうか?

米国に移住したドイツ人弁護士エルンスト・フレンケルが一九四〇年に提唱した二重国家(Doppelstaat)論は、現在のところナチ体制の機能形態を説明するうえでの参考の手引きとされている[5]。その理論によれば、ナチ体制には専横と合法性へのある種のこだわりとが共存し、それを特質にするという。こうして歴史学者マーティン・ブロスツァートは、「ヒトラーによる権力掌握後、ほんの数週間でエルンスト・フレンケルのいう〝大権国家と規範国家の二重性〟の主なる特徴はすでに顕れ、そのまま第三帝国の特性としてとどまるようになる[6]」と明言した。ヴォルフガング・ベンツもまた、自著『第三帝国の百科事典』(二〇〇七年)ではその概念に準拠する。それによれば、ナチ指導者たちは十分に理論化された概念を欠いたため、ソ連邦のような新体制を強制することに失敗したとする。「第三帝国の全時期を通じ、〃大権国家および規範国家という二重性〃の後者が徐々に後退しつつあったにもかかわらず、彼らはその弾力的な介入と調整とに終始するのである」[7]とベンツは結論した。

現在のところ、ナチ体制を説明するにあたって二重国家論がもてはやされているのは、エルンスト・フレンケルが一九四〇年にアメリカで発表した『The Dual State（二重国家）』の序説で「あらゆる点からこれを新たな法体制として提示するつもりはない」[8]と読者の注意を喚起しているだけに、いっそうの驚きである。フレンケルによれば、第三帝国はドイツ語のMaßnahmenstaat（措置国家、あるいは大権国家〔規範がなく、恣意的措置のみ、すなわち大権が通用する体制〕）と、同じくNormenstaat（規範国家）からなる二重の性格を持ち、その決定の専横性と同時にその規範による法的枠組みとを特色とするものである。大権国家《マスナーメンシュタート》とは、「専横およびいかなる法的規則によっても規制されることのない無制限の暴力によって特徴づけられる権力体系」[9]である。反対に規範国家《ノルメンシュタート》とは、「制定法や裁判所の判決、行政当局の行為をとおして表現されるような法秩序を維持するため、広範囲な権力を与えられている統治システム」[10]である。エルンスト・フレンケルは、いずれかの性格が影響力を持つ分野を系統づけるよう提言した。政治分野において（全体主義体制では、政治がすべてを包括する）は、措置国家（あるいは大権国家[11]）の措置が優先される。逆に、人民の活力性かつ有効性のある力（die aufbauenden Kräfte des Volkes）は、それらの活動に必要とされるある種の法的安全性を得られるよう、規範国家の内部にて保護される[12]。経済保護が必要と認識していたため、ナチ政権は経済活動を規範国家の傘下に置いた[13]。大権国家と規範国家の配分についてはといえば、歴史学者ロター・グルフマンはもっと踏みこみ、「〃専横という条件つきの法秩序〃を有する国家では、専横こそが優先される基本原則なのである。したがって、〃国家社会主義の二重国家〃はその意味で、たとえ実践上の必要から最小限の法秩序を残していたとしても、〝専横国家〟と名づけられるべきである」(14)と、専横のみが第三帝国を特徴づけていると明言する。ロター・グルフマンにとっては、単にナチ体制が専横的な時期を経ていたというだけではない。まず何より、とくに政治領域において専横的であった。「従来の国家行政機関および司法裁判所が新旧の法令を遵守しつつ、すなわち〝規範に則って〟業務を遂行していた一方で、政治機関にとっては当時の現行法を遵守する必要などまったくなかったので、〝超法規的な流儀〟で活動していた」(15)のである。しかしながら、頻繁に用いられてきたこの「二重国家」という概念、ことに大権国家《マスナーメンシュタート》は明らかな定義がなされていない。著作の第一章にてエルンスト・フレンケルはまず「第三帝国の政治分野は法の空白状態をなしていた」(16)と説明する。その言明が「そのことは、組織内にある一定の秩序が存在し、また関係公務員たちの行動の予測がある程度は可能であることを否定するものではない」と、すぐあとにつづく文章で反論される。そして同じ段落のなか、こんど著者は「政治領域において……手続きおよび権限について評価しうる規則など皆無であった」(17)と元のポジションにもどる。そういう矛盾のせいで、当の大権国家《マスナーメンシュタート》が持つ性格についてのはっきりした意見を持つことが妨げられるから、規範でないそれらはいったい何なのかという問いになる。規範国家の規則と大権国家の決定とが、いかなる点において異なるのだろうかと。

この混乱は、エルンスト・フレンケルの法実証主義的な視点ということで説明できよう。国家社会主義の決まり事の特質に注意を向ける代わりに、彼はその分析に法実証主義の基準、(18)つまり現代法学体系の基準を用いて、その他の規則から法的規範を識別しようとした。ところが、ナチ体制が新しい形態の権力を構築しつつあったがため、エルンスト・フレンケルはそこに法実証主義がいうような法規範の典型をみいだすことができなかった。それがゆえにフレンケルは、当初、大権国家が「法の空白状態」を形成すると主張していたのだが、じつは「法の空白〔盲点〕」という意味の法実証主義派の語彙を用いていたのだった。また同時に、大権国家がある程度の秩序を特徴としているとも指摘している。その秩序とは、法実証主義派の法の基準に適合しないため、それ以上深く研究することなく、専横と定義されるほかなかった。暗黙ではあるもの、彼の法実証主義者としての観点は、たとえばつぎのような指摘をするとき明らかになる。「この領域（政治分野、すなわち大権国家の領域）では、体制の各部局およびほかの行政機関についての公布済みの規範、したがってその多くが義務づけられる行動規範が欠如している[19]」。規則の公布とその実効性の因果関係を示す接続詞「したがって」は、法実証主義的な法体系においてはたしかに意味あることである。法実証主義の立場にとらわれて視野の狭まったフレンケルは、公布されていない規則であっても、ナチの規則ならばその体制内においては有効だったことを考慮しなかった。規範に関し、彼は国家社会主義には固有の評価基準が存在することを突きつめなかったのである。第三帝国が二重の性格――（専横的な措置を行う）専制政治と法律制度――を併せもつと結論づけたのも、それが理由である。専横と法。ナチ体制がそのどちらでもないことを見るまでもなく、それはハンナ・アーレントが明らかにしたように、全体主義そのものなのである。

収容所で支配的だったとされる〝規制された専横〟

二重国家論は、第三帝国に関する歴史文献に影響を与えたのみならず、強制収容所の仕組みについての解釈となっている。たとえば歴史学者ギュンター・モルシュは、「被収容者（以後は便宜上、囚人と表記する）らは、逃れられる可能性などほとんどないまま、徹底した専横と極端に規制された秩序体制との二重性に投げこまれた[20]」と言及している。エルンスト・フレンケルやヴォルフガング・ゾフスキをよりどころにしているのが明らかな、たとえばヤン・エリック・シュルテ[21]のような多くの著作家にとっては、専横が収容所の機能形態の特徴なのである。「管理規程は部分的にしか収容所の日常生活を規制していなかった。多くの場合、看守による暴力は正式に認められていなかったが、それを収容所のＳＳ〔親衛隊〕上層部は容認していた。また所内の強権支配は、収容所組織の官僚機構がもたらす唯一の結果ではまったくなかった。それは主に、看守の恣意的な虐待、すなわち規則をまったく無視した暴力行為によるものが多かった。それがゆえに、強制収容所はフレンケルが定義するところの大権国家の特性を持つ機関のひとつなのである(22)」と。

一社会学者による『強制収容所における身体への強制　無法の社会学について(23)』という最近の論考はさらに論を進める。執筆者リュディガー・ラウトマンは、収容所が絶対的な無法状態を象徴する究極組織であるとしながらも、「収容所の内部規程(24)」に言及する。そして、「強制収容所は〝大権国家〟の最も純粋な形態を表している(25)」とするエルンスト・フレンケルの二重国家論に準拠したことを明言する。そこから、ラウトマンは「強制収容所内の囚人は一種の自然状態に追いやられる(26)」、「収容所の無規則な状態のなか、（……）通常の刑務所のような内部規程はけっしてなかった(27)」と結論する。したがって、囚人は法的人格を持たない。「収容所が法的人格の抹消を請けおう(28)」ようになっていた。そうして最も純粋なかたちでの専横が収容所の特性であるという結論にいたるのだが、彼が検証した「収容所の内部規程」の存在と矛盾を起こしている。

収容所の機能を特徴づけるのが専横とする支配的な主張は検討されなければならないが、そのためには、強制収容所についての文献のなかで最も引用される著作のひとつ、社会学者ヴォルフガング・ゾフスキの著書『Die Ordnung des Terrors: Das Konzentrationslager（恐怖の秩序　強制収容所）』における論証を検証する必要がある。一読して彼の研究に期待を寄せたくなるのは、それが「強制収容所をひとつの特異な形態の権力装置として分析しているからだ。研究は、収容所内にてある権力の社会形態が発達し、それは普通の権力あるいは支配とは根本的に異なるとするテーゼをベースにしている」[29]。それに沿い、「強制収容所の権力体制を社会権力という従来の概念によって理解しようとすれば、それはカテゴリ錯誤であろう」[30]と明言する。彼が絶対権力（absolute Macht）の概念を用いたのはそれが理由である。実際、「強制収容所は専制主義の歴史および奴隷制、また現代における規律の歴史のどれにも結びつくことはない」[31]と説くのである。しかしながら、収容所に固有の権力の新形態を定義づけようとする試みは論理上の問題で失敗する。彼が一〇項の基準で定義した絶対権力という概念が、専制政治の特徴である専横と実際のところ識別できないからである。それがとくに顕著なのは、「絶対権力の最も直接的な形態は純粋なる暴力である」[32]とする第七の基準である。さて、彼の「絶対権力」についての説明は、結局のところ専制政治における専横であり、またあらゆる規範枠をはみ出た暴力行為であった。「収容所はまるで暴力の実験室のようだった。行動における絶対権力があらゆる抑制を解かれ、限度を超えて残虐性を見せた。ほぼすべてのことが、規範や目的とはまったく関連なしに試されるかくり返され、増やされ、あるいは止められた。そのような状況下の絶対自由は残忍な創造性を見せる。そのパラダイムは、もはや公開処刑の経過ではないし、尋問中の計算ずくの拷問、あるいは規則に準じた違反行為の処罰でもない、それは恐怖の刑であり、過剰、虐殺である。暴力行為の動機はさまざまである。多くの行為は、その時の気分しだい、暇つぶし、何かの競争、あるいは見返りにもらえるタバコが欲しかったからかもしれないのだ」[33]。

収容所における暴力の特異性を概念化しようというヴォルフガング・ゾフスキの計画は失敗に終わったが、その論理矛盾はエルンスト・フレンケルのそれを思いおこさせる[34]。ゾフスキは研究しようとしていた「恐怖の秩序」を純粋なる専横に縮小してしまった。収容所に関する彼の概念では、職員は専制体制下のようにその行動が完全に自由であり、いかなる規則、いかなる命令にも束縛されない。したがって、各SS隊員は独断的に虐待、殺人を行う。つまり、専横の過剰が収容所の特性であると考えるのだ。

副次的にあるひとつの秩序の存在を認めることと、結局は収容所の特性としての専横を前面に押しだすことの矛盾は、規律という点に関し、他の研究者にも見られる。ブーヘンヴァルト収容所にある記念館の常設展示場カタログで、歴史学者ハリー・シュタインが懲戒制度（strafsystem）の存在にふれているのは事実ながら、テキストの大部分（写真も一枚）は犯罪的行為と囚人への拷問で名高い収容所内監獄の責任者マーティン・ゾマーに費やされている。[35] 同文章でハリー・シュタインは、残忍きわまりないSS隊員ゾマーの専横を懲戒制度に直結している。しかし、「ゾマーは拷問を続けていたが、それを好んでやっていたのか、または収容所司令官または政治警察である秘密国家警察《ゲシュタポ》の命令でやっていたのか[36]」とあるように、ブーヘンヴァルトの規律を特徴づけていたのがゾマーのようなSS隊員の独断専行なのか、あるいは懲戒制度の適用だったのかを知る可能性は与えられない。シュタインも述べているように、このSS隊員は親衛隊法廷による捜査の対象となり、彼の違反行為と職務遂行の方法が有罪と判断された。職制がゾマーのようなSS隊員をかばい、往々にして処罰も受けさせなかった点について議論の余地はない。しかしながら、収容所内の規律機能がそのようなサディスティックな行動により特徴づけられていたと結論するには無理がある。それらサディスティックなSS隊員が（たとえ例外的ではあっても）処罰を受けたり親衛隊を除隊させられたりした事実にも留意すべきであろう。

ハリー・シュタインの紹介文と同様に、最近の刊行物も収容所における懲戒処分にはっきりとしたひとつの基準を当てはめられずにいる。矛盾したかたち、すなわち懲戒処分が規則（この研究はなされていない）と同時に専横によって行われたかのように述べるのだ。[37] ヨハネス・トゥヘルとスタニスラフ・ザメチュニークの両著者はその傾向を代表している。たとえばトゥヘルは、ダッハウ収容所の内部規程を「囚人を看守や収容所司令部の補佐官たちの専横に委ねるがための方便[38]」だったと説明する。定義上、ひとつの規則が専横の段取りをつけるはずもない。よく知られるダッハウ収容所内部規程の誤った使用例については、収容所における規律の実態を知るため、後に検討したい。

正式に作成されて強制収容所監督官の署名もあり、したがって懲戒手続き規定の存在のみならずその適用を立証する一枚の科罰告知書について解説するとき、トゥヘルは「外部を意識し、監督官の介入によって正しい手続きが進められたかのように体裁を整えた。とはいえ、収容所内部に君臨していたのは専横であった[39]」と、隠されているかもしれない専横だけを見ようとする。ところが、もうひとつの著作のなかでトゥヘルは、基準化された暴力装置を設置するために、初期の無統制な収容所が閉鎖された点を強調する。テオドール・アイケが二代目のダッハウ収容所司令官となった一九三三年以降、「囚人に対する最大限の組織的な虐待を遂行するため、基準化された暴力体制が確立された[40]」と。このような矛盾点は、ヨハネス・トゥヘルがダッハウ収容所における懲戒規定の「規範的な記載」を「所内のSS隊員および当直の監視員に与えられた追加の道具」として説明する際に見られ、「もし監視員がある囚人の関与した事件の報告をすると、当人の罪状確認など一切なしに処罰があとにつづく。外部からは基準化された暴力に見えても、純然たる専横なのである[41]」となる。にもかかわらずトゥヘルは、収容所勤務のSS隊員が序列遵守で警察指揮官に服従しなければならない点を、ダッハウ収容所内部規程の前文のように、「こうして彼（SS隊員）は――それがアイケおよびヒムラーの狙いであったが――もはや庇護なしの個人として行動するのではなく、国が決めたことを単に実行する警察公務員となる。ダッハウのSS隊員のあいだに、罪悪感――そんなものがまだ残っていればの話だが――の芽は摘んでおく必要があったのだ[42]」と強調する。さて、国家による規程の適用によって与えられたその正当性を享受するには、ＳＳ隊員はその規程の枠内で行動しなければならず、ということは恣意的であってはならないことだ。つまり、ＣＱＦＤ〔以上、証明を終える〕ということである。

二〇〇二年発表の著作のなかで、スタニスラフ・ザメチュニークは「残酷さの官僚主義」(43)、すなわちダッハウ収容所にて適用されていた懲戒規定の手続きに一節を割いた。そこで囚人に科される数々の刑罰、また懲戒手続きの主な段取りを説明のうえ、囚人またはＳＳ隊員であれ、きわめて多くの人間がその懲戒手続きに介入していたことを強調する。そこから彼が結論するのは、「その複雑な手続きは、虐待の責任を覆いかくしていた。責任を負うべき各人は、官僚機構のなかのとるに足らない一個の歯車でしかなく、ただくり返すだけの任務を遂行したにすぎない(44)」ということだった。また、収容所内に厳しい体制が敷かれてはいたのはたしかだが、そのお役所的な手続きは度を超すようなものではない、そうヒムラーが言明できる範囲のものであった。しかし、懲戒手続きについて述べたその一節が結論するのは、「私たちの説明から帰結されるように、規制を受ける専断が個々人の横暴を制限はしないが、その反対に、懲戒手続きが進行中であれ科罰の執行時であれ、専断と規範的措置は補完しあう。いかなる手続きを経ることもなく、囚人が殴打されたり死ぬまで虐待を受けたりする例はきわめて頻繁にあった(45)」というように、彼自身の分析と矛盾する。

「お決まりの日常業務」となった懲戒手続きについて何ページも割いたザメチュニークだが、懲戒処分を特徴づけていたのは独断専行ではなかったと述べているようだ。もちろん問題は、囚人たちが犠牲となった無数の恣意的虐待を相対化しようというのではなく、収容所における懲戒処分の実態を理解することである。研究者たちが定義として意味をなさない規制された専横を前面に出しながら、ひとつのはっきりとしたイメージを与えられずにいる事実を認めざるをえない。

強制収容所における拘禁に関する種々の文献はいくつかの点で一致する。第一に、拘禁制度の存在が主題とはならず、副次的にしか扱われない。この制度は、私たちが今日知ることのできる法実証主義的な意味での法体系の標準とは合致せず、その機能様態および固有の性格が研究されていないのだ。第二に、ある種の規則の存在を認めながらも、専横が強制収容所における拘禁を特徴づけていたと全執筆者が一様に結論する。第三に、それらの文献で拘禁制度の経験的分析に基づいたものがひとつもないという点。執筆者らが収容所における規律に言及する場合、ダッハウ収容所の懲戒規則を参考にするのだが、それだけの理由で拘禁制度に関する研究の不備が明らかになってしまう。というのは、当の規則が収容所において適用されたことなどないからである。

要約するなら、懲戒制度がただ空回りするだけの手続きで構成されていると彼らは主張する。例外的に、ある拘禁者への科罰が懲戒手続きの結果として正式に宣告されたにせよ、それはいかなる実質性も持たないだろうと。なぜなら、看守の恣意がその手続きにまったく制限されないからである。実際、看守の意志だけによる科罰決定はいかなる基準にも当てはまらない。懲戒手続きはSS隊員に追加として与えられた道具でしかなかったという立場である。[46] このような見方は、強制収容所の拘禁制度についての研究がなされなかったことの説明となろう。つまり、現実にまったく存在しなかった物事を研究して何になるのかと。

拘禁制度というものに固有の形式上の不完全さ、また収容所職員の自由裁量権の行使があったとしても、逆に私は強制収容所での拘禁が総じて規則および規定の手続きに準じて進められたとの見解を持っている。それを証明するため、現実に即したアプローチを重視した。強制収容所の囚人に適用された拘禁制度を構成する規則と手続きを徹底して研究し、文書の保存状態が許すかぎりその実践状況をも追うようにした。[47]

このような研究をうまく進めるには、まず全体主義体制の特殊な機能の仕方、そしてその規則に慣れておく必要があった。

全体主義型規律の特色

強制収容所における拘禁制度を構成する規則および手続きは、独断専行からも、また私たちがふつうに接している法規範からも識別できるほど固有の特徴を備えている。その特異さは、主に総統《フューラー》の意向に基盤を置くという特殊性に起因する。ハンナ・アーレントによれば、全体主義体制が目標とするのは、国家社会主義体制にならい、「自然であれ歴史であれ、超人勢力の運動法則[48]」を実現することにある。全体主義の運動総体は、それらの歴史法則あるいは自然法則の適用に、言いかえるなら、ナチ体制における人種差別的かつ国民《フォルク》を優遇するためのユダヤ人迫害のプログラムに向けられる。強制収容所はそのプログラムのなかで重要な位置を占めていた。まず、害となる要素からフォルクを守って浄化を進めねばならなかった。それに反対する者は拘束されるか暴行され、場合によっては殺された。その後、全収容所はその囚人たちの労働力をフォルクへの奉仕として提供するようになる。強制収容所の囚人を用いる強制労働の強大なシステムが親衛隊のために設置されたのである。

そのシステムは特殊だった。なぜかというと、フォルク保護の計画実施を総統にというより、ナチの規範枠を超越した、その枠外に位置づけられる総統の意向（Führerwille）に委ねてしまったからである。それは規則の有効性の原則、つまり有効規則であることを決定づける基準に実際上の影響をおよぼす。たしかにナチ規範の有効性とは、もっぱら総統の意向に合致していなければならなかった[49]。そのことをナチの法学者ヴェルナー・ベストは一九四〇年刊行の手引書『Die deutsche Polizei（ドイツの警察）』のなかで言明している。「国家指導部の意向（Der Wille der Führung）が、それがどのようなかたち、たとえば法律や法規、条令、特別指令、一般指令、組織規定あるいは権限規定などとして表明されようとも、法を制定、また既存法の改正を行うものとする」[50]。通常の正式な有効性の各基準（たとえば、ひとつの規則が国家のような法秩序のある体制内で策定されたものなら有効である）は、ひとつの規則が総統の意向に合致しているか否かという唯一の基準にとって代わられ破棄される。それゆえに、規則がどんなかたちであろうとまったく関係ない。合法的に公布されたひとつの規則は、もし総統の意向に反するものとなれば、その規範効力のすべてを失い、それはたとえ前者が総統の意向よりも法秩序で上位にあったとしてもである。それに当時の判事たちは、総統の意向に反する規範のすべてを排除、また解釈見直しを行うことをためらわなかった。そのような体制においては、その意向に沿うものであれば、ある自治体の条例がたとえば政令や法律、また憲法さえも改訂したり無効にしたりすることも可能だった。ほかにもまた、総統の意向はあらゆる形態——口頭によるものも——で具現化され、それを伝える形式や文書形態はなんら意味を持たなかった。ナチの行政官は、自分たちが作成する文書を無差別に条例とか規則、法規または通達と呼んでいるため、私はその多くをドイツ語から直訳したものの、今日の法学が知るような法体系における規範の正式な優先順位にしたがう術もなく、〔フランス語への〕訳語はそれをまったく考慮していない。

有効性の基準となる公式文書による公布、これもまったく無視されていたことは言うまでもない。強制収容所における拘禁制度の基となる公式文書のほぼ全体が公布の対象とならなかった。それでも、ナチの規範枠組みのなかでは有効性を有していた。まして、それら文書のほとんどが機密扱いで、何千もの囚人の収容体制を規定するものにもかかわらず、きわめて限定された者しか宛先人になっていないのである。

自由裁量権と専権のちがい

フランスの行政法では、専権と自由裁量権の概念がきちんと区別される。「自由裁量権についていうなら、行政当局が一定限度の自由（行動するか否か、その選択をする、もしくはその決断をする）[51]を享受する」。係官は規範枠組みに沿うように行動するが、その枠組みのなかである程度行動の余地が残される。反対に、係官が何らかの規範体系から逸脱してしまうか、その行動に適用の規則を破るような場合、当人は恣意的に行動しているのである。このようにジェラール・コルニュは、「既存の規律を適用した結果としての（ことに個人的もしくは特別措置の）決断によらない、自由意志の所産である特性[52]」を専横と定義する。この場合、当人は恣意だけで行動する。

証言となる文献によれば、囚人の待遇に関し、収容所職員にはある程度の選択の余地が与えられていたと報告されている。たとえば職員は自らの職権により、規則違反について報告をするか否かとか、罰則の軽重を決めたり、追加の配給食を与えるかどうかを判断したり、またある囚人をきわめて困難な仕事を受けもつあの悪名高い特別作業部隊《コマンド》に入れるかどうかなどを判断できる立場にあった。この選択の余地は、すでに定義したように法的には自由裁量権の行使に相当する。これはそれぞれのケースで、職員の決断が多くの規定に縛られているので、専横とはまったく異なる。

専横と自由裁量権とを区別するのは基本である。職員らが恣意的に行動していたとするならば、それは彼らが強制収容所制度に抵抗していたと認めることに等しい。すなわち、生来の直感にしたがい、故意に拘禁制度の規律を破ったことになる。じつはまったく逆で、私は職員がたいていはある程度の自由裁量権を用いながら、収容所に適用されていた規則ならびに手続きを忠実に守っていた点を指摘しておく。彼らは抵抗する意志、つまり運用中の規律の枠組みからはずれて行動するつもりはなく、拘禁の行刑および生身の人間を死に追いやる強制労働を組織化する規則および手続きを実践することに甘んじていたのだった。

「どんな場合にもすべてが許されることはなかった」

収容所においては、「どんな場合にもすべてが許されることはなかった」とハンナ・アーレントは私たちに伝えた。はじめて収容所が建設された時期のＳＡ（突撃隊）による暴力には有用性があったとしても、「それらの暴力行為は一般的なものでなく、さらに重要なのは、隊員にかなりの行動の幅があったにもかかわらず、それが実際には許されることがなかった点である。逆にアイヒマンがたえず主張していたように、行動指針は『必要性のない手厳しさは避けよ』[53]と指導していた」のである。ハンナ・アーレントは、アイヒマンが「何をしても許される」恣意的な組織のなかで行動していたのではないと明言するのを本気にした。それは、職員らの行動を一定の厳格さで統率するため、そこに法律もどきの術策を弄した意図が垣間みえていたからである。彼女は「良心を黙らせられたことの容易さは、部分的に、どんな場合にもすべてが許されることはなかったという事実の直接要因だった[54]」と指摘する。その分析は、なぜふつうの個人があのような残虐性に加担できたのかの理解を許すだけでなく、同時に、終戦から何年も経た後にさえ当人らが自分たちの態度をふつうのことと思いつづけていたことの説明となる。クロード・ランズマン監督のドキュメント映画《ショアー》を観れば、どれだけきちんと、つまり必要性のない暴力をふるうことなく行動したことの確信が事後三〇年を経てもなお彼らの励ましになっていた事実に気づく。たしかにゲットーの解体と住民の強制収容所への移送作戦、あるいはガス室での絶滅作戦に参加はした、しかしそれを毅然と遂行し、あの状況にもかかわらず、不必要な暴力などふるわずにできるかぎりのことをやったというわけである。おまけに、この犯罪者らが、きちんとした勤務態度を守らなかった少数の同僚たち、つまり規定手続き違反の虐待に手を染めた者らと一線を画したがるのは珍しいことでなかった。ともかくこの犯罪者らは、いくら法的な体裁の首尾一貫した規則全体によって正当化を試みようが加担自体が犯罪であったという事実、そのことを何年経ようともけっして理解できなかったのである。

以上の考察から、私は、強制収容所における拘禁制度が、法的かつ合理的な体裁の秩序に合わせて強制収容所が機能できることを目的にしていたとの措定をしようと思う。収容所を稼働させるためこの秩序の細則を適用する際、そのこと自体により、SS隊員あるいは囚人ら当事者は自分らの行為に正当性があるとの印象を得られた。[55]法の枠組みのなかで遂行されたことは先験的に正当化されているのではないか、だがほんとうにそうなのか？

SS隊員の男女看守に与えられていた行動余地についての従来の研究は、拘禁制度の目的を正しく評価していない。たとえばこの流れにある研究は、伝記や公的報告書、証言、供述書などを詳細に検証することにより、収容所に配属されたSS隊員に与えられたとされる行動余地（Handlungsspielraum もしくは Handlungsoptionen）の範囲を評価することを提案する。こうして、SS隊員に一定の行動余地が実際に与えられていたことの証明を試みるのである。たとえば、ヴォルフガング・ゾフスキが「規則（看守の就業規則）は厳格な言い回しで書かれてあったものの、現場では彼らに大幅な行動余地が与えられていた」[56]としたように。最近でも、ヨハネス・シュヴァルツが《バルビー裁判から二〇年、人道に対する罪を裁く》と銘打ったシンポジウムで、「要約すると、強制収容所の職員全体の行動形態は、権威もしくは社会的圧力に服するというような、一般的に容認される解釈で説明できる個人としてはとらえられないと考えられる。むしろ私たちに見えてくるのは、ひどく異なる態度の個々人であり、命令を各人が解釈のうえ、与えられた任務を遂行する姿である[57]」と、自分の発言を締めくくった。

この行動〔選択〕の余地という考え方はいくつかの注釈を必要とする。もちろん各人は自分の性格や個々の人間性、動機に応じて収容所の活動の一端を担っていた。その行動余地がたとえ一部の囚人にとっての生死にかかわるほど重要であっても、職員らのそれぞれ異なる態度は相対化される必要がある。というのも、彼らの大多数は、囚人を死ぬまで働かせよとの指令を実践していたからである。ほかにもクリストファー・R・ブラウニングの著作『普通の人びと　ホロコーストと第一〇一警察予備大隊[58]』（筑摩書房、一九九七年）以来、たとえあの大量殺戮の加害者たちに与えられていた行動余地がそれに参加しないことさえも許されていたにせよ、ともかく彼らの大多数が加担したことは分かっている。ブラウニングの題材となった「普通の人びと」、つまりハンブルク出身の警官らは、命令を拒否する可能性を与えられ、彼らの一部は殺戮に加担せず、そのせいで責められることもなかったという。にもかかわらず、数万人のユダヤ人を対象とした弾丸による殺戮の任務を遂行したのはほぼ全員だった[59]。つまり、その命令書の受取人についての分析をいくらしようとも、大した正当性があるとは思えない。与えられる選択余地がいかなるものであろうと、受命者は命令を実行に移すのだから。

私にとっては、ふつうの個人らが部署にとどまり、一定の行動余地を与えられているあの地獄のなか、どこにでもある行政機関のように業務を細心綿密に履行しており、そのことに拘禁制度の適用がどのように貢献したのかというのがむしろ基本的な問題だった。そういうわけで、私がはじめに着手したのは川を遡って分析すること、つまり拘禁制度によって職員たちに与えられていた行動余地にではなく、拘禁制度そのものに目を向けることだった。

この制度は、合法的かつ合理的な体裁に沿うよう構成されていたがゆえに、収容の当事者それぞれの目に本来的に正当化されているもののように映った。拘禁制度を成りたたせる規則あるいは手続きは、このように拘禁制度の要素であるというだけの理由で、最初から正当化されていた。そのメカニズムのおかげで、職員がある規律条項を適用しようとし、正当性また道義性について自問する以前にすでに正当化されていた。必要とあれば、職員は規則を自分流のやり方で適用、つまりある程度の自由裁量権を行使するのだが、とにかく規則を適用はすることに変わりはない。定められた規則をきちんと守ることを選び、恣意的には行動しない。なぜなら、拘禁制度に沿って行動すれば制度そのものによる正当性を享受できるからだ。己の行為を正当化するため、心のなかを探って客観的にも通用しそうな動機を探す努力をする必要がなかった。

パンを盗んだ囚人に杖刑を執行する正式任務を負わされた仲間の囚人の例が、合法的かつ合理的な体裁の拘禁制度がもたらす正当化の影響力を切実に感じさせる。まず身体刑の執行者となる囚人は、収容所での共同生活を保護する懲戒規則を故意に破った仲間は科罰に値するものと、自分が仲間に刑を執行する行為を正当化できたのだろう。明文化された懲戒手続きを備える拘禁制度により、違反事項と刑罰とは明瞭に関連づけられていた。さらに、刑の宣告は法的な体裁の手続きを経た後に行われた結果、違反につづく調査、刑の宣告、刑罰の執行も正当化されているように見えるのだった。刑の宣告も同じように合理的であるように見えただろうから、刑を執行する囚人——たいていは仲間内の序列で上位の者なのだが——は、もし前述の仲間がもっと仕事をよくして所内で要領よく立ち回っていれば、もう少しまともな立場にいられただろうし、そうすれば十分な食料も手に入れられたはずだと思ったにちがいない。結局のところ、パンを盗むほど腹を空かせたのも自業自得なのだと。本書の第3部でご覧いただくことになるが、協力的で勤勉な囚人に対して付与される特権の仕組みは複雑で、それを制度化した強制収容所の拘禁制度のおかげもあって、上述の科罰宣告はこの体制内において合理的に、すなわち正当化されているようにみえる。法的かつ合理的な体裁を備えた拘禁制度の適用によってもたされる正当化は、最も重要な点――飢え死にしそうになってパンを盗んだ男を棒で叩くのが非人道的であるということ――を忘れさせてくれる。強制収容所という地獄に人間が加担していったことを理解するには、人間性を失わせる能力を有する拘禁制度の存在および適用は本質的な要素だった。

囚人を検挙した際の法的枠組み

囚人となる者が警察によって検挙された時点から、すでに本書の基本テーマ――的確な規範枠を適用することによる抑圧――がみえている。ある人物を強制収容所に収容するか否かは秘密国家警察（Gehaime Staatspolizei、略してゲシュタポ）、もしくは刑事警察（Kriminalpolizei、同じくクリポ）が判断をする。留意すべきは、この二つの警察組織が拘禁を命じる法的根拠がはっきり異なる点だ。ゲシュタポが検挙指令を出すのは保護拘禁（Schutzhaft）手続きに則ったものであり、クリポのそれは予防拘禁手続き（Vorbeugungshaft）によるものだった[60]。

ゲシュタポが適用した保護拘禁[61]とは、広義の政治的な反対勢力を取り締まるための予防措置である。一九三四年四月一二日・二六日付の規定によれば、「保護拘禁刑の宣告は下記の場合にのみ可能とする。（a）被検挙者の保護のため、（b）被検挙者の態度が、とりわけ国家に対する敵対的な行動により公共の治安および秩序に直接的な危険をおよぼす場合[62]」とある。ゲルハルト・ヴェルレは、この規定の重要性を理解するにはナチの規範体系の文脈を基にその文面を解釈しなければならないとし、「秩序を国民社会主義体制の秩序と理解するなら、国家社会主義《ナチ》の根本的価値に対するあらゆる攻撃が対象となる」[63]と説明する。この保護拘禁という制度を用いて、例の国会議事堂放火事件に関連した大量検挙が強行されたのである。こうして、一九三三年二月二八日付の規定（国民と国家を保護するための大統領令）[64]を法的根拠とする保護拘禁措置が実行に移され、当時、共産党あるいは社会党のシンパなど反体制勢力のほか、ユダヤ人や〈エホバの証人〉また聖職者なども狙われた。その手続きによって拘禁された人びとは保護拘禁囚と呼ばれた。そして一九三四年四月一二日付の規定第四条項には、「保護拘禁刑の行刑は刑務所施設もしくは国営強制収容所においてのみ可能とする」[65]とある。したがって当規定は、一九三八年一月二五日付規定の第六節とともに「保護拘禁刑は原則として国営強制収容所においてのみ行刑される」[66]というように、強制収容所に固有の刑罰となる。

普通法の違反を犯しても、同じように強制収容所に拘置されることもあった。同時期に、こんどは刑事警察（クリミナルポリツァイ、略してクリポ）が予防拘禁[67]と名づけた刑――違反を予防するために警察に与えられた道具――を適用して個人の拘禁を命ずるようになる。狙われる個人とは、一般の刑事犯に加えて、主に公衆にとって危険となりうる者たち、なぜなら以前に重大な違反行為を犯したか、もしくは犯すであろうことが明らかな者、さらには社会に同化しようとの意欲を見せない非社会的人間（**Asozialen**、物乞い、アルコール依存症、娼婦など）だからである。

保護拘禁または予防拘禁による被収容者の人数が強制収容所全体に占める割合は時期によって変化した。「初期の数年間、（保護拘禁による）政治犯が明らかに（強制収容所の囚人人口の）大多数を構成していたとすると、それは一九三八年を境に予防拘禁で収容される者の増加により変化をみせた。保護拘禁による被収容者は、一九三八年前は三〇パーセント以内まで下がっていた。〈水晶の夜《クリスタル・ナハト》〉と呼ばれるユダヤ人虐殺《ポグロム》の起こった同年一一月、ユダヤ人の大量検挙のせいで保護拘禁による被収容者の数がふたたび増加した」[68]

主なる二種の囚人カテゴリのほか、ときには強制収容所への収容は別途存在する条令[69]を根拠にしても実施された。ヒムラーの命令により、警察は「民族共同体浄化」[70]作戦を実施し、それは文字どおりの意味を持つ犯罪摘発であり、たとえば一九三七年三月、刑事警察《クリポ》が犯罪者集団に対して行った作戦、あるいはゲシュタポによる一九三八年四月の、さらにクリポによる一九三八年六月の労働忌避者たちに対する特別作戦である。戦時中を通じ、多くの対独レジスタンスのフランス人活動家が〈夜と霧〉[71]作戦の一環で収監された。

たとえある人物を保護拘禁なり予防拘禁なりで収監させるとの判断に判事が一切かかわっていなかったとしても、その判断は専断的になされたのではなく、検挙指令に明示される条令（保護拘禁制度、予防拘禁制度など）に準拠していた。そのうえ、それらの条令が厳密でよく整理もされていたため、当時の法学文献は法の一部とみなしているほどだった。たとえば、それら文献には「保護拘禁法」[72]もしくは「保護拘禁およびその法的根拠」[73]を扱うものがあった。

条令の適用によって拘禁の判断がなされたからといって、拘禁それ自体の凶暴性が軽減されたわけもない。何の前触れもなく、一人の人間が無期限に拘置されるため収容所へと強制連行された。それは、ことに拘禁期間がけっして伝えられなかったこともあって、まさに専断的な拉致のように受けとめられたかもしれない。ところが、拘禁の予定期間に関する沈黙は、一九三九年一〇月二六日付の秘密国家警察《ゲシュタポ》規則にて細かく指示されてあった。保護拘禁に関するその条文は、「取り締まりを強化するため、今後は以下の条項の厳守が至上命令である。（……）（三）たとえ親衛隊全国指導者兼ドイツ警察長官〔すなわち、ハインリヒ・ヒムラー〕、また国家保安本部《RSHA》長官があらかじめ期間を決めてある場合でも、拘禁期間に言及してはならない。外部に対しては、強制収容所での拘禁期間欄の記載は常に『追って通知があるまで』とすること」[74]と定めていた。

これで分かるのは、ナチによる国家暴力が赤裸々な専横というかたちをとって表現されていても、それは中央組織が策定した条令の適用であり、その厳密なる運用に職制の各係員が任じられたにすぎない。囚人本人ならびにその近親者に恐怖感を与えるため、実際に運用される規則が専横的な役割を演じたのである。

〈強制収容所〉の概念

ナチ政権時代、強制収容所だけが唯一の拘禁施設ではなかった。それについては、ニコラウス・ヴァクスマンがナチの弾圧体制下における普通法に準拠する刑務所の主要な役割を再確認したのは正当である。[75] つけ加えるなら、その時期、おびただしい種類の収容所が創設された。[76] そのうち親衛隊の管理下に置かれたのは、強制収容所のほかにも、労働による再教育を行う収容所（Arbeitserziehungslager、ＡＥＬ）、また青少年のための収容所（Jugendschutzlager）なども存在した。[77]

強制収容所と絶滅収容所

本書は、アウシュヴィッツ（ビルケナウ）[78]をはじめ、マイダネク（または、ナチによる呼称ルブリン）やヘウムノ（またはクルムホーフ）、ベウジェツ、ソビボル、トレブリンカ強制収容所のガス室[79]でなされた大量虐殺を直接のテーマとはしていない。[80] アウシュヴィッツとマイダネクをのぞけば、ガス室は収容所施設そのものの内部に設けられてはいなかった。犠牲者は到着するとすぐにガス殺《さつ》されるからだ。[81]「それらの殺人施設は敏速かつ円滑に機能していた。朝、到着した者が列車から降りると、晩には遺体も焼かれ、衣服は梱包のあと倉庫に保管、それからドイツ本国に送られた[82]」。それでも強制収容所での拘禁は、いくつもの理由によりガス室での大量殺戮と結びついていた。第一に、アウシュヴィッツ第Ⅱ強制収容所（ビルケナウ）とマイダネク強制収容所のガス室は、ほかの強制収容所と同じように組織され機能する収容所の隣に建てられていたこと。[83] 第二に、一九四二年一〇月以降、ほかの強制収容所に拘禁中で、なおかつそこの生産活動に不可欠でないユダヤ系囚人がアウシュヴィッツもしくはマイダネクに移送されてきたことである。選別のあと、彼らはただちにガス殺されるか、あるいは特別作業コマンド（隊）に編入された。[84] ハリー・シュタインは、一連の移送が一段落したあと、「移送が延期されて収容所（ブーヘンヴァルド）にとどまったユダヤ人が二三四名いたが、それは彼らが小銃製造工場、後にグストロフ・ヴェルケ・Ⅱ社となる建設現場の〈ユダヤ人作業部〉の作業員として働いていたからだ」[85]と指摘した。

このようにどの強制収容所も、所内に専有のガス室があろうとなかろうと、[86] ガス殺によるユダヤ人絶滅のプロセスに参加したわけである。まず何よりも原資料を見ることにこだわったこともあり、私[87]の調査は殺人施設六カ所における囚人——大多数がユダヤ人——を毒ガスによって絶滅させるプロセス自体を対象にはしなかった。本書は、ガス室による大量殺戮が行われたアウシュヴィッツおよびマイダネク（ルブリン）も含む強制収容所全体における拘禁制度をテーマとしている。

強制収容所のシステムを持った初期の無統制な収容所

一九三三年から一九三八年の時期における強制収容所の仕組みをテーマにした著作のなかで、クラウス・ドロビシュとギュンター・ヴィーラントの両著者は、ノーラ収容所（テューリンゲン州）をナチ最初の収容所としている。一九三三年三月初旬、国会議事堂の放火事件の数日後に建設され、当時は集合収容所（Zammerllager）と呼ばれた。それからほんのしばらくあとの「三月末になってはじめて、ことにオラニエンやダッハウにある大規模なものが強制収容所と呼ばれはじめ、しだいにその呼称に統一されていった[88]」のである。ドイツの歴史文献で野生の収容所（Wilde Lager）と呼ばれる初期の収容所は、ナチ党（ＮＳＤＡＰ）のとくに熱心な党員が反体制派の活動家を拘禁する目的で自発的に、廃屋となっていた納屋や工場などの建物を収容所にしたものだった。そのような急ごしらえの拘禁施設内では、とりわけ突撃隊員〔略してＳＡ、ナチ初期の私兵組織〕が粗暴をほしいままにした。それら野生の収容所は、短期間のうちに中央組織の管理下の収容所にとって代わられる。一九三四年七月四日、テオドール・アイケが初代の強制収容所監督官に任じられた。その年の暮れ、アイケはゲシュタポを率いるハインリヒ・ヒムラーの直属となり、次々と設けられた無数の小さな収容所を閉鎖のうえ、ダッハウ強制収容所を手本に大規模で組織化されたものにせよとの任務を与えられた。そういうわけで、運営システムは軍隊および刑務所のそれが採りいれられ、また親衛隊の専属的な管轄下に置かれたため、少数の残忍な看守が囚人に対して横暴をふるっていた野生の収容所とは、明らかに異なるものとなったのである。

〈強制収容所〉の呼称につきまとう形式主義

ナチ政権は、第三帝国の各種収容所を示す際に正式呼称を用いるよう徹底させた。そういうわけで、一九四三年六月二九日付の通達は各強制収容所の司令官に対し、「戦術上の理由から、〈ベルゲン・ベルゼン民間人強制収容所〉を〈ベルゲン・ベルゼン滞在施設〉と名称変更するよう[89]」に正式な指示を伝えた。その名称変更が国際法の要請を回避する意図によるものと、はっきりそれを正当化している。理由として、「ジュネーブ条約により、民間人の収容施設は国際委員会の視察を認めなければならないから[90]」との説明があった。

ナチ規範体系に特有の形式上の不備があったにもかかわらず、いくつかの要因——この場合は国際法——は、ナチ法学者に正規の呼称を用いるよう強いた。強制収容所の呼称も、そういった配慮の結果である。一九四三年一月一五日、親衛隊全国指導者ヒムラーは「〈労働による再教育を行う収容所〉との呼称にて独自に強制収容所を創設することの禁止[91]」を命じた。中央に集中化された強制収容所の組織からはずれたそれら独自の収容所は、ことに「労働力は、それが最後に残った被収容者であろうとも、計画的かつ全組織的に用いられねばならない[92]」との方針と矛盾しており、囚人の強制労働の有効利用を妨げていた。〈強制収容所〉の呼称を重視したのは、一九四三年当時の親衛隊首脳部にとって経済政策面できわめて重要だったからである。

だいぶ遅れて経済に的を絞った関心が寄せられるまでは、強制収容所を他施設と区別する動機はほかにもあった。一九四〇年二月二一日付の報告書[93]にて、強制収容所監督官は当時まだいくつかそのような拘禁施設を〈強制収容所〉と誤って呼ぶ事例が残っていたと記した。その報告書について、「それらの刑事施設を〈強制収容所〉また〈通過収容所〉を呼称するのは、当該施設——法務省もしくは親衛隊内部のものであれ——の責任体制を明らかにさせるため、撤廃されねばならない[94]」と、ヒムラーは要求した。おそらくそれへの回答だったのだろう、一九四〇年五月三日、国家保安本部（RSHA）第四局C部2課の課長は、親衛隊全国指導者とドイツ警察長官の職務を兼任するヒムラー宛の書簡で、当初から関連部署は新設の収容所が〈強制収容所〉の呼称を無制限に用いることができぬよう管理努力をしたと釈明している。たとえば「〈強制収容所〉と呼ばれていた施設を〈警察収容所〉と一九三六年からすでに呼称変更することで、いわれのない残虐行為を非難するプロパガンダへの予防を行っていた[95]」とつづけた。

このような書簡のやりとりを読むと、ナチ政権が〈強制収容所〉の呼称にひどくこだわっていたことを説明する二つの補足的な理由がみえてくる。一九四〇年には、事務処理上の、また同時におそらく予算上の懸念からヒムラーは指令文書を出したのだろう。一九三六年は、むしろ〈強制収容所〉における拘禁の残虐さに関する最初の出版物への反応だった。敵のプロパガンダを沈黙させるには、ときに〈強制収容所〉と呼ばれていたいくつもの小さな収容所を緊急に閉鎖するか名称変更する必要があった。その呼称は、ダッハウあるいはザクセンハウゼンのように近代的で、当時、モデル収容所として紹介され、親衛隊の管理下に置かれた〈強制収容所〉に用いられるべきであったのだ。

　黎明期にある第三帝国の政治的イメージを保護しつつ、行政にも一定の合理性を持たせて中央集権型の組織を構築のうえ、親衛隊管理下にある収容所の労働力を効率よく利用する。そうすれば、強制収容所は従来の刑事施設とは明らかに異なったものになる。被収容者のカテゴリや拘禁の理由、または宣告された拘禁期間というような具体的な基準に合わせて、刑事施設の分類づけがなされたわけではない。強制収容所をほかの収容施設と識別する唯一の基準は組織図上の基準[96]、つまり強制収容所監督官の管轄下にあるかどうかで決まった。前述の一九四〇年五月三日付文書にて、国家保安本部（RSHA）は「強制収容所監督官の管轄下にある施設のみ〈強制収容所〉の名称を用いるものとする」[97]と明記した。一九四二年三月、強制収容所監督官は親衛隊経済管理本部（SS-WVHA）に統合されてなくなる。以後、すべての強制収容所は親衛隊経済管理本部D局〈強制収容所〉部[98]の管理下に置かれた。

　強制収容所監督官、後の経済本部D局の局長は親衛隊全国指導者ヒムラーの指揮下にあった。それは、強制収容所がヒムラーの直轄にあったことを示す。一九三九年一二月、ヒムラーは「私の承認なくして強制収容所を建設することは許されない[99]」と決意のほどを述べていた。〈国営強制収容所〉[100]という標記にも出会うことがあるが、それは今ここで定義を明らかにしつつある〈強制収容所〉とまったく同一のものである。参考までに述べておくと、ときにはいくつかの収容所の統合が、たとえばヒンツァート特別収容所のように、たしかに一九四〇年七月から監督官に帰属はしていたものの[101]、〈労働による再教育収容所[102]〉であったがために国家保安本部との共同管理が続き、そのせいで遅くなったりややこしくなったりするケースもあったのだ。強制収容所監督官と国家保安本部間に存在した対抗意識は、ヒンツァート収容所が監督官の管理下に置かれたにもかかわらず、長いあいだ公式文書では〈特別収容所（SS-Sonderlager）〉と表記されていたのがその原因のひとつである。一九四四年一一月、それまでは基幹施設として独立していたヒンツァート収容所はその地位を失い、ブーヘンヴァルト強制収容所の外部収容所[103]となった。

強制収容所のシステム

強制収容所は親衛隊全国指導者ハインリヒ・ヒムラーを長とする親衛隊の管理下にあった。特徴のある点は、組織上、拘禁制度において異なる分野を管轄する親衛隊の二つの本部、経済管理本部D局（ＷＶＨＡ・Ｄ、ただし一九四二年三月以前は強制収容所監督官）と国家保安部（ＲＳＨＡ）の管理下にあることとだった。

経済管理本部D局は強制収容所を運用し、その採算性を追求することに責任を負った。国家保安本部のほうは、拘禁制度における警察権を行使する権限を持った。一九四二年六月二四日付の全強制収容所の司令官に宛てた文書のなかで、創設間もない親衛隊経済管理本部D局の長は「強制収容所における行刑の経過観察および教育可能性のある被収容者の再教育に関するすべての懸案事項は、継続して国家保安本部が取り扱うものとする[104]」と言明する。強制収容所が国家保安本部の管轄下にあるというのは、RSHA第Ⅳ局のゲシュタポ（政治犯を扱う国家秘密警察）[105]およびRSHA第Ⅴ局のクリポ（刑事警察）の二局に管理されることを意味する。

少なくとも五つの部[106]で構成される強制収容所の組織は、国家保安本部および親衛隊経済管理本部D局の二つの上部組織による管理を受ける体制を備えていた。[107]

- 第Ⅰ部（司令部）：組織上は親衛隊経済管理本部D局Ⅰ部に属する。収容所に配属されたSS隊員の人事を担当。
- 第Ⅱ部（政治部）：国家保安本部第Ⅳおよび第Ⅴ局の指揮下、当該地区のゲシュタポ支部と連携して活動。囚人に対する内偵のほか、特定の者に関する捜査および拘禁関連書類の保管を担当。この第Ⅱ部は同時に、SS隊員を内偵し、ある種の違反では捜査のうえ、親衛隊裁判所に起訴の手続きを行う。
- 第Ⅲ部（保護拘禁所指導部）：親衛隊経済管理本部D局第Ⅰ部の管下。被収容者および収容所の事務管理（規律や衛生など）を担当、第Ⅰ部（司令部）に直属。第Ⅲ部E課が創設されるまでは、経済管理本部D局第Ⅱ部に従属、また第Ⅲ部は囚人の労働を担当した。
- 第Ⅳ部（幕僚部または管理部）：親衛隊経済管理本部D局第Ⅳ部の下部組織。収容所の兵站（SS隊員および囚人の糧食と衣服、囚人の所有物などの管理）を担当する総務管理部門。
- 第Ⅴ部（収容所医官）：親衛隊経済管理本部D局第Ⅲ部の管理下にあった。収容所内で囚人およびSS隊員に対する医療を行う。

「これらの部課は手続きや組織面においても収容所司令官に従属しており、各部の長は、第Ⅱ部をのぞけば、[108]相互に緊密な協力関係を築いていた」。親衛隊経済管理本部D局および国家保安本部との関連があるからといって、囚人たちの収容に関し、ほかの行政機関による介入を避けることにはならなかった。たとえば親衛隊経済管理本部B局は、強制収容所における囚人たちへの食料割当量を決める際に、あるいは同本部C局が民間企業への労働力提供の請求書を作成する場合に介入する。特別の事情がある場合は、軍需省もしくは国防省が収容所の囚人に適用されるべき条文を発布した。同じく、親衛隊経済本部ならびに国家保安本部の長であるヒムラーが、囚人に適用すべき条令を発布して介入することもあった。

厳密にいうと、拘禁制度は国家保安本部や経済管理本部、あるいは親衛隊のほかの部局それぞれの都合に合わせた条令だけで構成されていたのではない。ナチ政府は、強制収容所に拘禁されている者たちに対し、たとえば一九三九年九月一六日付の普通法（一般法あるいは共通法ともいう）にある「重労働および極度の重労働に従事する者、また妊娠中もしくは授乳中の婦女、また病人および身体障害者に対して特別補助食を給することに関する規定」[109]を適用させることもあった。文面からも分かるとおり、この規定は強制収容所に収容された者たちではなく、ドイツの一般国民を対象にした条文であった。

収容所の囚人すべてがその収容所内で労働するわけではない。ロベール・アンテルムの例のように、多くの者が基幹収容所に附属の外部収容所[110]に拘禁されていた。囚人は、たとえば自分のいる基幹収容所から外部で役務する特別作業隊《コマンド》へ日中だけ、もしくは附属の外部収容所[111]に派遣されることもあった。外部収容所に派遣される囚人[112]は、派遣先の収容所で労働のあと宿泊する場合もある。一九四五年三月一日の時点で、ブーヘンヴァルト強制収容所は六二カ所の外部収容所に四万八五六八名を収容しており、ということは基幹収容所のその員数三万六〇八三名より多かった[113]。

それら小さな収容所も「外部収容所は、所内に基幹収容所のそれに似た複雑な行政機構を備えていた[114]」、「そのような場合、外部収容所指導者とその副官が指揮する司令部《コマンダントウール》があり、基幹収容所の司令官の指揮下に置かれた。外部収容所には複数の特別作業隊《コマンド》長が活動していたが、彼らは外部収容所指導者の指揮下にあった[115]」というように、小規模な行政機構を備えていた。その行政機構の総体が、あらゆる分野における強制収容所の運用を担っていたのである。多くの場合、親衛隊職員と囚人の双方に対して同一の部署が所管する仕組みになっていた。

第1部

郵便物

自伝小説『Le Grand Voyage（大旅行）』のなかで、ホルヘ・センプルンは友人ミシェルを伴い、フランスはブルゴーニュ地方に住む家族――息子がドイツの強制収容所に送られた――を訪れる。いろいろ話をしているうち、二人は囚人たちの郵便物が収容所でどう扱われるかを話題にした。

「ドイツの収容所に送られたあと、彼から手紙は受けとりましたか?」。結局、ミシェルは尋ねた。

「母親には二回ほど届いたね、ノルマンディー上陸作戦のまえのことだが」。農家の主は答える。「でも、その後はさっぱりだ。ドイツ語はむりに書かされたにしろ、息子のやつ、どうやったんだか、分からんね[1]」

ブーヘンヴァルト強制収容所を数週間前に出たばかりだったホルヘ・センプルンは、ブーヘンヴァルトに収容されていたフランス人がどうやって家族宛の手紙をドイツ語で書くのか説明できる立場にあった。

「仲間のだれかが助けたんでしょう」。私はいった。「たいていはドイツ語を知っている仲間がいて、知らない連中を助けてくれるんです。何でもないことですよ」。

主はうなずきながら、みなのグラスに酒を足した。

「息子さんはどこの収容所にいたんですか？」。ミシェルがきいた。

「ビュッカンヴァル〔ブーヘンヴァルトのフランス語訛り〕だった[2]」


このくだりは、フランス人も含む一部の囚人にはフランスに残された近親者宛の便りを出すことが許されていたことを証明する。不規則で、かつ検閲もされていたにせよ、囚人にとって重要な書簡による家族との繋がりを継続することが可能だった。たとえばダヴィッド・ルセは、ブーヘンヴァルトに拘禁されていたクルトという男が「三回ほど自殺を考え、だがそのたびに妻からの手紙が間にあって事なきをえた[3]」ことを覚えている。一九四四年夏、フランスは解放されて郵便がとだえてしまったが、同時期に逮捕されたロベール・アンテルムが自著『人類』（未來社、一九九三年）のなかで郵便に言及しないのはそれが理由だろう。

収容所構内の囚人たちがいる場所は保護拘禁収容施設といい、「保護拘禁収容施設への出入り口は常時閉扉されていなければならない。SS隊員は当該施設に配属のSS隊員をのぞき、任務上の必要性がないかぎり入所してはならない。工事関係者を含む部外者も、同収容施設に入所するには、当該収容所の司令官による特別許可およびその指名による親衛隊下士官もしくは婦人看守の同行を必要とする[4]」というように、外部と遮断されていた。ここで例にあげたラーフェンスブリュック強制収容所の規則からも想像可能な秘密に覆われた強制収容所であっても、一部の囚人は家族と文通することができた。(5) それはまず何よりも国家《ライヒ》の利益と安全、つまりドイツ人であろうと外国人であろうと、主に囚人の家族の不安がもたらすかもしれない危険性を封じるためであり、ナチ政権は囚人とその家族間の手紙送受の維持を図った。こうして文通は、ドイツあるいは占領地域の国民、また友好国政府に対し、通常の拘禁であるとの体裁をつくろうための役に立った。(6)

あえて手紙に関する規則に焦点を当てたことで、以下に敷衍する内容は、強制収容所における手紙の取り扱いをテーマにしたジュリアン・ラジュルナードの優れた研究(7)を補完するものと思う。

第1章 信書の送受に関する一般制度

原則的に囚人は、収容所名のほか、日付および所内住所の記入欄[1]が印刷された便箋[2]一枚を利用できる。それには〈収容所内部規程の抜粋〉と題されたドイツ語の文章も印刷されてあった。それは、囚人ならびにその家族が守らねばならない信書の送受に関する主要規則をまとめたものである。その規則はしだいに[3]強制収容所組織の全体に適合するよう画一化され、〈KL七五〉と呼ばれる便箋が一九四二年以降、また一九四三年四月三〇日以降[4]は同様の葉書がすべての親衛隊経済管理本部A局第Ⅱ部に属する強制収容所にて認められるようになり印刷された。

月に二通の手紙

典拠の異なる種々の文書が信書の送受に関し、同一の頻度を述べている。便箋上に印刷された〈収容所内部規程の抜粋〉には、「被収容者は月に二通の手紙あるいは葉書を受けとり、また送ることができる」[5]とあった。一九四三年四月三〇日付でSS-WVHA・D・Ⅱ部が承認の葉書用紙に印刷されたあいまいな文章は、ときに多少変えられることがあった。ブーヘンヴァルトで使われていた便箋には、「被収容者は同月内に二通の信書もしくは葉書を送受できる」[6]というように、より明確な言い回しが見られる。同じく、ラーフェンスブリュックの内部規程は「被収容者は月に二通の信書もしくは二通の葉書を受けとり、また書くことができる」[7]とあった。この言い回しのザクセンハウゼン強制収容所のそれとの類似性から、この規則が中央にて定められたことが推察できよう。ナッツヴァイラー強制収容所では、「ロシア人および〈夜と霧〉作戦関連の被収容者をのぞき、各人は月に信書を二回書くこと、また二通受けとることができる」[9]というように、言い回しがいくらか違っても規則の内容は変わらない。一九四三年五月一七日付で発布された「ダッハウ強制収容所の被収容者に適用される信書の送受および郵便小包の受け取りに関する一般規則」[10]には、その第一条に、同じく「ダッハウ強制収容所の被収容者は原則として月に二通の信書を受けとり、また送ることもできる」[11]との条文がある。この制度は、当の囚人が基幹収容所もしくは外部の附属施設に使役されていようとも、ダッハウ強制収容所管下の全囚人に適用されることが明白にされていた。[12]

囚人各自が送受する信書等の勘定はカードに記入され、それには信書の送受禁止の期間も記されてあった。ある時点から、カードはSS-WVHA・A・II部が一九四三年四月二三日付で有効と認めた見本カードにならい、すべての強制収容所で用いられるように統一された。[13]そのカードのおかげで、収容所で信書の発受を担当する部署は、囚人ごとの送受数が容易に分かり、たとえば規定数を超えて受けとったものを差出人に返送することができた。それに対応し〈受領〉や〈拒否〉、あるいは〈差出人に返送〉のスタンプが用意されてあった。[14]ほかにも、〈手紙を書く日〉が所内のカレンダーに記してあり、その日は囚人が手紙を書いた。一九四三年一月八日と一六日、ナッツヴァイラー強制収容所の所内郵便局は外部のオベレーンハイム収容所の指導者に一月から三月までの〈手紙を書く日〉のカレンダーを伝えた。[15]所内郵便局からの業務連絡書は「手紙を書く日が遵守される」よう要求している。[16]

住所

囚人の住所表記も厳しい規制を受けていた。それは家族が本人の拘禁されている場所、たとえば外部の外部収容所を特定できぬよう、可能なかぎりあいまいにしておかねばならなかった。一九四四年五月二七日、グロース・ローゼン強制収容所の司令官は、「被収容者の書いた信書の裏側に、差出人住所がグロース・ローゼン強制収容所（外部収容所名ではなく）と記載されているか再度確認すること」[17]と業務指令書（一・四四号）にて徹底させている。しかしながら、「被収容者は便箋の上端右側に自分の属する外部収容所名を記し、場合によっては、不正規なものを差しもどせるように対処する」[18]とした。一九四二年以降、囚人の家族は食料を詰めた小包を外部収容所宛にすれば送れるようになった。その計らいは、グロース・ローゼン収容所の司令官が「外部収容所に直接送られてきた被収容者宛の書簡あるいは送金は、書簡ならびに送金がグロース・ローゼンの基幹収容所宛にしか送付できないことを明記のうえ、差出人に返送すべし」[19]と注意喚起したように、手紙には適用されなかった。拘禁先の収容所が変われば、囚人は自分の郵便住所を変更した。ダヴィッド・ルセは自著『Les Jours de notre mort（われらの死の日々）』のなかで、「今朝、葉書が配られた。ブーヘンヴァルト以来、はじめて手紙をやりとりできるということだ。妻が私の新しい住所を知るまでには、おそらく一カ月、一カ月半はかかるだろう。としたら、そのとき私はどこにいるだろう？　葉書はポルタの収容所でも配られたのだろうか疑問だ[20]」と、いつになったら妻が返事を書いてくれるのかと自問した。

規定の便箋

例外をのぞき[21]、囚人は〈便箋葉書〉と呼ばれる必要事項と記入欄の印刷してある用紙で手紙を書いた。それは、ダッハウ収容所の内部規程第三条に「その他の被収容者、ポーランド人、チェコ人は封筒のない規定の便箋のみ使用することができる[22]」と書かれてあるものだ。それが名高い葉書《カルテ》、もしくは便箋葉書と呼ばれたものである。手紙は規定の便箋葉書で書くよう義務づけられたことで、囚人には実用面での影響が出た。『われらの死の日々』のなかで、外部の外部収容所ノイエンガンメに移送されてきたばかりの囚人らは、そこに十分な便箋葉書の在庫があるのかを心配する。

「いつになったら新住所の入った手紙を書けるんだろうな？（……）」

「書けるのは、ノイエンガンメに便箋葉書が届いたときさ。SSから聞いたが、タバコと糧食を積んだトラックを待っているんだとさ。きっと便箋葉書もいっしょに積まれているんだ」。ブリエがいった[23]。

ラーフェンスブリュックでは、「規定の便箋を収容所内で販売[24]」していた。ほかの収容所と同じように、それは囚人に給付されるのではなく、買わなければならなかった。ダヴィッド・ルセはその用紙、名高い便箋葉書を囚人たちが協同組合方式で購入していたことを述べている。

エーリヒの通訳が食堂の中央まで進んだ。おもむろに話しはじめると、一語一語はっきり発音した。
「諸君は家族に手紙を書くことができる。あとで便箋葉書を配る。全員がドイツ語で書かなければならない。はっきりと読める字で。きちんと書かれていない手紙は破られてしまう。それから、何でも書いていいわけではない。必要なことだけ書くように。食べ物が必要だと書きなさい。しかし、詳細は書かないこと。それと、一五ペニヒを払ってもらう。ところで、全員が現金を持っているわけではないので、持っている者が代わりに払うことになる(25)」

所定の郵便葉書の補給に不足を来し、いくつかの外部収容所では囚人がふつうの白紙を使うことを許した。そのような組織上の機能不全があり、ナッツヴァイラー強制収容所の所内郵便局はある外部収容所宛(26)に一九四四年八月二五日付の書状で、「一九四四年八月一〇日付の書留便にて転送した指令書により、被収容者が郵送する信書の内容等、注意すべき点は明らかになった(27)」と遵守すべき規則の再確認をしている。ところが、外部収容所の囚人が検閲のためナッツヴァイラー基幹収容所に送った信書は、厳禁されているはずの白紙に書かれていたので、上記指令書に違反していた。通達には、「いかなる事情があろうとも、白紙に信書を書くことは禁止とする(28)」と明記してあった。所定の便箋葉書用紙が不足した場合は、〈手紙を書く日〉を書式の届く日まで延期するよう勧告していた(29)。最後に注意しておきたいのは、囚人が外部から受けとる信書は、インクで書かれていなければならなかった(30)。鉛筆で書かれた信書は宛先人の囚人にわたされなかったため、信書の送受に関する異なる制度間(31)での対立を引きおこした。

文通相手の人数制限

ダッハウ収容所の内部規程（一九四三年）は、「ただし被収容者は、親族の一名もしくは知人一名のみとの信書の送受が許される」[32]というように、囚人が信書を送れる宛先人の数を制限していた。ブーヘンヴァルト強制収容所におけるこの制限を原因とする家庭の悲劇から分かるのは、この規則がほかの収容所にも適用されていたことである。ある囚人の妻は、一九四三年九月二三日付の手紙[33]でブーヘンヴァルト強制収容所の司令官に自分の置かれている境遇を説明する。夫の両親が爆撃を受けて避難させられた。そのせいで、両親は専門家である息子にいくつかの質問をしたいと思った。だが四週間に一通だけ手紙を書ける妻は、もう八年間も別れ別れになっている夫との「繋がりを維持するため」その接触を諦めたくない。夫との繋がりを義理の両親のために犠牲にしたくないので、妻は手紙を書く許可をもっと弛めてくれるよう収容所司令官に頼んだ。

ナッツヴァイラーでも、司令官の指示は「被収容者各人には、信書を送る宛先人は一名のみ、受けとる信書の差出人も一名のみ許可する。本規則を違反した場合は信書を破棄するものとする」[34]と同様だった。実務上は、郵便物の仕分けの段階で検査が行われ、それは差出人もしくは宛先人が登録されているかの確認である。その規則を知らない者、したがって登録されていない住所から囚人宛に郵便が届くこともある。一九四三年一一月二八日、ナッツヴァイラーの郵便担当係員は、ある囚人の近親者から小包はたしかに届いたが、その近親者は「囚人に郵便物を送ることができない。なぜならば、囚人は事前に登録されている住所からしかそれを受けとれず、またその同じ住所にしか手紙を送ることができないからだ[35]」と書きおくった。

登録された住所は、例外的に変更されることがあった。ナッツヴァイラー強制収容所の所内郵便局の〈被収容者全員に告ぐ！〉という一九四三年一月一六日付の規則では、「原則として、被収容者が登録した差出人住所からの郵便物を三ヵ月にわたって受けとらなかった場合にかぎり、登録住所の変更を可能とする[36]」とした。移転、結婚あるいは死亡の場合、変更を可能とするが、「ただし、必要な証明書の提出が必要[37]」だった。ここでジュリアン・ラジュルナードが発見した一九四四年末の書簡にもふれておこう。それは、強制収容所に送られたフランスのレジスタンス活動家の夫婦が交わした書簡である。妻はノイエンガンメ強制収容所の特別作業隊《コマンド》に、夫はドーラ強制収容所に拘禁されていた。したがって、信書の送受は外部だけにかぎられていたのではなく、強制収容所の囚人間でも行われていた[38]。

第2章

無数あった特別規定

特別規定のいくつか

科罰権を行使するなかで、収容所司令官は囚人に対し信書の送受を禁じることができた[1]。たとえば文通の禁止は、ラーフェンスブリュック強制収容所の内部規程にひとつの懲戒として規定されていた。懲戒規定による権利剝奪をのぞくと、四種の特別規定[2]がそれぞれのカテゴリの囚人に対して適用された。

ユダヤ人およびロシア(ソ連)人に適用される一九四三年三月三〇日付の規定

これらの規制は、国家保安本部第Ⅳ局C部2課(RSHA・Ⅳ・C・2[3])による制定の(保護拘禁の)囚人のための信書送受に関する一九四三年三月三〇日発布の規則に則り、親衛隊全国指導者兼ドイツ警察長官の承認のもとに設けられた。同日、RSHAは本規則および各収容所司令官宛の写し(最終の第Ⅳ条項)三〇部を添えてSS-WVHA・D局宛に送付した。一九四三年四月一二日、SS

-WVHA・D・I部はその写しを当規則の要点を喚起する注意書きを添えて、[4] 全強制収容所の司令官に送付した。

一九四三年三月三〇日付規則の第I条項は、外国語で手紙を書く外国人の囚人に対し、信書の投函を月一回に制限するものだった。[5] さらに、「フランス人もしくはベルギー人の被収容者が外国語で書く場合は、彼らの送受する信書は検閲のためゲシュタポ（RSHA・Ⅳ・D・4）に提出される」[6] とされた。「全般的な政治情勢に鑑み」[7]、この規則はノルウェー人およびオランダ人、優遇措置の対象となっていたチェコ人には適用されず、彼らには「収容所内部規程に定められている条文が適用」[8] された。特別規定の条文はマイノリティでしかない外国人の囚人だけが対象となり、私の知るかぎり、たとえばフランス人は手紙をドイツ語で書かねばならなかった。

一九四三年三月三〇日付の規則の第Ⅱ条項は、つぎのようにユダヤ人およびソ連の囚人の信書送受を制限するものだった。「ユダヤ人およびソ連出身者（東方民族）の被収容者全体に対する信書送受の許可は、その頻度を二ヵ月に一通に減じる」[9]。全強制収容所に拘禁のユダヤ人に対するこの信書送受の回数制限は、実施された痕跡をたどることができる。たとえばグロース・ローゼン強制収容所の司令官は、一九四四年五月二七日付の業務指令書で一九四三年発布の「ユダヤ人およびソ連国出身被収容者の信書を送受する権利は、一九四三年三月三〇日付RSHAの条令により二ヵ月に一度のみとする」[10] という条文に言及している。同司令官は、ユダヤ人の囚人に関し、彼らが「規定の便箋のみ使うことが許され、最も近い親族以外に書くことはならない」[11] とつけ加えた。ブーヘンヴァルトでは、司令官が署名した一九四四年一〇月一七日付の条令に「内部規程の条文にしたがい、ユダヤ人の男女は八週間に一通の手紙を書くことが可能」[12] の文言が残されている。同司令官が準拠した収容所内部規程は、その時期に一九四三年三月三〇日付RSHAによる条令の条文を組みこんだものと思われる。

さらに改定された同条令にて、司令官はユダヤ人に適用される規則に「ブーヘンヴァルト強制収容所の被収容者、また外国に居住の家族とのあらゆる文書による連絡は、これを禁止する[13]」という条文を加え、より制限を強めた[14]。理由は不明だが、ブーヘンヴァルトの司令官は、ユダヤ人の囚人がそれぞれの氏名および収容所のおける本人の登録番号を信書に記入するよう補足した。

二カ月に一通の文通頻度というのは、一九三八年末からユダヤ人の囚人を対象に適用されており、「彼らは外部と最低限の連絡はできたものの、便箋葉書に印刷されていた収容所内部規程の抜粋『……月に二通の信書……』が許されたことはけっしてなかった[15]」という事実をジュリアン・ラジュルナードも述べている。収容所が解体されるまで、SS-WVHAはユダヤ人を対象にした信書送受の制度に変更を加えつづけていた。一九四四年九月一二日、ダッハウの郵便係（第Ⅲ部、所内郵便局）は全外部収容所（親衛隊直属の労働収容所および外部作業班）に対し、一九四四年九月七日付のSS-WVHA通達にしたがい「移送中のユダヤ人による信書の送受をすべて禁止とする[16]」と書きおくった。その文書は、禁止が移送中のユダヤ人のみを対象とし、「間もなく新規則が適用されよう[17]」とも明記してあった。

残存資料の保存状態が悪く、ユダヤ人に適用された制度を厳密に再現することはできないが、それでも信書の送受が恒常的に禁止されていなかったことはたしかである。既述の〈水晶の夜《クリスタル・ナハト》〉事件のあとやりとりされた手紙のほかに、ジュリアン・ラジュルナード[18]は一九四四年秋にザクセンハウゼン強制収容所に移送されたあるユダヤ人の囚人が送った手紙を転載している。

フランス人およびベルギー人、オランダ人、ノルウェー人、ルクセンブルク人に適用の一九四三年六月一七日付の条令

一九四三年六月一七日、ＲＳＨＡ・Ⅳ・Ｃ・２課は強制収容所に保護拘禁されている外国出身の者（異民族）、とりわけフランス人とベルギー人、オランダ人、ノルウェー人、ルクセンブルク人を対象とする信書送受制度に関する条令を発布した。一九四三年六月二一日、新制度の内容がＳＳ－ＷＶＨＡ・Ｄ・Ⅰ・１課から各強制収容所の司令官に対し明らかにされた。そのＳＳ－ＷＶＨＡ・Ｄ・Ⅰ部の通告を、以下に分析する。

まずＳＳ－ＷＶＨＡ・Ｄ・Ⅰ部は、「ＲＳＨＡは、強制収容所に保護拘禁されている外国出身の被収容者、とりわけフランス人とベルギー人、オランダ人、ノルウェー人、ルクセンブルク人には収容所内部規程の信書の送受制度が適用をされるものと決定した」[19]、つまり〈信書の送受に関する一般制度〉の適用を受けると通告した。これらの囚人は白紙に手紙を書くことはできないので、必要事項が印刷された所定の便箋と封筒を使わなければならない。その条文は、囚人の数が増え、戦時のため検査態勢も縮小されているなか、未検閲の書状が違法に送られるのを取り締まるためと正当化された。

したがって、フランス人の囚人は所定〈便箋葉書〉を使い、さらに〈信書の送受に関する一般制度〉の適用を受けるため、手紙をドイツ語で書かねばならなかった。その義務は、「各信書の筆記はドイツ語でなければならない」[20]と、ブーヘンヴァルト収容所の内部規程に明記されている。ドイツ語での筆記は収容所内で取引の材料となり、便箋葉書を書きたがっていたあるベルギー人の囚人について、「あなたの友だちのベルギー人だけど、おれにタバコを少し分けてくれないかな？　そしたら、ドイツ語の手紙を書いてやるんだが」[21]と、もう一人の仲間にいわれたことをダヴィッド・ルセが証言

している。フランス人の囚人に対する信書送受の規則を概要するまとめとして、郵便の送受が不規則だったことを特記しておく必要があろう。ダヴィッド・ルセが、家族からの便りがない者たちの不安に何度か言及している。そのひとつがロジェの例だ。

「手紙がぜんぜん来なくなり、小包だってほとんど届かないし、どうしてなのか分からない。妻はヴェルサイユで商売を続けているはずだ。妻はいつだってうまく切りぬけてきた。もしかしたら、私がスペイン国境で捕まったときにいっしょだったあの娘のことを知ったのかもしれない。それで、私が別れるとでも思ったのかな。私がまぬけだった。ばかだったよ。あれは気の優しい女なんだ、そうだとも[22]」

ジュリアン・ラジュルナードは、一部の収容所（ブーヘンヴァルトとかザクセンハウゼン）では郵便システムが全体としてうまく機能していたが、フランス人でほかの収容所もしくは特別作業隊《コマンド》に送られた者たちはけっして手紙を書く機会が与えられなかったと明言する。さらに、「もしフランス人の囚人が手紙を書く時間をほんの少ししか持てなかったとしたら、それはヨーロッパの戦況のせいだと思わなければならない。（……）したがって、手紙のやりとりが可能だった時期はだいたい一九四三年二月から一九四四年七月までのあいだで、一九四四年九月には、まだいくらか抵抗のあった場所をのぞいてフランス全域が解放された時点で、郵便の送受はまったく不可能となった[23]」と書いた。

既述ダッハウの一九四三年五月一七日付規程第二条をみると、スペイン国籍の元共和国派（人民戦線）軍人向けの制度は対フランス人のそれとは異なっていた。月に二通を受けとることができるが、送れる手紙は一通のみだった。ほかにも、スペインに送る手紙の差出人を記入する欄に「本人の囚人番号とブロック（収容棟）番号、また強制収容所という呼称を書くことは禁止[24]」された。そのために、特別の〈便箋葉書〉用紙が印刷された。ジュリアン・ラジュルナードは、マウトハウゼン収容所に拘禁されていたスペイン人がトレドの家族に出した手紙を転載している。[25]べつの二カ国語での便箋には、信書送受についての指示がスペイン語に訳されてあった。[26]差出人住所に偽装をこらすのは、「赤十字を追い払うことであり、それは囚人たちへの処遇が、このように家族と手紙のやりとりができるくらいであり、非難されるようなものではない。また本人が収容されている『労働者収容所』――ダッハウ収容所あるいはマウトハウゼン収容所――は、同じ町の近くにある同名の強制収容所とはまったく無関係である[27]」とするためだった。

とりわけ一九四三年三月三〇日発布の規則および一九四三年六月一七日付の条令は、信書送受に関する複雑な制度の施行を物語る。全体の整合性を保つため、条文は同分野で適用されているほかの制度を頻繁に参照する。こうして、（一九四三年三月三〇日発布の規則を送付した）ＳＳ-ＷＶＨＡ・Ｄ・Ｉ部が発信の一九四三年四月一二日付指令書との抵触を避けるため、一九四三年六月一七日付の条令は「本令が定める条項は、とりわけ〈夜と霧〉関連の被収容者に関して効力を有するものとする[28]」と明記した。標記の国籍を持つ〈夜と霧〉関連の囚人には、実際に特別規定が適用された。

〈夜と霧〉指令による囚人

〈夜と霧〉（Nacht und Nebel 略してＮＮ）措置は、死刑よりも怖れられる必要があった。それは占領地域におけるレジスタンス活動への参加を疑われた者を秘密裡に拘禁してしまうことである。当人の家族はおろか近親者にも、拘禁された者の明日の運命がどうなるか知る可能性を与えてはならなかった。拉致された当人は秘密裁判にかけられ、判決しだいで死刑になるか拘禁されるかのどちらかだった。一九四二年以降、〈夜と霧〉指令による囚人が各地の強制収容所に送られてきた。一九四二年八月一八日付のSS-WVHA・D局発信の業務連絡書が、それらの囚人に適用されるべき拘禁制度を各収容所司令官に指示すると同時に、当人たちの外部との連絡を厳重に禁じるようとくに明記した(29)。こうして〈夜と霧〉措置が適用される囚人は、手紙を書くことも受けとることも禁じられた。

とはいえ、この完全禁止は恣意的な措置とは意味が異なる。ある特別の規則がそれぞれの収容所における禁止条項の適用を余議なくさせた。該当者が強制収容所に送られる際、拘禁を命じる当局は、本人が〈夜と霧〉措置の制度適用を受けること、また信書送受に関しどの制度が適用されるのか、そして「面会室に行く許可や手紙を書くことを許してはならないことなど、種々の情報(30)」を収容所司令官宛の書面にて通知することになっていた。そのあと〔所内のゲシュタポ出先機関である〕政治部は、郵便検閲の担当部門に〈夜と霧〉措置制度が適用される捕囚の名簿を伝えた(31)。こうしてブーヘンヴァルト強制収容所の政治部は、「上記は一九四四年一二月二〇日付で当ブーヘンヴァルト強制収容所に移送、拘禁された者である。当人らは〈夜と霧〉措置制度の適用を受けるため、本日をもって信書送受が禁止となる(32)」と、翌日の一二月二一日に所内の検閲部門に伝えた。該当する囚人宛に届く手紙があると、それは当人を〈夜と霧〉措置に処した機関宛に転送されたようである。それを裏づけるように、一九四四年七月一一日、オランダの占領地域を管轄するゲシュタポ（RSHA・Ⅳ・C・2）はナッツヴァイラー強制収容所の司令官に対し、「届いた郵便物は本課の書類番号を記入のうえ転送されたい(33)」と依頼している。

ダヴィッド・ルセは、〈夜と霧〉措置による信書送受制度がときに機能不全に陥ったり、そうでなければ施行が遅々として進まなかったりする例をあげた。つぎの会話のなかで、規則を熟知する囚人らの組織がドイツ人管理組織の知識不足をうまく利用しようとするのが分かる。

「どういう問題なんだ?」。ルネが聞きかえした。「事情が分かれば、面接を頼むことはできるが」

「私の送った便箋葉書が〈通信禁止〉と書かれてもどってきた。ブーヘンヴァルトでは、定期的に手紙を書いていた。仲間とこの話をしたら、小包も受けとれなくなるらしいと聞いた。だから、アンドレと話したいんだ」

「きみは夜《N》と霧《N》だからな」。イタリア人がいった。

「分からない」。フンベルトは応じた。「ブーヘンヴァルトにいたときは、何でもできたんだ」

「ということは、つぎのどちらかだ」。ルネはいった。「捜査の結果が出ないうちに、きみが収容所送りになってしまい、NN扱いとなったのがそのあとだった。あるいは、ブーヘンヴァルトの連中が最初は分からなかったが、書類を調べて間違いに気づいた。そういうわけで、きみは手紙を書けて、小包を受けとれた。だが、それはもうできない」

「フンベルトは手紙を送ったんだ」。ダニエルがいった。「ならば、家族は彼の囚人番号を知ったわけで、そのまま小包を送りつづけるだろう。それがここに届けば、なんとか彼の手にわたるようできるんじゃないか。やはり、アンドレに話さないといかんな[34]」

〈夜と霧〉の囚人の消息を秘密にすればするほど、当人たちの手紙をなんとか外に持ちだそうとする動きが出て当然だった。一九四三年九月三〇日、SS-WVHA・D・I・1課は各強制収容所の司令官宛に業務指令書を送ったが、それはRSHAからの通報を受けたからだった。それはつぎのように、SS-WVHA・D・I・1課が好んで用いるひどく啓発的な文章となっている。

・ある収容所内で発生した件の状況を詳しく述べ、本指令書が必要となった理由を記述するが、その段階で齟齬のあった収容所名をあげることはしない。
・このような事例が非常な害をおよぼす点を強調したい。
・将来、同じような例がほかの収容所でも起こらぬよう、実行に移すべき解決法を提示する。

このやり方から[35]、強制収容所の組織体制にて機能不全が見つかった場合、中央集権化した素早い管理態勢がとられていたことが分かる。ある収容所で過失がくり返されていたとの報告が、九月二四日、ゲシュタポ（RSHA・Ⅳ・C・2）からSS-WVHA・D局に対してなされた。後者は、その問題に関する情報を各強制収容所宛に九月三〇日、つまりゲシュタポの報告から六日後に送っている。その連絡と同時にSS-WVHA・D局は、明らかになった問題を解消するため、すべての強制収容所にてただちに適用されるべき一般条令を発布している。

その欠陥とは、〈夜と霧〉措置で拘禁されたノルウェー人が婚約者に手紙を書いてくれるよう同じ収容所にいた同胞の囚人に頼んだ件だった。同胞は、封筒に前者の生年月日と囚人番号を記入してから、それに線を引いて消したのだが、おそらく検閲の警戒心をそらすためだった。婚約者は計略が分かったから、〈夜と霧〉の囚人の家族に連絡をとった。こうして小包がいくつも家族から送られた。それがあって、収容所は異常に気づいた。事件後、SS-WVHA・D局は全収容所の司令官宛の連絡書で「収容所司令官は、被収容者の郵送する書簡を厳しく検査するよう留意し、その書簡への記入事項（被収容者登録番号、出生地、収容前の住所など）がほかの被収容者と酷似している場合は発送郵便から除外すること。同じく、上記の事項が訂正線で消されてある場合、郵送を即刻止めること[36]」

と勧告している。

二番目の検閲体制の欠陥は、一九四三年三月にナッツヴァイラー強制収容所の司令官によって発見された。[37] 司令官は、部下の郵便仕分け責任者を叱責した。というのも「(囚人への手紙を) 受け取り拒否したが、差出人の近親者は当の囚人がその少しまえに収容所内で死亡していたことを知った。業務におけるこのような軽率な対応は、外交政策上の観点から重大な問題を引きおこしかねない[38]」からである。ナッツヴァイラーの司令官は、郵便責任者に対し、ただちに政治部の責任者と連絡をとって〈夜と霧〉措置(カイテル条令とも呼ばれた)の対象となる囚人名簿を入手するように、そして「この問題に関し、部下のSS隊員に特別の注意を払うよう[39]」厳命し、また「同様の失態がくり返された場合、当人を任務解除のうえ、厳罰に処す[40]」と伝えた。

エホバの証人、累犯者、懲罰部隊員の被収容者に適用される制度

上記三種のカテゴリに該当する囚人には、年に四通まで制限された信書送受の制度が適用された。一九四二年六月四日、ナッツヴァイラーの司令官が発布した条令は、「本収容所司令官ツィルが発布の条令42・6・4には、エホバの証人および累犯者、そして懲罰部隊員の被収容者は三カ月に一通のみ信書を送受できるものとする[41]」と明記した。その少しまえの五月二二日、ナッツヴァイラー強制収容所の第Ⅲ部〔保護拘禁所指導部〕は、懲罰部隊員の囚人に対する年間四通の規則を厳守するよう、郵便検閲部門に注意を与えている。第Ⅲ部の心配は、その制限を超えて文通が行われることではなくその逆である。つまり、囚人が割り当てられた頻度を利用しないことを問題にしていた。その理由があるから「郵便担当官は〈手紙を書く日〉を設けて、最も制約を受けている者でも年に四通は書かせるようにした[42]」のである。

さて、エホバの証人を対象として制約された信書送受は、一九四五年四月一日および二日付のブーヘンヴァルト強制収容所から送られた文書からも分かるように、収容所管理当局が弾圧に用いるひとつの手段であった。問題になったのはエホバの証人二名で、それぞれの母親宛の規定便箋に数行の手紙（二五語が限度）[43]を書くことが許されていた。便箋には、「ブーヘンヴァルト強制収容所司令部からの注意——該当の被収容者は昨日と同じように今日も頑なにエホバの証人でありつづけており、その異端的な教義を放棄しようとしない。その理由により、通常は書簡のやりとりを認める制限緩和を当人には全面的に不適用とする」[44]という文章が印刷されてあった。上記両名が使った便箋はまったく同じものだった。

特定個人に付与される信書送受に関する優遇措置

ラーフェンスブリュック強制収容所の内部規程は、「信書を規程頻度を超えて送受するには、収容所司令官の許可を必要とする」[45]と、囚人が規定数を超えて手紙を書けることを考慮に入れてあった。実際、一部の囚人（ドイツ人のみか?）が信書の送受制限を例外的に緩和してくれるよう、書面にて申請したことの証言となる文書がいくつか残されている。申請書は、印刷された書式に囚人が日付や身分（囚人カテゴリ）、氏名、ブロック（収容棟）名、そして申請の用件と理由を記入のうえ署名した。書式は決まり文句で、囚人は「保護拘禁所指導者（Schutzhaftlagerführer）殿に下記の許可をいただけるよう申請いたします」[46]とあり、書式自体は〈許可申請書〉と呼ばれた。書式の下部に、保護拘禁所指導者が選択するための欄〈許可・却下〉が印刷されている。

入手できた書式の一例を参照されたい。

ナッツヴァイラー強制収容所、一九四三年一〇月三一日
〈許可申請書〉
第「1」ブロックに収容中のエホバの証人、氏名「S・マーティン」は、保護拘禁所指導者殿に「葉書を書くための」許可をいただきたく申請いたします。
理由――一〇月の郵便為替および小包の受領を報告するため。

以上
S・マーティン
（本人の署名）
「許可・却下[47]」
［判読不可の署名］

この申請書の書式は、葉書を書くか[48]、規定数を超える手紙[49]あるいは「規定回数に勘定されない手紙[50]」を書くための申請に用いられた。申請理由はさまざまで、小包を受けとったことの通知[51]、囚人の母親の死亡とそれに伴う遺産相続の手続き[52]、あるいは囚人の妻から司令官に宛てた手紙の件などである。囚人の家族が司令官宛に書いた場合、通常、当該囚人はそれへの返事を書くための許可[53]を保護拘禁所指導者に申請しなければならない。

保存文書から集めたそのいくつかの特例申請には、どれにも許可が出ている。たとえば、あるドイツ人の囚人――ASR〔Arbeitsschue Reich 定職に就かないホームレスやアルコール依存症の者、ロマなど〕保護拘禁中のブロック長老――の申請を例にとる

と、当人は二カ月に一通の手紙送受を月に一通にしてもらいたいと保護拘禁所指導者に許可を求めた。その申請の理由として、家族（両親と兄弟）が置かれている状況をあげている。親戚すべてと同じ境遇、空襲による被害を受けたからだった。「不幸があって苦しんでいたところ、敵の空襲に逢った[54]」両親から頼りがあって、彼の消息を知りたがっていた。書面の下方に「Gen.」〔Genehmigt（許可する）の意〕の記載と署名があり、この申請は認められたわけである。

このように信書送受制度を個人に対して規制緩和することは、例外的に中央政府の主導でなされることもあった。RSHA・Ⅳ・E・2の課長は、一九四三年八月三日、ブーヘンヴァルト強制収容所司令官に対し、「本件の特別な事情により[55]」保護拘禁の囚人イヴァン・Mが優遇措置を受けるのは可能かと尋ねている。その優遇措置とは、「内容にまったく問題のない手紙および小包を制限なしに送れるものとするが、それが適度な回数に保たれるのは当然である[56]」という内容だった。RSHAは、結果を外務省ならびに国家経済省を伝えねばならないので、司令官には至急の回答を願いたいと要請している。

本書の第3部では、囚人が品行方正であり、さらに一九四三年からは、最も感心できる者についても同様に信書送受の優遇制度が受けられるようになった状況を見るようにしたい。

家族との文通を継続する義務

強制収容所に拘禁中の者から便りがなくなり、絶望した家族の問題を親衛隊指導部が深刻に受けとめ、どのように対応したかを、ダヴィッド・ルセがブーヘンヴァルトでの例をあげてうまく要約した。

ドイツ人の囚人ラームはタワー〔管理部棟〕に呼びだされた。SS中尉フォーゲルは挨拶代わりに彼を殴ってから、「ドイツ国民が生きのびられるよう、ロンドンとワシントンの資本家ども、それにユダヤ人とやつらの国際金融を相手に戦争をしている」[57] NSDAP（ナチ党員）とドイツの共産主義者とのあいだには連帯があって当然だという持論を説明しはじめた。SSフォーゲルは続けた。

「というわけだが、どうして我々を手伝おうとしない？　いったいどういうわけで、きみはドイツ国民の意気込みを挫こうとするのだね？　そういうことなら、首つりにされても当然なんだぞ、分かるか？」

フォーゲルはかがんで机から紙を一枚とった。ラームは紙に書かれたのびのびとした筆致をみて、自分の妻からの手紙だと分かった。

「これは奥さんからの手紙だ」。フォーゲルはいった。「ひどく心配している。きみからの便りがなくなって六カ月になるそうだ。それで、情報を得ようと、我々宛に書いてきたわけだ。悪党め、どうして細君に手紙を書かなかった？」

ラームはめまいのようなものを感じ、それと同時に腹の底から笑いがこみあげてきた。呼びだされたのは、それが理由だった。やつらは憤慨していた、なんとなれば自分ラームが妻に手紙を書かなかったからだ！　わめきちらしてフォーゲルをぶん殴り、大声あげて笑いたかった。くそったれども！　茶番、前代未聞のドタバタ喜劇。彼が元気でいて、収容所は快適で、第三帝国のとてつもない努力を支えるために働いているんだと、それを家族は知っていなければならなかった。くそったれが！

「そのとおりです」。ラームはいった。「私が間違っていました。妻には手紙を三通書くべきだった、そのとおりです」

フォーゲルは冷酷さの浮かんだ小さな目で彼を見た。

「そのくせ、きみは我々の士気を挫こうとするんだ。自分の妻が工場で働いているというのになあ。きみからの便りがなければ、奥さんは働く気がしなくなる。この件についての話を広めるだろう。わが国の収容所について外国がおかしな評判を流しているが、それに手を貸すことになる」

「そんなことはありません」。ラームは答える。「私はちょっと疲れていただけです。一〇年間も収容所にいるんです。この一〇年で、外に出たのはたった六カ月ですが、あれは収容所にいるよりもつらかった。私が過失を犯したのは事実です。このところ非常に疲れていました」

（……）

「よろしい。だが、今後は注意することだ」。フォーゲルはいった。「では、そこに座って手紙を書いてもらおう」

ラームは椅子を置き机のまえに座った。彼の正面に棚があり、本のあいだに置いてある頭蓋骨と向きあうことになった。立派な頭蓋骨だった。広い額。上等の骨のようにみえた。フォーゲルは、ラームの妻への手紙を書きとらせるための口述を始めた。(58)

囚人の家族は、本人からの便りがしばらくなくなるとひどく心配して、収容所司令官(59)か、あるいは本人を収容所送りにした機関(60)に連絡してくることがあった。それらの手紙の一部は、収容所の保存資料のなかに残されている。たとえば、ある囚人の母親と妻(61)は同居していて、一九四〇年一月一二日以降、息子また夫である囚人からの手紙を受けとっていないため非常に不安に感じていた。それはとくに、彼女たちが送った現金が返送されてきたからだった。一九四〇年四月一七日、女二人はそんな事情についての手紙を司法警察宛に送った。四月二六日、国家司法警察第Ⅳ局は二人の女性の置かれている状況をブーヘンヴァルトの司令官に業務文書で知らせた。状況説明の終わりに、司法警察は「依頼人二名は被収容者本人の健康状態に関し極度の不安状態に置かれている」[62]ため、「家族両人の不安を解消すべく、ただちに本人が家族宛に消息を知らせる旨、本人に指示いただきたい[63]」と司令官に要請した。司法警察の要請に対し、司令官はどのように対処したのだろうか？ その後にあったもうひとつの例が参考になるだろう。一九四四年七月二日、ナッツヴァイラー強制収容所の司令部は郵便担当の第Ⅲ部に対し「ただちに被収容者マーサル・V（……）が妻へ手紙を書き、それを定期的に続けるよう強制せよ[64]」と指示した。

外部の近親者からの手紙は、その多くが強制収容所の司令官宛に送られたことはたしかだ。グロース・ローゼンの司令官は一九四四年五月二七日付で、そのような家族からの手紙に関し以下二つの措置を講じた。「被収容者家族からの無意味な依頼を回避するため」、まず外部収容所指導者らに対し、「被収容者が家族へ月に二通（ロシア人およびユダヤ人は二カ月に一通）の手紙を書くことを徹底させる[65]」よう指示した。つぎに、家族の問い合わせがあって被収容者に返事を書かせる場合は、手紙の冒頭を「収容所司令官殿の指示があって、この手紙を書く[66]」とするよう命じた。この措置の狙いは、家族への便りがとぎれたのは被収容者本人の怠慢によるものだったことを家族に示すと当時に、本人に面目を失わせることで、家族に対しふたたび音信不通とさせないためである。場合によっては、家族からの苦情が被収容者本人に知らされないこともあった[67]。

ときには、家族からの苦情が収容所内に事務手続き上の不条理きわまりない状況を生みだした。「ある被収容者の妻の依頼に対し[68]」、ナッツヴァイラーの保護拘禁所指導者は、一九四四年五月三日付のケッツ外部収容所指導者宛の文書にて、被収容者本人に妻宛の手紙を書かせるよう指示した。そのため、本人はその手紙を送るための許可申請用紙を基幹収容所に提出しなければならない。本人が五月八日に署名したその申請書には「被収容者□□□□は自分の配偶者宛の手紙を書く許可をいただけるよう保護拘禁所指導者殿に申請いたします。理由――配偶者からの依頼[69]」と書かれてある。こうして、保護拘禁所指導者の指示を実行に移すため、囚人は保護拘禁所指導者当人に特別許可の申請をしなければならなかった。手続きは遵守されるべきなのだ。おまけに保護拘禁所指導者は、制限数を超えて書くよう自分が命じた手紙を自ら許可したうえで、その申請書の下欄にある「許可」に下線を引いて「却下」には訂正線を引いて消し、その下に署名した。

小説『Le mort qu' il faut（もってこいの死体）』のなかで、ホルヘ・センプルンは体験談を語った。家族からの依頼と同じように、友好国の重要人物からの手紙、それが強制収容所の囚人に関するものでもたいへん慎重に取り扱われた。パリ駐在スペイン大使が、ホルヘ・センプルンの消息を知るため外務大臣フォン・リッベントロップに書簡を送った。それを察知した収容所内の囚人ヒエラルキーの顔役がセンプルンから事情を聞きだそうとする。

やはり思ったとおりだった。そうでないかと疑ってはいたが。ベルリンからの連絡は私に関するもので、フランコ総統のパリ駐在大使ホセ・フェリクス・デ＝レケリカが、私についての情報を得ようとパリから問いあわせてきたのだった。それをブーヘンヴァルトの役付きの囚人らは、ゲシュタポに届けるまえ、朝のうちにぜんぶ読んでいた。どのようにことが進められたのか、私には想像がつく。私からの便りがとぎれて不安になり（月に一通だけ許される家族との文通は、すべて所定の便箋葉書にドイツ語で書かなければならず、それさえも一九四四年八月のフランス解放以後は中断されていた)、父は旧知の大使ホセ・フェリクス・デ＝レケリカと、直接あるいは間接的な方法で、連絡をとろうとしたにちがいない。大使はといえば、戦況が連合国の有利と決定的に変わったのを見て、その頼みを聞くことが無意味とも不都合とも思わずに、外交ルートを通じて私の消息を尋ねたのだろう。

「つまり、パリ駐在のフランコの大使がきみの消息を訊いてきても、きみは驚かないんだな?」。バーテル(元公務員の囚人)がいった。

こいつは食いついたら放さないタイプだなと、私は自分に言いきかせた。

「ぼくの消息を家族が知りたがっても、ぼくは驚きませんよ!」

しかし、バーテルは自分の言い分を曲げようとしなかった。

「ファシスト政権の大使が共産党員の健康状態を訊いてきても、きみは驚かないのか?」

「父が大使に仲介を頼んだのだとしたら、ぼくが共産党員とわざわざ知らせるはずがないでしょう……。おそらく一般論としてレジスタンス運動のことを話したのかもしれない。それに、ぼくの属している地下組織はド・ゴール派ではない、イギリス情報部の指揮下にありますから……」[70]

収容所管理部が家族の依頼があるたびそういった手続きをすると結論するのは適当でない。保存資料には、却下されたケースも残されている。たとえば、ドイツ国防軍の兵士がブーヘンヴァルトに拘禁されている身内の囚人について書いた手紙に対し、収容所司令官は囚人が収容されているのはたしかだが、健康上の問題はないと文書にて返答した。しかしながら、当囚人には「軍事郵便を用いて兵士に手紙を書くことが認められていない」[71]と。もうひとつ一九三九年一二月一一日付の書簡にて、ブーヘンヴァルトの司令官は、ある囚人の妻（オーストリアのウィーン在住）への返書に、収容所にてすべての郵便の送受が禁止となっていること、そして「禁止措置が解除されしだい、また手紙を受けとるようになるでしょう(72)」と記した。

第3章 郵便検閲

郵便検閲は秘密とされていなかった。それは、ブーヘンヴァルトで一九四五年二月の時点で用いられていた便箋葉書の用紙に「内部規程の抜粋」として明記されていた。家族の目にも入るその条文によれば、「不明瞭で読みにくい手紙は検閲されることなく破棄される[1]」とあった。

検閲手続き

信書の種類、つまり受取信書もしくは発送信書であるかによって検閲手続きが異なった。まず受取信書について、ラーフェンスブリュックの内部規程は所内の郵便検閲部署に検閲業務を担当させていた。信書の検閲がすみ、当該囚人の受取信書の数、また信書送受の禁止措置の対象でないことが個人別カードで確認されると、書面に〈検閲済み〉のスタンプと同時に検閲者名も記された[2]。そのあと、ブロック指導者が囚人たちに手紙を配る。同じシステムが、一九三七年一二月の時点でブーヘンヴァルトにおいても適用されていた。同収容所の司令官は、「受取郵便は本収容所内の郵便検閲課が検閲を行う。ブロック指導者は一部の保安検査のみ実施する。本収容所においても、検閲者名を明記すること」[3]と説明を加えている。ジュリアン・ラジュルナードによれば、同じ囚人仲間のブロック長老が、ブロック指導者のあと、最後の検閲を行ったそうである。[4]

発送郵便については、「被収容者が開封のままで自ブロック指導者に手渡すこと。禁止メッセージを回避するため、切手は一端のみ貼ること〔切手の裏の確認のため〕。ブロック指導者もしくは所内郵便検閲係は、手紙および葉書がその許可限度数を超えていないことの確認、またその内容の検閲を行うこと。（……）手紙が郵便検閲係によってのみ検閲された場合、いずれにせよブロック指導者は発送信書を読むこと（被収容者評価の手がかりである）[5]」とある。発送信書のブロック指導者による検閲は以前からあった。一九三七年一二月三一日付でブーヘンヴァルトの司令官が発布した指令[6]は、「被収容者が郵送する信書は、ブロック指導者による検閲を受け、問題のあるものをのぞいた後、所内郵便局に届けるものとする[7]」と、すでに検閲に言及していた。ブーヘンヴァルトでは、ブロック指導者は検閲をした手紙に自分の名を書きこんだ。当然ながら、それは責任体制を整えて後の検査に備える意図があった。一九三七年の時点で、最初に手紙を選別するのは所内郵便局であり、それは単に無作為抽出するだけだった。その場合も、検閲者は自分の名を書きこんだ。受取郵便も同じようにブロック指導者が検閲を担当しており、郵送する手紙は囚人がブロック指導者に手渡し、それが第一段階の検閲となった。[8]

一九三七年一二月三一日付の新方式の導入を、司令官は検閲体制の機能不全に対処するためだと正当化する。手紙が「収容所について言及していたり、あるいは被収容者が空腹状態にあると書いてあったりする[9]」ことを遺憾に思っていたのだ。これを機に、司令官は「でっち上げの残虐行為が暴露されるのを許した検閲者に対し、禁足[10]」を指示するだろうと警告する。

ところで、あるカテゴリに属する囚人の手紙については、所内の郵便検閲係がいつも検閲するとはかぎらなかった。一九四〇年八月一九日、強制収容所監督官はブーヘンヴァルトの司令官に対し、「オランダ国籍の被収容者」の手紙を検閲することを中止し、「彼らのあらゆる発送および受取信書を収集のうえ、その検閲を行うゲシュタポ（RSHA・Ⅳ・D・6）に届けること」[11]と命じた。

外部収容所にいる囚人の手紙も、検閲のため基幹収容所を経由しなければならなかった。SS-WVHA・D局が各強制収容所の司令官に送った一九四三年一二月一一日付ある規定によれば、「原則として、外部の強制労働収容所に宿泊する被収容者の手紙は基幹収容所を経由し、そこで検閲が行われる」[12]とされた。

検閲で削除される内容

私の知るかぎり、ラーフェンスブリュックの内部規程は手紙の検閲に関して最も細心である。検閲を受けるには、「文字列がはっきりと読めるように書かれていること」[13]が必要だった。全般として、「内容は個人的なものに限られ、収容所についての記述は認めない」[14]とあり、基本的な方向が示されていた。より厳密には、「政府ならびに国家を非難するものと理解されるもの、もしくは内容が政治的な違反また犯罪の研究に資するもの、もしくはその他の好ましくない事項あるいは重大な伝達を含む手紙もしくは葉書」[15]と定める。したがって収容所司令官には、違反に該当する信書を強制収容所監督官に提出するか、あるいは当該囚人の個人記録に記載するだけにするかの裁量権があった。検閲の規定は非常に広範であり、「必要と認められれば、該当の差出人は罰せられる」[16]というように、懲戒規定も備えていた。

同じく一九四二年一一月六日に発布されたザクセンハウゼン強制収容所の内部規程の〈郵便〉に関する第一〇条は、囚人の手紙が検閲を受けられるように留意せよ、すなわち、条文の記述どおりにいうなら、「各行は非常に読みやすく明瞭でなければならない」と注意喚起している。さらに、「略語と下線は禁止とする」[17]とある。ザクセンハウゼンの内部規程も、手紙に書くことの許される内容を制限していた。いくつもの禁止事項が「手紙にて、病気やシラミ退治、一時出所の申請などの収容所内の事柄に言及することは禁ずる。同じく、送金を依頼する手紙も禁ずる」[18]とあり、結論として「個人的な伝達内容のみ認められる」[19]というように明記された。

ナッツヴァイラー収容所の規程第二条は「郵便の送受」[20]に関するもので、文面の明瞭さと略語の禁止、またいくつか細かい補足事項についての指示を喚起する。特異な点だが、同規程は囚人が近親者に金銭の無心をすること、またナッツヴァイラーからほかへ移送された囚人仲間の消息を尋ねることを禁じる旨、明記している。また、手紙にデッサンを描くことも「以後、このような手紙は破棄のうえ、当該の被収容者は罰せられる」[21]というように禁止だった。信書検閲に関する措置の最終部分を一点記しておこう。第二条の最終行は「以後、文章を読むことも書くこともできない者は、ブロック長老あるいは室長（被収容者）の監視下でのみ、手紙の代書を頼めるものとする」[22]とある。

グロース・ローゼン強制収容所司令官による一九四四年五月二七日付の業務指令書によれば、「通常の手紙のなかで、被収容者はその近親者に日用的に使われる物品（タイプライター、バリカンなど）を依頼する内容を書く権利はない。そのためには、文書による許可申請が義務づけられている」[23]とある。

さて、〈手紙を書くにあたっての態度〉[24]というタイトルの規定は、おそらくブーヘンヴァルトに附属の外部収容所指導者が作成したものと思われる。残念ながら日付のないその文書は、手紙を書くときに守るべき八つの規則をあげる。文体から、直接、囚人たちに伝える内容だったものと考えられる。それはいきなり手紙の明瞭さに言及し、それが検閲作業に不可欠であると注意喚起する。「不明瞭で読みにくい手紙は検閲されずに破棄される。それを埋めあわせるための手紙は認められない」[25]。

第八条は第五条と同じで、認められている内容に関したものである。これは、囚人たちが自主規制することを目的としている。したがって第五条は、実際に囚人が拘禁されている場所についての記述を禁止する規定をとりあげる。第五条があげる二番目の規定は、労働条件に関する情報すべての伝達の禁止である。

第八条は、禁止の話題リストを拡大する――「連合軍による空襲、疾病、政治、その他」[26]と。ここで「その他」が示すのは、リストに終わりがないということであり、囚人たちには、リストを拡大して暗黙のタブーを挿入することで、第五条と八条を解釈することが求められた。第八条は、リストに「同じく、収容所生活に関する部分的な情報[27]」という禁止項目を加える。これは、囚人たちが対象の検閲制度を適確に要約する。つまり、彼らには何についても書く権利がなかったということである。（善い）知らせ、相手への愛情を綴る簡略な手紙だけが、条文に則るならば、検閲の網をくぐれるチャンスに恵まれることになる。

結論として、第九条はそれらの規定のひとつでも違反があれば、懲罰を科すことを想定していた。囚人は二重に処罰される。というのも、まず送るはずの手紙が破棄され、それは送ったものとして勘定されてしまう。つぎに、懲戒規定によって科罰されることである。その懲戒の種類および程度は示されていない。

第2部

懲戒制度

「不服従の態度をみせた囚人、命令にしたがわず、
いかなる手段であれ、収容所の平静と秩序を危うくするか混乱をもたらす者は、
違反の重大さに対応する懲戒規定に基づいて科罰される(1)」

第4章 収容所で適用されていた懲戒規定

ある文献をめぐる専門家たちの論争は、ときに無意味である。ナチの強制収容所にて適用されていた懲戒規定をめぐる争点は、実際に適用された文書を特定するにとどまらず、収容所についてあるひとつの見方をもたらした。今までのところ、それは何よりも思想論争だった。収容所のいわゆる規制された専横がどのように機能したのかを例証するため、それらの文献は歴史的論拠を展開させることなく、ダッハウの懲戒規定がすべての収容所のそれを定めていたと主張した。いかなる懲戒手続きも備えずに生殺与奪権を収容所司令官に委ねるので、法的な体裁をとっているが規定とは名ばかり、実際には何ひとつ規制することなく、司令官とその部下たちの専横を野放しにさせたとする同文書は、その意味で便利だったのだ。だが公文書館に残された数々の手続き文書は、もうひとつの懲戒規定がすべての強制収容所にて適用されていたことを示す。

ダッハウの懲戒規定の有効性についての考証

強制収容所の内部規程書は、ナチ当局による公文書の徹底破壊命令を免れ、少なからず残されている。ダッハウの規定（異文も含め）[1]、またナッツヴァイラー、ザクセンハウゼン、ラーフェンスブリュックのそれらが保存された主なる規定である。しかしながら、ダッハウおよびラーフェンスブリュックのものは懲戒規定であり、違反とそれら違反に応じた科罰体系を定義しつつ科罰を組織する。それに反し、ザクセンハウゼンおよびナッツヴァイラーの内部規程は、むしろ禁止事項と囚人が守らねばならない規則の目録のようなものであり、それに対応すべき科罰制度にはまったくふれていない。あらゆる違反は処罰されるという威嚇のみが懲戒科罰を想起させる。

一九三三年一〇月一日、ダッハウ強制収容所のための懲戒規定が施行された[2]。同規定はほぼそのままのかたちで一九三四年、エスターヴェーゲン[3]ならびにリヒテンブルク[4]の両強制収容所に導入された。上記三カ所で施行されたとの事実に基づき、現在のところ関連文献の執筆者たちは、ダッハウの懲戒規定が徐々にすべての強制収容所で採用されていったものの手本だったとする点で一致している。ということは、有効とされる懲戒規定の説明を行う際に準拠すべき資料であり[5]、それは私が調査の対象としたブーヘンヴァルト強制収容所にとっても同様である[6]。ところが、それを補強するいかなる歴史的な論拠、またいかなる手続き資料も存在しないのである。検証を試みる提案では、歴史学者ギュンター・モルシュの論証を例にあげるが、不正確であるとの印象を拭えない。というのも、モルシュは「すでに内部規程書にて定められていたダッハウの懲戒条項は、収容所組織の再編成後、一括施行された[7]」と、二〇〇五年に主張しているのである。ただしモルシュは、ダッハウの規定条項がほかの収容所で徐々に施行されていったという日付も典拠も明らかにしない。「（囚人を監視する）主な手段のひとつが、どの強制収容所でもほぼ同一の内部規程だった[8]」と主張する際もその根拠を示さない。同規程は囚人たちの生活すべてを左右するものであり、しかも「それを補完する懲戒規定の支えともなっており、その懲戒規定はそれぞれの行動指針への違反に相応する制裁、死刑さえも定めていた」[9]とする。しかしながら、その規定に合致する文章はどこにも見当たらないし、おまけにギュンター・モルシュは典拠を明らかにしていないのだ。どうもモルシュは、あくまでも懲戒規定のみで囚人への死刑宣告まで用意してあったダッハウの場合と、死刑など考慮に入れない懲戒規定によって補完されていたラーフェンスブリュックの内部規程とを混同したように思われる。

ダッハウの懲戒規定条項が全収容所において有効だったとする今日のコンセンサスは、その有効性——少なくとも死刑に関する条項——が一九八〇年代まで疑問視されていたことを顧みれば、かなりの驚きである。[10] たとえばナチズムを専門とする歴史家マーティン・ブロスツァートは、強制収容所初期の数年間、変死事件があれば検事局が捜査を行ったので、収容所の司令官が殺人行為を正当防衛もしくは脱走を制止する際に生じた致命傷と偽装するようになったという説明をする。ところが、ダッハウの懲戒規定の第一一号および一二号、一三号は、ある種の状況においては、囚人を処刑する権限を司令官に与えていたのである。不法な処刑を偽装する努力は、その時期にはダッハウの懲戒規定が適用されていなかったことを際だたせる結果を招いた。さらにブロスツァートは、「法務大臣の覚書から判明したのは、強制収容所監督官テオドール・アイケが一九三五年四月に自ら説明しているように、当時、『機密の命令撤回』が出され、『それによれば、厳しい懲戒条項は実際に適用されることがなかった』が、『威嚇する』だけに用いられたはずである」[11]と明言する。私の調査は、ダッハウの規定が有効であったとする判断の反証となるほかの材料も提供することになった。まず死刑について述べると、第三帝国政権下にて有効とされた条文を明らかに違反している。反抗の扇動（第一一号）、反乱（同一二）もしくは破壊活動《サボタージュ》（同一三）の場合、司令官は絞首刑（同一一）、銃殺刑または絞首刑（同一二）もしくは死刑宣告（同一三）を行うことができる。この生殺与奪権の付与は、当時のナチの規範様態と矛盾している。私が知るかぎり、収容所司令官の決断によって正規な死刑に処された囚人は一人もいないのである[12]。　反対に、死刑がRSHA（国家保安本部）の決定によることは広く認められているところである。[12]

ちなみに、一九三七年から翌年までの懲戒裁決を記した記録簿は、ダッハウ規程の第一一ならびに一二、一三号がブーヘンヴァルトにおいては適用されなかった事実を証明する。ブーヘンヴァルト収容所の管理（幕僚）部のその記録簿には、「国有財産へのサボタージュ[13]」の罪状で複数の囚人が棒で二五回の打擲という杖刑を宣告されたことが記帳されている。つまりその時期のサボタージュは、[14]ダッハウ規程が明記する囚人の機械的な処刑には直結していなかった。反抗の扇動も同様に体罰に処せられたが、ダッハウ規定の第一一および一二号にある囚人を死刑にする理由とはならなかった。たとえば、「一般刑事犯の被収容者ヨハン・Kは、目上の者に対し不遜な態度が顕著であったほか、反乱の罪状により、杖刑二五回を宣告された[15]」、あるいは「被収容者フェルディナント・Sは、反抗の扇動と不遜な態度の罪状により杖刑一五回を宣告された[16]」とある。そして、「エホバの証人の信徒□□・□□は、反抗の扇動の罪状により四二日間の禁足刑を宣告[17]」された。またほかの囚人は看守の一人に暴力をふるって二五回の杖刑を宣告されたが、[18]これは死刑に相応の違反とする内部規程の第一二号と完全に矛盾する。この記録簿によれば、囚人のだれ一人として死刑の宣告を受けていないのだ。[19]

懲戒罰に関する典拠

ラーフェンスブリュック強制収容所における内部規程の懲戒条項

懲戒に関する二つの文書を関連づけることで、強制収容所における懲戒罰の典拠を特定することが可能となる。

一番目の文書はラーフェンスブリュックの内部規程書であり、これはおそらく一九三九年の開戦前[20]か戦争の初期、ともかく一九四一年よりまえに作成されたものと思われる[21]。この内部規程書は四三ページ、一五条からなる。第一条から第一三条までは、収容所の全般的な運用体制と各管理部署の職務分掌を定める。最後の二条(第一四と一五条)が、囚人たちに直接の関わりがある。「収容所一般規定[22]」と標題のある第一五条は、囚人たちがその拘禁期間を通じてしたがうべき規則と義務を概観する。第一五条が収容所の懲戒規定(Strafordnung)を構成する。冒頭に前文があり、規律違反を構成する行動のすべてが二一項目(号)のリストとなってあとに続く。規程書の最後の二ページが、収容所にて実施されるそれぞれの科罰を記述する。

第二の文書は科罰指令書である。懲戒としてありうるすべての刑罰(既述したように、死刑はRSHAが裁決するので、含まれない)を要約し、それらを三種に分けて印刷した所定の書式に、司令官は告発された囚人に自分が相応と判断した刑を選び、記入欄に×印を書きこむだけである。

ところで、すべての強制収容所にて用いられる書式にて定められた刑罰は、ラーフェンスブリュック強制収容所の内部規程の懲戒に関する部分と完全に一致する。とくに後者にあげられた刑罰一覧は、上記の科罰指令書に印刷されたものとまったく同じである。どちらの例でも、三種の罰が定められおり、それは行政刑と自由刑、身体刑である。それぞれの内容を見ると、刑は似たり寄ったりで、同じ順番、同じ語彙で記されている。ほんのいくつか二つの文書上で異なっているものもある。[23]そのほか、保存文書中からみつけた懲戒手続き記録は、ラーフェンスブリュックの内部規程書の懲戒条項を適用したものである。その理由から、ラーフェンスブリュックの内部規程書の条項（ダッハウのそれではなく）が全強制収容所にて採用された懲戒規定であろうと結論される。

その他の要因からも明らかだが、ラーフェンスブリュックの内部規程は、まちがいなく全収容所に導入されていた規程の同一の手本に基づき作成されたものと考えられる。規程書の条文が（司令官ではない）所長[24]の管理下にある女性用の収容所の女囚を対象として特別に作成されたにせよ、中央組織の手本を元に書かれたものと考えられる。第一に、この規程書は暫定であり（その語“vorläufige”は規程書の最初のページに手書きでつけ加えられた）、それは一九四〇年二月二二日付で強制収容所監督官からダッハウほか、ザクセンハウゼン、ブーヘンヴァルト、マウトハウゼン、フロッセンビュルクの各収容所に送られた〈暫定内部規程書〉（ラーフェンスブリュックに宛てられたものは紛失[25]）と同じ扱いである。第二に、この内部規程書の一ページ目には強制収容所監督官印が捺されているので、規程書の作成が当中央組織によることは明らかである。したがって、同総監が数ある強制収容所の内部規程の統一化を計っていながら、自ら管理する一収容所にまるで異なる規程の発布を認めたとは想像しがたい。[26]

以上の結果から、ダッハウの懲戒規定が強制収容所体系の全体に有効であったとする主張は最終的に斥けてよいものと思われる。ダッハウの規定を懲戒制度の基盤だったとするのは誤りである。ダッハウ規定上の科罰体系が、他の強制収容所全体にて用いられていた科罰指令書に記載されているものとまったく食いちがっているのだ。ダッハウの規定にある囚人に対する死刑宣告の手続きは、他の強制収容所で実施されていた手続きと異なる。それとは逆に、ラーフェンスブリュックの規程書の懲戒関連部分にある手続きは、ほかの強制収容所でも適用され、その関連文書（事故報告書や科罰指令書、業務分掌規定など）が保存されているものと合致する。ラーフェンスブリュックの規程書の懲戒関連部分は、厳密にいえば、ほかの強制収容所全体に適用された懲戒規定ではないが（女囚などに適応させた用語があるため）、遅くとも一九三八年末には全強制収容所に共通して適用された懲戒規定の手本であり、その痕跡を忠実に残した文書なのである。(27)

ラーフェンスブリュックの規程書の懲戒に関する部分――強制収容所における懲戒制度を扱う三章が展開される――は、ドイツ連邦公文書館に残された科罰指令書や多くの手続き記録のなかの資料のひとつにすぎない。ラーフェンスブリュックの規程書は、実際に運用されていた主な懲罰の規則と手続きを手短にまとめたものである。私は、その条文を補完するその他の組織中央あるいは収容所が定めた文書も考慮に入れた。また、ラーフェンスブリュックの〔暫定的な〕規程書は懲戒制度のある瞬間をとらえたものにすぎない。ほかの文書と比較検討することによってのみ、当の懲戒制度が変化していったかの検証が可能となるであろう。

いわゆる〝規範化された専横〟の完璧なる例証としてのダッハウの懲戒規定

最近刊行されたラーフェンスブリュック収容所に関する著作の一例をあげると、ダッハウの懲戒規定を前面に押しだすことが、専横を中心に据えた収容所問題へのアプローチの方法と密接に繋がっているというのは明らかである。歴史学者アリン・ベスマンは、「一九三四年以後、強制収容所監督官はダッハウの内部規程書を手本に全収容所に通用する内部規程書の作成を考えた。ラーフェンスブリュック強制収容所の〈暫定規程書〉は、この全収容所向け内部規程書と部分的にしか違わない[28]」と主張する。しかし、ダッハウの懲戒規定はラーフェンスブリュックの内部規程および懲戒規定とすべての点（条文の長さ、内容、文体）で異質である。より全般的にいうなら、ラーフェンスブリュック強制収容所記念館の館長ともあろうベスマンの著作におけるこのような大まかさは、科罰制度に関し、典拠の問題点を調査することに氏がいかに無関心であるかを物語っている。

このようなコンテキストのなか、ダッハウ規定に固有の特徴はうってつけの文書としてもてはやされることになった。単なる一覧、むき出しの単語の羅列、違反に相応する量刑は死刑も含んでいる。懲戒手続きにはまったくふれていない。各収容所で保存されていた多くの事故報告書や科罰指令書、あるいは刑の宣告に至るまでの手続きを記録した文書がダッハウには不在である。囚人への科罰は、それを一人で決める司令官に委ねられており、しかも違反項目と刑を羅列しただけの憎悪のかたまりのような目録のほか、その決断を導くものは何もなかった。見せかけの規則、つまりそれがダッハウの司令官の専横を意味するというわけである。いくら法的な体裁（前文、箇条による章分け、法律用語など）をとっていようとも、ダッハウの規定はじつのところ司令官の専横的な権力の承認にほかならない。この文書を科罰制度の根拠にすることは、つぎの相容れない二つの概念を対峙させる、つまり懲戒命令を純然たる恣意的行為に引きおとしながら、それを認めること。ヨハネス・トゥヘルによれば、ダッハウの規定はたしかに現場で適用されたものの、ナチ一般の規範枠のなかでは有効とされなかったという。当時のダッハウ強制収容所の司令官テオドール・アイケは、「自分の科罰宣告が不法性を帯びていることを自覚していた[29]」と。そして一九三三年一〇月、不正に秘密の伝言を外部に持ちだした罪状の囚人らを罰するにあたり、「それが、同規定によれば、〝法に則り〟死刑という結果をもたらして当然だったにもかかわらず、囚人二名の殺害は〝自殺〟として偽装された[30]」とも。ヨハネス・トゥヘルが結論するのは、「収容所外部および司法機関に対し、司令官アイケは囚人らがその脅威の下で生活していた同規定の施行責任を果たさなかった[31]」ということだ。また「とはいえ同（ダッハウの）規定は、司令部の介入のない殺害が今後は起こりえないと保証した[32]」と補足する。この分析においては、専横と規範が混同されている。トゥヘルが規則と認めたものは専横との相違がない。というのも、司令官は監視もされず法的手続きもなしに、囚人等たちの生死をひとりで決めるからである。ダッハウの規定をベースにして懲戒制度の仕組みを説明することは、ひたすら懲戒が恣意的に機能していたという主張に重きをおく方向に向かっていくだろう。

ダッハウの懲戒規定の有効性を支持する現在の刊行物とは逆に、その重要視を批判する過去の著作は、強制収容所における懲戒制度の機能について厳密な歴史的論点と的確な分析に支えられていた。たとえば、オルトヴィン・ドムレーゼは一九七二年の学位論文で、全強制収容所に導入された懲戒手続きの仕組みについて興味ある分析を提供している。いきなり彼は、ダッハウ規定の死刑に関する条文の有効性を否定する。「苛酷な条文は、実際のところ、むしろ恐怖感を与えるためのものだった[33]」と書いた。そのほかの刑を主にというより、全般的には懲戒規定を設けようとした意図に関する調査に、彼は力を注いだ。程度の異なる種々の指令のほか、身体刑や多くの刑が用意されていたので、懲戒規定違反の重大さに相応する刑の選択が可能だったとする。「要するにアイケは、社会が信用するような制度のなかに、ほぼ正規の科罰実施システムがあるという体裁を懲戒制度全体に与えるために心血を注いだ[34]」のだと。

オルトヴィン・ドムレーゼは、囚人を対象とした懲戒規定を収容所ＳＳ隊の看守に適用される規定と対比させた。彼の意見では、後者の条文にはいくつもの役割があったという。第一に、庶民層の出身者の多いSS隊員が世間からくず（Abschaum）扱いされているとの印象から解放されるのを可能にした。彼らはSS隊員になると、ほぼ合法的ともいえる懲戒手続きを守ることで、名誉ある任務を遂行していることになる。第二に、その規律の仕組みはアイケが基幹ならびに外部収容所を実地に統率することを可能にさせた。「アイケによる職員への徹底した規範強制および制度意識の教化のおかげで、以降、強制収容所機構はいかなる目標を与えられようとも、それを理論から実践に移すために必要な高度の的確性を有するようになった[35]」。第三に、それら「職務の細部にわたり、基準を設けての組織化および形式化、官僚体制化[36]」する制度はより本質的な役割を帯びていた。それは、不法行為をしているという罪悪感（subjektives Unrechtsbewußtsein）を看守たちからとりのぞいてやり、また彼らが悩むことなく任務を遂行できるようにしむけることだった。「もちろんサディズムの性向が明らかな者や他人に暴力をふるって気を紛らわす者たちがそれでも比較的多かったとしても、そのような行為が一般化するようなことはまったくなかった。当人たち個々の精神上の問題があったにせよ、以後それは、彼らに課される任務に適した素質を構成する程度にすぎなくなった[37]」。そういうわけで、彼ら正常な者が収容所に施行された規則を毎日のように適用できるようになったのも、それらの規則が組織化され首尾一貫した制度内で決められたからである。

当然ながら、この分析はファルク・ピンゲルによって厳しく批判された。ピンゲルによれば、「ドムレーゼは論文の一二四〜一二七ページで、収容所内の状況を統制するための——SS隊員ならびに囚人を対象とする——所内規定を過大評価している。（……）ことに『特殊指令』、同様の『明確に段階化された刑』は実質的にまったく意味をなさなかった。というのも、囚人のだれ一人としてある違反がどの刑に相応するのか知らなかったからである。（……）囚人にとって規定とは、恣意的なやり方で盛んに行われていた刑の文書による告知というのが基本であり、そしてどの規定書にも載っていない刑がほかにも無数あった」[38]とする。

　さて、このあとに続く内容は、拘禁中の囚人が規定違反を犯した場合に適用される手続きをはじめて再現させるものとなる。

第5章 調査（捜査）

黙認される状況が続いていたにせよ、ナチ政権は非常に早い時期から囚人に対する看守の恣意的かつ衝動的な抑圧行為を禁じていた。違反が起こされた瞬間から、従来のSS隊員もしくは違反行為の[1]証人である役付き囚人によって加えられる恣意的かつ衝動的な処罰行為にとって代わり、事故報告書を書かねばならないとした。事故報告書は違反の状況を説明するもので、作成者がそれを直属の上司に提出した。まさにラーフェンスブリュックの規程書が「特別作業隊《コマンド》の長に任命された看守は、指揮下にある被収容者縦隊の秩序および規律の責任を負う。同看守は規律違反を書面にて保護拘禁所指導者に報告しなければならない[2]」と、その手続きを示している。看守だけが囚人による規律違反の文書による報告義務を負わされていたのではなかった。ほとんどの場合、「被収容者による収容所規程の違反は、文書にて報告者の所属長を通じ収容所所長に報告されるものとする[3]」と、所属長も責任を負っていた。違反が確認されるそのつど、SS隊員には文書による事故報告を行う義務があると、この文書の文面は報告書の必然的性格を強調している。

では、囚人の観点からみた事故報告書の手続きとはどういうものだったのか？『Dans Les Jours de notre mort（われらの死の日々）』のなかで、昼間は収容所の外で働かされていたダヴィッド・ルセが、一人の囚人がいかにして事故報告書を書かれる対象となるのか語っている。すべては、あるSS隊員が囚人たちの会話を耳にはさみ、それはちょうどルセが脱獄を話題にしていたときだった。そのSS隊員は報告書を書くといって脅かした。

「おまえたちは脱走がすばらしいと話していたな」。彼が私にいった。「おれは聞いたので、報告しようと思うんだ」

私は彼を見た。ずいぶんまえから私を狙っていて、やっと尻尾をつかんだつもりになっている。残る問題は、彼が本気なのか知ることだった。（……）彼は特別作業隊指導者《コマンドフューラー》に近づくと何かを囁いた。（……）もしブロック指導者にまで話されてしまえば、私がみせしめの体罰を受けるのは確実で、もっとひどいことになるかもしれない。そんな告発をされたら、どこまでいくのかだれにも分からないし、私には自分を守る手段など何もなかった。[4]

ダヴィッド・ルセは、コマンドが収容所にもどったときに担当のSS隊員が行う通常の報告がどういうものかも記してくれた。

コマンドは収容所の門のまえで止まった。人数の確認。コマンド指導者は覗き窓に近づき、内側に立っているブロック指導者に自分の指揮下にあるコマンドを見せる。（……）それが運命の一瞬だった。コマンド指導者はコマンドの名を告げ、その員数も伝える。私たち囚人はゆっくりとした歩調でブロック指導者のまえを進む。それから、最後尾が頭を垂直に両手はまっすぐズボンの縫い目に合わせ通りすぎた瞬間、コマンド指導者はブロック指導者に報告事項があると告げるのだ。囚人たちに列を崩さず静止するよう、トニは号令をかけるだろう。カポ（作業監視役の囚人頭）のエミールは待つしかないが、落ち着かないだろう。そしてしばらくすると、私の名が呼ばれると、またすべてが動きだすのだ。前方の列が門を通過。〈まぬけ〉は仲間の哨兵たちと通路に立っているが、彼らもバラックのある丘のふもとに向かって歩きだす。いっしょに行くか迷い、コマンド指導者に目を向け、門のそばでぐずぐずする〈まぬけ〉の姿が見えた。ブロック指導者は、審問官の氷のような小さな目でゆっくり私たちの人数を数える。私は最後の列にいた。コマンド指導者が敬礼をして縦列にもどってきた。何も報告しなかったというわけだ。そのときになって、やっと〈まぬけ〉は歩きだそうと決めたようだった。[5]

事故報告書

強制収容所は正式な情報提供者制度、つまり保護拘禁所指導者のために囚人仲間をスパイする囚人らによって監視されていた。その監視体制は正式に設けられ規則まで備えていたが、秘密におかれた。たとえばラーフェンスブリュックの内部規程書によれば、保護拘禁所指導者ならびにブロック指導者は「各被収容者の精神状態および性格、不正行為のほか、保護拘禁所内で発生するすべての出来事に関する情報を得ていなければならない」[6]とある。そのために、規程書は「目立たぬように、信頼できる被収容者を観察人に任ずることができる」[7]と明記する。一九四四年三月三一日付の全司令官に宛てた秘密指令のなかで、SS－WVHA・D・I部は上記の情報収集手段の活用が少ないことに苦言を呈している。さらに、不測の事態が起きて驚かされることのないよう、「収容所内において、被収容者が、必須の情報収集能力を有する被収容者（密告者）による監視を受けることは、絶対的に必要かつ重要である」[8]と、同手段の活用を奨励した。この密告制度と併行して、収容所内の規律の保持を担当する者すべては規律違反の事実を知った時点で事故報告書を作成しなければならなかった。

頻繁にあった規律違反

すでに私たちは非常に複雑な収容所規則の大部分を知ることができた。おびただしい数の禁止事項である。有刺鉄線から二メートル以内に近づくこと、上衣を着たまま寝ること、下履きを履かずに寝ること、つばなし帽をかぶったまま寝ること、〈囚人頭《カポ》専用〉または〈本国ドイツ人《ライヒスドイチェ》専用〉の標識のある洗面所および便所に入ること、指定日にシャワー室に行かないこと、指定日以外の日にシャワー室に行くこと、上衣のボタンをはめずにブロックから出ること、襟を立てたままブロックから出ること、寒さに備えて衣服の下に紙や藁をはさむこと、上半身裸になる以外の恰好で身体を洗うこと……[9]。

「収容所に着いた時点から釈放されるまでの全期間、すべての被収容者が守らねばならない[10]」ラーフェンスブリュックの内部規程書は、囚人が懲戒の対象となる規律違反の一覧を列挙する。二ページ半、二一項目におよぶそのリスト[11]にしたがい、これに該当する者は科罰された。

一、命令をただちに実行に移さなかった者。

二、伝染病もしくは寄生虫に感染している旨の報告を怠った者。

三、軍の倫理作法を守らなかった者。

四、室長あるいはブロック長の指示にしたがわなかった者。
五、立ち入ってはならない場所にいた者。
六、喫煙するかそれに誘い、あるいはタバコを入手した者。
七、アルコール飲料を飲むか、それを入手した者。
八、すぐに起床しないか、消灯後に寝台を離れた者。
九、医官の許可なく起床しなかった者。
一〇、怠惰な者、あるいは故意に作業量を減らす者。(12)
一一、勤労を避けるため、仮病をつかった者。
一二、ほかの被収容者と禁じられた関係を持った者。
一三、国家または収容所財産を故意に破壊するか窃取した者。
一四、信書の送受に関連する規定に違反するか、手紙のなかに批判を書いた者。
一五、収容所の塀越しに物品を受けとるか、外に投げだそうとした者。
一六、警報が鳴ったとき、すぐに自分のブロックにもどらなかった者。
一七、夜間に音をたてるか、静寂を妨げる者。「レズビアン行為をする意図でほかの囚人との接触を試みるか、レズビアンの猥褻行為をする者、あるいはそれを報告しなかった者(13)」
一八、ほかの被収容者を相手に嘘をつくか、窃取するか、虐待行為をした者。
一九、脱走を準備するか、ほかの被収容者にそれを勧めた者。
二〇、いかなる方法であっても収容所の規律を破るか、命令あるいは収容所の保安規定に背いた者。
二一、看守に危害を加える被収容者に対しては、当該看守の武器使用が許される。

この規則違反のリストは網羅的でないが、その理由は四つある。第一に、違反を構成すべき物的および心的要素が漠然としている。囚人のいかなる行動も同リストの違反にほぼ相当するものと考えられる。第二に、ラーフェンスブリュックの懲戒規定はある瞬間をとらえた写真のようなもので、条文の変遷が、その発布の前後はともかく、考慮に入れられてない。第三に、同リストは部分的に女性用の強制収容所に固有のものである。男性用の違反項目リストであれば、男性の囚人に特有の項目もあるはずである。最後に、各収容所の司令部は毎日のように多くの条令を出しては、ある行為を規定したり禁じたり、またその条令に懲刑を添えて威嚇していた。したがって、違反項目の一覧は状況に応じて変化した。たとえば一九三七年一一月一七日、ブーヘンヴァルトの保護拘禁所筆頭指導者は「就労時間中に個人の靴や衣服を洗ったり食物を温めたりすることは事故報告の対象となり、したがって懲戒手続きのため、該当の被収容者全員をただちに司令官に報告するものとする[14]」と規定した。各収容所の管理機構による無数の文書[15]は、囚人たちの日常の一定部分を規制しつつ、同時に無数の懲戒罰を加えていった。そのおびただしい数の規定のうち、ある種の文書、その代表的な内部規程が、特定の分野で守られねばならない個々の規定を編纂していたのである。いくつか完全なかたちの内部規程が保存されており、たとえばナッツヴァイラーの規程はほんの三ページ[16]、もう少し長い一九四二年一一月六日施行のザクセンハウゼンの規程書[17]は七ページである。ナッツヴァイラーでは、「収容所(保護拘禁所)の就労時間ならびに自由時間における被収容者の行動に関する全般的な指示」が、つぎの状況で適用されるべき主な規定をまとめていた。

一、上位の者が収容所ならびにブロックに入ってきたときの被収容者のふるまい(……)。二、信書の送受（……）。三、新聞購読の申請書（……）。四、ブロックおよびその大部屋の営繕（……）。五、一般禁止事項（……）。六、身体の衛生と洗濯、ブロック清掃（……）。七、点呼および作業開始で集合するときの心得（……）。八、食料配給所での購買（……）。九、医師への報告（……）。一〇、日中もしくは夜間または就労中の所内警報あるいは空襲警報、火災警報があったときの行動（……）[18]

懲戒科罰のシステムに関するいかなる記述もない。ただ同文書は、これこれの禁止条項の違反がこれこれの懲戒罰の宣告をもたらすこと、あるいはまた「各人は入所時に、本収容所の規定に違反するか、それを遵守しなかった場合、懲戒罰により厳しく制裁されること、またすべての懲戒罰は保護拘禁の期間を自動的に延長させる旨を知らされた[19]」と何度となく注意喚起している。

ラーフェンスブリュック規程の正規の違反項目一覧、またあちこちに多く散らばる条令、各収容所固有の内部規程、そこには事故報告の対象となりうる懲戒規定の違反が無数あった。囚人たちは無数の禁止事項を徐々に知らされていくなか、ときにそれらが文書化されていることも分かるようになる。たとえば囚人と住民のあいだで交わされる闇取引のことを、プリモ・レーヴィは「規定に明記もされて政治犯罪とみなされるから、非常に厳しい懲罰を覚悟すべき違法行為である。だから、民間人との取引を疑われた被収容者は、保護してくれそうな上位の者を知っていなければ、グライヴィッツ・Ⅲ〔アウシュヴィッツの附属工場〕、あるいはヤニナ〔現ポーランドのリビアンジュにあった〕かハイデブレック〔同ケンジエルジュ・コジュレ〕の炭鉱に送られ、ということは数週間以内に衰弱死というわけだ[20]」と明かした。

多くの原本が意図的もしくは事故にて失われたとはいえ、公文書館に保存されている記録のおかげで、事故報告手続き――とりわけ報告者たちに関すること、また作成する際の形式上の決まり事――

に用いられた規定をかなり詳細に再構成させることが可能である。

報告者

囚人を担当する者すべて——収容所の職員であろうと、囚人たちを雇用する企業の社員、または規律保持や労働能率を監視する役付き囚人あろうと——は、規律違反すべての事故報告書を作成して確認するよう義務づけられていた。[21]

まずSS隊員、彼らは全員その階級や職務にかかわらず、またどの部署に所属していようとも、囚人による規律違反すべてを事故報告の形式で上官に知らせることを義務づけられていた。[22] 事故報告書は以下の各階級SS隊員により作成された[23]——SS（親衛隊）二等兵、同兵長、同伍長、同曹長、同上級曹長、同少尉、同中尉、同大尉。

具体的にいうと、SS隊員は看視下にある囚人のなかで違反を犯した者らの登録（囚人）番号を控えた。ダヴィッド・ルセが『われらの死の日々』のなかで語っている。

「一日目は、むしろうまい具合にいったなと思った」。ラウルはいった。「シャベルで穴掘りに疲れると、そこを逃げだして樹の枝切りを始めるんだ。かかとに尻を下ろし、二人挽きノコギリを持ったまま向かいの仲間と仕事をしているふりをしていた。これは楽だと思ったね。ところが、もう昨日から雲行きが怪しくなった。SSが仲間連中の囚人番号をメモしはじめたんだ。やつら、どうするつもりなのかな？」

「ブリエはタバコの配給が止められるだろうと言うんだ。給料の代わりがタバコだからな。つぎにまたやると、こんどは尻を棒で叩かれる、二五回。フュンフウントツヴァンツィク・アウフ・アーシュ（尻に二五回）！」[24]

つぎに囚人たちが働かされている企業の民間人社員もまた問題となる囚人の行動を報告していた。ブーヘンヴァルトに収容の囚人を雇用していた民間企業〈グストロフ・ヴェルケ〉によって作成された二つの事故報告書は、収容所に出入りの企業が同所の労働力を提供する部署の長（労働力配置指導者）宛に事故報告を行っていたことを示す。一番目は一九四二年六月一一日付の報告書で、一人の囚人が同社の社員に対し二件の窃盗を働いたことが書かれている。それにはグストロフ・ヴェルケの工場長による署名[25]がしてある。二番目の報告書は一九四三年一〇月六日に作成されたもので、二名の囚人の脱走未遂事件を報告しており、当の二名はすでに基幹収容所に移送済みと書いてある。この報告書は、当の囚人二名が罰せられるよう要求しており、同工場の人事部による署名がある[26]。私が閲覧した文書では、民間の関係者が親衛隊組織に属していたことを示す材料は見つかっていない。このようなやり方で彼らに懲戒手続きに介入する権限を与えていた点に関し、同文書は問題を提起する。

ブーヘンヴァルトで、ダヴィッド・ルセは「以下はタワー〔管理棟〕から得た情報[27]——囚人たちの行動に関するマイスター（民間人の現場職長）の報告がまた届くようになった。というわけで、マイスターたちを警戒し、彼らと我々囚人との関係に注意すること。彼らに話しかけるのやめること、もちろん、現場で諸君が判断する特別の場合をのぞいて[28]」と、民間人のマイスターから収容所当局への報告が増えつつあるのを囚人たちが不安に思う状況を明らかにした。

場合によっては、囚人たちが「二度ばかり（囚人頭《カポ》の）エミールをなんとか説得して、民間人技師が親衛隊に報告書を出そうとするのをやめさせたことがあった。そんな報告書が私たち囚人にとって何を意味するか、技師に説明したのだ。ベルリン出身の技師は驚いたようだった。彼が視線をコマンド指導者に移すと、こちらもそうだとうなずいた。民間人というのは、我々の世界のしきたりを知らないのだ[29]」というように、民間人の責任者に報告書を書かせないよう説得できる場合もあった。

囚人ら自身も仲間が犯した規律違反の報告を義務づけられていた。ブーヘンヴァルトの保護拘禁所筆頭指導者は、一九三七年一〇月九日付の条令で「被収容者が窃盗や脱走未遂、サボタージュなどの情報を得た場合は、ただちにそれを所内第Ⅲ部〔保護拘禁所指導部〕に届け出なければならない[30]」と命じた。沈黙を守る囚人がいた場合を想定し、「その届出を怠った者は違反者と同罪とする[31]」とつけ加えた。同じように、ザクセンハウゼンの内部規程も最後の第一七条に「内部規程の違反はただちに届けでるものとし、とりわけ脱走に関連する準備もしくは申し合わせを知った者は至急に報告しなければならない。窃盗、現金横領、詐取、酒類の非合法取引、賭博行為、そして第一七五節に違反する行為も同様とする。その届出を怠った者は、違反者本人と同罪とする[32]」と規定してあった。仲間の囚人を告発する義務は、違反の種類に応じて重要度が加減された。脱獄計画を告発しない場合が、最も重大な違反とみなされていたようだ。そういう理由により、ラーフェンスブリュックの懲戒規定では、囚人仲間の脱獄計画をただちに知らせないこと（第一九条項[33]）、あるいは仲間の同性愛関係を明かさないこと（第一七条項）はそれだけで有罪とされた。この二つの違反は、ザクセンハウゼンの内部規程にしたがい、すでに適用されていた。ナッツヴァイラー強制収容所における囚人の尋問調書も、脱走計画の告発が義務づけられていたことを裏づけている[34]。

そこから結論づけられるのは、収容所内組織でいかなる責任も持たないふつうの囚人にさえ、所内に施行されている条令に違反する仲間の行動を報告する義務があり、ましてや脱走計画であればなおさらだった[35]。

しかしながら実際には、事故報告書を書くのは所内で正式な役割を担っている囚人の仕事だった[36]。

例をあげると、事故報告書を作成するのはブロック長老か(37)カポ(38)、または囚人職長《フォルアルバイター》だった(39)。さらには、カポ長（オーバーカポ）とブロック長老の両人がともに事故報告書の署名をすることもあった(40)。フォルアルバイターに関しては、あるSS隊員が「工事現場で勝手に所属コマンド（作業隊）を変わってはならない。コマンドを変えた者については、フォルアルバイターが登録（囚人）番号を控えるだろう。それは尻に二五回の杖刑のためだ(41)」と、囚人たちを集めて説明をした。べつのページでダヴィッド・ルセは、ドーラ強制収容所で規律委員を担当している囚人エドムントについて、「事務所から出てきたエドムントを見て、ハンスは苦笑いを浮かべた。エドムントを軽蔑していたが、警戒もしていたのだ。ハンスは密告者が許せなかった。エドムントはトンネル内部の規律を任されていた。だれに対しても好きなときに身体検査をする権利を与えられていたし、夜になると、一心不乱にSS宛の報告書を書くのだ(42)」と語った。

ダッハウ強制収容所では、親衛隊当局が各ブロック長老に対し、毎日のノルマとして三〇から四〇件の事故報告書を提出するよう要求した(43)。これら規律保持役を務める囚人は、仲間の不満を聞きとって整理をし、それを同じ囚人の上位の者かあるいは保護拘禁所筆頭指導者に報告していた。あるブロック長老は事故報告書に、「例のロシア人、あるいはほかの者たちからも、何ひとつ報告がありませんでした(44)」という点を強調した。

ただふつうの囚人が、囚人世界でのエリートの一人になりたくて、仲間の違反行為を密告するようなこともある。ロベール・アンテルムは、いかにして収容所に着いたときはただの囚人だったリュシアンが「ある日、スペイン人の若者が隠れていることをカポに明かし、カポはそれをSSに伝えたので、若者は杖刑二五回を受けた。そしてリュシアンは、若者の寝床に居すわった(45)」と語る。ときには、密告がすぐ特典に繋がることもある。たとえば、あるルーマニア人の囚人が「ストーブで暖をとっているようだった。彼の仲間の一人が数珠つなぎにしたジャガイモをストーブのなかに入れた。ルーマニア人は微笑みを絶やさずにしばらく待ったあと、姿を消した。しばらくするとカポが出てきた。例のルーマニア人は何人分もの飯盒をもらった。それが二、三回続いたあと、私たちは何が起こったのか理解したのだった[46]」

一部の囚人が仲間に対する抑圧行動に加担していた事実は、当然ながら倫理上の問題を提起する。その件をダヴィッド・ルセは、シャハト・マリー〔ドイツ北東部にある岩塩坑を利用した地下の秘密兵器工場〕で夜間労働を強制されていた囚人らのカポ、ヴァルターを例に語った。

> ある朝、作業からもどると、ヴァルターがブロック指導者に近づいてひとつの番号を伝えているのを目にした。すると、一人のロシア人が呼ばれた。ヴァルターは、その男が働くのを拒否したと告発したのだった。男は二五回の鞭打ち刑を宣告された。エミール（彼もカポ）と私にとって、それは言語道断な事件だった。食事のとき、エミールは黙ったままだった。食事の終わりに、私がヴァルターに聞いた。
> 「なぜあんなことをしたんだ？」
> 「作業責任者はおれだからな」。ヴァルターは答えた。
> 「なるほど。だが、きみが自分で罰を与えればよかったろう。マイスター（現場職長）が番号を控えたわけではないんだ、SSに報告しなくてもすんだはずだ。きみがそれをやるとは想像もつかなかった。きみのSSに対する態度は許せない」
> ヴァルターは反論しなかった。しかし、彼は同じようなことを二度とくり返さなかった[47]。

親衛隊に協力したくないがため、囚人は自分たちで規律保持をしようと決めたようだ。たとえばダヴィッド・ルセが主張するように、一九四二年以降、親衛隊に事故報告書が送られる代わりに、囚人が自分たち、つまりブーヘンヴァルト収容所における規律保持に責任を持つ囚人たちで構成されるラーガーポリツァイ（収容所警備班）を通じて対応するようになったという。

いつもどおり、彼ら（ブーヘンヴァルトに拘禁されていたドイツ共産党員）は法的な口実を探していた。そういうわけで、彼らの地下指導部が親衛隊にラーガーポリツァイの創設を提案したのは一九四二年の七月だった。まず二〇人ということで許可が出て、その後、三〇人に増やされた。二年後にふり返ってみると、ラーガーポリツァイの創設は、囚人たちの内部組織の自由化に大きな影響を与えたのだった。（……）実際、SSどもは最終的に収容所の外に追いだされた。違反に関する報告書が、もう彼らには届けられることはない。新しく到着する者らを、もう遠くからしか監視できない。SSの夜の巡回も、やっと収容所内を回らなくなった。(48)

事故報告書の書き方は厳しく規制されていた。作成者がSS隊員であろうと囚人であろうと、自由に書く余地は残されていなかったのである。

形式に関する規定

白紙に自由な形式で書かれたごく少数の事故報告書が公文書館に保存されてはいるが、(49)大多数は報告書《メルドゥンク》(50)と呼ばれる専用の書式に記入されている。標準化されて全収容所が用いたその書式は、SS-WVHA・A・Ⅱ部がその使用を認可したものである。公文書館では、同部によって使用が許されて

〈承認〉のスタンプを捺された無記入のさまざまな書式によく出会う。さて、事故報告書の書式の上段には収容所名の記入欄につづき「第Ⅲ部」と印刷されており、さらに日時と場所の記入欄がある。本文記入の部分は、冒頭に「私はつぎの被収容者[51]〈ここに違反者の氏名と身分、拘禁カテゴリを記入〉に関する報告をします。その理由は（……）」という定型文がある。報告者はその記入欄を埋めていき、規律違反の事実を伝える。それを記述するための空の行が用意されている。最後に、報告者は自分の氏名と階級を記入して署名する。同書式が収容所第Ⅲ部の長である保護拘禁所筆頭指導者に届けられるため、その領収印と署名の欄[52]も印刷してあった。

サボタージュの報告については、上記書式だけでは不十分である。グロース・ローゼン強制収容所の司令官による一九四四年五月二七日付の業務指令によれば、サボタージュに関しては特別の報告手続きが必要とあり、それは最初の事故報告書が二番目の「企業監督者の報告書[53]」によって補完されることになる。

全強制収容所を管轄する中央組織は、事故報告書の作成に関する改善を何度も試みた。いくつかの作成基準の細部から窺われるのは、手続きの真の目的である。事故報告手続きは、違反行為で告発された囚人に正当な懲戒手続きを保証するためではなく、懲戒処分が法的な体裁を持つ指令に則って行われるようにするためだった。囚人を対象にしているとはいえ、彼らの人格の保護は事故報告書の目的とはまったく無縁だった。

アウシュヴィッツ第Ⅲ強制収容所の第Ⅱ部とⅢ部は、一九四四年、事故報告書の作成を、より合理的で統制がとれており一本化もされた、つまりより実用的な形式にするための対策を練った。一九四四年一月一二日、アウシュヴィッツ第Ⅲ強制収容所の保護拘禁所筆頭指導者は、全外部収容所指導者宛に収容所内での事故報告書の書き方と、とくにその構成内容を規制するつぎの通達を出した[55]。

今後、事故報告書には下記の項目を入れること。
一、規律違反のあった日時。
二、該当の被収容者が配属されている作業隊名。
記入例――当人は、一九四四年一月一八日、(…判読不能…)。所属コマンド《コマンド》は〈コ、マ、ン、ド、名、と、そ、の作業内容を記入のこと〉……[56]。

一九四四年一月二八日、同じ部から前回と同じ宛先に二番目の通達[57]が出された。非常に細かく、事故報告書に見られる主な欠点を、「一、違反者の身分特定に必要な項目が往々にして不十分。二、事実を伝えるべき文章からはっきりとした事実の情景がつかめない。むだな記述が多い反面、じつは重要な面が不足している。三、書面がむだに使われているため、量刑やその告知方法など必要な書き込みをする場所が残されていない。四、事故報告書の提出が非常に遅れており、違反の時期から長期間を経ているため、身体刑の科罰が不可能となっている[58]」と指摘した。これらの指摘から分かるのは、事故報告書の形式に重きをおいている点である。作成基準を守らないために、違反を犯した囚人の代わりにほかの囚人が刑を宣告される可能性がある(第一条項)うえ、誤って伝えられた情報に基づいて懲罰を受けることもありうる(第二条項)。また、もはや身体刑の執行が不可能となることもある(第四条項)。最後に、執行されるべき刑を書きこむ余白が報告作成者によって残されていなければ、その執行は困難になろう(第三条項)。このような問題を改善するため、保護拘禁所筆頭指導者は一連の対応策を準備したが、そのひとつだけが残っており、ほかはすべて失われたようだ。その対策とは、事故報告書に作成日付の記入を必要としなくなったことだ。報告書作成の場所だけ記入すればよいことになった。そのほか、規律違反がなされた日付を入れてはいけないことになった。これは、おそらく第四条項であげられた問題を解決するためだったのだろう。日付さえなければ、失効期日もなくなる。事故報告手続きとその詳細な作成基準は、文書による細かい懲戒手続きを制定することで囚人たちの権利保護を目的としていたのではなかった。それら手続きのすべては、規律による囚人への弾圧に合理的な装いを与えることが唯一の役割である。そういった視点から考慮すると、保護拘禁所筆頭指導者が指示した対応策が本来の意味を持ちはじめ、事故報告書のきめ細かいその他の作成基準と首尾一貫していることが分かるのだ。管理システムの邪魔になる弊害をなくすことで、保護拘禁所筆頭指導者の対応策は、囚人に対する外見上は公正な手続きによる有罪判決が滞りなく進められることを可能にした。

このように事故報告手続きは二つの役割を果たしていた。第一に、報告作成者が違反者を独断で殴打することを阻止することである。所内に居あわせる残忍な看守のケースをのぞき、このような暴力的な反応が精神的に正常な看守には倫理上の微妙な問題を引きおこす。自分の行為を後悔するか、あるいは同僚たちによる囚人の扱いに疑問を抱いたりするようになるからだ。第二に、事故報告書の作成者は報告文を推敲しながら、囚人の規律違反を法的な体裁を持つ規範枠のなかでとらえようとするが、それはたとえば動員されたときに知った軍隊における規範の枠組みに似ているのである。

いくら事故報告書の作成基準に関する指示があっても、看守は懲戒手続きを自分の気ままに用いようとするかもしれない。表面上は形式を守って事故報告書を書くだろうが、実際のところ、囚人への科罰の決定権をわがものにできるよう記入するだろう。たとえば、違反事実あるいは違反者に関して嘘をつき、囚人への有罪裁決権を正規に有する権限者に対して影響を与える。その場合、該当の囚人への科罰は専横となる。看守個人の欲動に直接依存しているからである。アウシュヴィッツ第Ⅲ強制収容所の三番目の通達は、上記のような逸脱を回避しようという収容所の中央管理組織の尽力を示している。アウシュヴィッツ第Ⅲ強制収容所の第Ⅱ部は、同所の第Ⅰ、第Ⅱ、第Ⅲ部ならびに外部の強制労働収容所に宛てた一九四四年二月八日付の通達で、とりわけ事故報告書の作成者に求められる中立性が必要なことを主張した。同通達の趣旨となる指示を厳守することは、「ブロック指導者またはSS看守などによるあらゆる種類の事故報告書作成において、とくに以後の手続き継続のため第Ⅱ部に提出される場合、絶対的に必要とされる」[59]としている。それらの指示とは、何よりもまず事故報告書の記述の公正さを求めるものだった。一、二、三と番号を振られた冒頭の指示三つを書きだしておく。

一、真実のまたは明白な事実が記入されなければならない。
二、あらゆる種類の臆測は除外すること。
三、証人がいる場合は、かならず呼びだして証言させること。[60]

収容所第Ⅱ部は、「事故報告書にかなりの頻度で加筆があり、それは違反容疑者が収容所の内部規程を何度も犯した累犯者であると訴える」[61]事実を認めている。ところが、第Ⅱ部が違反容疑者のファイルを調べてみると、上記の加筆が嘘であることが判明した。ついては、「これについては、(一)まったくの臆測であり、(二)故意の誣告でしかない」[62]との結論を出した。その通達のなかで、第Ⅱ部は「誣告《ぶこく》行為は刑法違反である。それゆえに、事故報告書は問題にとりあげる事実を忠実に報告しなければならない」[63]と警告した。逸脱行為を犯す者には厳しい制裁が用意された。同通達を署名した者の頭のなかに、これを単なる叱責で終わらせず、慣行化している逸脱をなくそうとの意志の存在が見える。署名者、つまり第Ⅱ部〔政治部〕の長は「それら実例を所内講習でとりあげること[64]」を実際に要求した。この対策を提唱したアウシュヴィッツの第Ⅱ部とは、秘密国家警察《ゲシュタポ》の警察官である。ドイツの警察組織内であたりまえの形式尊重主義に慣れた警察官たちは、収容所の囚人への弾圧にも同じ形式主義を用いたかったのである。

　事故報告書は、囚人の弾圧を正当化するのにたいへんに重要だったため、それを保存しておかなければならなかった。その方向性で、同通達は「事件が落着すると、有罪の宣告後、一部の収容所は執行刑を伝えるための書き込みをした事故報告書をもどさず、所内に保管してしまうか、おそらく廃棄してしまうことさえある[65]」という実態を批判した。

　さて、記入された事故報告書は報告者の所属長に提出されたあと司令官にわたされ、たいていの場合、後者が報告書に執行されるべき刑をじかに書きこむ。したがって、司令官は事故報告書に記載された内容だけに基づいて判断をする。しかしながらダッハウにおいては、ひどく簡単に見えるケースであっても、事故報告書にて告発された違反に関し、容疑をかけられた囚人は、数秒間、聴取されたとの証言がいくつかある[66]。公文書館に保存された文書が、ときにより複雑な調査手続きがあったことを物語る。有罪を宣告されるまえ、いくつかの事件では容疑者は何度か尋問され、それは場合によって証人あるいは共犯容疑者も同様であった。多く残された尋問調書は、そのような調査のより詳細な文書による痕跡である。調査手続きを規定した条文はおそらく失われているので、公文書館に残された多くの尋問手続きを分析してそれを再現させるほかない。

収容所第Ⅲ部（保護拘禁所指導部）の普通法における権限

「収容所の内部規程の違反に関する事故報告の場合、収容所指導者《ラーガーフューラー》（外部収容所の責任者。もしくは基幹収容所の保護拘禁所筆頭指導者が代行する）は違反の行われた状況を調査のうえ、有罪判決の申請書を作成、基幹収容所の司令官による確認を得た後、自らその執行の責任を負うものとする」[67]。の強制収容所の第Ⅲ部が普通法の権限を有し、事故報告書に基づく調査を担当、必要とあれば尋問このような追加措置を講じることもできた[68]。つぎに、事故報告書や場合によっては尋問調書、または医官による診断書からなる全調査書類を司令官に提出する。以下はいくつか異なる強制収容所にて保管されていた文書であり、調査手続きについての参考となるだろう。

ある窃盗事件について

尋問調書は、かなり軽微な規律違反でも正規の尋問の対象となり、それが文書化されていたことを示す。一方、かなり大がかりな調査手続きだからといって、容疑者である囚人の死を意味するとはかぎらない。これらの例では、囚人の幾人かが身体刑を宣告された（一五から二五回の杖刑）。最初の調査は、〈オランダの人質〉と呼ばれた囚人ブロック内で起きた二名の保護拘禁中のドイツ人による窃盗事件である。尋問調書の送付状がその窃盗事件の概要を伝える。「犯人らは、四一年一〇月七日、杖刑を執行されているHのポケットからオランダタバコが一箱落ちたことに関し、調査を受けることになった」[69]。一〇月八日に行われた尋問で、囚人ヴィルヘルム・Hは「自分が収容所の内部規程に違反したので、厳しい宣告をされるものと覚悟していると認める」[70]と述べた。つまり、調査は違反の根拠となった条文の明細がないものの、内部規程の違反に関することだった。事件の翌日、一〇月八日、第Ⅲ部はヴィルヘルム・Hの供述調書を収容所司令官に送ると、司令官は送付状にじかに「一五X（あるいは二五X、判読困難）」と量刑を書きこんだ。一五回、あるいは二五回の杖刑を意味する。

二番目の調査となった事件は、ブーヘンヴァルトに保護拘禁されていたある囚人の一九四一年六月八日付の尋問調書[71]に要約されている。その三日前、彼は同房の仲間といっしょに収容所司令官の官舎にあったアルコール飲料の一瓶を盗み、その場で飲んだ。二人が司令官の官舎に配置されていたものと想像できる。同事件に関する二つの文書だけが保存されており、それは尋問調書とそれを司令官に宛てた送付状である（二人目に関する文書は失われている）。尋問のあった翌日、つまり六月九日、第Ⅲ部は司令官に二つの尋問調書を送り、事件を「二人は職務中にアルコール飲料を飲んだ。両名はすでに懲罰部隊に配属済み[72]」と要約した。第Ⅲ部は、調査継続中であっても、暫定的な懲戒措置を講じる権限を有していたようである。

三番目の調査は、ある窃盗事件と飲酒に関するものである。その尋問調書を信用するなら、一九四〇年一二月二九日、[73]ブーヘンヴァルトの死体保管室で使役されていたドイツ人政治犯のハインリヒ・Rは、自分が調合を担当していた薬剤の不快な臭いに吐き気を感じたため、エーテルとアルコールの混合液をがぶ飲みした。アルコールでいくらか酩酊した状態でバラックに帰ったところをブロック長老にみつかり、ただちに収容所内の独房に入れられた。事件の経過を時系列で記したものが非常に興味深い。懲戒手続きが素早く効率的に進められたことが分かる。

・一二月二五日――夜、すなわち規律違反のあった当日、当該の被収容者を所内監獄に入れた。
・一二月二七日――当収容所司令官が署名した科罰指令書(74)により、禁足措置が確認された。所内監獄を〈独居房〉に正規化したのは、一二月二五・二六日がドイツの祭日である点を考慮すれば迅速な処理であった。独居房への収監は、その理由が「四〇年一二月二五日、当人は病理学室から数種のアルコールを盗み、禁止を無視して飲んだからである(75)」と科罰指令書に明記されている。調査期間中の独居房への収監措置は、「四、独居房への収監および一時拘留は、収容所所長の指令書または当収容所への移送を行った当局の要請に基づいて決定される対応措置である。本措置は照明のある独房と通常の配給食の条件下で実施される(76)」と、ラーフェンスブリュック収容所の内部規程の懲戒規定条文に明記されている。
・一二月二九日――当人を尋問。第Ⅲ部は尋問調書に送付状を添えて司令官に送付。
・一二月三一日――収容所司令部の受領印により、司令官が送付状を受領したことを確認した。司令官は送付状に量刑をじかに書きこんでいるが、これはよくあることである。本状に手書きで書きこまれた「一五X」は、該当の被収容者が一五回の杖刑に処されるということである。このあと、同人を独居房から出すと同時に杖刑一五回の執行を命じる科罰指令書に、司令官は署名することになる。違反の実行からほんの一週間で、当の被収容者に対する刑が宣告された。

一九四二年三月一六日(77)にナッツヴァイラー収容所にて尋問された保護拘禁中のドイツ人被収容者ヴァルター・Rの尋問調書は、カップ一杯の砂糖を盗んだだけでも尋問を受けたことを証言する。

SS看守と囚人間の闇取引

SS隊員と囚人が闇取引することは禁止されており、それが発覚すれば調査の対象となる。ある囚人の尋問調書がそのような申し合わせが交わされた状況を明らかにする。親衛隊の兵士宿舎ブロックの営繕に配置されていたドイツ人の囚人フリッツ・Eは、一片のパンと紙巻きタバコ一本と引換に、あるSS兵長の部屋を改装した。また兵長は、しばしば同囚人にタバコも売っていた。三回目の取引の噂が広まり調査が開始された。ほかにも同囚人は、仕事中、ある部屋からベーコンと半分空になったタバコを盗っていた。尋問調書の冒頭を読むと、彼がSS兵長との取引に関し、「私こと一九〇七年一二月二五日にライヒェンバッハにて出生のフリッツ・Eは、否認し続けることがむだであることを分かっており、本日は以下のことをつけ加えたく思います[78]」と、すでに何度か尋問されていたことが分かる。この尋問調書は司令官に提出されたが、当人と、おそらくSS兵長もだが、彼らにどのような刑が宣告されたのかを記録する文書は残っていない。

囚人の性に関する調査手続き

ブーヘンヴァルト収容所の売春ブロック（ボルデル）に通ったある囚人に関する最初の調査。一九四四年二月一二日付の尋問調書で、囚人ハインリヒ・E（政治犯でない普通法受刑者、略してBV）は以下の事実を認めた。「特別ブロック（ボルデル）が開かれて以来、私は常連の客であり、若い女たちと親密になりました。そこの客たちがプレゼントを贈って女たちを驚かせるように、私は縫い物工房で働いているので、パンティーやブラジャーを作って女たちに贈りました[79]」。規律違反とされたのは、衣類を作り、それを所内の売春婦の一部（調書にはボルデル内での彼女らの個人番号も記載されている）にプレゼントとして提供したことである。同囚人は、「カポからも禁止され、また収容所司令部がそのことを厳しく監視しているのを知っていたのに[80]」、自分は収容所の規律に違反してしまったと非を認めた。囚人が禁止項目に言及することは不可欠である。というのも、それが囚人への弾圧に合理的かつ正当性の体裁を与え、禁止されているにもかかわらず、当人が故意にそれを破ったことを示せるからである。したがってSS隊員らの目にも、また当の囚人の目にも。刑の宣告は正当であるかのように映るのだ。ことにそれが文書による手続きの後に宣告される場合はなおさらである。

ホルヘ・センプルンは、売春婦たちへのプレゼントについて厳しい批判をしている。

私はしかし、彼がボルデルに行くドイツ人連中の一人なのだろうかと怪しんだ。（……）私は自問せざるをえないのだ、彼がそれをふつうのこと、紳士のたしなみだと思い、小さなプレゼントをボルデルの女たちやSSの下士官にも届けるのかと。万事が順調であってくれるためには欠かせない小さな贈り物、それは缶詰であったり、マーガリン、香水の小瓶であったり、収容所内での闇取引に加わらなければ入手不可能なものばかり、要するに囚人たちの毎日の配給から特権を持つ者がたしなみ深い態度を保持するために上前としてはねたものなのだ[81]。

一九四二年四月一三日と日付の入った尋問調書[82]は、第Ⅲ部が囚人間の同性愛関係についても調査を行ったことを証言する。囚人（BV）ヨハネス・Lは尋問調書のなかで、自分と同房のブロック長老との関係について、段階を追いながら三回にわたる接触を、日時、性行為も含めて細かく語った。

収容所司令官の管轄下におかれた調査

ほとんどの調査が第Ⅲ部の主導で実施されるとしても、それは収容所司令官の権限下にあった。調査を実施する権限保持者と刑の宣告を所管する者とのあいだには、いかなる区別も存在しないということだ。つぎの調査手続きは、ときに司令官が進行中の調査に介入する可能性を示す。この事例は、ブーヘンヴァルト収容所の囚人アルトゥール・M〔定職に就かないホームレスやアルコール依存症の者、ロマなど、略してASR〕が一九三八年七月一六日に建物の三階から飛びおり、自殺未遂の容疑で告発されたケースである。事件の直後、当人がまだ所内の看護室にいるところを尋問された。最初の尋問調書[83]では、当人は自殺を試みた事実を認め、その行為を説明している。無数の傷を詳細に観察した診断書で、SS医官は「患者はずいぶん低い場所から落ちたようにみえ、本人のいうこともひどく誇張されているようだ[84]」と結論した。そう主張することで、医官は医療診断の枠を離れ、積極的に調査内容に介入した。種々の書き込みから、患者の説明にだれも納得しなかったことが分かる。一九三八年七月一八日、何者かが書類上に「こいつは嘘をついた！　窓から飛びおりたりしなかった！　再度、尋問が必要！[85]」と書きこんだ。収容所司令官はこの調査を注視しており、囚人の自白が信用できないため、「司令官と打ち合わせの後、新たな尋問を行うこと[86]」と指示の書き込みをした。

一九三八年八月二四日、二回目の尋問[87]が実施された。その間、囚人は看護ブロックを出ていたが、三階から飛びおりたという当初の説明を変えなかった。ただし、自殺未遂で刑を宣告されることを怖れ、ブロック長老には自殺未遂が狂言だったと告げたことを認めた。同日、第Ⅲ部は二回目の尋問調書を司令官に提出。この調査手続きにおいて、診断書は最も重要な要素である。この事件では、収容所のSS医官が調査手続きに一種の正当性の担保を与えた。複数の重傷があるにもかかわらず、提供された治療行為は安静であり[88]、当人の治療ではなく、単にそれを装ったものでしかなかった。場所が場所だけに、かなり重傷の囚人が看護室で治療されたあとすぐに調査手続きの対象とされてしまうこともあった。

第Ⅲ部の隣の第Ⅱ部（政治部）は、特別の調査（捜査）を担当する。

特別権限を付与された第Ⅱ部（政治部）

囚人の脱走について

一九四四年、SS-WVHA・D・I・1課が全強制収容所の司令官宛に送った指令書によると、「脱走した被収容者を拘束した場合、当人が収容所に連行された時点で、ただちに刑事警察（おそらく、所内政治部員のこと）もしくは司法将校（Gerichtsoffizier、法務官）による尋問が行われなければならない[89]」とある。SS-WVHA・D・I・1課は脱走未遂囚の尋問調書の写し送付先となっており、それゆえに調書に記載されるべき項目をきわめて明確に指定し、さらに「いかなる状況で収容所からの脱走に成功したのか、だれが援助したのか、看守の警戒心欠如もしくは民間人作業員の不注意（囚人が出入り可能な場所に、衣服や腕章、身分証明書などを放置）があったのか[90]」を確認し、「加えて、尋問調書は逃亡中の被収容者が窃盗またはその他の違反を犯したかの実証を可能にさせること。必要とあらば、当該被収容者の処刑申請書を添付すること[91]」と要求する。

一九四四年六月二一日、ブーヘンヴァルト収容所の政治部は、徴用先の工場から脱走した保護拘禁中のロシア人で、一九二三年九月九日ロストフ出生のレオニード・Bを尋問した。ミュールハウゼン近郊にあるその工場はブーヘンヴァルト基幹収容所の管轄下にあるため、同収容所の政治部が事件を担当した。上記の指令書が要求するように、尋問調書は脱走時の状況および脱走を可能にした手抜かりを厳密に記述した。囚人は、あらかじめ目星をつけてあった監視のない窓から脱出することに成功し、これもまた監視のない場所に放置されてあった私服を手に入れた。数日間の逃亡の後、ある民間労働者（おそらくポーランド人）に接触して食料を得た。そのあと警察に逮捕された。地元警察による最初の尋問を受け、それから収容所から来た護送班の手でまず収容されていた外部収容所に護送された。そこでまた尋問された後、基幹収容所に連行されたのはその翌日だった。したがって、一介の囚人にすぎないレオニード・Ｂが政治部により尋問されるのは三回目だったが、「今日の尋問でも、自分は最初の二回と同じ内容を申しあげます[92]」と、最初の自供を変えなかった。

　政治部のレターヘッドを冠した調書には三つの署名――囚人とその通訳を務めたもう一人の囚人、そして収容所当局からの一名――がある。二番目の署名の上には、「上に署名の被収容者のために、私はドイツ語文面を本人の母国語に通訳し、その文面に関する本人の了解を得たほか、本調書の内容が本人の口頭による供述とすべて一致することを確認します[93]」との書き込みがある。この宣誓文は、容疑者尋問のみならず懲戒手続き全般に、おそらく正当性の体裁を与える寄与をしたのだろう。残念ながら、同調査に関するほかの文書、たとえば判決文あるいは上述のＳＳ‐ＷＶＨＡ・Ｄ・Ｉ部の指令にて要求された事実報告[94]は失われている。

　収容所政治部は、脱走者を助けた囚人らの行為を調査する職務権限を持っていたようである。たとえば一九四四年六月二二日、ブーヘンヴァルトの政治部は仲間二名の脱走計画を通報しなかったチェコ人の囚人を尋問している。その翌日、政治部はチェコ人の尋問調書を同所第Ⅲ部に伝えた[95]。調書の送付状のなかで政治部は、同囚人に対する所内科罰（Lagerbestrafung[96]）を要求し、したがってＲＳＨ

A（国家保安本部）に死刑の申請をすることは避けた。司令官はその進言を尊重し、同送付状に「一件落着、採石場」と書きこんだ。こうしてチェコ人は、苛酷な労働を強いられ死亡率が非常に高い懲罰部隊の一部、採石場での特別作業隊《コマンド》に送られたのである。同様の手続きと判決理由の結果、同じ刑が一九四四年六月二三日、やはりブーヘンヴァルトに拘禁されていたチェコ人に対して宣告された[97]。

一九四二年六月、ナッツヴァイラー収容所のドイツ人の囚人ヴィクトール・L（ASR）に対して進められた調査記録から、同人による脱走未遂事件は第Ⅲ部が担当したものと思われる。この囚人は絶望感に襲われた瞬間、収容所の門に向かったという。二人の仲間が追いつき、思いとどまらせた。尋問調書の一節からは、「なぜ私が脱走したかったのかという質問に、私は収容所生活が好きでなくなったからと答えました[98]」と、尋問の冷血無比な手続き主義がみてとれる。

調査が終了すると、政治部はその書類を量刑の提案とともに所内第Ⅲ部（保護拘禁所指導部）に伝える。一九四四年一一月二日、ブーヘンヴァルト収容所政治部は同所第Ⅲ部に三名の脱走未遂囚の尋問調書を伝えた。政治部はその送付状に、「この被収容者らは果物をもぎとった以外の違反を犯していないと供述している点を考慮し、杖刑を執行の後、脱走未遂囚の目印を着用させ、可能ならば採石場の特別作業隊《コマンド》に配置とし、所内監獄から釈放するのが妥当と思われる[99]」と書いた。同じく一九四四年九月一五日付の尋問調書の送付状にも、ブーヘンヴァルトの政治部は「第Ⅲ部が当被収容者を所内監獄から釈放のうえコマンドに配置するよう要請する[100]」と書いた。この例では、その他の刑は提案されていない。

ゲシュタポ（秘密警察）の代理として

アレクサンデル・ラシックによれば、政治部はとくに「囚人についての調査を主導し、ゲシュタポもしくは刑事警察の地方支部、SS中央本部、または収容所司令官の指示にしたがいその尋問を実施[101]」を管轄していたという。それはラーフェンスブリュックの内部規程も述べていることで、そこには「司法当局または警察の要請に基づく被収容者の尋問は政治部長が行うものとする[102]」とある。

ある種の違反には細心の注意が求められる

保存文書から、政治部による調査の管轄範囲を厳密に知ることは困難である。ラーフェンスブリュックの内部規程書は、「囚人による刑法違反の調査ならびに追訴（……）は政治部長の管轄とする[103]」と記す。規律違反の調査を管轄する保護拘禁所指導部が一方に、純粋に刑法違反を受けもつ政治部が他方にと、そこに両者の区分けを見るべきなのか？ 強制収容所機構で用いられる語彙の不正確さのせいで、確実性をもってそれを肯定することはできない。

私の研究では、ともかく収容所外部も関係してくるような慎重を期する事件は政治部の担当であることが明らかになった[104]。たとえば、ある噂を流布した疑いで、外部の外部収容所アイゼナハ・コマンドのあるカポは基幹収容所のブーヘンヴァルトに移送されている。一九四四年七月二四日、政治部は保護拘禁所指導部に伝えた尋問調書のなかで、「当被収容者の供述によれば、噂を広める意思はなかったとのこと。したがって、所内での科罰は行わぬよう要請する[105]」と、懲戒措置を行わぬよう進言した。具体的には、調査の結果、カポを有罪としなかったわけである。

同じく、ナッツヴァイラー収容所の政治部も手紙の検閲に関する規則違反の調査を実施した。ある予防拘禁のドイツ人囚人は、一九四四年七月二〇日に行われた尋問[106]で、仲間の囚人を介して家族への手紙を不法に送ったほか、やはりその仲間から必要な便箋と封筒を手に入れたことを認めた。本人は違反を犯した理由として、コマンドからは正規の検閲を受けて手紙を発送することができなかったことをあげた。尋問調書に「当方の提案――杖刑一〇回」と手書きの書き込みがなされ、「了解」と、やはり手書きで書きこまれていることから、提案が通ったことが分かる。

しかしながら、同じ収容所で似たような件では、尋問調書の用箋は政治部ではなく司令部のものだった。それによると、一九四三年九月に行われた尋問において「私は、家族に強制収容所の設備を詳しく説明し、軽蔑されるべき口調で手紙を書いたことが刑法で罰せられる行為だったことを認めます」[107]と、容疑者の囚人は述べた。この件を政治部が担当しなかったのは、おそらく問題にされた手紙が当人の所持品のなかから見つかったからだろうと考えられる。つまり、事件は収容所内で収まったのである。

最後に、たとえば囚人による政治的なプロパガンダ活動については、政治局が調査を行う。一九四四年一〇月五日に尋問された保護拘禁のロシア人に関する調書[108]によれば、同人は看守の一人に自分の政治的意見とロシアの労働状況を話したことで告発されていた。そのロシア人は、調査を受けるため外部収容所（ケルン空港）から基幹収容所ブーヘンヴァルトに移送されており、自分は看守の質問に答えただけで、もしはっきり要求されなかったら、そんな話をする気はなかったと釈明した。そして、同人は共産党もしくはその下部組織のどれかに加入していたことは一度もないと主張した。政治部は、「四四年九月二日にケルン外部収容所から移送されたロシア人の被収容者イワン・Kの尋問調書を同封します（……）。本人の供述は信用できるため、所内監獄から釈放し、いずれかのコマンドに配置とされたい。（署名）政治部長」[109]との書き込みを入れて同人の尋問調書を送付した。

ということは、ゲシュタポの出先機関である政治部に尋問されたからといって、有罪になるとはかぎらなかった。調査よってある者は無罪となり、そうならなかった者は追加尋問を受けることになる。つぎのダヴィッド・ルセの文章を読むと、ほとんどふつうの手続きであるような印象を受ける。

「ゲシュタポは、証拠がないためほとんどの囚人の拘束を解かなければならなかったが、ロベルトとグスターフ、それにヴィリー・ブライヒャートはヴァイマール（のゲシュタポ）に送られてしまった」[110]

囚人の違反に関する警察による捜査

一九四四年八月、デュッセルドルフのゲシュタポ支部は、ある民間人労働者がブーヘンヴァルト収容所に保護拘禁中のロシア人から暴力を受けた事件の捜査を行った。合計八名の事件の当事者および証人に対する尋問の調書は下記のとおり事件の経過を述べた。ある工場に派遣されていたブーヘンヴァルトに収容のロシア人囚人が口論の末、ドイツ人の民間人労働者を負傷させた。一九四四年八月一八日に起こった暴力沙汰の事情説明は食いちがっていたが、ドイツ人労働者が、使用する権利がないにもかかわらず、ロシア人に保管責任のあるドリルをとった。ロシア人は、与えられていた指示を守ってドリルをとりかえそうとした。乱闘になり、ドイツ人労働者が負傷した。一九四四年八月二一日付の書状にて、ドイツ人労働者の雇用企業はロシア人が収容所当局によって処罰されることなく、以前と同じ作業に就いていることに対し苦情を申し立てた。

一九四四年八月一八日[111]、民間のドイツ人は最初の尋問を受けた。保存書類のなかには、八月二二日、以下の人物に対して行われた尋問調書も埋もれていた——三名の民間人労働者、その場に居あわせた証人たち、負傷した民間人労働者、その上司、ロシア人囚人、もう一人の民間人労働者、当該囚人の班長。尋問の結果は、全員がロシア人を告発しており、例外は当該囚人の班長（電気組み立て技師）だけだった。班長は部下のロシア人にたいへん満足しており、他人にドリルを貸してはならない、「もし事前に錠前工S（負傷したドイツ人）から依頼があれば、ドリルを貸してあげただろう」[112]と述べた。工場医務室の医師による診断書は、ドイツ人Sが治療を受けたことを証明している。デュッセルドルフのゲシュタポ支部は、八月二七日に調査書類（尋問調書と診断書）を収容所司令官宛に送付した。その送付状にて、司令官にゲシュタポは事件の概要を述べ、「同様の事件が頻発している事情を鑑み、また抑止効果も考慮に入れ、当該被収容者に対しては厳罰をもって対処いただけるよう、本状にて要請する次第です[113]」と、同囚人にみせしめの科罰をするよう要請している。ゲシュタポと司令官の仲介役を担うブーヘンヴァルトの政治部長は、司令官にわたす書類に「量刑を決めてください[114]」と書きこんだ。司令官はといえば、送付状に「杖刑二五回」と書いた。そして政治部は、それをデュッセルドルフのゲシュタポに報告した。

負傷した民間人が正式に提訴したため[115]、デュッセルドルフのゲシュタポ支部が捜査を行うことになったのだ。しかし、ゲシュタポに刑を宣告する権限はない。この事件では、収容所の囚人による民間人への暴行であり、しかも後者が提訴したにもかかわらず、司令官が指揮下にある収容所に拘禁の囚人に対する懲戒権――死刑を除くことは、すでに述べた――を保持したのである。この懲戒手続きをみると、捜査のためと囚人の違反行為を罰するために、外部の警察当局（この件ではゲシュタポ）と収容所司令官が緊密に協力したことが分かる。協力関係は、収容所内の政治部を仲介して進められた。

拷問に適用される規則

私が入手できた尋問調書すべてに、容疑をかけられた囚人の署名が見られる。それには唯一の究極目的しかない、懲戒手続きに法的な体裁を与えることである。ナチの調書類が、従来の正統的手続きにて作成された調書との差異があってはならなかったのである。

尋問の状況を考慮するなら、容疑者が供述書に同意していたと仮定するのは論外である。強制収容所に拘禁されている囚人の特徴として極度の衰弱状態にあったこと、しかも尋問によっては拷問が用いられたことも加味しなければならない。かといって、容疑者を拷問にかける決断、またその方法を決めることが、尋問を行う者の恣意に任されることはなかった。

実際に適用された規則を調べるまえに、その微妙な適用自体の問題にふれておく必要があろう。なぜなら、拷問を規制する条文というのは現実的な話なのかという疑問が浮かぶ。ロベルト・ツァゴラは、「初期の数年間、SA（突撃隊）やSSの残虐性はときに容認され、ときに奨励もされたが、それは政治的な反対勢力に恐怖感を与えれば新政権を強固にできたわけであり、暴力で自供させるためというのは口実でしかなかった。その後、体制も安定してくると、拷問が有する伝統的な役割が前面に押しだされてきた。力によって自供や自白を得ることとそれ自体に価値があり、新たに――一五〇年来のことだが――それが官僚的な方法で規範化されるほどであった。このような規範は、もし拷問の第一の目的がむき出しの恐怖であったなら、効果を発揮しなかったにちがいない[116]」と、第三帝国の時期に変化がもたらされたと主張する。親衛隊裁判所は、アウシュヴィッツで慣例となっていた非合法な方法による拷問に関する捜査を自ら行った[117]。

全体的には整合性のとれた秘密規定

私が入手した三つの文書はどれも機密扱いとなっている。第一の文書は、プロイセン州秘密警察とゲシュタポ（Ⅱ・1）とにより作成された一九三六年五月二八日付の通達であり、ラインハルト・ハイドリヒの署名がある。通達は拷問実施の秘密保持を体系化するもので、二つの規則に言及している。一番目には、「尋問における強化手段の実施は、いかなる場合も書類に記載してはならない[118]」とある。この注意喚起は、ある事件において「そのような書き込みが裁判所提出の書類のなかに紛れこんでしまった[119]」事実をその理由としている。二番目には、「ゲシュタポに強化尋問の申請をした際に送受した業務連絡すべては、所轄警察署長本人もしくは署長補佐が施錠保管するものとする[120]」とある。すでに一九三六年の時点で、文書による手続きを経た拷問の実施が許可されていたことになる。

残る二つの文書はつぎの通り。

- 一九四一年一〇月六日付の規定[121]、これは一九三七年七月一日付の規定[122]を改定したもの。
- 一九四二年六月一二日付の規定、これは一九三七年七月一日付の規定を廃止し、拷問の実施にあたって新規に適用されるべき規定を布告するもの。

これらの機密規定[123]は、いくつもの理由により、首尾一貫した体系を構成している。「尋問の強化手段」を定める一九四一年一〇月六日付の規定と、「強化尋問[124]」関連の一九四二年六月一二日付の文書、同一九三六年五月二八日付の文書[125]、どれも同じ発信元、つまりゲシュタポである[126]。そして、それら条文すべての背後にいる一人の人物、それはラインハルト・ハイドリヒ。ほかにも彼は、一九三六年五月二八日付および一九四一年一〇月六日付の規定に署名している。彼が死亡した数日後の一九四二年六月一二日付のそれには、ゲシュタポ局長のハインリヒ・ミュラーの署名が残された。

ゲシュタポが有する権限のこの独占性が、おそらく拷問の実施規定にかなりの整合性を与える点で寄与したのだろう。こうして新しい条令は古いものを基準にし、たとえば「簡略化に際し、三七年七月一日付の規定（……）を（一九四二年六月一二日付）新規の条令によって改定、即日の発効とする」[127]というように明記されたのである。その目的は、説明どおり適用すべき規定を簡略化することであり、個別の措置ではなく、従来の手順の改善と改革を計ろうとする正真正銘の政策と呼べるものであった。同じく、一九四一年の規定[128]も一九三七年七月一日の条令を明記し、それを改定のうえ、条文の解釈を示す。ところで、拷問の実施に関する規定は一定の安定性を持つことに特色がある。一九四一年の規定は、一九三七年の規定を（戦時に対応するよう）改定しただけである。一九四二年の規定は、したがって一九三七年以来はじめての総合規定となった。規定が機密であること、おそらくまた一九三七年規定の条文が適用されることを回避するためもあって、一九四二年規定の作成者は一九三七年七月一日公布の規定が「機密文書に関する規定に則り、破棄される」[129]よう命じている。

まとめると、拷問の実施は整合性があり安定性もある規則体系により規制されているということだ。したがって、規定や手続き全体が機密であることから、たとえ外部の者にはそう見えたとしても、恣意的裁量によって特徴づけられるものではなかった。たとえば、拷問の実施を許可する条令が外見上は存在せず、したがってその実施を確認できる証書が存在しないにもかかわらず、自分の依頼人が当局により拷問されたものと確信する弁護士がいた場合、彼は拷問が恣意的裁量による対応、すなわちあらゆる規制枠の外におかれ、尋問者の意志のみに依存していたと結論するであろう。ところが、拷問を許可する手続き、そして拷問実施場面における規制を受けた展開がその逆であることを証明するのである。

拷問の実施許可

拷問実施の許可に関しては、ここに列挙しないハイドリヒが自らその権限を行使する事例を除き、

「部署責任者本人が強化尋問の種類ならびにその程度を承認する」[130]とされていた。責任者が不在の場合は、その補佐がその権限を行使する。「許可は文書にて通知される」[131]、「許可通知書は管轄部署にて三年間保存される」[132]。

拷問実施の許可申請は、まず違反に関する一連の条件の審査対象となる。一九四二年六月一二日付規定の第一条が、拷問の実施に関し三つの条件を課す。第一は、「予備調査の結果を踏まえ、当該の被収容者が具体的事実をはじめ、その親交関係もしくは国家またはライヒに敵対的な計画についての情報を提供できることの確認」[133]をしておく。条文は「国家またはライヒに敵対的な計画」の定義をしていない。それは国家またはライヒ主要機構の正規な活動を糾弾することを指すのだろうか？　ライヒまたは国家の重要人物への襲撃を意味するのか？　あるいはもっと広く解釈して、国家またはライヒを代表する人物もしくは機構への襲撃を意味するのか？　ナチ国家およびその制度に対する激烈でない単なる批判も、一番目にあげた例に含まれるのだろうか？　第一条を見るかぎり、もし政治的あるいは宗教的、哲学的な反論が国家またはライヒにとって危険と認定された場合、拷問の実施が正当化される蓋然性はかなり高いと思われる。第一条であげられる第二、第三の条件は明確で、囚人が通常の調査手続きでは情報を明かすことを拒否する場合である。もっと驚かされるのは、第三条がその原則を述べているのだが、「強化尋問は、被収容者による違反の自供を引きだすためであってはならない」[134]という点だ。つまり、第三者による違反についての情報収集のためになされる拷問しか検討されていないのだ。

拷問を受ける当人が司法機関と接触がある場合、第三および第六条にあげられたいくつかの注意点を守らねばならない。第三条によれば、拷問による尋問は「追加捜査の目的で、司法機関から一時的に移送されてきた者」[135]に対して実施されてはならないとある。この第三条の適用を除外する場合は、ラインハルト・ハイドリヒによる事前許可が必要だった。つぎに第六条は、拷問を受けた囚人を判事に引きあわす際に遵守すべき手順を規定する。その場合、「同時に、当該の被収容者が強化手段を伴う尋問を受けたこと、またその理由および手段を簡潔に記した文書を、機密扱いにて、管轄の検事総長宛に提出しなければならない[136]」とした。

二番目に列挙される条件は、拷問される可能性のある囚人のカテゴリを定める。そのカテゴリ一覧は、一九三七年七月一日付の規定から何度か改訂された。平和な時期一九三七年に策定された規定には、ロシア人とポーランド人が一覧に含まれていなかった。一九四一年一〇月六日の規定は、「ポーランド人およびソヴィエト連邦のロシア人[137]」まで旧条文の適用範囲を広めた。一九四一年規定は「強化尋問の実施対象者は、共産党員もしくはマルクス主義者、エホバの証人、破壊活動家の責任者に限定される[138]」としている。しかしながら同規定の第三条は、上記一覧が「そのほか、とくに重大な事例において強化尋問が正当かつ必要と認められる場合、基本的に本官（ハイドリヒ）の承認を必要とする[139]」と、ハイドリヒの確たる承認によって適用範囲を広めることができると定めてあった。そのあと、一九四二年六月一二日付の規定が拷問の実施可能な対象者のカテゴリを大幅に広げた。その第二条によれば、つぎのカテゴリに該当する囚人「共産主義者、マルクス主義者、エホバの証人の信徒、破壊活動家、テロリスト、レジスタンス運動員、落下傘部隊員、社会不適合者、就労を拒否するか怠けるポーランド人およびソヴィエト連邦のロシア人[140]」に対する拷問の実施が認められるようになった。その他のカテゴリの囚人に対する拷問実施は除外されていなかったが、一九四一年規定にあるように、原則として高官本人による承認を必要とした。たとえ拷問の対象となりそうな人物のカテゴリが不明瞭であろうとも、拷問の実施申請を行う者が参考とし、また事後の自己正当化を可能にさせる仕組みが存在した。

拷問の段取り

拷問の実施許可は白紙委任とは異なり、どんな手段でも正当化するのではなく、一九四二年六月一二日付の規定が実施要領にて「強化尋問は、(許可が定めた)その種類と限界を逸脱してはならない」[141]と定めたとおり、それを規制するものであった。結局、第五条も同じように、強化尋問が「結果を得るために不可欠でないかぎり実施されるべきでない」[142]との原則を述べる。そして第七条第一節は、「強化尋問の手段が、実際に必要かつ重要である場合にかぎって実施されるのは当然である」[143]と強調する。しかしこの曖昧な文章が尋問者に向かって喚起しているのは、規制枠のなかでのみ行動し、本来の目的をはずれてはならないということである。同じ第五条は、係官(Beamte)の立ち会い抜きで拷問を実施せぬよう注意もしている。第六節ならびに七節では、「(拷問)実施中は、たえず最少二名の係官の立ち会いを必要とする。尋問を行う係官が自ら物理的に介入してはならない」[144]とある。拷問の現場は、物理的に介入しない一名の係官の監視下に常時おかれているわけで、それはおそらく残忍性および感情の暴走を回避するためだった。第四条は、「最小限の食料(水とパン)しか与えない、硬い床(板)に寝かせる、照明を消す、睡眠させない、疲労困憊させる、棒で二〇回打つ(二五回以上は医師を呼ばなければならないので)」[145]と、強化尋問において実施が許される方法を詳述する。

上述一覧はすべての拷問の種類を網羅しておらず、列挙された方法についても、厳密には規定がない。たとえば睡眠させないとか疲労困憊させることに関し、それらの限度が決められていない。ところが第五条にしたがうなら、拷問の実施許可は「強化尋問は、その種類と度合い」を決めなければならないはずである。ということは、おそらく許可は睡眠させない日数、あるいは疲労困憊させる方法も決めていたのだろう。

ベルリンの連邦公文書館は、ゲシュタポの拷問のやり方に関するウィーンの作家エヴァルト・Sの証言[146]を保存している。同人は、囚人として三カ月半をウィーンのゲシュタポ（第Ⅳ部A課、諜報・防諜）支部内に拘禁され、八回にわたる拷問を受けた。証言のなかで、彼は拷問を受けながらの尋問に三段階の区別をつけた。自分の観察だけに基づくその区別は、おそらくその時点で適用されていた手続き基準を以下のように反映していたように思われる。「第一段階の尋問では、きみは準備されるのだ。とくに口汚く罵られるほかにも、脅かし、平手打ち、足蹴り、苦痛を与える目的で縛られる」[147]。そのように虐待されるまえ、尋問者たちは、彼が秘密を打ち明けるなら、いろいろな優遇措置あるいは釈放の話をちらつかせたそうだ。その場合、ゲシュタポは食べ物あるいはリキュール、タバコをくれるという餌で囚人たちを釣ろうとさえしたという。第二段階の尋問は、殴ったりゴムホースで首を絞めたりすること。ほかにも囚人たちは、足や両手を縛られたまま、頭を下に吊される。髪の毛をむしりとられる。ウォーターボーディング（水責め）あるいは疲労させる手段を用いるのもこの段階である。第三段階は、上述の虐待をくり返し続けることである。模擬処刑や武器を用いての脅迫は、拷問器具の使用と併せて第三段階の手段である。作家の証言は、自白を得ようと本人の近親者に対する圧力、また本人を尋問中に、その両親あるいは友人を拘禁すると脅迫されたことにもふれている。

作家は上記三つの段階がどの強化尋問に対応するのか書いていないが、彼にそれを知る可能性などなかったことも事実だ。ともかく、そのようなやり方の被害者が、拷問を三つの段階に区別したことは興味深い。拷問が体系化されたうえ、順を追っていると、彼は書いた。そして、拷問を伴う尋問が、ゲシュタポの尋問者たちの恣意的裁量を特色としているのではなく、非常に融通性があったにせよ一定の手続き基準にしたがっていた点、それを作家は確実に理解していたのだろう。

不法な拷問の防止策

拷問実施を規制する規定は、その条文を遵守させるために自律的な措置を講じている。違反防止のため、職員を対象とした講習が用意されるとしている。一九四二年六月一二日付規定の第七条は、「公務員および警察官を対象とする講習がたえず行われることは必要不可欠である[148]」と記す。一九四一年一〇月六日の規定第一条は、「六ページ（一九三七年七月一日付規定書）に記載のある公務員専門研修は、少なくとも年に四回実施されなければならない[149]」と、より講習プログラムに重点をおいている。すでに一九三七年の規定にあったこの研修は、組織されることがなかったようだ。ハイドリヒは、「本官が発布した三七年七月一日付の規定を喚起することが必要と思われる[150]」という一行を公務員研修に関する一九四一年一〇月六日付の規定第一条に記載させた。一九四二年の規定第七条は、手続き基準の違反に対する懲戒を定めた。その第二節は「本規定の違反は、刑事手続きもしくは懲戒手続きの結果にしたがい罰せられる[151]」と記した。

必要権限を持つ部署が、囚人による違反の状況が十分に立証されたものと判断すると、事故報告書を含む書類一式[152]――ほかの尋問調書などが添えられることもある――が当該囚人の量刑を判断する収容所司令官に届けられる。

第6章 囚人に対する懲戒刑の宣告

「科罰権は収容所司令官に付与され、同人は政治警察司令官に対し、収容所規程が定める条文の執行責任を自ら負う[1]」。論議の多いダッハウ規程を抜粋したというこのテキストによれば、司令官は自分の管理下にある囚人に対する懲戒罰を一人で決めることになっている[2]。私の研究は、以下のようにダッハウの規程により伝えられる印象と矛盾する結果をもたらした。たとえば、囚人に対する量刑が重ければ重いほど、司令官によるその宣告はより規制された。最も厳しい刑である死刑に関していえば、司令官の役目はＲＳＨＡ（国家保安本部）に処刑の申請を行うにとどまる。するとＲＳＨＡは、既存の基準に照らしあわせてから極刑を宣告する。懲戒刑、すなわち行政刑や禁足刑〔罰〕、身体刑に関し、司令官は多くの場合、科罰権を分担するか、少なくとも統制を受ける。

規制枠にはめられた司令官の科罰権

ラーフェンスブリュックの内部規程書は「収容所所長のみが被収容者に対する懲戒権限を持つ[3]」と言明する。この独占的権限に非常な重要性が付与されているため、所長（他の強制収容所では司令官）不在時の科罰権限は、「不在が長びく場合（休暇）、所長補佐（保護拘禁所筆頭指導者）[4]」が同様の権限を持つと、とくに規定されている。その反面、所長の不在が短期間の場合、特別の承認がなければ、いかなる懲戒罰の宣告も不可能となる。ラーフェンスブリュックの内部規程の前文は、「収容所所長のみが懲戒権を行使するが、その不在が長びいた場合（二四時間以上）、所長補佐（保護拘禁所筆頭指導者）[5]が〔代行する〕」というたいへん細かい条文を再度述べる。

司令官の独占的権限を再確認

中央本部が警戒していたのは、懲戒権が司令官のみに付与されたものであり、その部下、司令部幕僚などによってそれが行使されないようにすることだった。一九四三年一月一二日、親衛隊全国指導者（ヒムラー）は「被収容者男子に対する杖刑は、首尾一貫して司令官本人により監督されるよう徹底し、またその申請書には司令官本人が署名のうえ、当本部に提出すること[6]」との命令を発した。司令官に付与した懲戒権の保全は、一九三八年一一月二四日付の文書では「一、身体刑の許可申請に関する場合、司令官は杖刑の回数を科罰指令書の書式に手書きで自ら記入しなければならない。二、禁足刑の段階ⅠからⅢについても同様とする[7]」と、さらに厳しいものとなった。

とはいえ注意喚起のほとんどは、囚人を監視する看守たちが対象である。中央本部は、現場係官が規律違反を報告するだけでは足りず、手続き基準を無視して恣意的に科罰権を不正行使していることをしばしば確認していた。強制収容所監督官の一九三七年三月一日付通達は、ダッハウほか、リヒテンブルク、ザクセンブルク、ズルツァの各収容所の司令官に対し、「（囚人の）無礼なふるまいへの制裁は、看守が単独にそれを行うことは許されず、かならず司令官によって行われるものとする[8]」と注意喚起した。それが人道的な見地から禁止されたのでないことは、「本官は国家社会主義者として、たとえそのような対応（囚人に対する平手打ち）をよく理解するにせよ、被収容者への対応に関し、もし我々がドイツ帝国内務省から無能者集団として扱われたくないのなら、上述の対応を容認できないし、するべきでもない。（……）そのような非難から親衛隊を守るため、親衛隊全国指導者は虐待――些細なものであっても（平手打ち）――を行う者すべてを追放処分に処すと厳重な通告をされた」[9]と、通達の作成者が自らその説明をする。したがって、虐待の禁止は看守による虐待から囚人を保護する目的ではなく、強制収容所の管理権限をめぐる内務大臣と親衛隊の勢力争いという状況下、ライヒ内務省との面倒を避けたかったからである。虐待事件で親衛隊が問題にされ、その親衛隊による収容所運営ついての信用を失うことを、何としても回避する必要があった。

　司令官に付与される独占的な懲戒権限は、自ら宣告した刑の執行時においても尊重されなければならなかった。その主旨に沿い、一九四一年四月八日、ブーヘンヴァルト収容所の司令官は「即刻、全員に伝えるべき」[10]指令を出し、そのなかで「本官が直接に刑を宣告した被収容者たちが、（懲罰隊や採石場など）にまったく行っていなかったり、または刑期終了前にもかかわらず、元の印刷工場での作業隊《コマンド》にもどっていたりする。このような対応、また裁量権を超えたあらゆる制裁も同様に禁止する」[11]と、自ら下した量刑の裁決が遵守されなかったことにつき厳しく告発した。同司令官は禁止するのみならず、「これらの軍規上の不服従および被収容者との内通行為を、本官は親衛隊裁判所に提訴するであろう」[12]と制裁についてもつけ加えた。

　ブーヘンヴァルトの司令官のみがこのような綱紀粛正を行ったのではない。一九四四年五月二七日付の業務指令書で、グロース・ローゼン収容所の司令官は「いかなる場合も、被収容者に対する刑の宣告は本官のみがその権限を有する」[13]と、ほぼ同じような綱紀粛正を行った。

ときには制限された職務権限

収容所司令官に独占的に付与されている懲戒権は、当人がそれを単独かつ専横的に行使することを意味するものではない。ある種の暴力行為は重大違反とみなされ、司令官の権限外だったようである。SS-WVHA・D局から全強制収容所の司令官に宛てた一九四二年八月一九日付の通達は、ある囚人が一般裁判所で判決を受けた例をあげ、「RSHA（国家保安本部）に報告された種々の事件から、被収容者らが強制収容所内で他の被収容者に対する悪質な虐待行為（ある一例では、暴行致死）に加わり、一般裁判所にて判決を受けざるをえない事例の多発していることが判明した[14]」と記す。そして、「被収容者に対するこのような虐待が今後とも多発するならば、そのつど裁判所の強制収容所に対する印象が悪化するという結果を招く[15]」と続けた。その規定処理については、「以上のような事例が発生した場合、周知のように起訴および判決手続きがなされるよう検事局に届け出なければならない[16]」とSS・WVHA・D・I・1課は注意喚起をする。とはいえ、強制収容所の評判保全のため。通達の発信者は「あらゆる可能な手段を講じて、そのような被収容者虐待がなくなるよう、ひいては可能なかぎり検事局を煩わさぬようにすべきである[17]」と督励する。ナチの刑法体系は、裁判所での手続きに代わり、警察による犯罪取り締まりに向かって変化していったため、上記通達がおよぼす効果を限定的にしてしまった[18]。

前記の正反対、些細な規律違反もまた司令官の懲戒権限から漏れる。ラーフェンスブリュックの内部規程は、司令官が独占的に懲戒権限を有するという原則を述べたあと、「ブロック長〔被収容者〕が自分のブロックまたは監視下にある区域の怠慢な被収容者に対し、叱責や口頭による警告をしたり、ブロック清掃を命じたりする権利には制限を設けない[19]」との例外をつけ加えた。それらの措置は、収容所司令官の懲戒権限からはっきり除外されていた。ブロック長の懲戒権限は、このようにたとえそれが清掃当番を命じるだけのことにしても、正式に認められていたのである。常態化していた栄養不足と非人間的な労働量を課されていた囚人らの健康状態を考えれば、ブロック清掃はそんなたやすいものではなかった。

身体刑に関していうなら、司令官はもはや単独で決めるのではなく、所内筆頭医官および中央本部（最初は強制収容所監督官、後にSS‐WVHA・D局）と裁断権限を分かち合うことになった。その権限共有は、科罰指令書上の司令官による署名の横に、両者の署名が添えられるようになったことで確認できる。ラーフェンスブリュックの規程は、「当該の被収容者は事前に所内筆頭医官の診断を受ける。筆頭医官は科罰指令書の署名をすると同時に、身体刑執行に伴う禁忌の有無を明記する[20]」と定める。身体刑の場合に用いられる科罰指令書式には〈診断証明〉という記入欄が、そのために用意されてある。一九三八年から一九四四年までの時期、課罰指令の書式の同欄にはつぎのように記入がなされていた。


本官は本書式裏面に身分記載の被収容者が身体刑を執行されるまえに健康診断を実施した。

医学的見地から――

　身体刑の執行に付き、本官は表明すべき留保がないものとする。

本官は身体刑の執行につぎの理由で留保を表明する――□□□□。
□□□□収容所筆頭医官――□□・□□
親衛隊――□□・□□[21]

医官は最後の留保表明の行を棒線で削除のうえ署名するのが慣行となっていたようだ。[22] 前掲ラーフェンスブリュックの規程が記すように、筆頭医官の承認は中央本部への許可申請のまえになされた。科罰指令書式では、筆頭医官の所見がSS-WVHA・D局のそれに先行して記入されるようになっており、いずれにせよ後者は身体刑の可否を「健康診断書を考慮のうえ、身体刑□□□の執行を――許可する・許可しない」[23]と、筆頭医官の所見に基づいて裁断を下すかたちをとっている。

囚人への刑を執行するまえに筆頭医官の所見が必要となるのは、身体刑だけに限られてはいなかった。一九四二年一二月二日付のSS-WVHA・D・I・1課が各司令官に宛てた業務連絡書には、「食事を抜く措置は、当然ながら健康診断による所見を得た後、被収容者の健康状態が許す場合においてのみ可能とする」[24]と書かれている。このような行政刑であっても、司令官の懲戒権限を医官の所見が規制していた。

医学的所見に加え、司令官が囚人に杖刑を宣告する場合、全強制収容所の中央本部、すなわちSS-WVHA・D局もしくは強制収容所監督官の許可を得ねばならなかった。マーティン・ブロスツァートは、「すでに一九三五年、収容所所長らは独自の判断で厳刑を決めることができなくなっていた。強制収容所監督官の許可が身体刑についても必要となっていたのだ」[25]と説明する。ラーフェンスブリュック規程の懲戒に関する部分が「科罰指令書（三部）は審査と承認手続きのため、強制収容所監督官ならびに親衛隊全国指導者兼全ドイツ警察長官〔すなわちヒムラー〕に提出される」[26]と、許可申請手続きの詳細を記す。親衛隊全国指導者が一九四三年一月二〇日付で強制収容所司令官に向けて発信した命令書は、「被収容者の婦女子に対する杖刑は、きわめてまれな事例ではあるのは当然であるが、いかなる場合においても親衛隊全国指導者本人による承認が必要である」[27]と確認、そのための「必要となる科罰指令書式が条令化されるであろう」[28]と告げた。男子の囚人に関する科罰指令書には、親衛隊全国指導者の署名する欄はない。つぎに、ブーヘンヴァルト収容所で用いられていた一部の古い科罰指令書式に印刷されているテキストを転載しておく。

三、杖刑――□□回。

(d)本刑の執行は強制収容所監督官（SS-TV／KL指導者）□□・□□より□□□□年□□月□□日付の承認を得た。[29]

新書式の科罰指令書は二ページからなり、「身体刑の執行を許可する・申請内容および健康診断の所見に基づき不許可とする」[30]というテキストの下に強制収容所司令官とSS-WVHA・D局の長（一九四二年三月以降）の署名欄[32]が設けられた。SS-WVHA・Dのみが身体刑を承認する権限を持っていた。他組織の本部でさえ「身体刑執行の許可申請は、SS-WVHA・D局においてのみそれを受理する。RSHA（国家保安本部）またはRKPA（刑事警察局）に承認申請をすることは認められない」[33]というように、その権限を代行することはできなかった。[31]

一九四四年一〇月五日付の強制収容所司令官宛の指令により、SS-WVHA・D・I・1課は身体刑の許可申請手続きを簡略化した。

身体刑の執行申請書は一部のみをSS-WVHA・D・I・1課宛に提出するようになる。従来は、三部の科罰指令書を「一、原本は〈保護拘禁〉書類のため。二、控えを〈量刑〉書類に。三、控えをSS-WVHA・Dに」[34]送付しなければならなかった。

一九四四年一〇月以降、「上記申請書一部を杖刑の許可また執行の後に〈保護拘禁〉書類に添えて提出する」[35]ようになった。

これらの措置は、「直接、親衛隊全国指導者に提出するようになった婦女子に対する身体刑の許可申請にも同じく適用され、親衛隊指導者により承認された申請書の控えの送付は廃止」[36]された。

中央本部の方針による科罰の執行役

全強制収容所に適用される唯一の懲戒制度を発布したことで、中央機構は本格的な「強制収容所における懲戒制度方針」の推進を可能にする基本的な枠組みを備えることになった。その一環として、強制収容所監督官に続いてSS-WVHA・D局が収容所司令官による身体刑執行の慣例を規範化する。この二つの組織は、申請手続きの過程で、身体刑の申請それぞれに関する情報にふれていた。そのため各収容所司令官の身体刑についての考え方には通じており、それをしかるべき方向に導こうと試みた。一九三九年八月一五日付の通達で、強制収容所監督官テオドール・アイケはブーヘンヴァルトはじめ、ダッハウ、ザクセンハウゼン、フロッセンビュルク、マウトハウゼン各収容所の司令官に対し、「杖刑の上限（二五回）は、きわめて重大な事例以外で宣告してはならない」[37]という指令を出した。同じく、SS-WVHA・D・I・1課が各収容所司令官に伝えた指令書は、「これまで当課に提出された許可申請を見るに、最も厳しい科罰（杖刑）の意義と目的がほとんどの事例で理解されていないことは明白である」[38]と、身体刑の許可申請が多すぎることを批判した。SS-WVHA・D局は、親衛隊全国指導者（ヒムラー）の言葉を例にあげながら、「杖刑は、監督責任を負う司令官（もしくは所長）と、怠惰すぎるか満足に被収容者の教育もできない看守らに与えられた道具ではない」[39]と、収容所の職員を痛烈に批判した。さらにSS-WVHA・D局は、身体刑の許可申請に関する厳しい規定を再徹底させる。過度なほど啓蒙的に種々の事例をあげ、それに相応するそれぞれの申請を示す。原則として、親衛隊全国指導者兼全ドイツ警察長官が指示したように、今後、杖刑は最後の手段としてのみ用いること」[40]というように。
司令官たちがその原則を実践するよう、SS-WVHA・D局は以下の説明を加えた。

身体刑に関する許可申請はつぎの場合にのみ可能である。

(a)収容所規定に定められた禁足や照明なしの独房への閉居、配給食の停止、清掃当番などの科罰がまったく効果をもたらさない場合。ただし、食事を抜くのは、当然ながら健康診断の後で、しかも被収容者がそのような懲戒措置に耐えられる健康状態にあることが前提である。

(b)みせしめ効果がある場合。脱走や重大な暴力行為などの特殊事例で、ただしみせしめの科罰が不可欠な場合にかぎる。[41]

ひどく啓蒙的だと述べたが、SS-WVHA・D局は同規則に当てはまる一例まで引用している。仲間の食べ物を盗ったのがはじめての場合、盗った囚人は食事抜きという科罰の対象となるか、あるいは「もし健康上の理由でそれが不可能ならば、三日から五日間のパンと水だけの閉居処分を受ける[42]」。囚人が同じ違反をくり返した場合のみ、SS-WVHA・D局に身体刑執行の許可申請を提出するのが妥当である。D局は、「各収容所の司令官におかれては、親衛隊全国指導者の指令に特別の注意をはらい、実際に正当化が可能な事例のみ、杖刑の科罰指令の許可申請をするよう留意されたい[43]」と、各司令官に対し末尾でさらに注意喚起をする。

SS-WVHA・D・I・1課は一九四四年八月三一日付のナッツヴァイラー収容所司令官に宛てた業務連絡で、「フランス人およびオランダ人に対する杖刑の宣告は不可とする[44]」と、ある種の囚人に関する申請を制限するように命じた。

反対に、身体刑をより重い刑の代替とすることはできない。一九四四年四月一一日付の通達で、SS-WVHA・D・I・1課は各収容所司令官に対し、「ライヒの企業内にて破壊活動を行った被収容者に関し、収容所司令官が身体刑の執行許可を申請した[45]」ケースが頻発している状況を批判のうえ綱紀粛正を訃った。この事例では、絞首刑の申請がSS-WVHA・D・I・1に提出されるべきであった。

強制収容所機構全体を対象とする懲戒制度の試験的な導入は、同時に司令官の懲戒権限がより広範な弾圧政策に組みこまれることを意味した。たとえば、エホバの証人の信徒同士、また信徒以外の者との接触を阻止するため、一九四三年九月、SS-WVHA・D・I部はある特別な対応措置を試みる。各強制収容所は、「それぞれの実験結果を四三年一〇月一五日までに、以後は四半期ごとに報告すること[46]」を要求された。上記の対応措置を説明するため、SS-WVHA・D局は通達の構成をつぎのようにした。

・最初に、現行システムの機能不全を指摘のうえ、その解決法を示すが、該当する収容所名を明かすことは控える。
・上記の事例を分析する。
・終わりに、具体的な対応策を提示のうえ、それを全収容所にて適用させる。

エホバの証人が布教に用いる物品や、「収容所内で起こる出来事の推移と信徒たちの苦悩が描かれ、ライヒについての妄言と憎悪に満ちあふれている[47]」。複数の手紙が押収され、その事件が上記の機能不全というわけである。絶対に嘘をつかないことで定評のある信徒らの「妄言」におそらく困ったのだろう、SS-WVHA・D局の局長は「エホバの証人といえども、自分らの教義への奉仕となるなら、実際に嘘をつくこともできる[48]」とつけ加えてまで正当化する労をとった。

押収された書簡を分析すると、「強制収容所に拘禁されているエホバの証人の信徒らは、つぎのことを行う能力を有していた。一、強制収容所内で深夜に監視されることなく、集会（たとえば洗面所などで）を開く。二、ほかの収容所に拘禁されている信徒仲間と不法の郵便送受を続けること。三、外部でまだ自由身分にある信徒仲間に手紙を秘密裡に送ったり、その返事を秘密裡に受けとったりすること[49]」。

そのあと、SS-WVHA・D局は機能不全の原因の究明を計った。結果は、強制収容所内でエホバの証人に対する「監視および観察における不注意[50]」があったとされた。その不注意とは、「エホバの証人は、配置先がどこであろうと標準を超える生産性を誇示していた[51]」からだった。SS-WVHA・D局は、婉曲ながらも、一部職員が彼ら――問題を起こさぬ信徒たち――に見せる敬意の念、ときには親密感をねじ伏せようと努めた。エホバの証人に対する憎悪を煽ったところで、彼ら囚人との昼夜とおしての人間的な接触を超えるには至らなかったのである。

SS-WVHA・D局が提示した実験的な措置とは、収容所内で新しく信徒たちの配置を決めることだった。具体的には、「各ブロックにエホバの証人を二名から三名、ほかの囚人たちのなかに配置すること[52]」だった。エホバの証人の信徒集団を分散させるのと併行して、ブロック内で密告者を使い、彼らの行動を監視するわけである。布教もしくはその他の活動を頓挫させなければならなかった。

中央本部の弾圧政策を司令官が実践に移す動きについてのまとめとして、司令官には収容所内に適用される懲戒方針の報告が義務づけられていた点をあげておこう。司令官は中央本部に対し、自己の権限で行った懲戒規定による科罰を定期的に報告していた[53]。さらに、囚人による規律違反を制裁する目的で、さまざまな刑が中央本部により用意されてあったこともあげておく。

刑の選択

ラーフェンスブリュックの規程によれば、「量刑は違反の軽重および被収容者が違反を犯すまでの収容所内における態度次第である[54]」とされた。つまり、刑は違反の重さに比例し、また所内で観察された囚人の態度に相応していなければならなかった。違反をくり返した場合、司令官は「被収容者による累犯は、刑の加重の結果をもたらす[55]」とより重い刑を宣告する。

刑罰一覧

一九三三年、ダッハウ規程によって最初の罰則体系が提示された。その適用がどの強制収容所においても皆無だったのはたしかだが、その刑の一覧をここにあげるのは、ラーフェンスブリュックの規程書もしくは科罰指令書式に印刷されたものと対応させるためである。ダッハウとエスターヴェーゲン両収容所規程による違反の一覧には、それらに相応の刑が併記されている。最初は禁足刑の一覧。科罰指令書に印刷された種々の禁足とは反対に、期間の異なる〔所内監獄への〕禁錮しか記載がない。

- 三日間の禁錮、第一節を参照。
- 五日間の禁錮、第二節を参照。

・八日間の禁錮、第四節を参照。
・一四日間の禁錮、第七節を参照。
・二一日間の禁錮、第九節を参照。
・四二日間の禁錮と独居房での閉居、第一〇節を参照。
・無期限の独居房への閉居（第一四節ならびに第一七節を参照）。

禁錮に身体刑もしくは労役刑〔清掃など《ブロック》〕が加重されるケースも決まっていた。

・五日間の禁錮と数週間の労役、第三節を参照。
・八日間の禁錮と数週間の労役、第五節を参照。
・八日間の禁錮に加え、その開始日および終了日にそれぞれ二五回の杖刑、第六節を参照。
・一四日間の禁錮に加え、その開始日および終了日にそれぞれ二五回の杖刑、第八節を参照。

ときにより、複数の刑が執行されることもあった。同リスト第一五節は、囚人に対する「無期限の労役や禁錮、懲戒教練[56]、杖刑[57]」の宣告を認めている。それらの刑に加え、「懲戒教練、棒打ち、信書送受の禁止、食事抜き、床での就寝、さらし台、譴責、警告[58]」と付加刑（Nebestrafen）が第一九節に列挙されている。そして、ダッハウとエスターヴェーゲン両収容所の懲戒規定の特色は、絞首（第一一および一二節）、または銃弾による（第一二および一六節）、さらに方法を定めない死刑宣告（第一三節）による囚人の処刑の可能性が用意されていることである。最低限の形式主義が、刑宣告の判断に枠組みを与えているわけである。同じ形式主義は、第一九節の「すべての宣告刑は記録されること[59]」にも窺える。さらにその第一九節は「禁錮は板張りの監房内にてパンと水を与えて執行する。被収容者に温かい食事を与えるのは四日おきとする[60]」とある種の刑の執行を細かく定める。とはいえ、規定書のどの禁錮も種類はひとつだけで、それも明確にされていない。「労役刑とは、肉体的に厳しい作業もしくは汚れ作業を特別な監視下で行う[61]」ことである。囚人にこのような刑を宣告することは、「禁錮もしくは労役の科罰は、少なくとも八週間の保護拘禁延長を伴う。付加刑の科罰は、少なくとも四週間の保護拘禁延長を伴う。独居房に閉居された者は、短期間で保護拘禁を解かれることはない[62]」というように、収容所での拘禁期間にも影響をおよぼした。

　ダッハウの違反・刑の一覧が歴史資料としてのみ関心を呼ぶのとは逆に、ラーフェンスブリュックの規程の刑一覧は規範的な意味において非常に興味深い。というのは、それが全強制収容所で用いられた科罰指令書に印刷されてあった刑一覧と完全に一致するからである。

　ラーフェンスブリュックの懲戒規定には三種の刑があり、それは行政刑、禁足〔自由〕刑、そして身体刑である。

　行政刑は下記のとおり。

(a) 科罰を威嚇に用いた警告。
(b) 自由時間中の監視つき労役。
(c) 信書を書くことと受けとることの禁止[63]。
(d) 昼もしくは夜の食事を抜き、ただし労働量は維持[64]。
(e) 懲罰ブロックに収容。
(f) 毎日の労働を終えたあと、監房の床で就寝[65]。

自由刑には、Ⅰ「普通」、Ⅱ「強化」、Ⅲ「厳罰」がある。

(a) 普通、段階Ⅰは三日間まで。執行内容：就寝は板の間、照明付きの監房。食事――水とパン。

(b) 強化、段階Ⅱは四二日間まで。執行内容：就寝は板の間、照明なしの監房。食事――水とパン、四日おきに普通食。

(c) 厳罰、段階Ⅲは三日間まで。執行内容：座ったり寝たりするのは禁止、照明なしの監房。食事――水とパン[66]。

段階Ⅲの刑は主刑として単独に執行される場合と、その一日分を加重として段階Ⅱの一日分と代替させることもあった。

最後に身体刑であるが、これは五回、一〇回、一五回、二〇回、二五回の杖刑である。

科罰指令書も上記三種の刑を記載していた[67]。同指令書の一ページ目には、行政刑と各禁足刑の条項が印刷されている。そこにあげられた六種の行政刑はつぎのとおり。

- 科罰で威嚇する警告。
- □□□時間の労役、SS伍長の監視下で自由時間中。
- □□週間の信書送受を禁止。

表2

段階I（普通）	段階II（強化）	段階III（普通）
3日間まで	42日間まで	3日間まで
板の間に就寝		座ることも寝ることも禁止
照明のある監房	照明なしの監房	
食事：水とパン、4日ごとに普通食		
□□日間	□□日間	□□日間

・（日付）の昼もしくは夜の食事を抜く、ただし通常の労働量を維持。
・（日付〜日付・無期限）懲罰部隊に編入[68]。
・□□日間、毎日の労働を終えたあと、床で就寝[69]。

三段階の禁足は上記の表2にまとめられ、司令官が日数を記入するようになっている。

さらに、この表には「段階IIIは主刑としても、または段階IIの付加刑としても執行が可能[70]」という一行の補足がある。

科罰指令書の二ページ目は身体刑、すなわち杖刑について書かれている。司令官は、五、一〇、一五、二〇、二五回と印刷された表の空欄に×印を書きこむだけである。

外部収容所ポルタ・ヴェストファーリカの囚人たちをまえに、あるSS隊員は身体刑と食事を抜くのを正規な刑であるとし、「許可なく配置場所から動いてはならない。ほかの場所にいるのが見つかった者は、尻に二五回の杖刑を受けることになる。場合によっては、必要と思われる期間、食事を抜くこともある[71]」と言いわたした。

同じ外部収容所で、工事現場を「用もないのに行ったり来たり」した囚人らは、あるSS看守に登録番号を控えられ、最初は懲戒規定にない刑——それまであった優遇措置の取り消し——を宣告された。それを「ブリエは私にタバコの配給が止められるだろうと言った。給料の代わりがタバコなのだ。つぎにまたやると、こんどは尻を棒で殴られる、二五回も。フュンフウントツヴァンツィク・アウフ・アーシュ（尻に二五回）！」[72]と囚人の一人が語ったのだ。

軍隊にならった刑罰と禁錮

強制収容所に適用される刑罰の体系は、とくに二〇世紀初頭の軍隊あるいは刑務所の懲戒規定を手本にしている。一九一一年の時点で有効だった《一九〇二年一一月一日施行の帝国海軍の懲戒規定[73]》は、海軍で最も階級の低い見習い水兵に対し、つぎの懲罰を言いわたすことが可能と定めている。

一、公然の譴責（……）ならびに当人の氏名を三日間を限度に掲示。
二、本人の所属集団と離れて食事、八日間を限度とする。
三、懲罰教練、懲罰研修および四時間を限度とする見張り任務、ただし一日あたり一時間を超えてはならない。
四、束縛のうえ、仕切りの反対側に座ることも寝ることもできぬように立たせる。ただし、一日あたり一時間、三日を超えてはならない（……）。
四a、下士官付の見習い水兵を解任（……）。
五、禁足罰（……）――
　普通の禁足、五日間を限度とする。
　厳罰の禁足、三日間を限度とする。
その他の懲罰――
六、自由時間のあいだ甲板に直立不動、一日あたり一時間、四日間を限度とする。

七、身体罰、一〇回を限度に棒で打つ（……）[74]。

見習い水兵に対する懲罰は、上位の者に対するそれよりも甘かった。一般水兵（第六節・二を参照）であれば、一四日間を上限とする禁足罰か、労役を課される労働班（第六節・四）に配置されることもあった。

見習い水夫に適用される懲罰は、強制収容所におけるそれとまったく同じではないし、その執行も一定の条件のもとにおかれていたわけだが[75]、同じ用語、同じ三つの分類、すなわち屈辱を与える種々の罰、禁足、そして身体刑である点は変わらない。強制収容所で行われる懲罰は、海軍で適用されていたものを厳しくしただけのように見える。その印象はもっと古い文書によっても確認できる。それは一八四一年一〇月二一日に発布のプロイセン陸軍の罰則に関する規定書の一八四五年印刷版である[76]。同規定書の第五節Cは、一等兵と二等兵が懲罰教練（1a）、哨務当番の追加（1b）、労役（1c）、特殊服の着用（1d）、俸給の一時押収（1e）もしくは普通・強化・厳罰禁足を科罰されることがあると記す。第五節Dは、「同様に二等兵も懲戒規定による懲罰の宣告を受けることがあり、（……）身体刑は三〇回を限度とする杖刑、当人がすでに懲罰班または懲罰部隊に配置の場合はその限度を四〇回とする」[77]とつけ加えている。そして第六節は、当人を立木か壁に束縛のうえ、座ることも寝ることもできぬよう立たせる刑である。

屈辱を与える罰、三種の禁足、そして身体刑と、一九世紀半ばのプロイセン陸軍の懲罰は強制収容所における懲罰と大きな類似点がある。この類似性は、強制収容所が結局のところ同じような公的な機構のひとつにすぎないことを示すために利用された。一九三七年、ドイツ国防軍《ヴェーアマハト》向けの講習[78]で、ヒムラーは強制収容所にて身体刑が実施されている実態を、一九一四年から一九一八年までドイツの刑務所で適用されていた内部規程を採用したという説明で正当化した。囚人たちについて、ヒムラーは「ときには彼らのなかに傲慢な態度をとったり、あるいは反抗したりする者が出てくることもあるが、当人は独居房に入れられるか、明かりもない部屋に水とパンのみの禁足処分、あるいは重大な違反では――諸君に怖じ気づいてもらっては困るのだが、私は一九一四年～一八年のプロイセン期の刑務所で用いられていた古い規程を採用したので――二五回の杖刑を受けることもある[79]」と述べた。

特別に厳しい拘禁制度で知られるプロイセン期の刑事施設では、実際に身体罰が実施されていた。囚人たちは一日あたり一二時間以上の労働を強制され、囚人服はもちろんのこと丸刈り頭で、髭を生やすのも禁止されていた。面会と手紙を受けとるのも、三カ月に一回だけだった[80]。懲罰に関しては、一九〇二年にマックス・フォン・ベーアが身体罰は「現在では、刑事施設で不服従の著しい被収容者男子に対してのみ許可されている[81]」とし、その場合は「該当者は三〇回を限度とする体罰（杖刑）を受けることがある[82]」と説明した。どの刑事施設に収容の一七歳以下の囚人でも、同様に体罰を言いわたされることがあった[83]。

一九二三年の時点で、「自由を制限する刑罰適用に関する原則」には体罰の記載がすでになくなっている。それでも刑務所にて適用のその他の懲罰は、つぎのように強制収容所のそれに共通した特徴がある。禁足の限度を四週間と定めている、照明なしの監房に収監も四週間を限度、食事の分量を減らすのは一週間を限度、さらに信書送受の禁止は三カ月を限度とする点である[84]。

量刑の決定

ラーフェンスブリュック規程にしたがうと、「量刑は違反の軽重および収容所における被収容者の態度に応じるものとする。累犯は刑が加重される[85]」とある。ということは、違反の程度に応じ、また囚人の人格次第ということになる。刑の選択は頭脳的プロセスであるため、再現するのはむずかしい。資料欠落や懲戒手続き記録の大量破壊のせいで、そのプロセスを統計によって厳密に分析することもできない。以下に述べる内容は、刑の選択にあたり、指導があったことを窺わせる多くの形跡について報告するにとどまる。

ナッツヴァイラー収容所の保存資料には、白紙にタイプライターで打ったアルファベット順の五〇種もの違反一覧[86]というように、類を見ない文書が残されている。各違反の行ごとに手書きの数字（五、一〇、一五、二〇、二五）が書きこまれ、それは杖刑の回数である。数字欄の項目見出しも手書きで「P・シュトラーフェン（Prügel-Strafen の略）」、つまり杖刑と明記されてある。杖刑の五回から二五回という段階づけは、ラーフェンスブリュックの規程書ならびに科罰指令書に印刷されたものと同じである。この一覧の作成者がだれだったのかは不明である。それが収容所当局の人間であったのか、あるいは〔役付き〕囚人であったのか、同文書は、その扱いを相当慎重にしなければならないにせよ、ナッツヴァイラー強制収容所における科罰体系のある種の合理性を示しているといえよう。これら五〇項目の規律違反には、それぞれに対応する明確な懲罰が存在した。

事故報告書には、つぎのように当該囚人の氏名とカテゴリ[87]〔拘禁理由や人種、宗教で類別〕を記載した。生年月日の記入欄はないが、たいてい氏名の横に加えられていたようだ。該当囚人の収容所内における役目（囚人頭《カポ》や職長など）ももちろん記入した。歴史学者ハリー・シュタインによれば、役目の有無は量刑の決定的要素であったという[88]。ブーヘンヴァルト強制収容所では、ある種の事故報告書[89]は以下の追加項目を記入するためのスタンプが押してある。

・被収容者の年齢――□□

・職業――□□□□
・本収容所での受刑歴(90)――□□□□

「本収容所での受罰歴」とは、収容所内における当該囚人のいわゆる犯罪記録である。前例（ときには複数回）がある場合、その量刑と執行日、理由も記載する。前例がなければ「なし」とだけ記入、当人に受罰歴のないことが確認される。そのスタンプによって当該囚人の規律関連の情報が事故報告書に記入され、量刑を判断する権限者の知るところとなる。「累犯は刑が加重される」(91)とするラーフェンスブリュックの規程からすれば、事故報告の対象となった囚人の規律違反歴が量刑判断をする権限者に知らされるというのは論理にかなっている。規律に関連する情報が考慮されるというのは、ブーヘンヴァルトに限られたことではない。アウシュヴィッツの各収容所においても、同様に当該囚人の規律関連の情報に留意していた。前述したように、一九四四年二月八日、アウシュヴィッツ第Ⅲ強制収容所の政治部は囚人の累犯についての記述に虚偽のあることを非難した。それはとりもなおさず、当該囚人への量刑が規律関連の前歴に基づいていたことの証明である。

また同時に、ブーヘンヴァルト収容所の事故報告書に捺されたスタンプの当該囚人の年齢と職業欄は、生産性から見た当人の価値を即刻知ることを可能にした。年齢もそうだが、とりわけ職業を重視した。というのも、収容所においてある種の職種が強く求められていたからである。囚人らの労働力を利用する必要性は日増しに強まり、それで上記のスタンプが考案されたのだろう。そういった状況下、高い生産性のある囚人を懲戒罰によって働けないようにしてはならなかった。

また量刑は、懲戒を管轄する当局が持つ情報の正確さにも左右された。ある種の優遇されているカテゴリの囚人は、よりきめ細かい懲戒手続きを受けられた。たとえばSS-WVHA・D・I部が各収容所司令官（ルブリンの捕虜収容所も含む）宛に発信した一九四三年一月四日付の通達は、毎回「SS-WVHA・D局に身体刑執行の申請書を提出[92]」する際、当該囚人に関するいくつかの情報を記載した別紙を添付するよう要求した。その別紙は当人の履歴を要約したものを含み、また身分証明書用の顔写真も添えなければならなかった。履歴書は「本人の国籍のほか、拘禁の理由、職業、家族状況（子どもの数、そのうち軍または党〔NSDAP〕に入った者の数）、収容所内における現在までの受刑態度[93]」と内容が決められていた。それは男性の囚人に対する身体刑執行の申請に限られており、ユダヤ人とポーランド人、ソ連籍ロシア人の民間労働者は除外された。このように、異なる二種の制度が共存していた。一番目の例では、対象者の広い意味での人間性が身体刑を許可する際に考慮され、二番目の例では、許可申請が規律違反だけを判断の材料にした。性急な後者の手続きにて処理される囚人は、ほぼまちがいなく刑を執行される運命にあった[94]。

多くの文書から、囚人がドイツ国籍であるか、もしくは「ゲルマン民族」に属しているかで、SS-WVHA・D局が手続きの調整をしていたことも分かる。一九四三年一月二〇日、同局は各強制収容所の司令官に対し、身体刑執行の許可申請を出す場合、それがとりわけ「ドイツ系（deutsch）あるいは東ゲルマン系（ostgermanisch）で受刑歴のない者[95]」が対象であれば、事前に厳密な調査をするよう求めた。

一九四三年三月一五日、その一環としてRSHA（Ⅳ・C・2課）も、強制収容所に拘禁中の「ゲルマン系もしくは特殊カテゴリに属すドイツ人の政治犯[96]」に対する懲戒科罰には特別の注意を払うようにとの通達を出した。RSHAは、強制収容所へ囚人を収容する際、各人の個人資料に「当人の性格のほか、とくに一般社会における以前の地位を考慮のうえ、所内で刑の執行が行われる場合、特別条項の遵守が不可欠かつ時宜を得ていることが明らかになるよう[97]」注意書きを書きこむよう義務づけた。その書き込みを見たうえで、つぎにRSHAは該当の強制収容所およびSS-WVHA・D局に内容を伝えるかどうか判断した。この条文は、所内で執行されるすべての懲戒罰に適用された。

囚人に懲戒罰を宣告する手続きは収容所司令官の権限下におかれていたが、かなり規制を受けていたことが分かる。収容所司令官はあらかじめ作成された一覧から刑を選択し、もっと重い刑ならば他の権限当局に規定に即した意見を求め、同時に自分の決断が強制収容所の懲戒方針と合致していることを確認のうえ、可能なかぎり当該囚人の人格や人種的な基準、規律違反歴、人格に応じた刑を選ぶ。要約すると、司令官は複雑な規制枠に沿って決断することになる。

囚人に対する死刑の宣告は、最も重い懲戒罰の宣告よりもさらに厳しい枠組みで規制されたほか、中央集権化もされていた。

第7章　囚人への死刑宣告

囚人を処刑するための手続きは、ＲＳＨＡへの許可申請で開始される。司令官が提出した書類に基づき、ＲＳＨＡは当該囚人が死刑に相当する違反を犯したか否かを審査した後に裁定を下す。

死刑執行の申請

〝法治主義〟

親衛隊裁判所が元ブーヘンヴァルト強制収容所の司令官コッホを裁いていた一九四四年四月一一日、親衛隊判事モルゲンはコッホが告発されている贈賄と殺人の罪状を明らかにする起訴状に署名した。起訴状のコッホとその共犯らが不法に構築した殺人システムを述べる部分で、モルゲン判事は、まず強制収容所における囚人の処刑に関し、それが法治主義[1]を重んじている点を強調した。現行の条文の再確認につづき、実際の状況、つまりコッホと共犯者がこれらの条文に違反していたことを述べた。

モルゲン判事によれば、「強制収容所に収容中の者に関する生殺与奪権は親衛隊全国指導者に一任されている[2]」のであり、その親衛隊全国指導者が「つぎに、一部のカテゴリに属す被収容者、とりわけソ連国籍の者らに関し、その権限をＲＳＨＡの中央組織の所定の部署に委任する[3]」とした。いかなる誤解もないように、モルゲン判事は「強制収容所の司令官もしくはその指揮下にある部署は、親衛隊全国指導者もしくは国家保安本部長官の処刑指令に基づいて『のみ』（手書きの書き込み）、被収容者の死刑を執行できるものとする[4]」と結論づけた。加えて、司令官は管轄下の囚人の処刑について、文書にてその報告を義務づけられていた。

　モルゲン判事は上記を何かの条文をもとに主張したのではなく、ブーヘンヴァルトにて捜査を行ったゲシュタポ局長ハインリヒ・ミュラーの証言をもとに述べた。この口頭による証言を含む審理調書の引用は、「参照――ブーヘンヴァルト殺人事件の捜査調書第一部の三四五ページと三四六ページ、国家保安本部のミュラー親衛隊中将による証言[5]」と正確に記述されている。こうしてみると、モルゲン親衛隊判事でさえ、囚人の処刑を規定する条文を読むことができなかったようである。ゲシュタポ局長であるミュラーの説明だけで満足するほかなかった。

　つぎにモルゲン判事は、囚人の不法な処刑を予防するための条文を「被収容者の死亡が自然死でない場合、収容所の医官および司法官〔司法将校〕が死因を特定するための検視を行う[6]」、また「親衛隊裁判所あるいは警察裁判所はそのような事例への対処に慣れており、それを容疑者不詳として捜査手続きを開始するか、または中断するかを決定する[7]」というように詳述する。囚人の遺体を焼却すること自体も「自然死以外の被収容者の遺体焼却は、それについての司法判断のあとでのみ可能とする[8]」というように厳しい管理下におかれた。そして、「強制収容所における被収容者の死亡はすべて、その死因がいかなるものであろうと、電報にてただちに国家保安本部および当該被収容者の拘禁を決定した機関、親衛隊全国指導者の官房、当人の遺族に通知する」[9]と定められていた。したがって、「この手続きに併行し、ほかにも衛生班にとっての特別手続きがあった」[10]というように、一人の囚人の死が注意を引かないわけにはいかなかった。

医療機関のような収容所外の特別な手続きに加え、上記にあげた幾重もの管理体制は、モルゲン判事にとり、強制収容所のあらゆる専断的な囚人処刑を防止するには十分な保証であるように思えた。その思いから、「法治主義」に基づく処刑についての詳述を「それらすべての要素から言えるのは、収容所における被収容者の生命は、特別の監視態勢によりたいへんな保護を受けていることである」[11]という言葉で結んだ。モルゲンによれば、ブーヘンヴァルトで起きた「被収容者の不法な殺人事件」[12]は同制度の誤った運用によるものだったのである。

申請書類

申請はＳＳ－ＷＶＨＡ・Ｄ局を仲介して国家保安本部《ＲＳＨＡ》に提出される。一九四四年、ＳＳ－ＷＶＨＡ・Ｄ・Ｉ部の部長は「司令官およびその代行者のみが被収容者の処刑申請書への署名をする権限を持つ」[13]と注意喚起を行い、その機会を利用して「処刑申請書をしばしば収容所内の政治部長が署名している」[14]慣例を糾弾した。当時、処刑申請書は「処刑の申請を、直接ＲＳＨＡまたは親衛隊全国指導者宛に行ってはならない。それらの申請はＳＳ－ＷＶＨＡ・Ｄ・Ｉ部に提出すること」[15]とまずＳＳ－ＷＶＨＡ・Ｄ・Ｉ部に提出させていたようだ。そのあと、申請書はＳＳ－ＷＶＨＡ・Ｄ・Ｉから親衛隊全国指導者に届けられた[16]。期限は「親衛隊全国指導者に提出する処刑申請が事後何カ月も経過したものであってはならない」[17]と、その厳守が要求された。ＳＳ－ＷＶＨＡ・Ｄ局は、収容所による事務処理の緩慢さを咎め、遅れを強調するため具体例をあげた。ある収容所は、一九四三年一一月に脱走した囚人が逃亡中に犯した違反を、当人が同年一二月には捕らえられていたにもかかわらず、ＳＳ－ＷＶＨＡ・Ｄ局への報告は一九四四年三月を待たねばならなかった。つまり、処刑申請が一九四四年三月になされたわけで、「このような事態はとうてい許されるものではない[18]」と非難した。残念ながら、この処刑申請に関し、収容所内の法務担当部署が果たした役割を明確に特定することはできていない[19]。

処刑申請書類の内容は、親衛隊全国指導者が発布した一九四三年一月六日付の機密扱い一般規程[20]ならびに同月二二日付の強制収容所司令官向けの声明にて定められていた。同文書は、囚人の処刑を示すのに、ひどく事務的な用語「特別処置（Sonderbehandlung）」を用い、「すべての特別処置の事例には、細心の注意を払うと同時に、迅速な処理が必要とされる。事実関係は明瞭かつ簡潔に記載されること。執行に支障がある場合はその理由を示すこと[21]」と書かれている。すべての申請で守るべき一般的原則を再確認したあと、ｂ項とｃ項は二種の特殊カテゴリに属する囚人に適用される制度を規定する。それは、ドイツ民族《フォルク》でない異民族《フレムトフエルキッシュ》が一方にいて、他方にドイツ人または同族の血を引く者がいた。それらの規定は、囚人が属するカテゴリにより、多かれ少なかれ念の入った手続きを導入させることになる。たとえばｃ項は、「ドイツ人ならびに同族の血を引く者を処刑するための申請には、本人の家族状況（子どもの人数）と職業、また政治活動と犯罪経歴に関する情報を添えること[22]」とある。そのほか三つの添付物「一、最近の身分証明書用の顔写真。二、本人に関する人物評。三、最近の犯罪経歴証明書[23]」も要求された。

ｂ項のドイツ民族でない異民族に関する処刑申請は、「個別条項が定める追加書類――当人のゲルマン化の可能性に関する公的意見など――の提出は遵守されること[24]」とあった。

死刑宣告の対象となる違反

処刑申請に関して実証的な調査の結果、死刑の執行手続き開始には二種の理由[25]が必要なことが分かった。ひとつは脱走囚が逃亡中に犯した窃盗もしくは他の違反、もうひとつは破壊工作《サボタージュ》である[26]。

逃亡中に犯した違反

脱走自体は死刑の対象とはならない。当該囚人が逃亡中にある種の違反を犯すことによってのみ、死刑の宣告がなされる。一九四四年、SS-WVHA・D・I・1課の機密指令は強制収容所司令官に対し、脱走を図った囚人を拘束したときに守るべき指示をくどいほどくり返した。同文書は、「調書はほかにも、当該の被収容者が逃亡中に窃盗もしくはその他の違反を犯したかを明らかにすること。必要とあらば、処刑申請書を添付のこと[27]」と、再拘束された囚人の尋問調書でとくに不可欠の内容をあげる。

要するに、処刑申請をするには脱走だけでは不十分で、たとえば盗みのような違反を伴っていなければならなかった。もうひとつの文書、これはSS-WVHA・D・Iが各収容所の政治部長に宛てた一九四四年三月二四日付の通達で、同じように「脱走者を再拘束し所内に連行したあと、当人に対する詳細な尋問をただちに、遅くとも翌日までに実施する。尋問は脱走および逃亡中の違反行為について余すところなく詳細な情報を提供するものでなければならない[28]」と指示する。尋問調書はただちにSS-WVHA・D・Iに提出され、必要とあれば、つぎに親衛隊全国指導者に処刑の申請がなされる。一例をあげると、ブーヘンヴァルト収容所の政治部がロシア人の囚人アレクサンドル・Nに対して一九四四年六月二〇日に行った尋問から、逃亡中の違反行為に関する詳細な記述、盗んだ物品の詳細な一覧とその出所、盗んだときの状況が分かる。つぎに、同人はそれ以外の盗みを働いていないと宣する。[29] 六月二二日、尋問調書が収容所第Ⅲ部に回される。収容所政治部〔第Ⅱ部〕の署名のある送り文には、「当該被収容者は逃亡中に窃盗を働いているため、所内科罰を要請することが望ましい。特別処置については、許可申請の対象とした」[30] と書いた。ということは、この囚人は、おそらく死刑宣告が伝えられるのを待つあいだ、所内科罰（身体刑だろう）もされるという二重の刑を受けるのである。[31] 送り文の内容から、死刑執行については司令官のみにその申請をする権限があるにもかかわらず、政治部が申請書を提出してしまったことが窺われる。このような手続き違反は、前述SS-WVHA・D・I部の通達[32]によって糾弾された。

もう一人のロシア人の囚人レオニード・Bに関する尋問調書は、「くり返し厳しく非難されておりますが、逃亡中、私はすでに述べた法的に非難される行為以外、昼夜に関係なく、暗い時刻には何もやっていないことを明言します」[33] と、とくに違反の行われた時間が問題になっている。夜間もしくは消灯時間になされる違反行為は、どうも刑の加重要因となっていたようだ。

ある囚人の処刑に立ち会わされたほかの囚人たちに向けたつぎの演説で、すでに私たちが知っていることだが、脱走そのものだけでは死刑を宣告する正当な理由とはならないことが、「一八歳のロシア人アレクセイ・ユルケヴィッチは、卑劣にも仕事の持ち場から逃げだした。当人は食料と衣服も盗んだ。そして、ナイフで一人のドイツ人市民を脅かした。それらの事実が確認された結果、アレクセイ・ユルケヴィッチは死刑を宣告され、絞首刑となった」[34] というように確認できる。それは、たとえダヴィッド・ルセが語るように、「今後は、仕事の持ち場を放りだすような卑怯者はみんな絞首刑にする」[35] と断言して囚人たちを怖がらせる収容所係官がいたことも踏まえての話である。

私が入手したいくつかの処刑申請手続きの具体例では、まず収容所政治部が上がってくる処刑申請をふるいにかけ、署名をもらうためそれを司令官に提出している。そのあと、許可申請書はSS-WVHA・D局に送られる。ときには収容所政治部が処刑許可の申請が必要条件を充たしていないと判断することもあった。たとえば一九四四年七月一日、同収容所の政治部長は第Ⅲ部（保護拘禁所指導部）宛にある囚人の尋問調書を届けると同時に、「Nは逃亡中に窃盗を働いたことを認めたものの、それが白昼であったため、処刑を申請するには不十分と思われる」[36]と、処刑申請をしないように、また「非常に厳しい所内科罰のほか、Nを所内監房から釈放のうえ脱走未遂囚の標章〔布製《バッジ》〕の着用と、必要とあらば採石場への配置を要請すべし」[37]と勧告した。この事例の手続きから、夜間の違反行為が昼間のそれよりも厳しく罰せられていたことが確認できる。

一九四四年五月二四日、またしてもブーヘンヴァルト収容所の政治部は、ある囚人の処刑申請が許可されないだろうと判断した。「当該の被収容者らは逃亡中の違反行為をしていないと申し立てており、その反証も不可能なため、違反に応じた所内科罰のみで十分と思料する」[38]と認めるほかなかった。

収容所政治部によるこれらの予測は、中央RSHAが厳密かつ一定の、収容所政治部も共有する基準（窃盗あるいは違反の範疇、犯行時刻など）に沿って裁決していたことを示す。

破壊活動《サボタージュ》

外部収容所ポルタ・ヴェストファーリカにおけるサボタージュに関し、SS隊員が集合させた囚人らを尋問する。

SSは言葉を切り、静かに私たちをにらみつけた。

「きみたちはサボタージュの罪というものが何を意味するか分かっているんだろうな？」

「はい！」。全員が大声で答えた。

「縛り首だ」。SSは言った。「我々は容赦しない。公平だが、容赦はしない(39)」


サボタージュが死刑になるというのはたしかなことだ。一九四四年四月一一日に送付の通達で、SS-WVHA・D・I部は「サボタージュが明らかになった場合は、本部宛に絞首刑の執行申請書を提出しなければならない(40)」とし、多くの事例で申請がなされる身体刑とは異なると全司令官に対し注意喚起をした。収容所の第Ⅲ部がサボタージュに関しては、その申請手続きを担当していたようである。

全般にわたる文書が入手不可能なため、ブーヘンヴァルトに配置のSS装甲〈髑髏〉師団の補給部隊付き特別作業隊《コマンド》で起きたサボタージュ事件を、ここで再構成してみようと思う。一九四三年一〇月二五日、同コマンドの隊長は、ドイツ人の囚人ヨハン・B（BV　つまり一般刑事犯）が前線に送られる車輌の革製シートをはがしているところを逮捕されたと、書面にて保護拘禁所筆頭指導者に報告した。革で冬用の衣服を作ろうと思ったのだという。その報告書は、違反を「軍隊に納入される予定の使用可能状態の車輌を故意に損壊した(41)」と形容した。すでに同月三〇日には第Ⅲ部がその報告書を司令官に提出、保護拘禁所筆頭指導者が署名した詳細な事件の経緯が添付されたうえ、同指導者の分析は「今後このような悪事の再発を避けると同時に、みせしめ効果を得るため、本官は当該の被収容者に対し最も重い刑が宣告され、管轄当局がその処刑申請に許可を与えるよう要請する(42)」という量刑の提案で結んである。第Ⅲ部というのは、事件の予審を行い、書類の準備を担当する。つまり、事故報告書を受けとると、司令官に事件の概要を伝え、必要な場合は当該囚人の処刑を進言もする。

つぎにＲＳＨＡは、処刑の申請を厳密な基準に照らしあわせて審査する。ブーヘンヴァルト収容所の司令部に宛てた一九四四年五月一九日付の業務連絡で、その附属労働収容所ドーラは「被収容者Ｍに関する特別処置（死刑）の申請が、当人の違反行為に軍の機器を損壊しようとの意志が見いだせなかったため、ＲＳＨＡにより却下された[43]」と伝えている。それは、一部の処刑申請が根拠もあって正式に基幹収容所をとおして提出したにもかかわらず、基準を満たしていないとの理由でＲＳＨＡにより拒否されていたことを明かす。

もうひとつ一九四四年四月一四日付の申請手続きでも、ＲＳＨＡ（Ⅳ・Ｂ・Ｉ・ｂ）は同じように囚人Ｋに関する申請を却下している。手元にある資料だけでは、残念ながらそれがサボタージュの事例だったのかは不明であるにせよ、興味深い点はＲＳＨＡがこの件に関し用いたロジックである。ＲＳＨＡは「Ｋに対する告発は収容所の内部問題に関するものであり、したがって本件はその内容の通知およびその答申を得るため、ＳＳ-ＷＶＨＡ・Ｄ局に回付された[44]」と説明したが、ＳＳ-ＷＶＨＡ・Ｄも「本件を直接に引き継いだグリュックス親衛隊中将（局長）は、本件における処刑の責任を担保できないものと判断した[45]」と処刑申請を斥けた。グリュックスは「Ｄ収容所に対し、被収容者Ｋに関する身体刑の申請をＳＳ-ＷＶＨＡ・Ｄに提出するよう命じる[46]」結果となった。ＳＳ-ＷＶＨＡ・Ｄの責任者グリュックスは、Ｋに対する身体刑をすぐには命じない。そのような申請を審査する権限があったにもかかわらず、それをしなかった。手続きを遵守することに徹した。というのも、彼は当該囚人の処刑について答申をしたが、身体刑の申請が時宜を得たものかを判断する収容所司令官の権限を侵害しなかったのである。形式上の状況が整えさえすれば、グリュックスの局が囚人Ｋに対する身体刑の申請を承認することは想像に難くない。

第8章 刑の執行

死刑の判決が下ると、ＲＳＨＡは書面にて強制収容所司令官にその執行を命じる。ほかのすべての刑に関しては、「被収容者に対して告知された刑は、〈科罰指令書〉の書式にその理由を詳細に記入のうえ、収容所所長による署名を必要とする（二部、ただし身体刑の場合は三部）[1]」とされた。この書式が記入され、司令官もしくはほかの権限者により署名もされると、刑の執行が開始[2]される。実際は保護拘禁所筆頭指導者から提出の事故報告書の送り状、あるいは当該囚人の尋問調書のうえに、司令官が量刑をじかに書きこむことが多い。「15×[3]」と書きこまれていれば、それは杖刑一五回を意味する。たいていはそのあとで、科罰指令書がその裁決を正式なものとする。たとえば、一九四四年一月一六日付の事故報告書[4]に「科罰指令書を書くこと」という書き込みが見える。ほかにも同年八月五日付の事故報告書には、「科罰指令書を三通作成すること[5]」という書き込みが読める。もし事故報告書が量刑を提案していれば、司令官はただ「よし《ヤー》」とだけ書きこむこともある[6]。

　収容所第Ⅲ部が行政刑と禁錮刑、身体刑の執行を担当する。ラーフェンスブリュックの規程はその任務を「量刑を当該の被収容者に告知のうえ、ただちに担当の看守長にその執行を託す[7]」ようになっていた。私は行政刑および禁錮刑のプロセス自体についてほとんど知識がない。それらの執行様態

（禁錮日数およびその程度、食事を制限する回数など）については、科罰指令書がそれを細かく記載はしてはいる。一方、囚人に対する身体刑の執行を規制するための微細にわたる大全のような文書は存在する。おそらく、ほかの刑よりも厳密な規範枠を設けることで、収容所側の関係者の良心をあまり煩わせることなく、残酷きわまりないセレモニーの進行を可能にできるだろうと、ナチ政府は理解していたのだろう。

身体刑の執行

身体刑は原則として違反行為の発生した収容所内で執行される。しかしながら、ある収容所司令官が裁決した刑は、その後、もし当該の囚人がべつの収容所に移送されていれば、その収容所にて執行されることもあった。その例として、ブーヘンヴァルト収容所の司令官はあるロシア人囚人に関する科罰指令書を囚人の移送先であるナッツヴァイラーの司令官に送った。それは「添付の一九四二年一二月一四日付で貴所に移送となった被収容者関連の科罰指令書をご査収ください。刑の執行をよろしくお願いします[8]」と、移送先での当該囚人の科罰を確認するためであった。懲戒手続きにひどく時間がかかったのだろう、その結果、当の囚人らは元の収容所では刑の執行をされなかった。この文書から分かるのは、強制収容所の懲戒手続きがいかに念入りで組織化されていたかという点、つまりある収容所でひとつの刑が宣告されると、どこの収容所でもそれが有効であることを意味する。

不可欠な二つの要素が、囚人を棒で打つという野蛮な見世物に、合法的かつ洗練されたセレモニーであるという偽装を与える。立会人の存在と秒刻みで進められる式次第がそれである。

証人としての立ち会いを義務づけられたSS隊員がもたらす仰々しさ

帝政時代の海軍で適用されていた杖刑執行に、軍人が証人として立ち会うのはすでに義務であった。それが刑の執行に厳粛さを与える役目を持っていたことはまちがいない。[9] 一九三七年三月一日付の通達で、強制収容所監督官アイケは「杖刑の執行に関し、今後は親衛隊一小隊の代わりに親衛隊一分隊で足りるものとする」[10]という指令を出した。通達の条文によれば、分隊が少なくとも八メートル離れた場所に待機し、収容所の司令部員による補充も可能としている。このSS一分隊の立ち会いを義務づけることに何の意味があるのだろう？ ナチ当局はその懲罰という見世物によって若い隊員たちの感性を麻痺させる、あるいは暴力になじませようとしたのか？ つぎの例では、それが目的ではなかった。というのも、「証人として選抜されるのは、強制収容所に少なくとも二年以上配属のSS隊員とする」[11]とあるからだ。SS分隊による立ち合いは、身体刑の執行が公的行為であり、かつ規制下にあるとの体裁を、ひいては厳粛ささえも与える。科罰指令書によると、司令官および保護拘禁所指導者、医官も立ち会うことになっており、各人が下記の書式に記入署名した。

証人と監督者
刑の執行時に立ち会ったSS〔分隊〕指導者と証人の氏名——□□・□□、□□・□□
上記各人の署名——□□、□□
収容所司令官——□□・□□
保護拘禁所指導者——□□・□□
収容所筆頭医官——□□・□□[12]

科罰指令書はSS分隊の立ち会いについて言及していない[13]が、その理由は不明である。いずれにせよ、SS〔分隊〕指導者の立ち会いがなければ杖刑は執行されないという点に、非常な重きがおかれていた。一九四四年五月二七日付の業務指令書にて、グロース・ローゼン収容所の司令官は「杖刑の執行は、SS〔分隊〕指導者一名の立ち会いがある場合のみ許可される[14]」と注意喚起をしている。これが問題になっていたのはとりわけ外部収容所であり、SS〔分隊〕指導者がいつも身体刑執行に立ち会ってはいなかったからである。ところで、ある種の外部収容所にはSS下級分隊指導者しかいないことがあった。その場合は、「受けとった杖刑関連の科罰指令書は、本官が指名するSS分隊指導者の立ち合いまで保留処分とする[15]」と基幹収容所の司令官が判断することになった。SS分隊指導者の立ち会いなしでは、刑の執行がその公的かつ厳粛であるべき体裁を失ってしまうことはまちがいない。ましてや、SSでも下位の士官かただの看守の立ち会いで執行される杖刑は、恣意的な暴力を見せつける突発的な集会に一転してしまう恐れがあり、まさにそれを儀式化によって回避しなければならなかったのである。

刑の執行人

一九三八年に用いられていた科罰指令書によれば、二名のSS下級分隊指導者が執行人であった。彼らも科罰指令書の書式の「下記署名のSS下級分隊指導者は（年月日を記入）に実施の身体刑を執行した[16]」という文の下に署名した。その後、この規定は女性囚人に関する改革に伴い変化していく。全強制収容所司令官に送った一九四二年八月一一日付の規程書のなかで、「親衛隊全国指導者兼全ドイツ警察長官は、婦女子収容所の強制収容所における身体刑は厳重な監視のもと、被収容者らによって執行されるよう命じる」[17]というように。この改革はヒムラーが望んだものだが、SS-WVHAに大きな影響を与えたようで、「上記指令との一貫性を重んじ、（……）SS-WVHA長官オスヴァルト・ポールは、男子収容の強制収容所においても杖刑が被収容者により執行されるようにとの指示を出した」[18]と変わった。同じ文書のなかで、既述した執行者、つまり二名のSS下級分隊指導者の氏名と署名を記入する科罰指令書は、つぎのように変更された。

下記の被収容者は（年月日を記入）に実施の身体刑を執行した――
一、（執行者の登録番号と氏名を記入）
二、（同上）[19]

いくつかの科罰指令書が一九四二年八月の改訂が実際に適用されたことを示す。一九四三年九月三日（ブーヘンヴァルト）[20]と一九四四年三月二八日（グロース・ローゼン）[21]にて作成された二通の科罰指令書は、古い書式を使っているが「SS下級分隊指導者」の語が訂正線で消されて「被収容者」[22]に書き換えられている。一九四四年三月一六日にSS-WVHA・A・Ⅱ部が認定した科罰指令書の書式[23]は、被収容者が身体刑の執行を務めるとしてあり、ほかは一九四二年八月一一日付の規程書のテキストを踏襲している。グロース・ローゼン収容所の司令官が発信した一九四四年五月二七日付の業務指示書一・四四号[24]は、「刑を執行した被収容者の氏名と登録番号は、外部収容所所長もしくはコマンド指導者が記入すること。（被収容者が自分で記入することはできなかった）[25]」との命令を伝えた。二名のSS隊員の署名が杖刑の合法性を保証するために必要だったのにひきかえ、グロース・ローゼンの司令官は四人の執行人が科罰指令書に手を触れること、氏名および登録番号を記入することも、また署名によって自分らが身体刑を執行したことを証明することさえも禁じたのである。その禁止は、SS-WVHA・A・I・1課が各強制収容所司令官に宛てた一九四四年五月三一日付の通達により、「杖刑の執行に携わった被収容者は、いかなる場合においても書式の『執行者』欄へ証人として自ら署名してはならない」[26]との注意喚起となって示された。立会人のだれか——最適任者は保護拘禁所指導者——が執行役の囚人に代わって記入した。この禁止だけがSS-WVHA・A・I・1課によって全収容所に送られた通達の用件であった事実は、囚人が杖刑執行において重要な役割を演じたにもかかわらず、事務手続きの流れからは除外されていたことを示す。囚人の署名は、医官や司令官の署名の脇にそのための場所など持てるはずがなかった。

では、どういった囚人が身体刑の執行に携わったのか？『われらの死の日々』のなかで、ハインツという名の囚人はブロック長から「正式な刑吏になることを無理強いされ、毎日のようにみんなが見ているまえで鞭を振るう」[27]ようになる。一九四二年八月一一日の規程書は、「とはいえ、外国人の被収容者によるドイツ人の被収容者に対する刑の執行はこれを禁ずる」[28]と明記している。SS-WVHA・A・I部が発信した一九四三年七月一四日付の指令は女性の囚人に関し「親衛隊全国指導者兼全ドイツ警察長官の命令により、ロシア人女性に対する身体刑はポーランド人女性がこれを執行し、ポーランドおよびウクライナ人女性に対する身体刑はロシア人女性が執行するものとする」[29]とより細かい。ドイツ人の女性囚人がほかの女性囚人に身体刑を執行することは禁じられており、「同様に、自らの悪事を自訴した特別の被収容者もその任務に就くことはできない」[30]としている。同指令書によれば、刑の執行を担当した被収容者たちには何本かタバコの支給があった。

杖刑の流れ

科罰指令書の書式には〈執行規則〉と題されたテキストが印刷されており、どのように打擲するかを指示している。冒頭で、あらかじめ医官による診断の必要なことを再確認する。続いて、「革製の叩き棒を用い、間隔をおかずに素早く打つこと。刑の執行中、回数は声に出して数える[32]」と、打擲の与え方を細かく指示する。ただ、だれが数えるのか定かでない、執行人かあるいは受刑者か？　元囚人らが語るところでは、杖刑を受ける者が数えたという。もし受刑者が苦痛のあまり数えられなかった場合、ＳＳの執行人はその分を勘定に入れず、回数を増やしたとも[33]。つまり「数えなかった」ものは正規の刑ではないから、くり返すという執行規則の厳格すぎる解釈、悪質な運用である。また同規則は「脱衣および身体の一部を露出することはかたく禁ずる。刑の執行を受ける被収容者を束縛してはならず、台上にそのまま寝かせること[34]」と定める。収容所での身体刑の執行に用いる台（Prügelbock）[35]を、収容所当局は特別に作らせた。ちなみに、「ヒムラーの命令で、一九四四年末、ＳＳはブーヘンヴァルト収容所における公式の杖刑執行を廃止のうえ、執行台《プリューゲルボック》の焼却と被収容者の個人ファイルから杖刑執行の記録文書を除去した[36]」というエピソードがある。さて、執行規則は受刑者の身体のどの部分を打擲するかを、「執行者が受刑者を叩けるのは、尻と太腿の部分のみとする[37]」と明記もしてあった。

身体刑執行の流れにはいくつかの様態があった。例として一九四二年四月四日、ＳＳ-ＷＶＨＡ・Ｄ・Ｉ・1課は全収容所司令官宛にヒムラーの命令を伝えているが、それは科罰指令書にヒムラー自身が書きこむ「強化」という言葉に関することだった。その文書によれば、提出された許可申請書の科罰指令書に親衛隊全国指導者ヒムラーが「強化」と書きこむのは、「尻部分を露出して刑を執行[38]」

せよという意味である。その他すべてについては、「親衛隊全国指導者が発令した執行手続き基準を引きつづき有効とする」[39]と確認した。

収容所付きの医官が刑の執行に立ち会い、支障なきよう監視する。ある証言によると、医官は「最初から最後まで立ち会った」という。収容所の医官が囚人に対する追加の身体刑を中止させたというのは、四つか五つの事例しか判明していないが、そのひとつに既述の〔SS看守長〕マーティン・ゾマーは（口に出して回数を数えなければならない）受刑者が回数をごまかしたという理由で、最初からのやり直しを求めたのを制止した医官ブリース高級中隊指導者〔大尉〕の例がある。[40]

医官の立ち会いは執行に公式行事の体裁を与える。前述の証言が証明するように、医官は執行を受けもつSS隊員の恣意によって正規の量刑が厳罰化されるとき、反応することもあった。そのときはじめて医官は立会人の役割を演じ、受刑者への打擲が拘禁制度に則っているか、すべてが正規に行われるか監視をする。

ダヴィッド・ルセによれば、杖刑の儀式的な体裁がアウシュヴィッツ収容所では日ごとに強調されていったという。杖刑の行われるその場所から数百メートル離れたところで絶滅作戦が進められていたことは、実際的な必要性に対処するその形式重視がまったく人道的配慮とは別物だったことを示す。

あの一九四四年の夏、（アウシュヴィッツの司令官）ヘスラーがびっくりするような寛大さを見せるようになった。新しい規則を採りいれたのだが、それは執行人のそばに〔附属〕収容所指導者とSS医官、収容所長老、そして囚人医師を立ち会わせるようにしたのだ。その五人がそろうまで、ときには何日か待たなければならないこともあった。刑の執行を待つあいだ、当の囚人はブロックから出ずに何もしないでいたが、それでも通常量の食事が配給された。最初の数打を受けた受刑者が聞きとれるくらいの声で叫ぶと、この囚人選別にかけてはプロの破廉恥漢がたまりかねたように刑の執行者に中断を命じるようなことも珍しくなくなった。もし受刑者が二五回叩かれることになっても、いい立場にいる仲間の助けを借りてレフィア（病棟）に入れてもらい、二、三週間はじっとしていることも可能なのだ。いずれにせよヘスラーは、杖刑執行のまえに受刑者の臀部にヨードチンキを塗布するよう指示した。それは前代未聞の出来事だった。どんな僻地の特別作業隊《コマンド》[41]さえ新方針の息吹を感じていた。とはいえ、ガス室での活動が停止されることはなかった。

詩人ロベール・アンテルムがいた外部収容所では、儀式めいた杖刑は簡素化されたもののきちんと行われていた。

午後七時、召集がかかったときはまだ明るかった。囚人らが広場で方陣を組んだ。中央にいるSSブロック指導者は背の高い金髪、髑髏徽章のついた制帽を目深にかぶっている。ぴんと伸ばした両脚を広げ、乗馬鞭で軽く腿を叩いている。（囚人の最高位の）収容所長老パウルが少し離れて立ち、ドイツ人囚人頭《カポ》四名は囚人たちと離れた広場の隅で一列に並んでいる。規則によれば、囚人たちも点呼のときは列になって並ぶことになっていたが、点呼はなかった。

広場中央のSS隊員のそばに腰掛けが置いてある。乗馬鞭で腿を叩きながら、SSは辺りを見まわした。囚人たちの方陣は沈黙、全員が腰掛けを見つめている。

「ダス・クライン・フランツォーゼ！」。SSが呼んだ。

ロシア人、イタリア人、ポーランド人が私たちに視線を向けた。だれも身動きしない。

「ダス・クライン・フランツォーゼ！」。ＳＳはもっと強い口調で言った。

「ロース（早くしろ）！」。収容所長老のパウルが怒鳴った。

リュシアンが口をはさむ。「ちびのフランス人って言ってるんだ、何も分かってないんだな！」

Ｘが隊列から出た。小柄で二十歳になったかならないか、髪の毛は黒く、のどに灰色の布きれを巻いており、顔面を引きつらせている。

「ロース！」。不動のＳＳが怒鳴った。

「何やってんだ、早くしろ！」。リュシアンはくり返した。

ＸはゆっくりＳＳに近づく。ＳＳのそばまで来ると、縁なしの囚人帽を脱いだ。頭は白髪まじりで灰色だった。ＳＳブロック指導者のまえで、Ｘはひどく小さくみえた。ＳＳは腰掛けを指さし、Ｘがそちらに向かう。汚いものでも触るようなしぐさでＸの首筋を押さえ下げさせた。

今やＸは腰掛けにうつぶせの状態、頭を下に垂らしていた。ＳＳは乗馬鞭を右手に持ちなおす。Ｘの小さな尻しかもうみえない、紫色の染み。巨大にみえるＳＳ。

「ツァーレン！」。ＳＳが叫んだ。

「数えるんだ！」。リュシアンが怒鳴る。

ＳＳは勢いをつけて鞭を振り落とした。

「一ーッ！」。リュシアンが叫んだ。「二ーッ……」

Ｘは悲鳴を止められない。打たれるたびに尻が跳ねあがる。ＳＳはまたもや勢いをつける。

「三ーン……」

鞭が振り落とされる。

「四ーン！」

Xはもう金切り声をあげていた。二五回まで持たないだろう。方陣は微動だにしないが、フリッツと太ったカポは、Xが悲鳴をあげるたびに薄ら笑いを浮かべる。五番目が振られ、六番目も、だがXはもう数えられなかった。

「ツァーレン！」。SSは鞭を振り上げて怒鳴った。

Xの身体が崩れた。また鞭が落ちる。Xは動かない。それでもSSは鞭を振るいつづけ、静寂のなか鞭音だけが響く。SSは中断し、私たちに向かって合図をした。仲間二人が失神しているXを抱えあげた。二人が両脇を支えて連れていく。Xの足はもつれ、のけぞらせた蒼白の顔が揺れる。そして、ブロックに収容した。[42]

杖刑が囚人によらずSSによって執行された場合も、それは公式なものと同様にみなされ、公開執行であり、二五回も規則にかなっている。元囚人らの証言によると、秘密裡に執行される杖刑もあったようである。ダヴィッド・ルセもあるSSによる杖刑の執行を証言している。

SSが一人のロシア人を連れてきた。二人は木造の小屋のなかに入った。SSがドアを閉めるとすぐに、悲鳴が聞こえた。

「あいつは尻を二五回打たれた」。ジャンが言った。「どこかに座っていたかタバコを吸っていた、あるいは単に作業場にいないところをあのSSに見つかったんだろう[43]」

それは外部収容所ポルタ・ヴェストファーリカにおいても同じことだった。

そのSSは立ちどまり、収容所長老に何か言うと、長老はポケットから出したリストを見て三つの番号を呼んだ。ロシア人が二名とポーランド人一名が進みでた。SSはロシア語通訳をふり返った。

「彼らにどうして毛布を盗ったのか聞け」

「おまえらまぬけだな。ブロック指導者殿はおまえらがやらかしたへまについての説明をしろとおっしゃっている」

「冗談はよせ、やつはよく分かっているんだ。ぼろ切れのような上衣で我慢しろというのか？　やたら冷えるし、胃のなかは空っぽなんだぞ」

「分からないと言っています」。通訳は伝えた。

「ブタの石頭め！」。SSが吐きすてる。「救いようがないブタの石頭！」

それからSSは三人それぞれに力まかせの往復びんたを喰らわせた。

「おい、おまえ！　おまえもタバコの吸い殻を拾ってはいけないことを知らなかったと言いはるのか、どうなんだ、まぬけ？」

殴られた勢いでそのポーランド人は二歩も後ずさった。ブロック指導者が合図をすると規律係《シュトウーベンディーンスト》の囚人らが三人を別室に引ったてた。それは、私たちが個々に収容されてから設けられた部屋のひとつだった。彼らのあとをSSが追い、すぐに哀願のような悲鳴が聞こえてきた。三人は鞭で打たれているのだ。（……）部屋からSSが出てきたあとも、しばらくのあいだ悲鳴がさっきよりむしろ[44]強く聞こえてきた。SSは私たち囚人の長い列を無言のまま見つめ、それから私たちに背を向けた。

上述二例の杖刑が公式の執行要領と乖離しているとはいえ、それは恣意的な私刑とは異なり、規程に則った〈杖刑二五回〉執行のかたちをとっているのだ。第一の例をみても、SSは怒っているのではなく、機械的に刑を執行するだけである。第二の例はより形式的である。というのは、杖刑は夕方の点呼時に執行されたのだが、呼ばれた囚人番号の持ち主が報告の対象となっていたことを示しており、SSの監視下で刑の執行があったということになる。この例では、刑の執行要領に則り、仲間の囚人が刑の執行人となっている。

ここで身体刑の執行が囚人の釈放の支障となりうる点を述べておきたい。一九三九年六月二二日付のブーヘンヴァルト収容所内の業務連絡によれば、身体刑を受けたばかりの囚人を釈放してはならないとある。釈放の延期は、あらゆる釈放に先だって実施される健康診断に基づき、（医官の代理を務める）看護師が判断した。看護師は連絡指導者（Rapportführer）に対し、当該囚人が数日前に身体刑を受けたばかりなので「釈放不可」[45]であるとの判断を伝える。連絡指導者は、「このような被収容者の釈放が禁じられている点を考慮し、本官はWをただちに元のブロックに再収容させた」[46]と結論する報告書を収容所副官に提出した。

死刑の執行

強制収容所内では、二種の異なる手続きにより囚人の死刑執行が行われる。それは、まず収容所に拘禁されているあいだの規律違反を理由に死刑宣告を受けた者、つぎに強制収容所と直接に関わりのない機関によって死刑宣告を受けるような違反を犯した者が対象となる。後者が強制収容所に移送されてきたのは、そこで死刑を執行されることだけがその理由であり、収容所が警察および司法のために死刑の執行場所を提供していることになる。たとえば、一九四三年一月二九日付のＲＳＨＡ・Ⅳ・Ｄ・５課は、労働教育収容所（Arbeitserziehungslager）に拘禁されている一六歳以下のソ連国籍の若年労働者の処刑を、すでに強制収容所に拘禁中の一七歳以上の同種労働者と同じように[47]、強制収容所においてのみ執行するよう命じている。これら裁判手続きによらない死刑宣告については、ゲルハルト・ヴェルレの著作を参照されたい[48]。

「死刑執行に関する規定[49]」は、親衛隊全国指導者兼全ドイツ警察長官の一九四三年一月六日付の機密条令（Ⅳ・Ｄ・２[50]）により施行された。すでに同年一月二二日以降、ＳＳ-ＷＶＨＡ・Ｄ・Ｉ部が同条令を各強制収容所の司令官に伝えてあった。その送付状は、各人が条令の条文を「遵守徹底[51]」するよう指示していた。これは、同条令の施行以前、強制収容所での死刑執行が恣意的に行われていたということではなく、べつの条文による規制を受けていたということである。事実、ＳＳ-ＷＶＨＡ・Ｄ・Ｉは「それまで適用の規定文を本部宛に返却すること[52]」も指示した。一九四三年一月六日付条令の条文[53]は、執行前の数時間、処刑の手順、そして処刑後の段取りを定めている。

死刑執行の指令

一九四三年一月六日付条令の第二条ｂは、強制収容所における拘禁者以外の者を処刑する手続きを、「所定の強制収容所にて死刑が執行される場合、管轄の国家警察支部は指定の強制収容所の司令官に連絡をして、当該の被収容者を移送する日時を通知しなければならない[54]」と規定する。グロース・ローゼン収容所の保存文書のなかから発見された手続き書類は、その規程がどのように適用されたかを記す。一九四四年四月二五日、ライヒェンバッハ外部収容所のゲシュタポは条令第二条bに基づき、「四四年四月一八日付RSHAからのⅣ・B・2・A・一〇八一／四四、第三五七九六号指令にしたがい、貴所にて処刑されるべき上記被収容者を次回の集団輸送時にヴァルンスバッハより移送する」[55]という内容のテレックスをグロース・ローゼン強制収容所に送った。実際、上記第二条bに書かれたとおり、RSHAによる指令からほんの一週間後、ただちにゲシュタポは同強制収容所と連絡をとった。移送の日付は明記されていないが、収容所側はそれを知っていたものと思われる。

しかしながら、ライヒェンベルクのゲシュタポは手続きに違反している。一月六日付の条令第二条bには、「管轄の警察は原本証明付きの死刑執行指令書の写しを（同時に）提出しなければならない」[56]という条項もあったのだ。ところが当のゲシュタポは、RSHAが作成した執行指令書の参照番号（整理番号、日付、部署）を記しただけだった。その不備に気づいたグロース・ローゼン収容所は、「標記被収容者の処刑が執行できるよう、処刑指令書の原本証明付き写しを至急送付していただきたい」[57]と一九四四年四月二六日付のテレックスで、囚人Bの処刑指令書の写しを送るようライヒェンベルクのゲシュタポに要求した。同年五月初旬（日付は判読不可）、収容所当局はテレックスによる督促を行う。[58]二度も請求されたあとライヒェンベルクのゲシュタポ（Ⅳ・6・b）は、ようやく同年五月四日になってくだんの「国家保安本部《RSHA》の作成による処刑指令書の原本証明付き写し」[59]をグロース・ローゼン強制収容所宛に送ったのである。

こうしてすべてが正常化されたので、処刑の準備開始が可能となった。一九四三年一月六日付制令はその第三条Aにて、司令官もしくはその代行者が「処刑直前に担当SSら立ち会いのもと、犯罪者本人に死刑執行を告知する」[60]ものと定めている。おおよそ「当人はかくかくしかじかの犯行におよび、その罪状は死刑に値する。国民と国家保護のため、当人は他界しなければならない。よって、判決された刑を執行する」[61]という内容の告知が行われる。この犯罪者への告知については、いくつか補足が必要かもしれない。

一方で、ＲＳＨＡによる死刑の宣告は判決とされており、科刑の理由が犯罪とされていること。このように司法用語を用いることで、ＲＳＨＡの単なる行政判断に判決という合法性が与えられる。ゲルハルト・ヴェルレによれば、判決の語の使用は、そのための司法権限が正規にハインリヒ・ヒムラーに付与されていたからと理解されるとのことだ。[62]ヒムラーの判断は、たとえ私たちの法制度においては単なる行政判断にすぎなくとも、ナチの規範枠組みのなかでは判決なのである。他方で、上記の告知は囚人の行為に基づく処刑ではなく、国民《フォルク》と国家《ライヒ》の保護という原則に基づいている。それは国家社会主義体制において有効とされていた原則に合致する。明白な要因ではないが、執行指令あるいは告知を規定どおりに行うことは、死刑執行の有効性を保証し、また総統の意向に沿っているのである。この例では、犯罪者を処刑して国民と国家を保護するのだから有効ということになる。とはいえ、形式は重要である。というのは、処刑の際、それら形式が——総統から国民と国家を保護するための権威を正規に与えられた——ヒムラーの指令によって処刑することを裏づけてくれるからである。執行指令にしたがう際の形式がその有効性の条件ではないが、ヒムラーの意志それ自体を示すことを確認するための助けにはなる。

犯罪者への死刑執行の告知が執行を担当するＳＳ立ち会いのもとでなされる点に留意しておこう。そもそも告知は、むしろ受刑者より、彼らに対するものであるのかもしれない。それによって、ＳＳは刑の執行をナチの規範枠組みのなかに位置づけると同時に、その厳粛かつ公的な特性を感じとることもできるからである。

処刑の段取り

一九四三年一月六日付の条令第三条A・bは、「可能な範囲内で、妥当と判断される犯罪者の願いはかなえること[63]」と勧告している。強制収容所内での処刑のみを対象とする同条文には、「壁に向かうか背を向けるか、犯罪者の希望を聞かなければならない[64]」とある。各収容所の司令官宛に一九四三年一月六日付の条令を送付したSS-WVHA・D・I部は、女性死刑囚の最後の時間について指示を与えた。ドイツ人女性は、拘禁されている強制収容所内で処刑されることはなく、処刑の場合は司法当局に身柄を引き渡さなければならなかった。反対に、「外国人女性を対象とする死刑判決の執行は、ソヴィエト連邦のロシア人およびユダヤ人に適用の簡易手続きと同様に扱われる[65]」とされていた。総合的には、「女性死刑囚には処刑が迫っていることを知らせぬよう、親衛隊全国指導者は望んでいる[66]」と扱われた。

処刑自体についても、何ひとつおろそかにされることはなかった[67]。一九四三年一月六日付条令の条文が執行手続き全般を、まずは刑執行の場所から規定をする。アレクザンダー・Bの処刑を命じるRSHA（第Ⅳ局）はどの強制収容所にて刑の執行があるのか示さず、単に「最寄りの収容所[68]」にて絞首刑に処されるとだけ記した。この執行指令は、「通常、ドイツ人被収容者の処刑は強制収容所内、すなわち当犯罪者が収容されている場所から原則として最寄りの強制収容所にて執行されるものとする[69]」という一九四三年一月六日付条令の第三条条項を忠実に適用したものである。最寄りの強制収容所内で死刑執行という原則も外国籍の囚人に対しては例外とされた。同条令第三条によれば、「同じく外国人被収容者は犯行現場の付近にて処刑されることもあるが、それは他の被収容者への抑止効果を目的とする[70]」とある。第三条B・bは、収容所外での処刑が「採石場あるいは森のような人目につかない場所にて執行される。ある種の特別な場合のみ、処刑は村落内あるいは農場にて執行される」[71]と規定する。外部にて刑が執行される場合、処刑予定地の関係当局ならびに関係者には、可能なかぎり事前の意見聴取が行われなければならなかった。というわけで、「該当地区の首長およびＮＳＤＡＰ（国家社会主義ドイツ労働者党）支部の責任者の提言、また予定地の地主の至極当然である不安は、処刑地選定に際して考慮されなければならない」[72]とされた。

　さて、第三条Ａは収容所内で行われる処刑に立ち会うべき証人についての規定である。医官を引き連れた司令官もしくはその代行者（ＳＳ指導者）[73]が「死刑執行に立ち会わなければならない」[74]とある。一八歳のロシア人懲役囚アレクサンドル・Ｋを処刑したグロース・ローゼン強制収容所の執行記録[75]によれば、一九四三年一月六日付条令の条文が、死刑はＳＳ上級中隊指導者〔中尉〕の指揮のもとに執行され、処刑手続き開始から五分後、医官が被収容者の銃弾による死亡を確認、間違いなく適用されたことが分かる。刑の執行が収容所外である場合は、ＳＳ医官[76]もしくは検視官、それに国家警察地方支署長もしくはその代理としてＳＳ指導者〔士官、下士官〕の二つの関連機関の代表が立ち会う。[77]

　収容所内での処刑は絞首刑か銃殺刑である。第三条Ａ・ｂは、「銃弾による死刑は、ＳＳ下級中隊指導者〔少尉〕もしくは同上級分隊指導者〔曹長〕の指揮のもと、受刑者から約五歩の距離に配置されるＳＳ隊員六名により執行される」[78]と銃殺班の人員構成を定める。一九四四年五月一一日付の死刑執行記録[79]をみると、たしかに銃殺班はＳＳ下級中隊指導者が指揮する六名のＳＳ隊員で構成されていた。

　第三条Ａ・ｃは絞首刑を規定しており、「絞首刑は一名の被収容者によって執行される。（……）その被収容者は執行の後、タバコ三本の支給を受ける」[80]とある。たとえばグロース・ローゼン収容所の保護拘禁所指導者は、司令官への報告書に「ユダヤ人被収容者□□と□□は、一九四四年九月二八日午後四時、絞首刑を執行した」[81]と書く。ダヴィッド・ルセは「ロシア人一名とドイツ人一名が男女の囚人たちの絞首刑を受けもっていた。処刑があるたび、二人には追加のスープが与えられた[82]」と、ヘルムシュテットの外部収容所での出来事を証言している。収容所外での処刑は絞首刑しかなかった。第三条B・cによれば、その執行も「ドイツ民族以外の労働者の絞首刑は、可能なかぎり本人と同じ民族集団の者たちにより執行されるものとする[83]」というように、同房の囚人らにより行われることと決まっていた。同房の囚人たちへの報酬はやはり三本のタバコだった。

第三条A・f[84]は、処刑を写真あるいは映画のために撮影することを禁じていた。この一九四三年一月六日付条令を出したヒムラーは、収容所外での死刑執行に関しては、写真あるいは映画の撮影許可を彼自身による承認が必要と条件づけた。収容所外での死刑執行に関しては、第三条B・bがそれに機密性の原則を課してはいたものの「党あるいは国の直接に関連のある部署を代表する者らの立ち会いを禁じる条項は存在しない[85]」。しかしながら、「立会人の数を最小限に絞る[86]」ことは必要だった。そして、同条項は「ポーランドの民間労働者もしくは旧ソ連領からの（強制）労働者が処刑された場合、処刑終了後、近辺にて使役されている同国人は葬列を組んで処刑台のまえを行進し、現行の規律違反が及ぼす結果につき注意喚起を受けねばならない[87]」と処刑後の葬列まで規定するのである。とはいえ、この葬列は特別の事情でもうひとつの条令が適用されるか、または「その他の重大な事由が発生した場合（たとえば、収穫などの急を要する作業[88]）」は実施不可能となる。

SS-WVHA・D・I部が発布したサボタージュに関する一九四四年四月一一日付条令によれば、「絞首刑は受刑者に関連する特別作業隊《コマンド》の全被収容者が整列するまえで執行するものとし、全員に処刑の理由を明らかにして違反防止に役立てること[89]」となる。強制収容所関連の文献は、収容所内での絞首刑が全囚人のまえで執行されていたことを証言している。同じような儀式が脱走未遂犯とその共犯者にも用意されていたものと考えざるをえない。集められた囚人らをまえに、SS高級中隊指導者（大尉）の「アウマイヤーは告発状を読みあげた。背の低いずんぐりした男で、遠くまでよく響く声で話した。一二名の囚人が仲間の脱走に目をつぶっていたことは、みんなが知っていた[90]」。囚人らは死体のまえを進みながら、それを死んだ仲間たちの栄誉をたたえる行進に変えてしまった。二人の囚人が「進みでて絞首された死体のそばに立つと、まえを通る囚人たちに帽子をとるようにさせた[91]」。

プリモ・レーヴィは処刑を「冷酷な儀式」と名づけた。

ぜんぶの特別作業隊《コマンド》が帰ってきたとき、ファンファーレが突然にやんでドイツ語のしゃがれ声が沈黙を強いた。不意に訪れた静寂からもうひとつのドイツ語の声が聞こえてきて、敵対的な闇のなか、怒りの言葉が長いこと続く。そして、照明塔からの光線のなかに受刑者が現れた。そんな大仰さ、その冷酷な儀式、これは私たちにとって目新しいことではなかった。この収容所に来てからというもの、私は一三回も絞首刑に立ち会った。しかし、これまでは厨房内での盗みやサボタージュ、脱走未遂という普通の違反だったのだ[92]。

死刑の宣告はゲシュタポが担当する。各事件は収容所内の政治部（ゲシュタポの出先機関）によって捜査が行われ、最終決定を下すのはＲＳＨＡ・Ⅳ局、すなわちゲシュタポである。処刑にゲシュタポが立ち会うのは当然のことだろう。ダヴィッド・ルセがつぎのように語っている。

ローランは三週間まえからドーラ強制収容所にいるが、ゲシュタポが週にほんの三回しか絞首刑を執行しないと知らされた。（……）ゲシュタポの連中が廊下を歩いていれば、囚人らには絞首刑になる者がいることが分かり、ということは労働のあと一時間も立たされて、それからやっと一リットルのスープにありつけるのだ。[93]

収容所内で行われる処刑に適用される手続きを規定する第三条A・gによれば、収容所医官は処刑後に受刑者の死亡を確認してから死亡日時を記録する。死刑執行の手続きが滞りなく完了したことを報告するテレックスがRSHA・Ⅳ局宛に送られる。[94] ところが、「執行始末書（処刑報告書）、同じく死亡証明書も今後はRSHA宛に送る必要がなくなる。それらの文書は、処刑を行った部署にて保管される」[95]ことになった。

収容所内で死刑が執行される場合、第三条B・gは親衛隊医官もしくは検視官による死亡証明書の作成と「所管の戸籍係へ被収容者の死亡を届けでること、ただし死因は通知しない」[96]と定めている。不完全なこの死亡届とは正反対に、RSHAは「一、処刑場所。二、執行人らの属する民族。三、地元民の受けとめ方」[97]といった克明な死刑執行通知書を受けとる。処刑はRSHAの係官から見れば厳しい管理下におかれているが、秘密に覆われたその手続きを知らぬ者、たとえば戸籍係の公務員には、その処刑が完全な専横による仕業に見えてしまったにちがいない。

刑死者の遺体焼却に関する規定や遺産手続き、また近親者への死亡通知についての検討は最後に記載されている。

親衛隊の立会人が被る精神的損傷の治療

一九四三年一月六日付条令の第三条A・hは、「毎回、死刑執行のあと、司令官もしくはその代理を務めるSS指導者は、執行に関与したSS隊員あるいは係官に対し処刑の合法性を説明することで、当人らが内面的にいかなる痛手も被ることないよう指導力を発揮せねばならない[98]」と定める。それを説明する場では、「国民《フォルク》共同体の利益のためには、あの類の分子を排除する必要性のあったことをとくに強調しなければならない[99]」とした。そして、「説明は、くつろいだ連帯意識の感じられる雰囲気で行われること[100]」、また「ときどき隊内懇親会のようなかたちで説明会があってもよい[101]」という。そうすれば、死刑執行の「合法性（Rechtmasigkeit）」により執行に関与した者らの罪悪感を抑えられ、彼らが〔精神的〕損傷を被らずにすむのだ。死刑執行に適用される規則がここで大きな意味を持つ。なぜなら、同規則は執行命令が国民《フォルク》を保護するためであることを保証するからである。こうして執行役を務める兵士は、処刑の決定が管轄当局によって判断されたとの保証を得られたのである。しかもそれに、恣意的な上部組織の意志によるのではなく、正規な手続きによって危険分子とみなされた一部の者らを排除し、自らを保護しようとする国家体制によるものだった。

終わりに、執行に携わった兵士らには手当が決められており、その手当が支給されなかった場合、文書による要求手続きが行われる例もあったので付記しておこう。たとえば、フロッセンビュルク収容所の管理部の管理指導者宛にSS特別作業隊が書いた一九四四年九月二七日付書簡には、「くり返し本特別作業隊は要請いたしますが、処刑作業に参加した者が支給される追加配給食の権利に関する条文およびその量をお知らせいただくようお願いします[102]」とある。

死刑執行とそれに必要な人員

年月を経るにしたがい、強制収容所は国家《ライヒ》に奉仕する生産単位のひとつとなった結果、処刑指令を受けとる収容所司令部をときには板挟みの立場に追いこんだ。というのも、それは役に立つ労働者を排除してしまう一方で、生産目標も達成しなければならなかったからである。つぎに述べるいくつかの例は、いかにして各司令部がその矛盾に対応したかを示す。

第一に、元々はその強制収容所に拘禁されていなかったにもかかわらず、処刑のためそこに移送されてきた者も、執行されるのを待ちながら、一時的に懲役囚人として労働を課されたように思われる点である。たとえば一九四四年八月一九日、ブレスラウ（ポーランドのヴロツワフ）のゲシュタポがグロース・ローゼン収容所に複数のロシア人捕虜を移送してきたが、彼らを処刑するようにとの申請がRSHA宛に提出されていた。ゲシュタポは、「特別処置（処刑）申請に関するRSHAの決定があるまで、捕虜たちを被収容者として労役に服させること」[103]を望んだ。一九四四年八月一八日ブレスラウのゲシュタポは、処刑申請の対象者に関する同じ内容の書簡で「貴収容所にて当人らをひきとり、一時的に被収容者として労務に就かせるよう要請する」[104]と書いた。第二に、ある収容所に処刑のため移送されていたロシア人囚人らは、執行決定までされているにもかかわらず、恐るべき猶予期間を与えられていたことである。強制収容所監督官が一九四一年四月一五日付で各収容所司令官宛に送った機密の通達によれば、「親衛隊全国指導者兼全ドイツ警察長官は、処刑のために強制収容所へ移送されたロシア人捕虜（とくに政治委員）は、その頑健さゆえに採石場での労役に配置させられる場合、死刑執行はその延期も可能とする」[105]とある。その場合、収容所医官と保護拘禁所指導者は当該作業に適するロシア人囚人のリストを作成する。実質的な管理は医官が行うことになる。というのも、「そのリストには、該当する者を所定の作業に就かせるにつき、医学的見地からいかなる不都合もないことを明記しなければならない」[106]というのが理由である。さらに、そのリスト二部が強制収容所監督官に提出される。RSHAの長が同リストを承認した時点で、はじめて強制収容所監督官は当のロシア人囚人を採石場での作業に配置するよう指示を出す。

上記通達の下部余白にタイプで打たれた書き込みによると、こうした指示がブーヘンヴァルト強制収容所では適用されなかったことを示す。ブーヘンヴァルトの管理部によるその書き込みは、「死体焼却炉に運ばれてきたロシア人の死体は、例外なしに、どれも屈強な男たちだった[107]」と書いた。「指示がまったく守られなかったものと考えられる。それは、あの殺人者たちの仕事を増やすだけの役にしか立たなかったのだろう[108]」。指示が守られなかったことの理由に、「その手続きがＳＳによる監視の強化を余儀なくさせたからにちがいない[109]」との口実をあげている。

第9章 あらゆる恣意的な制裁行為の厳重なる禁止

違反の確認、調査（捜査）、刑の宣告、そして刑の執行は数多い手続きによって規制されていた。その懲戒規定と無数あるその適用の形跡から、懲罰システムが恣意的運用によって特徴づけられていたとする主張と明らかに食いちがっていることが分かる。強制収容所の管理部による規則遵守を求める頻繁な警告は、上記のような合理性を持つ懲戒措置が一部看守による私的制裁、すなわち勝手に、また突発的に囚人を殴るような意志と対立していた事実を示しているのだ。

囚人を非人間的かつ暴力的に扱うこと、それ自体は強制収容所の管理機構にとって問題とはならない。体罰や禁錮、食事抜きあるいは手紙の送受禁止、さらに苛酷なスケジュールの労役は、その同じ管理機構が定めた拘禁制度そのものの構成要素であるからだ。しかしながら、手続きを無視した暴力は容認されないし、囚人に対する理由のない暴力すべては厳しく禁じられており、それはくり返し強調されていた[1]。その禁止は当初から囚人の人権保護とは無関係で、第一段階では、それが主に収容所司令官の懲戒権あるいは親衛隊に運営される収容所のイメージを保護するためだった。つぎの段階、戦時になると、ナチの為政者たちは恣意的横暴との闘いを始める。なぜなら、それが国家《ライヒ》にとって必要な囚人の労働力、その最大限の活用の支障となるからだった。

囚人に対する看守の行動を監視

衝動的行動の余地を与えないための規制

最初の強制収容所が建てられてから数年後には、看守らの囚人に対する行動が規制対象となっていた。[2]「被収容者に接する態度に関する内務大臣兼全国親衛隊指導者の省令」[3]がその分野で適用されるべき規則を統一化した。おそらく省令の原形は消失していると思われるが、ここに引用するのは係官向け研修に用いられた日付のない簡略版である。同文書を構成する八つの対応が以下二つの目的の基礎となる。一方で、看守と囚人が親密にならぬよう努めること、他方で、囚人の脱走を防止することで外部への情報漏洩を回避することの二点である。

以下のように、一連の条項が囚人との距離を保つよう定めていた。「被収容者との『おれ・おまえ』というような親しげな会話は禁止。被収容者と個人的な議論を交わしてはならず、それを厳に禁ずる」[4]、「贈品あるいはその他の物品を被収容者から受けとること、またそれらを被収容者に与えたり売却したりすることを禁ずる」[5]、「手紙または伝言を預かり届ける者は、国家反逆罪を犯すことになる」[6]、「被収容者の依頼により、口頭にて第三者に受注や会合内容を伝える者は、同種の違反を犯すことになる」[7]、そして「私的用務を被収容者に依頼することを厳に禁ずる」[8]など。

一部のSS係官あるいは民間企業社員が囚人らと人間関係を築いていく危険性を、親衛隊全国指導者は認識していたようである。囚人らに対するあらゆる衝動的な行為を厳しく禁じており、唯一実利的な関係、すなわち囚人に対しては物を扱うような関係のみが許されていた。[9]しかし、看守と囚人間の人間的な関係をすべて否定することは、そう簡単にはいかなかった。強制収容所の中央組織[10]による一九四〇年一月二二日付の条令は、「強制収容所に拘禁されている者らは最も悪質な国家の敵である[11]」ことを注意喚起しなければならなかった。それでも、「昨今、SS隊員が被収容者から寝台の組立てや長靴の手入れ、その他作業の便宜提供を受けるという事例がたびたび発生している。しかもSS隊員は、当の犯罪者らにパンあるいはその他の報酬を与え……[12]」と書く。そういうわけで、担当係官の養成がさし迫った課題となった。「被収容者に接する態度に関する指導は、新設の隊を対象にする新人教育において最初に実施するべきもの[13]」とされた。すでに配置済み要員については、月に二度の研修が予定され、そこでつぎの注意喚起が行われることになった。

以下の行為を禁じる。

(a) SS隊員が拘禁中の犯罪者からいかなるかたちにせよ便宜を受けること。
(b) 監視責任を負うSS隊員の許可なく被収容者を使役すること。
(c) いかなるかたちにせよ被収容者に何かを与えること[14]。

この禁止条項には、「感情過多のせいで違反を犯すか、彼〔被収容者〕[15]らのうちに国家の敵かつ犯罪者の正体を見ぬかないSS隊員は、これを容赦なく追訴の対象とする」というように、厳しい制裁が用意されてあった。このように教育や制裁をちらつかせる必要性から分かるのは、SS隊員が必ずしも思想教化された状態で入隊していない事実である。強制収容所の管理機構の言い分を信じるなら、SS隊員は各囚人のうちに国家の敵が潜んでいるなどと思っていなかったことになる。したがって、これらの隊員が強制収容所の活動に加わっていくのは、思想的な素養があったからという説明は成りたたない。逆に私は、看守らが規定条項の厳密な適用によって強制収容所の運営に貢献し、しかもその大多数が個人的には囚人を非難する気などなかったのだろうと考えるほかないが、その一方で、囚人らは死に至るまで使役され虐待される運命にあったことも思い知るのである。

中央管理機構が禁じる規定外の暴力行為

囚人との日常的な接触の場であろうと、また作業中の彼らを監視するという特殊な場であろうと、看守が囚人を殴打することは禁じられていた。ある囚人が違反を犯した場合、看守は事故報告書を記入することで満足しなければならなかった。すでに一九三四年以降、ゲシュタポ（第Ⅱ局1部）はコロンビアハウス強制収容所[16]の看守らに宛てた指示〔規定〕書のなかで、囚人に対する暴力行為をとくに禁止した。一九三四年九月五日付の同規定の第一条は、親衛隊全国指導者の命令を引用しながら、「被収容者に対しては、必要な場合、厳しく対応すべきであるが、無意味な罵倒や虐待は許されない[17]」と無益な暴力的行動の禁止を定めていた。その禁止は囚人の人間性を尊重することが目的ではなく、ゲシュタポの警察官自身の威信を守ることだった！　実際、「ゲシュタポの警察官が被収容者を罵倒したり怒鳴りつけたりするのは威信を損ねる[18]」行為であるとした。上記の禁止指令には、規定作成者が「当指示の違反については、本部が厳しく追及のうえ、厳罰をもって臨むものとする[19]」という罰則も用意した。

一九三七年七月四日にダッハウをはじめ、リヒテンブルク、ザクセンブルク、ザクセンハウゼン、バート・スルツァの各強制収容所司令官に送られた条令で、強制収容所監督官[20]は「本日以降、被収容者への虐待（……）の各事例において、有罪宣告をする可能性を留保する」と述べた。虐待事件が発生した場合、その懲罰に関する書類を添付した事故報告書を監督官宛に提出しなければならないとした。同条令は各収容所の全SS隊員に読ませるためのものであり、「本条令をSS-TV（親衛隊髑髏部隊、看守らの所属部隊）の全隊員およびそのSS指導者が読んだ後、各人は自身の過ちにより、ある日、親衛隊から追放処分を受けるような事態になっても驚いてはならない」[21]と明記してあった。さらに同条令は、SS隊員に対する最近の制裁対象事例をあげており、なかでもSS上級分隊指導者の例（第二八例）では、「処罰事由――被収容者に対する重大なる虐待」[22]のため、当人はただの兵卒（二等兵）に降格され、最終的には除名処分で親衛隊から追放されている。それに続く第二九例で、強制収容所監督官はその制裁の理由を「ザクセンハウゼン強制収容所において、SS上級分隊指導者のSは、嗜虐趣味が昂じたあげく、ある被収容者を最も残忍な方法で叩いた。Sは一兵卒に降格された後、SSを追放され、最終的に刑事裁判所に提訴された。本事例を公表したことには警告の意味合いがある。教育研修の場では、被収容者への虐待が及ぼす結果につき、たえず注意を向けていなければならない。たった一回の平手打ちでも、すでにそれは虐待行為を構成する」[23]と述べる。看守に対する研修では、この条文を遵守するよう指導しなければならなかった。同条令の写し一部はSS-TV下士官養成学校[24]に送られ、さらに掲示用[25]の一一部も用意された。

強制収容所監督官は同条令による規定外の暴力行使の禁止を、囚人らの人格保護の観点から説明するのではなく、囚人とはまったく関係のない二つの理由をあげている。まず、「強制収容所司令官が頑迷な被収容者に科すであろう刑罰は、説明もむだなくらい厳しく苛烈である」[26]という司令官の懲戒権限を重要視することである。二番目は、「規律違反者を追放することにより、SSは無傷の評判を維持できる」[27]で分かるように、SSのイメージが隊員らの行動によって傷つけられることへの危惧である。ここで強制収容所監督官が回避しようとしているのは、問題となる行動のせいでSSから収容所監視の任務がとりあげられるような事態である。じつにばかげた論理だが、対囚人の暴力行為を禁じることでSSの保護を図ったのである。

　囚人に対しある種の心理的圧迫を加えることさえ控えられた。SS-WVHA・D・I部経由で各司令官宛に発信されたRSHAの一九四三年七月一二日付の指令書によると、「ある収容所司令官がポーランド人被収容者に対し、カトリック司祭を辞めたい旨の宣誓をするよう促した[28]」とある。RSHAは、以後、収容所司令部がそのような要求「しかも多くの場合、当該被収容者の意志に背いた言明書を提出させる[29]」ことを禁止した。この禁止により、RSHAは囚人らの信仰の自由を保護しようとしたのではなく、「扇動家およびスパイの目から見たそのような宣誓の強制が引きおこす問題を回避しなければならない[30]」と明言したのである。第三帝国のイメージに有害でしかないことから、そのような強制はRSHAの文書による承認があってはじめて可能とされた。

　全強制収容所司令官に宛てられた一九四三年一二月八日付条令のなかで、SS-WVHA・D局はまさにどのような方法で被収容者に労働の強制もしくは働く気にさせるべきかを定めている。同種の条令によくある条文作成者の体験談は、「本官が実地に目にしたことだが、ことに小規模な特別作業隊《コマンド》に所属の被収容者は、その労働量が少ないか、まったく働こうとしない[31]」と冒頭に記す。そうした状況が発生する原因は、監視責任者（下士官）および看守らが何の行動も起こさなかったからだと説明する。その件について問いただされたSS下士官の「囚人に働けと強制するのが禁止されているからであります[32]」と主張する言葉も記す。「もちろん、それはまったくばかげたことだ。各SS下士官ならびに各看守は、自分の管理下にある被収容者に対し労働を義務づけなければならない[33]」。下士官以下の認識不足をまえにして、SS-WVHA・D局は「ことばによる指導のみが許される[34]そのような場で、被収容者を殴ったり押したり手で触れることが禁じられているのは当然だ[35]」と、指導とはどういうものかを説明しようとする。条令作成者は、「言葉による指導」のみで働かせるその方法が、一九四三年当時、大部分が外国人でドイツ語を話さない強制収容所の囚人らを相手に必ずしも適していないことを知らぬわけでなかったが、その言葉の壁を「指導するにあたり、看守がドイツ語あるいは外国語で話そうが大きな問題ではない。なぜなら被収容者のだれもが自分のやるべきことを知っているからである」(36)と相対化してみせるのだった。

これらの指示文書は大量に配布された。上記条令を受けとった司令官は、それを基幹収容所はもちろん、外部収容所にもくまなく配布したと述べている。また、同条令は「毎月曜日、各コマンド指導者には看守の義務に関する研修を受けさせること」(37)という指示も出していた。これは、各コマンド指導者向けに毎週実施される研修プログラムの一部だった。

このように、対囚人の暴力行為禁止はSS看守向けの研修でとりあげられていた。一九四三年七月二七日にSS–WVHA・D・I部から各強制収容所司令官に送られた研修の教材がそれを裏づける。その送付状に、「教材用に改訂した《看守の任務》に関連する部分は、本部長官（SS–WVHA）指令にしたがい週一回実施される看守研修に使用のこと」(38)との指示が書かれていた。教材は長い問答集というかたちをとっている。講師が質問をし、看守らが声をそろえて答えるという光景が思い浮かぶ。問答集Ⅲ《看守義務の詳細》は、囚人への虐待に関する三つの質問とその答えである。

質問——被収容者を監視する任務のほか、看守にはもうひとつの任務がある。それは何か？
回答——同時に、看守は被収容者に労役を課さなければならない。
質問——被収容者の怠慢や不注意、楽をしているのをみつけた場合、看守は何をすべきか？
回答——現場職長もしくは保護拘禁所指導者に被収容者当人の登録番号を添えて報告しなければならない。

質問――いかなる場合にもやってはいけないことは何か？
回答――禁止されている被収容者への体罰。[39]

上記の指示は、事故報告書が違反行為と違反者への制裁とを峻別するラーフェンスブリュック強制収容所の懲戒規定条文をそっくりそのまま採りいれている。要するに看守は、違反行為を上官に報告する任務を与えられているにすぎない。

強制収容所司令官が禁じる規定外の暴力行為

強制収容所の司令官は、規定外の暴力行為を禁ずるため、多くの対策を講じた。全職員に向けた一九三七年八月三〇日付の司令官指令にて、ブーヘンヴァルト収容所司令官は「被収容者に対し危害を加える、あるいは独断で鍛錬を強制すること、それは全SS隊員に禁止された行為であり、本官は諸君全員に対し、ふたたびその注意喚起を余儀なくさせられた[40]」と、以前から禁止してあった囚人に対する暴力行為が守られなかったことに遺憾の意を表明した。禁止すること自体については、「本官が科刑の執行権限を持つ唯一の人間である。私は一部の者の不手際を隠蔽することなどしない！[41]」と、懲戒権限が司令官の専権事項だとして正当化する。囚人らを対象にした言葉の暴力も同じように糾弾された。実際問題、もはや「理由もなしに、一日の作業を開始あるいは終了しようとする被収容者らに罵倒を浴びせることは許されない[42]」状況になっていた。SS隊員は「我々は弱音を吐くことなく与えられた義務の遂行をめざす。厳格かつ公平、必要とあらば冷酷にもなる、それが我々の標語である[43]」と、自らの義務を遂行するにふさわしい態度をとるよう求められた。

ダッハウの看守を対象にしたある文書は、手書きの校正が入っており、いずれ全収容所にて適用させようとの意図が見える点で特別の興味をそそる[44]。その（日付がない）条文の第一三項は、「被収容者に対するあらゆる虐待は、厳重にこれを禁止する[45]」と定める。労役に就かせる点については、言い回しが前掲の規定とは多少異なる。強制労働の良好な進行は現場職長がその責任を負うが、「それでも被収容者らが自由勝手な態度を続けるようであれば、看守はその報告をしなければならない[46]」とする。

暴力行為の禁止関連の文書は、ときに想像を超えるようなものがある。一九四四年六月にブーヘンヴァルトの司令官に宛てた業務連絡で、同収容所の保護拘禁所筆頭指導者は、囚人に対する労働強制の禁止がある種の放任主義を招いていると嘆いてみせた。囚人らの作業テンポが遅い理由を囚人頭《カポ》に尋ねたところ、そのカポは「被収容者に労働を強制するための適当な手段がない。それだけでなく、彼らに制裁を加えれば自分たちが罰せられるので、それを怖れている[47]」と答えたらしい。同筆頭指導者は、「同様の状況は工事現場や遠隔地派遣のコマンドによく見られますが、それは当指導部が反抗的かつ怠惰な被収容者を罰するための有効な手段を持たないからであります。使役労働者たちの勤労意欲の不足に不満を述べる看守およびコマンド指導者からの事故報告書が日ごとに増えるのは、それが原因であると思料します[48]」と説明する。筆頭指導者は、そのような労働量の不足は禁足刑により制裁されるべきであるが、「しかしながらその対応は、収容所内監獄の大部分がＳＳ隊員の住居代わりになっているという定員超過の現状では導入を断念せざるをえない[49]」という事実を認める。おそらく業務連絡への返答のつもりだろう、収容所司令官ピスターは同文書の下部余白に「雑役当番、食事制限で対応」と書き込みを入れるだけにとどめた。それが相応の措置だったと考えるのが正しいようである。

ラーフェンスブリュック強制収容所所長は、一九四二年七月二四日付の指令書第五号にて看守がしたがうべき指示を要約した。まず第四条項一二節で、「いかなる看守も被収容者に制裁を加える権限を有しない。ただし、被収容者による収容所内部規程の違反行為すべてを報告しなければならない」[50]と囚人に対する科罰の問題が扱われている。この制裁禁止は、「保護拘禁中の者に対する虐待行為のすべてを禁止する（違反者は即時除隊処分）」[51]という収容所内部規程に準拠する。当然ながらラーフェンスブリュックの内部規程は、「規則を守らず反抗的な態度をとる被収容者はただちに保護拘禁所指導者のもとに連行され、同指導者は懲戒についての判断をする」[52]と規定している。

フロッセンビュルク強制収容所では、つぎのように暴力的制裁の禁止は司令部員が宣誓書に署名までするというかたちで実践された。

宣誓

国家の敵の生殺与奪は総統が決められることである。その理由により、国家の敵を手にかけたり肉体的な虐待を加えたりする権限を有する国家社会主義労働者党員は存在しない。私はフロッセンビュルク強制収容所の司令部の一員として、いかなる状況においても総統のご指示にしたがうことを誓約し、ここに署名する。

フロッセンビュルク、一九□□年□□月□□日

氏名・署名――□□・□□　□□

親衛隊隊員番号――□□□□□[53]

さらに、新規の外部収容所を設けるときは、一種の収容所概要書のような文書にてその運用特性を要約するようにした。新規任命された外部収容所指導者は、概要書で示された枠組みを了解したもの

としてそれに署名をし、収容所の指揮をとる。その手続きの詳細を知ることは不可能にしても、カーレン外部収容所（基幹収容所はヘルツォーゲンブッシュ）に関する同じような一九四四年七月五日付の概要書が、とりわけ不服従もしくは極度に生産性の低い囚人らに対応する場合の態度を規制している。どういう内容かというと、「被収容者を殴打すること、あるいは何らかの方法により制裁を加えること、これを厳に禁じる[54]」とあるので、単に基幹収容所に報告を義務づけているだけである。

役付き囚人または民間会社社員による暴力行使

囚人に対する規定外の虐待を禁ずる文書全般は、いずれもSS隊員向けに書かれたものである。だいたい暴力行為を禁止する意図は、それを禁じられたSS隊員の立場と密接に関係している。無統制と突発性の表れである暴力行為と、親衛隊の名誉を守ることは両立しないのである。ところで囚人はSS隊員だけの監視下にあるのではない。作業の監督および収容所内の規律は（カポや現場職長の）囚人仲間、あるいはまた彼らを使役する企業の民間会社社員に任されていた。その監督役の者は、自分の配下にある囚人を殴ることができたのだろうか？　答えは微妙である。見たところ、カポには暴力をふるう権限が与えられており、企業社員に関しては原則的に暴力行使が禁止されていたようである。

カポの行動を規制する内容の資料は、ほとんど存在しない。ただし、トート機関〔ナチ体制下で軍事工事を請けおった組織、主に強制収容所の囚人を強制使役〕が一九四四年九月一九日に定めた規定は《工事現場におけるカポの任務と被収容者のとるべき態度[55]》との標題を持ち、収容所の日常におけるさまざまな状況でカポが何をすべきかを説明する。その第七条項は、「作業の配分にカポは関与しないが、被収容者各人に最大限の労働力を提供させ、必要とあらば鞭も用いる[56]」とする。ほかに囚人虐待についての言及はなく、指揮下にいる囚人が反抗的な態度を見せた場合についても同じくふれていない。ともかく同文書は、正式にカポに対し仲間の囚人を殴打する権限を与えている。

制裁は、実際に暴力の行使が伴わなければならなかった。一九四〇年三月二八日、ブーヘンヴァルトの保護拘禁所筆頭指導者レードルは、「査察を受けるときだけ被収容者らに悲鳴や絶叫をあげさせるようなブロック長老およびカポは、間もなく懲罰部隊に移されることになろう[57]」と、規律保持を任されている囚人らを書面にて批判した。この問題については、ラーフェンスブリュックの内部規程がSSと現場職長それぞれの役割を、「看守は序列上、被収容者の上位者である。その任務は、被収容者の監視にあり、労務を与えることではない。怠惰な被収容者に労務を促すのは現場職長に任せること[58]」というように、はっきり区別していた。言いかえるなら、SS看守は規律担当の囚人らに汚れ役をやらせるよう指導されていたわけである[59]。ナッツヴァイラー強制収容所関連の保存文書から見つかった懲戒手続き記録により、現場職長による暴力行為が容認されていた事実を確認できる。一九四二年六月一二日、武装親衛隊警察の指揮下にある工事管理室のある民間会社社員は、担当する道路工事現場に送られたコマンド(懲罰作業隊)の一員が現場職長(囚人)から虐待されたことを、保護拘禁所筆頭指導者に直接抗議した。同社員の意見によれば、該当の現場職長には「殴打によって被収容者らに労役を強制する権限はない[60]」ということだった。ナッツヴァイラーの保護拘禁所筆頭指導者は「被収容者らの労働に関し、民間人の社員が介入せぬよう改善していただければ幸甚である。私見では、同社員Rは工事に専念するだけで手一杯の状態と思われますので[61]」と、上記社員との面談に関し、書面による報告を司令官宛に行った。つまり、囚人である現場職長による仲間への虐待は見ぬふりをすることが望ましいということである[62]。

民間会社社員による規定外の虐待禁止は公然のものだったようだ。ドーラ強制収容所の囚人を雇っていた有限会社ミッテルヴェルク・ベルリン（ＭＷ）の経営陣は、一九四四年六月二二日付で各部署の責任者宛に、「ＭＷ社員による被収容者への制裁について」[63]と「被収容者との接し方について」[64]という二点に関する業務指示書を発信した。各責任者はこの「本社執行部からの特別指示」を部下全員に回覧し、「指示書を読んだことを確認するため、各自が指示書の裏に署名をする」[65]とした。そして、「いかなる状況においても、被収容者らに本指示書の内容を知られてはならない」[66]とも書かれてあった。同指示書は、ＭＷ社に派遣されていた囚人に対する同社社員による虐待に関するものである。「ドーラ強制収容所の医官は、ＭＷ社の事務所もしくは社内に配置された被収容者らが、些細な手違いを理由に、同社の社員に殴打されたり尖った器具で刺されたりすることがあり、一部の被収容者は医師による治療を必要とするような例が頻繁にあったと明言した」[67]。ＭＷ社の首脳部はその虐待行為を糾弾したが、それは人道的な理由からではなかった。単に正規の懲戒手続き、ことに収容所司令官のＳＳ大隊指導者（少佐）フェルシュナー宛の、そしてＭＷ本社宛にその写しを送付しなければならないという事故報告書の作成手続きに関し、注意喚起したにすぎなかった。虐待事件は「ＭＷ社社員が収容所司令官の権限を侵害するような事態は、いかなる理由があろうとも二度とあってはならない」[68]というように、収容所司令官の懲戒権干犯の問題に格下げされてしまった。囚人虐待をなくすため、同文書は「ＭＷ社社員が被収容者らと個人的な接触をすることを厳に禁ずる」[69]と注意喚起をする。その他の一般事項についてＭＷ社首脳部は、既述の囚人に対してとるべき態度に関する前掲の内務大臣兼全国親衛隊指導者による省令の参照を勧めるだけだった。

対囚人の暴力行為に関する懲戒措置

囚人に対する虐待行為を契機として開始された懲戒手続きもしくは提訴についての総合的な説明には、まだ追加調査が必要である。とくに親衛隊組織の総務関係書類の全般に目を通し、隊員に対して開始された懲戒または司法手続きの記録を洗いだす必要がある。読者には、ロタ－・グルフマンの膨大な著作『Justiz im Dritten Reich 1933–1945（第三帝国における裁判 一九三三～一九四五）』を参照なさることを薦めたい[70]。グルフマンによると、それらの手続きは失敗に終わる特徴があるとのこと[71]。例外的に有罪宣告にまで行きついた事例でも、「刑が宣告された直後にヒトラーが赦免してしまうため、ライヒ法務大臣の意志に反し、期待された効果は水泡に帰した[72]」という。

その代わりというわけではないが、調査中に集めることのできたいくつかの仲介手続き資料をここにあげておく。そのまえに、ブーヘンヴァルトの収容所動物園で飼育している動物が虐待された際、司令官コッホがかなり厳しい態度を見せたことを特記しておこう[73]。一九三九年六月、コッホは動物たち「ことにサルが、SS隊員のほか民間労働者によってたえず興奮させられている[74]」ことを確かめた結果、関与したSS隊員については禁足令を、同じく民間労働者についても追訴するとの警告を発した。動物虐待の禁止がきちんと守られるようにと、コッホは所内警察に新たな違反をただちに報告することを徹底もさせた。

役付き囚人による虐待行為

一九四三年一一月一日、ナッツヴァイラーの収容所長老（Aso、反社会分子）は、収容所内の芝生のうえを歩いたとの理由で、あるドイツ人囚人（ＢＶ、刑事犯）を平手打ちした。左耳の鼓膜が破れ、叩かれた囚人は衛生室で治療を受けた。両者の言い分を記録した尋問調書はいくつかの点で興味深い。ドイツ人囚人がなぜ自分を叩いたのかその理由を訊くと、長老は「芝生のうえを歩くことは禁じられており、それは収容所内部規程で決められている」[75]と答えたという。つまり、収容所長老はドイツ人囚人の行動が収容所内部規程に違反しているので、平手打ちが正当であったと主張したわけである。[76]こんど自分が尋問された際、長老は相手の行動を、「私はＳには規則に則った行動をするように何度も言っていました。というのは、収容所内部規程の規定は彼にも適用されるからです」[77]と、収容所内規範枠という観点からとらえた。平手打ちについても、それを制裁と呼ばずに、「Ｓを私の方へ呼び、彼がそれでも芝生のうえを歩いているので注意し、そのとき平手打ちしたのです」[78]と、口頭による叱責を行ったときの突発的な行動だったと主張した。

それにもかかわらず、調査手続きは開始された。内部規程の禁止条項を違反したからというだけでは、収容所長老による突発的な制裁の理由としては不十分というわけである。ドイツ人囚人が署名した尋問調書によれば、「囚人医師は、鼓膜の損傷が平手打ちによるものか、あるいは以前から破れていたのかを明らかにすることはできませんでした。なぜなら、私は何年もまえから耳に痛みを感じておりました。それを除けば、私はいかなる聴覚障害や不自由さ、また痛みを感じていませんので、民事責任を求める手続きをするつもりはまったくありません」[79]とある。この民事責任追及の手続き放棄は、当人に書きとらせたにちがいないし、尋問調書にしても署名を強制したのだろう。実際のところ懲戒手続きは、当の囚人を保護するのではなく、逆に、少なくとも理論上は当人が行使できたはずの最後の権利、その形骸を守ったにすぎない。しかし、損害発生時に囚人の賠償請求権は表出してしまった。懲戒手続きによって無効にしなければならないのは、その賠償請求権である。ともかく懲戒手続きの焦点は、一人の囚人に傷を負わせた収容所長老に定められている。長老の行為は過剰だったのか？　収容所における規定とは、たしかに役付き囚人の暴力行為は痕跡さえ残さなければ容認するというものだ。ナッツヴァイラー強制収容所の懲戒手続き規定にしたがえば[80]、この収容所長老は第Ⅲ部（保護拘禁所指導部）に事故報告書を提出せざるをえないだろう。

もうひとつの事例では、一九四四年三月一九日、強制収容所ナッツヴァイラーの除雪作業を行うコマンドの一員、オランダ人囚人レインダー・Bがカポのアドルフ・Rに顔を殴られ、その拍子に入れ歯がはずれた。三月二四日付レインダーの尋問調書によると、同房の一人がそれを収容所長老に伝えた結果、長老により懲戒手続きが開始された。レインダー・Bおよびアドルフ・R両名の調書については、いくつかつぎの指摘ができるだろう。

第一に、両者とも尋問の終わりで自分の落ち度を認めていること。レインダーは「自分が事故をすぐ報告せず、五日間も放っておいたという違反を犯したことを認めます[81]」と言い、カポはといえば「ほかの被収容者を殴打することが禁じられていること、またその違反によって自分が懲罰されることを知っております[82]」と認めた。この事例の手続きからは、カポによる暴力行使が正式に禁止されていたことが分かる。第二に、「殴打により、Bの上顎の入れ歯五本が壊れた。料金表によると、修理費用は最低で二五RM（ライヒスマルク）かかるとのこと。（署名は）ナッツヴァイラー強制収容所司令部歯科医長[83]」との書き込みがじかに囚人レインダーの尋問調書の空白に書かれている。手書きで「Rの口座には残金があるのか？[84]」との質問が書きこまれている。要するに、この一見ごくありきたりの懲戒手続きは、収容所の歯科医長による入れ歯の損傷度合いとその修理費用の査定、同じく当人が修理費用にあてがう額を口座に持っているかの審査まで行う結果を生んだ。強制収容所の地獄のような実態を知っていれば、このような懲戒手続きがありえたことに驚かされる。ところが一介の囚人にすぎないロベール・アンテルムも、ある工場で使役されていたとき似たような経験をしていた。

メガネなしだと、私はよく見えない。にもかかわらず、工場で働かなければならなかった。扁平足《ピエ・プラ》に殴られたとき、よけられなくてメガネを壊されてしまった。メガネを手に入れられるなら頼もうと思い、私は収容所長老に聞きに行った。そこにはリュシアンとチェコ人の秘書、パウル、もう一人ベルギー人の通訳がいた。私はチェコ人に話しかけた。彼はジャガイモを揚げていて、すごい匂いがしていたが、だれも気にかけないないしフライパンを見てもいなかった。私が近づくとチェコ人が顔を上げたので、私はメガネの一件を話した。彼は話の内容を記録し、私に署名させた。ちょうどそのとき、でぶのカポ、エルンストがそばに来て、私を見ると書いた書類を読めと言った。それにはマイスターに殴られたときにメガネが壊れたと書いてあったからエルンストは笑い、そしてチェコ人にそれを書くのはまずい、なぜならそれは正反対で、ふだんマイスターはとても優しいのだと言った。チェコ人は、私がメガネを頼んでいて、それがどうして壊れたのかの理由を書かなければならないだろうと応じた。カポは言い返さなかった。そこへこんどはパウルが近づき、困った様子で私が何を求めているのか訊いたが、チェコ人がそれに答えてくれた。パウルが私に金を持っているのか訊いた。私は持ってないので、SS収容所指導者がただでくれると言わないかぎり、メガネを手に入れることはできないのだそうだ。

そんな会話が続いているあいだ、私は自分がつまみ出されないのを不思議に思った。私はチェコ人のテーブルに寄りかかっていた。気分が悪かったわけではない。パウルはそばに来たときすぐに、私が何をしているのか訊いたが、メガネがだめになったと知ると、私がいることに文句を言わなかった。SSの一人がそばに来たので、だれかが説明し、それでもSSは私に追加の一発を喰らわせようとはしなかった。彼もメガネの件には同情してくれた。私がだれにも相手にされないまま待っているあいだ、全員が何か解決策を見つけようとしたが、そんなものがあるはずなかった。だれにも罵倒されず、私はそこを出た。

仲間の一人がメガネの縁を修理し、割れなかったほうのレンズをはめてくれた。そのあと、私は工場の作業場に戻った。(85)

SS看守一名の立ち会いのもと、複数の囚人が行った虐待行為

ナッツヴァイラー収容所の一囚人に対する虐待事件は、まず被害を受けた囚人の供述が司令部の指揮下で、つぎに保護拘禁所指導者のもと(一九四二年五月八日まで)、そしてふたたび司令部直轄による調査手続きとして開始された。私が入手した尋問調書は一九四二年四月二四日から同五月一一日までのものである。いくつか異なる内容の供述が存在するという留保付きながら、以下が虐待事件のあらましである。所内看護ブロックに収容されていたある囚人が、そこで仲間のタバコを盗んだ容疑で告発された。看護師のひとりがほかの囚人といっしょになって、当の囚人に白状させようとした。あるSS上級分隊指導者(曹長)の立ち会いのもと、彼らは容疑者の服を脱がせ、バスタブのなかで当人が気を失ってしまうまで冷水を浴びせつづけた。盗みを白状させる目的で、SSは当人に屈伸運動をくり返すよう命じ、また短銃の銃口を向けて脅かしたという。翌日、同SS隊員と追求側の囚人らは容疑者を棺のなかに一〇分間も閉じこめ、さらに自供を強制した。

つまり彼らは、拷問による独自の捜査を進めて判決を下すことを選んだのだった。この件では、もし規則にしたがうなら、盗みの疑いを容疑者に向けた理由を説明した事故報告書が作成されねばなら

なかった。

捜査にともない囚人らの供述、とくに虐待行為におけるSS隊員の関与については、下記のように変化が見られた。たとえば一九四二年四月二四日に行われた尋問で、容疑者（SAW、ドイツ国防軍を除隊処分になり拘禁された）ゲルハルト・BはSS隊員Pが虐待に加わったことに言及した。

午後六時ごろ、SS隊員Pの指示により病室から追いだされました。

囚人（K）によって私は浴場まで連れていかれました。そこでは、SS隊員の指示で、私は屈伸運動をやらされました。

そのあと、上級分隊指導者Pはほかの者らに、私を浴槽のなかに入れろと言いました。

浴槽での虐待はSS上級分隊指導者Pの立ち会いのもとで行われました。

その翌日、（……）SS上級分隊指導者Pは私に同行を求め、新設の手術室に入りました。（……）そこで、SS上級分隊指導者Pはポケットから短銃を出して私の腹に当て、私が盗みを白状するよう要求しましたが、私は拒否しました。（……）

私が棺から出たとき、SS隊員Pはもういませんでした。[86]

この供述でSSが主要な役割を演じているのと異なり、叱責に加わった看護師テオドール・Kの供述はほんの少ししか言及していない。五月五日の調書でも、つぎのようにSSについては二度しかふれていない。SSは浴場に入ってきて、容疑者の尋問を行った。手術室でも立ち会っており、そのとき「これでも盗みを白状しないなら、棺桶に入ってもらう」[87]とゲルハルト・Bに言ったようだ。この二番目の発言について、五月一一日には上記看護師が「彼を棺桶に入れてしまうという私の脅かしも、まったく役に立ちませんでした」[88]と、まったく異なる状況説明をした。以後、容疑者を棺に閉じこめると脅かすのも、「SS隊員Pの手を借りずに」[89]と明言しながらそれを実行に移すのも看護師となる。主導権をまったく失ったかたちのSSは、以後は看護師に何でも「したがう」[90]ようになった。囚人看護師は、「SS隊員一名が立ち会っていたにもかかわらず、私が勝手にふるまったという非難ですが、それは真実であります」[91]という言い方で供述を締めくくり、自ら全責任をかぶった。さらに、あらゆる誤解を避けるため、「命令および指示は私のみが与え、当該SS隊員は関与しておりません」[92]とつけ加えるのだった。以上の供述があまりに信じがたい内容であるためか、二回目の尋問の際、看護師は「同様に、SS隊員Pあるいはほかの被収容者から命令されてこのような供述を行ったのではありません」[93]という言葉で供述を終えた。この看護師による供述のなかで、SS隊員Pは容疑者の囚人に加えられた嫌がらせに消極的に立ち会った傍観者としてのみ描かれている。

SS隊員の責任が徐々に薄められるこのプロセスは、アルフォンス・M（カポ）とフリードリヒ・Bら囚人の供述においても同様である。アルフォンス・Mは、一九四二年五月五日、SS隊員Pが浴場での虐待では「タバコをどこに隠したか容疑者に白状させようと質問攻めにしていた」[94]、また「その間ずっと尋問に加わっていた」[95]と非常に積極的だったことを証言していた。ところが五月一一日には、「SS隊員Pは窓のそばに立ったまま観察していました」[96]と変わってしまう。同じように五月九日、フリードリヒ・BはSSが浴場の場面で終わるころにしか現れず、「それまで実行していたのは私たち囚人だけで、SSの隊員はだれもいませんでした」[97]と強調した。

さて、私はこの尋問に関する分析を、一九四二年五月五日に行われたもう一人の囚人看護師カール・Rの供述にて結論づけたいと思う。「SS上級分隊指導者Pの指示があり、私はゲルハルト・Bの足を押さえていなければなりませんでした」[98]と、彼は明らかに浴場での虐待行為の責任をSS隊員

Pに負わせた。虐待行為を見ながら反応しなかった理由を訊かれ、彼は「そういうやり方に疑問を感じなかったのかとの質問ですが、私はSS上級分隊指導者に命令されたのだから、その責任は私でなく、SS指導者がとるのだろうと思ったことを証言します。おまけに、私のカポのMもその場にいましたので[99]」と答えた。

ある囚人の供述調書の下部余白に、「同房の被収容者に対する虐待行為に加わったため、一五回の杖刑[100]」を科罰するとの書き込みが見られる。囚人らおよびSS隊員の態度は収容所の規則に反していたのだ。そのことから、捜査の方向がSS隊員Pの事件関与の否定に向かった理由、つまり彼を懲戒手続きの対象にしたくなかったことが分かる。実際、この懲戒手続きは虐待行為に関与した者らを救うための細工がされてしまったのである。

SS看守による虐待行為

つぎにあげる虐待のいくつか[101]は、懲戒手続きの対象とはなったが、嫌疑をかけられた看守らが有罪にならなかった事例である。グロースオプリンゲン・コマンド隊長のSS下級分隊指導者（伍長）Kは、複数の囚人に対する虐待でブーヘンヴァルト収容所の第Ⅲ部（保護拘禁所指導部）による尋問を受けた。その尋問に基づき、ブーヘンヴァルト収容所の保護拘禁所筆頭指導者はその件に関する一九四四年六月一日付の報告書を作成のうえ収容所司令官に提出した。私がここで分析しようとするのはその報告書である。同筆頭指導者は以下のように事件のあらましを記す。コマンドの隊列の先頭を進んでいた隊長は、現場職長（囚人）から「コマンドを引率する看守らが囚人を叩いているが、それは禁止されているはずだ[102]」との通報を受けた。それに関し、コマンド隊長は「看守らに釈明を要求のうえ、コマンドを指揮するのは彼自身（K）であり、看守は保安のみがその任務である、またいかなる事故も隊長への報告をすること、そして独断専行は許さない旨を言い聞かせた[103]」と証言した。

尋問の際、コマンド隊長は規定の手続きに基づく報告をしなかった理由を訊かれたようだ。その返事として、「その件につき保護拘禁所指導者への報告を差し控えたのは、看守による虐待の現場を見ていないこと、よって正確な事実関係を確認できなかったから[104]」との説明だった。保護拘禁所筆頭指導者は、報告書の終わりでコマンド隊長Kを褒めた。というのも、「現場職長Gの通報は、むしろ個人的な問題によるものらしい[105]」と判明したからである。さらに筆頭指導者は、看守に関する同様の問題が隊長Kの前任者の時期にも発生したことも補足した。

この保護拘禁所筆頭指導者の報告書から見るに、コマンド責任者として模範的なSS下級分隊指導者に対し、また告発された看守らに対しいかなる懲戒もなかったと考えるほかない。筆頭指導者は、より厳しい内容の研修を看守らに受けさせせれば十分であるとした。これは収容所司令官の責任とはならず、「あらゆる事故についての責任はコマンド隊長にあること、ただし看守には被収容者を虐待する権限のないこと、その二点を周知徹底させるべきである[106]」と記した。

「半ユダヤ人」に対する虐待事件に抗議した司法機関

ゴータ地方裁判所検事は、一九四二年一〇月七日付のイェーナ高等裁判所での上位者である検事総長に宛てた書簡で、自分が属する裁判所構内で一九四二年一〇月一日に発生した半ユダヤ人ニース・Hへの虐待事件を報告した。この刑事犯は一〇月一日、同裁判所内の留置場に勾留された。同検事は検事総長に以下の経緯を報告した。「留置場にゲシュタポの警察官二名が当人を呼びに来た。警察官は当人に何者かを尋ねた。『善良な労働者』との答えに対し、当人は何度か顔を殴打され、足蹴にもされた。その間、当人は薄汚いユダヤ人とくり返し罵倒された。虐待は、当人が『私は薄汚いユダヤ人です』と答えるまで続いた。そのあと、当人は尋問のためゲシュタポ支署まで連行された。翌日、当人は拘置所に移送された。過度に衰弱していたため、当人はやっと階段を上がれるありさまだった。医療検査を受けさせることになり、その結果、添付事故報告書に記載の外傷複数が確認された[107]」

イェーナの検事総長は同報告書を、一九四二年一〇月一七日付の第三帝国《ライヒ》法務大臣に宛てた書簡に添付した。その書簡にて、検事総長はゴータの検事の文章のほか、虐待の目撃証人である総務課長Pの供述の多くを引用した。書簡の大部分を占める総務課長の供述は、公然と半ユダヤ人被収容者の態度を弁護、逆にゲシュタポ警察官らの行為を「出頭時、ニース・Hはきわめて規律正しい態度を見せていたが理由もなく顔を平手打ちされ、上腿部と臀部を蹴られた[108]」と告発した。Hがゲシュタポ支署からもどったときの衰弱した様子を克明に記した。そのあと検事総長は、「法務省管轄の建物においてこのような暴力沙汰が起こったこと、その関与者がユダヤ人もしくはほかの外国人、ドイツ人であろうとも、法務省が容認することは断じて許されることではないと考えます[109]」と、この事件についての自分の思いを厳しい表現で述べた。

検事総長の批判は虐待行為そのものではなく、それが起こった場所を問題にしていることは明らかだった。それが証拠に、ゲシュタポ支署内でニース・Hが受けた拷問についての言及はない。書簡のなかで、検事総長は「以後、法務省管下の建物内であらゆる暴力沙汰を控えるようゲシュタポ（国家警察ヴァイマール支所）に申し入れをする意向である[110]」とも伝えた。おそらくその態度表明が誤解されることを予測していたのか、彼は法務大臣宛の文章を「本請願に関し、ユダヤ人もしくは半ユダヤ人の保護を望んでいるとの非難があろうとは予想しておりますが、本官は自らの問題への取り組み姿勢がご承認を得られるものか、そのご意見を伺いたいと望むものです[111]」と締めくくった。一〇月二四日、法務大臣は「対応措置はすでに講じてある[112]」と素っ気なく回答した。

上記はナチ体制がユダヤ人の大量殺戮を実施していた時期であり、その対応がユダヤ人のニース・Hを保護しようという意図でなかったことは明らかだ。興味深いのは、この事件が検事らによる伝統的な合法性尊重と、それに対するゲシュタポ警察官らの行動という様相を見せているからである。だが、論議はそのようなかたちで提起されようがない。それを、テューリンゲン州ゴータの法務官らは理解していなかったようだ。第一に、ゲシュタポの警官らのあのような行動が明確に規定により禁じられていることを確認しなければならなかった。第二に、国家社会主義ドイツ労働者党《NSDAP》の警察官は公式に制定された規定だけに制限されない、特殊な制度の規制を受けていたのである。警察による法の遵守に関し、ヴェルナー・ベストは一九三九年に発表した手引書『Die deutsche Polizei（ドイツ警察）』において、「警察というものは、上官——最高位の司令官まで含め——から押しつけられた決まり事にしたがっているかぎり、けっして法を逸脱または法に反する行動はとらない。警察がその命令者の意志を実行にうつす瞬間から、警察は法に則った行動をとり、もし命令者の意志よりも行きすぎるならば、それは警察による行動ではなく、警察組織の一員による業務上過失である(113)」というようにきわめて明快なのである。

つまり真の問いとは、ゲシュタポの行動が指導部の政治方針（規範となっていたとは限らない）に反していたかを明らかにすることだった。この問いに対する答えは微妙である。一方で、ナチ体制によるユダヤ人絶滅作戦が進められていた時期ゆえに、それらの虐待は政治方針と明らかに合致していたと主張できよう。しかしながら、ゲシュタポの警官らはナチの規範枠のなかで行動したのではなく、むしろ自分らの暴力的な衝動、要するに恣意的なものだった。被害者の囚人に対する侮辱行為は、警官たちが自制心を失ったということである。ある特別の情報を得ようと、職務で拷問したのでもなく、恣意的なやり方でニース・Hを侮辱したのである。彼らの私的な行為はナチの規範の枠からもはずれており、しかも複数のゲシュタポに無関係な人間のまえで行われたのだから、結果として、きちんと行動すると思われている警察のイメージに悪影響を与えてしまったのである。

第3部

強制労働

ラーフェンスブリュックの内部規程は、「被収容者は全員、例外なしに働くことを義務づけられている」[1]と明確に定める。初期の数年間、囚人は採石場、あるいはブーヘンヴァルトのような新設強制収容所建設の現場で重労働に使役された。一九三八年以降は、囚人らの使役をSSの収入源とする必要性に迫られた結果、強制収容所の囚人への労働強制で機能させるべく、以下三つの基幹企業組織を立ちあげた。[2]

- DESt（Die Deutscen Erd-und Steinwerke GmbH）——主にナチ政権の大規模建設計画に土石加工建材を供給する産業複合体。
- DAW（Die Deutschen Ausrüstungswerke）——家具、扉、窓などの製造工場。
- Texled（Die Gesellschaft für Textil-und Lederverwertung）——強制収容所の囚人や武装親衛隊兵士（看守）の制服など繊維・皮革製品を供給する工場。

ドイツ軍にとっての戦況が悪化するにともない、ライヒの勝利を目指し戦略企業内に外部強制収容場が設けられるようになった。一九四二年以降は転換期を迎え、「一九四三年から一九四五年にかけて、全強制収容所における戦争経済のために使役される者の数は被収容者全体のおよそ六〇～八〇パーセントを占める」[3]と、外部収容所に収容の囚人数が次第に基幹収容所のそれを上回るようになった。一九四二年六月三日付の「被収容者の労働時間」[4]に関する各強制収容所司令官に宛てられたSS－WVHA・D局からの指令は、「現下の戦況に鑑み、被収容者の生産力を最後まで絞りだす努力はやむをえない」[5]と、強制労働に固有の矛盾を的確に言いあてた。そういう事情で、SS－WVHA・D局はさらに作業ピッチを引きあげた。ところが、強制労働で運用される制度は、ことに一九四二年以降、当然ながら食料の配給量が少なすぎたり、作業現場まで歩く距離が遠すぎる、作業ピッチが過酷すぎたり……と、囚人の生き残りを妨げるものだった。「連合国主導で行われた戦後の裁判の開始とともに、労働による絶滅作戦というナチが用いた概念によってその矛盾の解明がはかられた。労働を義務づけることは殺戮行為の一形態であると定義された。その外見がいかなるものか知る問題は、今日でもまだ学術文献のなかで細部にわたる議論が続けられている」[6]とあるが、労働による絶滅作戦が内蔵するこの矛盾は、本書第3部の構成のなかで示されることになる。はじめの二章〔第10章と第11章〕が強制労働に関する規定の条文を扱い、最後〔第12章〕はそれがもたらす結果、つまり囚人の死をとりあげる。

　拘禁生活におけるさまざまな状況のなか、囚人間での差別がより激しいのはおそらく労働の場だったようだ。熟練工と一般工員の区別は決定的だった。たとえば一九四四年八月八日、アウシュヴィッツ第Ⅲ強制収容所の第Ⅲ部（保護拘禁所指導部）は「以下に該当する者のみを熟練工（Facharbeiter）と認める。自己申告した職業に相当する職務にあり、所定の作業に関し派遣先の企業体からも雇用可能とみなされ、かつ熟練工と認められた者」[7]と定義した。したがって熟練工とは、自分がかつて専門としていた分野で使役される囚人を意味した[8]。

ホルヘ・センプルンが語るには、囚人組織がポーランドにある強制収容所のユダヤ人を救うため、熟練工の資格を利用したということだ。

彼らのなかで熟練工がだれかということを証明すればいいだけの話だった。基本的にはSS司令部の指令で、ポーランドの収容所の生き残りは外部コマンドにすぐ送られてしまう（……）。生き残ったユダヤ人のせめて一部だけでも収容所内――ここで生活する条件、あるいは延命する、さらには死ぬ条件さえ、彼らが通常なら送られてしまう外部コマンドよりはましなのだ――にとどまらせて救うため、国際秘密組織は熟練工のリストをつくらせ、つぎの段階でブーヘンヴァルトの生産活動に彼ら熟練工が必要になると主張しようと決めていた。SS司令部は生産性向上の話には興味を示すのだ。彼はポーランドの収容所から移された囚人の一部を熟練工としてブーヘンヴァルトにとどまらせることを受けいれたことがすでにあるのだから[9]。

理にかなっているようにみえるが、熟練工という資格はときに架空のものだった。生き残りユダヤ人のなかから熟練工を選ぶ役目のホルヘ・センプルンはそれをつぎのように語る。

私はかすれ声で職業を尋ねた。

「毛皮職人です」と相手は答えた。

私は彼をじっとみつめ、手首の囚人番号をみた。彼をファッハアルバイター（熟練工）と記帳した。電気架線工と書いたのは、それが最初に頭に浮かんだ職業だったからだ[10]。

熟練工にはより高い価値があった。というのも、企業からSSに支払われる人員派遣手当の額は、一般労働者よりも熟練工のほうが高かったのだ。[11] 熟練工の資格によってユダヤ人を救うことができたにせよ、労働現場においてユダヤ人という身分はひどい差別を受けた。全強制収容所に宛てた一九四三年八月二〇日付の指令にて、SS-WVHA・D・I・1課はユダヤ人労働者に適用されるべき規則を定めた。親衛隊全国指導者兼全ドイツ警察長官が同月一三日に発布したその文書は、「東方占領地域におけるユダヤ人の労働使役」[12] がテーマだった。「占領地域におけるドイツ行政機関のユダヤ人対策」[13] を不適当と見るヒムラーは、「東方占領地域において自らの管轄下にある機関」[14] に対しつぎの三つの指示を与えた。

- 「ユダヤ人もしくはそれとみなされる者は労役のみに服することができる」[15]。彼らを事務職および/または機密情報に接することが可能な業務に従事させることは厳にこれを禁止とする。
- 「ユダヤ人を集団あるいは個人と接点のある業務、渉外、また食糧調達の業務に使役することを禁じる」[16]
- 「ユダヤ人男女もしくはそれとみなされる者との私的な関係、また業務の必要性を超えた関係は、これを禁じる」[17]

また各収容所司令部宛ての同文書は、ユダヤ人囚人に対しては粗暴な扱いと差別的な態度で対応するようにとも明記していた。ほかに散在する資料も、労働使役におけるユダヤ人差別を証言している。アウシュヴィッツの司令官による一九四三年一〇月六日付の決定は、たとえば「ユダヤ人のカポが本国《ライヒス》ドイツ人《ドイチェ》の被収容者を隊員に含む作業コマンドを指揮すること」[18]を禁止とした。したがってこの第3部では、労働使役におけるユダヤ人への差別が、明示的であるか否かにかかわらず、すべての文書での前提事項となっている。

第10章

労働の組織形態全般

ナチどもが人間的な感情を見せるなどと一瞬でも期待しないほうがいい。ナチの技師と軍人がSSのやつらに向かって簡単に説明したのは、採算性と勝利について考えるつもりなら、我々の生活環境を多少なりとも正常化したほうがいいということだ。だがSSはSS、今のままで変わりようがない。それに、やつらが我々をくたばらせる権限を持っているなら、我々はくたばるにちがいないのだから。(1)

囚人の生産性についての関心が深まった証拠に、一九四一年には各収容所に強制労働の責任者として保護拘禁所E部指導者のポストが新設された。一九四一年一一月七日付の「保護拘禁所E部指導者への業務通達(2)」によると、「今般問題となっているのは、各被収容者の労働効率を最大限に高めることである。そのための条件、つまり彼らの居住環境または食料、衣服を改善することにより、労働生産性を維持するのではなく高めることなのである(3)」とした。またしても、行動指針として優先されたのは規範づくりだった。こうして生産環境の合理化は、囚人労働者に適用される規定の乱発という形をとったが、かといって人間としてより尊重されるようになったのではない。その逆だった。

労働時間と就業時刻

工場での午前九時は始業からすでに三時間、正午までの半分が経過し、正午でやっと一日の半分になる。午後になると時間はますます貴重になり、実際、時間を呑みこむように感じる。午後四時、あと二時間。朝の九時、それは異世界だった。朝の九時にどうやって工場にいられたのだろう、あと一〇時間もそこにいると分かっていながら？　どういうふうに毎時間が過ぎていくのか？　まず六時から七時までのあいだ、来るべき一日の覚悟をしないといけない、そこに入っていくんだと。入っていけるぞと、自分を安心させるようなものだ。つぎの時間はとても長い。裏に何が隠されているか予測できない、まだ短すぎるのだ。九時に一服云々というように。[4]

各収容所司令官宛の一九四二年六月六日付の業務連絡で、SS-WVHA・D・Ⅱ部は「労働時間」の語を「労働時間とは、就業場所での始業または終業の時刻を基に計算すること。就業場所に向かうための時間は計算しない[5]」というように定義した。したがって、この「実労働時間」が統計上の数字となる。ということは、囚人が提供する労働時間（作業場までの長時間の行進や点呼などの時間）を除き、生産活動に直接費やされた時間だけを計算する。基本的にこれは、囚人を雇用しその労働時間数に対して支払いを行う企業にとって有利な定義となる。料金は基本的に一日が単位だったが、一九四四年四月二七日付のSS-WVHA・D・Ⅱ部が発布した条令にて「例外的な状況（たとえば、空襲警報の際）にて、労働時間が最短の限度一〇時間に充たない場合、実際に働いた時間数はつぎの料金表の時間給にて計算される[6]」と定めた。そして、その時間給は一日料金を一〇時間で割ったものだった。

労働時間と就業時刻について決定権限を持つ部署

ラーフェンスブリュック強制収容所の内部規程第三条一二によれば、「司令官が起床および消灯の時刻、同じく労働時間を定める」[7]としていた。一生産拠点の長でもある収容所司令官は、定期的に囚人らの労働時間を変更する指令を出し[8]、それと同時に収容所管理部署の勤務時間を決めることもあった[9]。グロース・ローゼン強制収容所の司令官は、「一九四四年クリスマス期間中の被収容者の労働時間」[10]まで細かく決め、文書にしていた。「該当期間、兵器製造工場の作業場およびその他の部署が被収容者の労力を必要としないため」[11]、一二月二四日（日）の午後と二五日（月）の全日、囚人らは働かなかった。同司令官は、「照明もしくは石炭の節約のため祭日の二日間（一二月二五および二六日）の外の作業が不可能な場合は、労働休止を許可する」[12]ということまで文書にした。ブーヘンヴァルトの外部収容所に収容されていたロベール・アンテルムは、囚人らにリンゴをひとつずつ配るのは「彼らにしてみれば特別の日を象徴するものであり、クリスマス当日、私たちが働かずにすむということは、これは彼らが本気でそう思っているからだ」[13]と、ブーヘンヴァルト基幹収容所における一九四四年クリスマス時の労働休止について証言した。

各収容所司令官は何でも自由に決められるわけでなかった。囚人使役の稼働リズムについてはSS-WVHA・D・Ⅱ部の指令も考慮に入れなければならない。SS-WVHA・D局が発信した一九四二年六月三日付の通達は、収容中の囚人の生産力を徹底して絞りださなければならない時期[14]にもかかわらず「多くの企業において、被収容者は毎土曜の午後と日曜全日を労働していない」[15]と不満を述べた。その件につき、各司令官は企業側責任者と交渉するよう勧告された。SS-WVHA・D・Ⅱ部の責任者は「この必要不可欠な労働時間延長が適用されない生産拠点名、またその理由を一九四二年六月一五日までに報告すること」[16]と要求した。交渉の過程で得るべき結果を「現状から、被収容者が土曜全日と日曜半日、すなわち日曜午前も働くように変更すること」[17]とも定めた。すでに一九四二年六月一〇日、ブーヘンヴァルト収容所にて強制労働を担当する司令部付き労働力配置指導者は、上記六月三日付の通達を引用して労働時間を変更、また附属の外部収容所に対しては、もし問題が起こるようなら報告するようにと指示した。さらに、新規に「提案された労働時間は、当然ながらそれを超過することも可能である」[18]点も明確にした。それ以前、一九四〇年三月二九日付の条令には、ブーヘンヴァルトに拘禁中の囚人は「土曜日はほかの平日と同じように働き、ただし日曜日は休日となる」[19]とあった。

こうして各収容所から届く詳細な報告書により、SS-WVHA・D・Ⅱ部は定期的に強制収容所における労働時間の管理統制をした。[20]

日曜労働に関し、SS-WVHA・D・Ⅱ部が問題にしていた格差は実情だったように思われる。たとえば、「ブーヘンヴァルトあるいはポルタ・ヴェストファーリカとは反対に、ノイエンガンメでは日曜が全日休息にあてられていた。ふだんより一時間、あるいは一時間半も遅く起床した。午後、囚人らは寝る権利さえ与えられていた」[21]と、ダヴィッド・ルセは語った。SS-WVHA・D局の指令により、おそらくそれらの異なる制度は終わりを告げたにちがいない。実際、規則自体はむしろ日曜の午前中が労働もしくは所内雑役、[22]午後が自由時間と決められていたようである。

最後に、労働時間は多くの場合、囚人を使役する組織体が実際に（または、少なくともその同意を基に）決めていたという点に留意したい。ちなみに、トート機関は雇用する囚人の労働時間を独自に決めていた。[23]

労働力を最大限に搾取するために奉仕する〝医学〟

就業時間の長さを検討するのとはべつに、SSは囚人のより高い生産性を可能にするための労働・就業時間を見いだそうと研究していた。SSの保健衛生問題の責任者（親衛隊・警察医官）[24]が署名した一九四四年七月二〇日付の報告書は、「労働時間と被収容者の生産能力」[25]を扱っており、見かけは科学的な方法にて強制収容所の囚人を使役するさまざまな生産拠点にて適用の就業時間をそれぞれ評価している。この報告書は、多くの表を駆使していながら、基本的には睡眠時間が長いほどよく働くというように、平凡さの羅列である。食事に関しても、よく食べればよく働くという具合。結論として、報告者は「八時間三交替制で最も良い結果が得られた[26]」とする。それでも報告書は、一二時間労働の細かい適用方法（朝食と昼食、仮眠の時間）を提案する。

生産性を医学的に管理する方法は、ブーヘンヴァルト収容所医官の求めに応じてSDG[27]が作成した一九四三年三月二八日付の報告書に見られるものである。外部収容所に関するその報告書で、SDGは被収容者らの（休息も含む）就業時間を「厳密な検査の結果」と説明し、「被収容者が必要とする休息をとれるよう、当該の外部収容所指導部は夜勤人員が日勤人員のブロックと同棟にならぬよう各コマンドを分散させた[28]」こと、また「点呼はコマンドの帰営時のみに行われ、所要時間は二〇分とする[29]」と状況改善を率先して行ったことを報告した。

食事

タバコと食べ物についてなら、私は囚人のなかでも平民の一人、それはたしかだった。私が吸うのはいがらっぽい葉の〈マホルカ〉だが、それさえもたまにしか吸えなかった。あちこちで分けあう吸いかけ、これがじつにうまかった。そして食べ物は収容所の配給食、それしか食べなかった。

朝の四時半に起床、点呼と作業コマンド召集のまえに、四人組織ではいちばん下位の役付きである部屋係が黒っぽい熱い飲み物——面倒なので、だれにも分かるようにコーヒーと呼んでいた——をカップに入れて配る。

そのとき同時に一日分のパンとマーガリンを受けとり、そのほか不定期ながらソーセージの代用品を一切れ、これはスポンジのように妙な嚙み心地なのはたしかだが、とてつもなく食欲をそそるのだった。そんな朝はおもわず生唾がわいた。一日の仕事が終わって夜の点呼、それからブロックに戻ると部屋係がスープ、といっても主にキャベツとカブラといった野菜と脂気のない糸状になった肉がほんの少し浮かぶコンソメを配給する。いくらか濃いめのものといったら、日曜だけ配給されるヌードル入りスープだった。泣きたくなるくらいの大ごちそう、でもこれはもう話したことだ。各人は一日分の配給食を自分の好きにできた。その場でぜんぶ食べてしまう者もいる。立ったままのこともある、食堂に座る場所が空いてないからだ。その連中は夜の食事まで何も食べるものがない。一二時間の強制労働のほか、平均して約二時間の点呼と行進。

空腹のまま一四時間の苦しみに耐えるのだ。[30]

一日当たりの配給食の量は時期によって大きく変わった。ダヴィッド・ルセによれば、ブーヘンヴァルト〈小収容所〉での末期は——

（……）飢餓が猛威をふるっていた。一日分の配給食は一二〇グラムのパンと一リットルの水、それと半煮えのカブラを一握り、それだけ。食事配給に警察隊を出動させなければならないほどだった。スープの入った容器のまわりで、しょっちゅう取っ組み合いが始まるありさまだった。囚人が死んだ仲間たちの遺骸を二、三日は箱のなかに隠し、そのスープ券を利用するようなこともますます頻繁になっていた。[31]

飢餓世界となっていた強制収容所で、配給食品の量をどう決めていたのかとか、あるいは囚人食の衛生検査の手続きに言及すること自体、場違いのように思われる。ただその分析に焦点を合わせることは、なぜ過剰な統制が当然の帰結であるべき囚人の待遇改善を導かなかったのか、本書の結論で問題になるその問いを発しており、必要不可欠なのである。

配給食の食材を決める[32]

《武装親衛隊および警察のための配給食構成とその量一覧[33]》と題されたSS‐WVHA・B・I部による主要規定は、定期的に強制収容所の囚人向け配給食の材料構成を指示していた。同規定は、各階級のSS隊員向け配給食の内容をはじめに、「強制収容所に拘禁の被収容者に供与の一人当たり一週間の配給食の材料構成[34]」を、軍馬についての規定の一項目まえで定めていた。a）からm）までの一覧がつぎのとおりきわめて詳細に食材を列挙する。

e）砂糖……八〇グラム
ただし、ジャムを同時に配給しない場合は四〇グラムの追加支給。[35]

あるいは――

i）コーヒーの代用品もしくはコーヒー添加剤……六三グラム

コーヒー代用品の代わりにドイツ茶を配給の場合は一日当たりの配給は四グラム、コーヒー代用品の配給分九グラムの節約となる。[36]

在庫にある各食材の量によって、異なる配給量が決められた。たとえば、小麦粉の場合――

一七九〇番タイプのライ麦粉……七五グラム

二八〇〇番タイプのパン粉……五〇グラム[37]

さて、週に三五〇〇グラム必要なジャガイモだが、「生野菜の提供は在庫状況によるため、所管の食糧管理局と協議して決めるものとする」[38]となっていた。配給食となる食材の量は一覧表の作成日により、ときには二倍になることもあった。一九四二年一〇月一九日付の一覧表では、週当たりのジャガイモ割当量が三五〇〇から七〇〇〇グラムに増えている。[39]頻繁だったと思われる一覧表上の配給量調整は、補給状況の変化によった。食糧農業大臣が各州政府に送った一九四三年一〇月一八日付の通達は、それに応じて強制収容所の囚人に対してもジャガイモの配給量を変更した。[40]

通常の週当たり配給量に加えて、上記一覧表はつぎの四種の囚人に対する追加配給分の食材も載せていた。「法規が定義する重労働に従事する者[41]」、被収容者で「夜間作業、また法規が定義する長時間労働に就く者[42]」、「農業に従事する外部コマンド[43]」隊員の被収容者、そして「移動中の被収容者[44]」である。SS-WVHA・B・I部によるほかの一覧表は、働く囚人と働かない囚人に対するジャガイモの配給量を区別するためのものである。[45]規定は「戦争捕虜は民間人と同様に通常量の配給食を受ける[46]」と、彼らを追加配給の対象から除外することを明言していた。ソ連国籍の戦争捕虜は特別規定適用の対象であったが、後に強制収容所の被収容者向けの制度を適用されるようになった。[47]

配給食の調理

強制収容所にて囚人使役を管理する保護拘禁所E部労働指導者に宛てられた一九四一年一一月七日付の総合指針は、「たとえば寒冷期、被収容者が朝から晩まで温かい食事をとらずにいるか、あるいは温かい昼食をとるかによって差異は存在する[48]」と明言した。中央組織(この場合は労働力配置指導部の担当官)は配給食の各食材のグラム数を厳密に守らせるのみならず、収容所担当者の職務への積極的な関与を求めた。

SS-WVHA・B・I部が発布の一九四四年四月二八日付の条令は、「強制収容所における被収容者向け糧食の調達は各収容所管理部の管轄であり、それは各地の食糧管理局を仲介して行われる[49]」との注意喚起をした。食糧管理局は収容所の管理部[50](第Ⅳ部)に糧食券を与え、後者は券で食材を調達し配給食を調理した。囚人への配給食に関し変更があれば、第Ⅳ部は配給量や配給方法、また食材の調達・分配等、どんなに細かいことでも外部収容所に伝達した。[51]それらの通知は強制的であり、違反すればブーヘンヴァルトの管理部が外部収容所に宛てた一九四五年二月七日付の通達(第三一号)が述べるように刑事追訴の対象となった。同通達――これは八週間分の食糧を九週間で配給するという飢餓作戦を指示したもの——は、「配給食の減量と期間延長はかならず実施されること。もし管理指導者補佐がその実施を拒むようであれば、当人は刑法違反を犯したものとみなされる[52]」と、配給量を減らさない外部収容所の管理指導者を刑事追訴すると警告した。

監査

囚人向け配給食の取り扱い基準が守られているかを管理するために、三種の監査があった。内部監査、税務署による監査、そして配給食の衛生と質の監査である。

ブーヘンヴァルト収容所第I部5課[53]は、毎月、ベルリンの中央本部[54]に宛てて主に「被収容者の栄養状態[55]」に関する報告書を送っていた。一九四〇年と一九四一年の報告書はいずれも好結果の内容である。たとえば一九四一年八月一九日付の報告書は、「ブーヘンヴァルト強制収容所の被収容者の健康状態は非常に良好であるといえる[56]」と書いた。一九四〇年一一月一五日付の業務報告には、「被収容者の配給食は美味であり、非常にうまく調理されている。量に関して、食料配給は農業食糧省の指令を正確に守っている[57]」と強調されている。ときにはべた褒めだった文章も抑制され、一九四一年二月九日付の報告書は「被収容者の栄養状態は概ね良好である[58]」とのみ記した。全体として、報告書で用いられる言葉は多少の変化があっても、だいたいいつも同じだった。定期的な報告書ではよくあるように、担当者は毎月の新しい報告書をそれ以前のものを土台にして作成したようである。囚人用配給食についての状況評価は、たまに実地検分を行うこともあり、報告書の内容を裏づけた。たとえば一九四一年八月一九日付の報告書には、「頻繁に行われる食材の監査結果は常に肯定的であり、苦情の対象となった事例もない[59]」と読める。このように、内部監査は定期的に行われていたように思われる。

より古い時期の報告書は、それでも囚人の配給食に関する問題をあげている。一九三六年七月二二日、配下にいる複数の下級中隊指導者（少尉）から三通の報告書を受けとったリヒテンブルク強制収容所の保護拘禁所指導者は、「このところ、保護拘禁下にある被収容者の食糧事情が大幅に悪化しており、その改善が必要とされます」[60]と、保護拘禁中の囚人向け食糧事情の悪化を司令官に通報した。中隊指導者らによる一九三六年七月二一日付の報告書三通[61]はいくつかの点で非常に興味深い。まず囚人にとって劣悪な食糧事情に関し、彼らの態度は自然かつ単刀直入である。囚人で構成される第四中隊のSS士官らは「一日当たりの配給食料は被収容者らの空腹を充たすには不十分である」[62]点を強調した。また、空腹感が囚人に及ぼす数々の悪影響も列挙した。疲労、眠気、是が非でも（腐っていても）食料を見つけようとする、病人の増加、食料の盗みの増加、家族宛の手紙で食品と送金を頼むようになる等々。しかも戦時の幾年間にもわたっての主要な関心事になろうというのに、囚人の空腹感が労働生産性に及ぼす影響については、「パン配給量の大幅削減と配給食調理の抜本的見直しは被収容者全員の意気阻喪を招き、結果として労働におけるやる気のなさの蔓延につながった」[63]と言及したのは三つの報告書のうちひとつだけだった。

強制収容所はドイツ会計検査院による監査も受けた。各収容所指令官に宛てた一九四三年一月の業務連絡のなかで、SS-WVHA・D・I部が「ドイツ会計検査院による監査の結果、下記のとおり種々の指摘があったので、その撲滅を図ること」[64]と、この会計監査について言及している。それら指摘のうち二点は囚人の配給食に関するものだった。

たとえば、重労働に使役される囚人への配給食は、その量をより正しく計量すべきだとした。SS-WVHA・D局は、「上記措置により、多大なる財政上の影響を考慮し」[65]、職能会議所に宛てた被収容者に対する追加配給食の申請書および職能会議所による承認書の写しを囚人用厨房の記録簿に添付させることを決めた。同措置は、重労働に就く囚人向け配給食の申請数、その承認数、そして実際に配給された数の関連づけを可能とした。是正措置の実施に関する追跡調査は、「上記の不備な点を改善するため、ただちに必要なことを指示のうえ、同措置の実施につきSS－WVHA・D局にその報告をしなければならない[66]」と、報告書提出を義務づけることで保証された。

そして、収容所医官による囚人用厨房の記録簿の検査も行われることになった。ラーフェンスブリュック収容所の内部規程第三条によると、医官は「糧食問題に関与し、自らSS用厨房および被収容者用厨房にて試食をし、その質を確認すること[67]」と定められていた。またブーヘンヴァルトでは、医官によるそのような試食の頻度を少なくとも週に一度、朝と晩と定めていた。同収容所の一九三九年一一月二五日付の司令部指令書（第一三一号）のなかで、司令官は「本官は、医官による書き込み（毎週、少なくとも朝一回、夜一回）をSS用厨房の記録簿にも、同じく被収容者用厨房のそれにも見ることできなかった[68]」と、検査を実施しなかった医官に対し綱紀粛正を行った。

記録簿は各厨房に置いてあり、朝食、昼食、夕食用[69]に調理された各食材の質および各囚人に配られた量に関する情報が記入された。追加配給分を記入する欄もあった。それらの情報を見ることで、医官は囚人の日ごとの配給食を知ることができた。

ブーヘンヴァルトの医官は、ときにSS看護師（SDG）に外部収容所の検査をさせることもした。ブーヘンヴァルトの医官に宛てた一九四三年三月二八日付の報告書で、SS看護師は、すべてが規則どおりに進められており、「就労する被収容者全員が、規則で定められた追加食料を与えられ[70]」、「配給食の食材構成も基幹収容所ブーヘンヴァルトのそれと合致している[71]」と、自分が検査した外部収容所の食糧事情をたいへん肯定的に評価している。囚人の労働生産性の重要度をより評価するようになったこと、それが重労働や夜間労働、長時間労働の特異性に相応した多くの特例となり、一般配給食制度を補うようになった理由である。ほかの配給食追加は、戦争経済に貢献する生産集団の重要度が直接の要件となる。

重労働者への配給食

明らかに、ダヴィッド・ルセのいた作業コマンドは追加配給食（所内の事務手続き上はツーラーゲと呼ばれた）を与えられていた。

午前一〇時、私たちは追加配給《ツーラーゲ》をもらうため小屋のそばに集まった。それは一〇〇から一五〇グラム相当のパン二切れで、片面にナイフで薄くマーガリンが塗ってあった。カポ長がそれを配る。パンの耳はほかの部分より大きいから、それをいちばん受けとれそうな位置を計算して列に並んだ。やたら難しい確率計算なので、ほとんどいつもカポらに聞かれないように押し殺した声の罵詈雑言で終わるのだった。カポ長がしょっちゅう間違えた振りをしてほかのだれかに耳を与えるのでなおさらだった。一五分の休憩時間があり、私たちは砂土手に寄りかかって仮眠をとった。週に二、三回、肉味ゼラチンあるいは透きとおるほど薄いソーセージがパンに挟まれていることもあった。胃が引きつるくらいひもじいけれど、長い時間をかけ咀嚼をくり返すと実際よりたくさん食べているように感じられた。黒パンのあの一切れを見ただけ、あるいはそれを思い浮かべるだけ（いつも三〇分まえから待たされる）で、生唾が湧いてとまらなかった。そのあとは、ブロック内でとる一二時半のスープを待つしかなかった。[72]

ユダヤ人囚人の排除

戦争の進行状況にともない強制収容所の生産目標がますますその重要性を増してはいたが、ある種の囚人に対する差別を撤廃させるまでには至らなかった。複数の文書によれば、ユダヤ人囚人は例外的にしか重労働者向け配給食を受けられなかったとある。ブーヘンヴァルトの保護拘禁所筆頭指導者に宛てられた一九四二年三月一一日付の重労働者に対する特別配給食の要請書には、「上記の数字にはユダヤ人およびポーランド人は含まれない」(73)と明記された。これは、一九四二年の時点で、ユダヤ人もしくはポーランド人囚人には重労働者用の配給食が与えられなかったことを意味しているのか？似た内容の一九四二年九月四日付の業務連絡にて、同じ部署（武装親衛隊および警察建設指導部）は熟練工として使役されているユダヤ人囚人、第Ⅲ建設〔基礎工事〕コマンドおよび道路建設コマンドの隊員には重労働者用の配給食を与えるよう要請した。(74)「ユダヤ人被収容者に対する重労働者用の配給食」(75)を要請する意図から窺われるのは、ブーヘンヴァルトにおいてその供与が例外的でしかなかったことである。戦後に作成した報告書のなかで、ブーヘンヴァルト強制収容所の元司令官ピスターは、食糧大臣により正規に禁止されていたにもかかわらず、それに違反しながらユダヤ人囚人への重労働者用の配給食を配っていたと主張した。公式指令への違反行為は、収容所管理部の協力のもとに行われていたという。(76)

ユダヤ人囚人に追加食を特別配給するには、ある特別な理由がその条件となっていた。つまり熟練工であること、もしくは〈ユダヤ人左官職〉の囚人一三名に関する一九四二年六月の文書で述べられたような立派な仕事ぶりがそれとなる。そのコマンド隊長によれば、その「被収容者らは入念であり、どんな作業にも使える」(77)ということだった。したがって隊長は、「可能なかぎり、彼らが重労働者向けの追加配給の対象となるよう[78]」申請をした。

強制収容所における普通法の適用

ブーヘンヴァルトにおける重労働者の規定に関する文書、またフロッセンビュルク強制収容所にて実施されたいくつかの手続き調書類は、明らかに普通法、つまりドイツ法の官報にて公布された一九三九年九月一六日付の規則の一文を典拠としている[79]。同文書の標題が示すように、本来「重労働および苛酷労働従事者、妊婦、授乳婦、病人、身体不随者に対する特別追加食供与の規則[80]」はライヒ国民を対象としたもので、強制収容所に収容された者らに適用されるはずではなかった。同文書第一節によれば、その特別配給食を受けられる者はより多くの塩漬けラードや肉、パン、小麦粉を与えられるとする。第二節は、当該労働者に「肉体的に困難な作業に常時従事する者[81]」、あるいは「肉体的負担は平均的だが劣悪な環境で作業に従事する者[82]」と二種の重労働従事者を定めた。上記第二の文書は、いくつかの例をあげる。たとえば、高温な場所、あるいはマスク着用を必要とする粉塵の多い場所での作業、また有害物質の影響を受ける作業に従事することは「重労働」とみなされる。「苛酷労働」従事者とは、重労働を規定する二条件に重複して該当する者を指していう。

ブーヘンヴァルトの保存文書のうち「追加配給食を享受する被収容者選定のための指針[83]」と題する文書は、上記一九三九年公布の規則第二節を忠実に引用している。部門別の種々職業の長い一覧のほか、どの職業を重労働と認定すべきかを示している。しかしながら、「強制収容所の被収容者については、重労働もしくは過酷労働従事者の差異を考慮しない[84]」とした。過酷労働従事者の分類が強制収容所ではなくなったようだが、新たに準重労働従事者という分類が話題になることもあった。例をあげると、短い一覧のうえに「本追加食の配給は、週の実質労働時間が五五時間以上を条件とする[85]」との記述が見られる。これら準重労働に従事の囚人は特別食の配給を受けていなかったが、「一週間は長時間労働を強いられた者に対する配給食、つぎの一週間は重労働従事者への配給食を交互に[86]」与えられていた。週によって、彼らは正式に重労働者、あるいは長時間労働者として扱われたのである。あまり使われなかったようなこの分類ではあるが、軍需企業体〈DESt（ドイツ土石加工会社ベルルシュテット陶器工場）〉がブーヘンヴァルト収容所管理部に宛てた一九四五年二月二一日付の書簡にて、「準重労働従事者として勘定される被収容者は二三名[87]」というように用いられた。

資格認定の手続き

各外部収容所の関連部署が重労働者用の配給食を基幹収容所の管理部に申請した[88]。該当する囚人がたった一名のこともあった。たとえば一九四一年一一月四日、サウナ風呂の保全管理を担当する囚人Sに関する申請は、「本作業により当人は発汗・減量療法を常時強いられる[89]」という事実による理由づけをした。同申請は、その書類に「ヤー」と書きこまれ承認された。

その後も、一九三九年公布の規則第三節にしたがい承認申請手続きは続けられる。強制収容所管理部が食糧管理局に対し配給食の申請を行う。そのやりとりを証言するのがSS-WVHA・B・I部が強制収容所管理部に送った一九四四年四月二八日付の文書であり、それによれば「被収容者に対する追加配給食の引換券は存在しないため、各収容所管理部は管轄の食糧管理局に追加配給食の申請を提出する[90]」べきだとした。つぎに、食糧管理局は申請書の写しを管轄の職能会議所に送付してその答申を得る。すると「職能会議所は報告書を添えてその写しを返送し、それを参考にして食糧管理局が最終決定を下す[91]」のである。

この重労働者向け配給食の承認申請手続きは、強制収容所が連合軍によって解放されるまで適用されていた。一九四五年三月一九日、すなわち強制収容所がアメリカ軍によって解放される三週間前、ブーヘンヴァルトの労働力配置指導者は、ある労働コマンド隊長からその労働隊員三〇名が重労働者用の追加配給食を受けられるよう、「全員が木造ブロック（収容棟）建設を受けもつ熟練作業員であります」[92]という理由の申請書を受けとった。

一九四四年四月二八日、SS-WVHA・B・I部は強制収容所における重労働者向け配給食の申請書に記入されるべき三つの項目を決めた。

a　追加配給食の申請対象となる被収容者の人数（氏名記入の必要はなし）。
b　当該被収容者が従事する作業の種類。
c　週あたりの労働時間数。[93]

ある種の職種は自動的に重労働と判断されたようである。ブーヘンヴァルトにおいては、数十種の職業が部門別の一覧表にされ、「これらは重労働従事者である」[94]と明確に区別されていた。

実際に重労働に就くことだけが特別配給食を得るための唯一の基準ではなかった。一九四三年一月、SS-WVHA・D局が全強制収容所に宛てた新指令は、一九三九年布告の適合条件に戦争努力への有利性という項目を加えた。新指令は、「重労働者用の追加食は、職能会議所の合意を得て強制収容所の大部分の被収容者に配給されることが認められたが、それは彼らが戦争のために重要な作業に従事しており、配給食の供与条件を充たしているからである」[95]という説明だった。

特別配給食を供与する規定に通常用いられる言い回し[96]は、追加食の配給が単に可能性にすぎないことを示す。したがって、提案された追加食の内容に収容所指導部が縛られることはなかった。各食料の限度量のみが示された。一週あたり追加分の肉二八〇グラムとパン一四〇〇グラム「を上限として」配給されたわけである。[97]

配給食の停止

一九三九年の規則書第六節によれば、任意の囚人労働者が重労働者用制度を享受できる任務を果たさなくなったとき、当人を使役する企業主はただちにその変更を食糧管理局に通知し、その囚人は重労働従事者のカードを返却、代わりに通常のカードが与えられる。強制収容所においては、当該囚人が特別規定を享受できる職務をはずれた時点で、重労働者用の追加配給食が自動的に停止された。たとえば、「衛生研究所にて使役されていた六名は、定員超過のため職務をはずされた。その結果、重労働者用の追加食配給は停止された」[98]のである。重労働者用追加食の配給停止は懲戒的な要素を含むこともあった。ブーヘンヴァルトの司令官は、一九四三年四月一五日付の裁断にて、ある囚人集団に対し一四日間の追加食の配給を中断した。[99]

外部収容所に対し通常は認められている追加配給食の停止は、ときに対象となった収容所指導者の抗議を引きおこすことがあった。ゴレシャウ外部収容所の指導者は、アウシュヴィッツ第Ⅲ強制収容所の保護拘禁所筆頭指導者に宛てた二月一七日および二二日付の二通の書簡にて抗議をし、「当外部収容所で進められている作業の困難度を考慮のうえ、それに従事する被収容者の消耗を回避するため」[100]に該当の労働コマンドに対する追加配給食の継続が認められるよう要求した。

別件の特別食に関する手続きをみると、該当する囚人が病気になった場合もその特別食は停止されたようだ。ある外部収容所の指導者が書いた一九四五年三月八日付の業務書簡は、「食糧補給の現状は、就労不能の被収容者に対する通常の〈トート機関〉食料制度を停止する措置を余儀なくさせている。したがって、強制収容所の通常食を配給することにした」[101]と記す。さらには、これらの囚人は追加のスープにもありつけない。同書簡は「就労不能」の囚人を「衛生室に収容の休養中か病気の者、あるいは治療に通ってくる者」[102]と定義する。優遇措置であるその配給食を供与する理由は、囚人の個人的特質とは無関係である。ナチ当局は、当時必要としていた機械として作業する囚人だけに食べさせようとしていたのである。機械が機能しなくなれば列からはずされ、飢え死にするほかなかった。

長時間労働あるいは夜間労働を行う者への配給食

ダヴィッド・ルセもこの配給食について、「現場職長《マイスター》やエンジニアたちが介入してくれたおかげで、私たち夜間作業をする者も、工場で配られる追加配給のパンにありつけることになった」[103]と述べている。プリモ・レーヴィは、そのような追加配給がアウシュヴィッツでは通常の夜食のすぐあとに配られたとつぎのように語る。「まず言っておかなければならないのは、毎晩、各ブロックでは規定の総配給量を上回る量のスープが配られることだ。余りはブロック長老の一存で分配されるが、彼はまず自分の仲間やお気に入り連中のために一方的に追加分を、それから夜の見張り役のために(……)その上乗せ手当分を分捕る……」[104]。

この追加分の配給基準は、「長時間労働という理由で追加食を要求できる条件とは、肉体的負担の度合いが中くらいの労働で、かつ週あたりの実質労働時間が最低五五時間であること」[105]というように、労働時間もしくは夜間労働などがいかに考慮されるかによって異なった。「中くらい」程度の肉体的負担の定義はない。しかしながら、配給食一覧表に記載された警告が「本基準は、厨房で働く被収容者、あるいはその他の簡易作業に従事する者には適用されない」[106]というように、ひとつの目安とはなる。

夜間労働に関しては、「夜の見張りを週に最低五五時間、かつ一晩あたり六時間以上の巡回、さらに週に三回以上の夜勤をする者に対し、長時間労働者用の追加食を配給する」[107]とした。この追加配給食は、重労働従事者への配給食制度に則ったものである。収容所の事務関係部署や労働コマンド、または外部収容所は、基幹収容所の管理部[108]もしくは労働力配置指導部[109]にそれぞれ特別食の申請を行う。往々にして申請書は詳細をきわめ、「当該の被収容者らは午前五時に作業場に向かい、帰営は午後六時以降になり、全日屋外での測量に従事、定期的に道標を設置する。したがって、長時間労働従事者用の追加食の配給基準を充たしております」[110]というように囚人の労働時間や遂行すべき作業の困難さを記した。その論法はたしかに完璧ではない。申請書作成者はコマンドの出発および帰営時刻を示しているが、そこから唯一の適合条件である週あたりの実質労働時間を算出することは不可能である。しかも、作業の困難さが明記されていない。

申請書が引き合いに出す申請理由は、ときにより特別食の配給基準に合致しないこともある。たとえば一九四五年一月二三日ブーヘンヴァルト収容所の政治局は、自らの管理下にある囚人労働者が従事する作業の肉体的負担の度合いおよび正確な労働時間を申請書に明記しなかった。それでも、同書類の余白への書き込みから、一九四五年二月九日付で申請が承認されたことが分かる。おそらく、「本申請は下記の理由による――第Ⅱ部（政治部）は、空襲によって損壊を受けた書類ならびに帳類すべての再生作業のため、交代勤務による昼夜続行で作業を進めなければならない」[111]というように、遂行されるべき作業が収容所当局にとってきわめて重要だったからだろう。申請書はさらに、新着の被収容者が「かつてないほど殺到した」[112]結果、政治部の事務手続きに使役される囚人の追加作業は避けられない点をとくに主張した。

空襲については、SS筆頭医官も「急増した大量輸送便の到着により、病人多数が収容され厳しい監視が必要となったうえ、昨日の空襲により所内衛生室に配置の被収容者の仕事量が大幅に増えたため、彼らの労働時間を延長することで対応せざるをえなかった。これら関係する被収容者の仕事能率を維持するために、長時間労働者用追加食の配給を申請する(113)」と言及している。具体的事由をあげないこの申請は、追加食の承認基準を踏襲していない。より現実的な例をあげると、書類の余白に「死体運搬係」は重労働者用の食事を配給されているため本申請の対象からは除外するとの具体的な書き込みがある。所内各部署の責任者は、所管の業務を円滑に進めるため、配下の囚人の追加配給食を獲得しようとあらゆる手段を講じた。以上のことから、通常の配給食を受ける大多数の囚人のための食料不足が明らかとなる。重労働者用の追加配給食の例でも分かるように、その配給食を構成する食料の最大量を決めるだけだった(114)。ということは、それより少ないこともありえたのだ。

その他の特別規定(115)

移動行進用の配給食

「移動中の被収容者は一日を単位とし、移動者特別食の配給を受ける(116)」と定められた移動者特別食は、通常の配給食の代わりのパン、ソーセージかチーズ、マーガリンからなる。この三種の食品の量は性別によって異なる。移動のまえ、囚人移動の責任者は、異動に要する日数分の各食料の量を明記した文書に「私は上記の食料をたしかに受けとりました(117)」と記入のうえ署名した。その文書には一九四五年四月九日、すなわちブーヘンヴァルト収容所が解放される二日まえの日付が入っている。最初の三日間の各食品分量しか書かれていない。移動食の主食であるパンの分量は規定どおりの五〇〇グラム。ソーセージおよびマーガリンは規定量を下回る量だった。同様の一九四五年四月七日付の文書によって、それは再確認できた。それらの文書が示すのは、収容所を撤退するまで、SSは囚人向け食糧に関する手続き要覧に固執していたことである。

各収容所解体というパニック状態のなかで、上記の移動食は実際に配給された。たとえば一九四五年、外部収容所ガンダーシャイムを撤退する数分まえ、ロベール・アンテルムと仲間の囚人は、「一時間後、配給が開始された。ここを出ていくので、丸パンの四分の三をもらえるはずだった。先に行った連中が見たこともないくらいばかでかいパンとマーガリンのかたまりを手にしていた[118]」のを見たあと、自分たちも行進用の移動食を受けとった。アンテルムは、同じものをブーヘンヴァルトから外部収容所ガンダーシャイムに移動させられたときにも配給されていた。

ブロック長老がやっと私たちを集めたのは夜になってからだった。私らにパンとソーセージ一かたまりを配らせた[119]。

パンとソーセージが手のなかにあった。食いつこうとはしなかった。私たちには明かりが当たっていたが、ブロック内には薄暗い場所もあった。ブロック長老が真剣な目つきで私たちをみていた。その表情から、いつものシニシズムも薄笑いも消えていた。私たちは新参者だったが、移動させられることになった[120]。

ロベール・アンテルムは移動しながら「列車は一日中走りつづけた。昨日ブロックで配給のあったパンを食べた[121]」と配給食を食べる。

ダヴィッド・ルセは、外部収容所ポルタ・ヴェストファーリカからノイエンガンメ収容所に移送されたあと空腹に苦しめられる。事前に移動食を配給されなかったからだ。

身許確認が終わり、あとは例のベルギー人が目を覚ましてくれるのを待つしかなかった。私は部屋係に声をかけた。

「イヒ・ハーベ・フンガー（腹が減っているんだ）」

「ドゥー・カイン・エッセン・ホイテ（今日は食事なしだ）」

「ヴァルーム（どういうことだ）？」

「モルゲン、ドゥ・トランスポルト。モルゲン（明日だ、移動者は。明日まで待て）」

質の悪い冗談だ。というのも、移動させられる者は、移動先の収容所に入った最初の一日、あらかじめ配られた移動食を食べるものと決まっていた。受け入れ先の制度に組みこまれるのは二日目からなのだ。私たちはブーヘンヴァルト収容所に着いたときもうその体験をしていた。今日またそれがくり返される。ただ違うのは、ポルタの収容所が移動食の配給を無視したことだった。[122]

献血をする囚人に対する追加配給食

「献血者への追加食」[123]に関する一九四五年一月三〇日付の業務連絡のなかで、ブーヘンヴァルトの医官は所内の食糧管理室に対し、一九四五年一月二九日に献血を行った囚人五〇名に「通常の追加食を与える」[124]よう要求した。当追加食に関し、さらに知るための資料は、ほかに見つからなかった。

病気の囚人に対する配給食

SS-WVHA・B・I部の一九四四年四月二八日付条令によれば、「民間人に適用の条文に則り、病気の被収容者には追加食料が配給される」[125]とある。その追加食の供与は「収容所医官が診断書を作成し、それを基に所内医療部署が発行する」[126]医療証明書を必要とした。

看護《レフィア》ブロックに入ったダヴィッド・ルセは、病人用の特別食について記す。

> （……）下の段で寝ているロシア人はゆっくりと死につつあった。彼が食べるのは、病人用のパン（要するに白パン）と特別スープ（日替わりでパスタもしくはジャガイモ入り）か、（牛乳に小麦粉の代用品を加えた）とろみのあるポタージュだった。重病者と下痢患者だけが、いわゆる節食の対象となった。実際は、その分が仲間や仲間の仲間への追加となっていたのだが。下段のロシア人は、そのどれも寄せつけなかった。毎回試みてはいたが、苦労してすくったスプーンの中身を呑みこむことができず、すると彼はだれも見たことのない絶望的な目つきをした。まるで目で話すかのように。ベルギー人が一かけらの砂糖、あるいは小さな、じつに小さなチョコレートをわたし、代わりに食事をわがものにした[127]。

ホルヘ・センプルンはヴァルターについて語った。ヴァルターはドイツ人の囚人で役職を持ち、障害者用特別食の配給も受けていた。

ヴァルターはブーヘンヴァルトの初期の数年、信じられない時代のことを知っていた。収容所がまだサナトリウムになってない時期だ。一九三四年に彼が逮捕されたあと、ゲシュタポによる尋問で顎の骨を折られた。いまだに後遺症に苦しめられており、ほとんど咀嚼することができない。毎日のようにレフィアまで飯盒入りの特別スープ、甘くした粥をとりに行く[128]。

イェーガー計画関連企業にて使役される囚人用の配給食

イェーガー計画とは、一九四四年三月一日に開始された戦闘機製造のための特別作戦である[129]。「イェーガー計画に労働使役される被収容者は、常時地下というきわめて厳しい環境下で苛酷労働に従事するため、通常食および重労働者用追加食のほか、上記の労働条件で使役される期間を通じてつぎの追加食も配給される」[130]。ブーヘンヴァルト保存文書中のこの文書によれば、追加食には週一名あたり肉が二〇〇グラム、マーガリン二〇〇グラム、パン八〇〇グラム、穀物加工品一〇〇グラム、脱脂乳〇・五リットルもしくはクワルク[131]〔白いチーズ〕が含まれた。この特別規定は第二の文書、ドイツ食糧農業省の一九四四年七月一一日付省令によっても確認され、それによればヒムラー直々の要求にて、イェーガー計画に従事する囚人は同上の条件にて特別追加食を与えられた[132]。同省令は、まず一二週間の期限付きで特別追加食の配給を定めた。イェーガー特別食は、「本省令は即時適用とする。したがって、所管の食糧局はただちに周知徹底のこと」[133]というように文民の行政当局により具体化された。ブーヘンヴァルトの同文書によれば、「追加食配給の承認申請は、いかなる場合においても当該企業を仲介して行われる。申請はその処理を行うブーヘンヴァルト収容所管理部に提出のこと」[134]というものである。同じく追加食配給の事後調査とともに、厳しい対応も準備されてあった[135]。

配給食の食べ方に関する指示

ブーヘンヴァルトの管理部責任者は囚人らが消費する配給食の合理化を図った。手はじめに「いかなる事情があろうとも、一週間分の追加食（とりわけ、パンに関し）を一回で、あるいは二日、三日で配給してしまうのは避けるべきである[136]」、「そうしなければ、残念な結果を招くことになる。一部の被収容者、とくにロシア人は周知のように、食べはじめると止まらず、自分の割り当て分の全量を配給された当日の朝か夜に食べてしまう[137]」と。管理部責任者は「被収容者たちが配給食を自ら配分することはほとんどありえない[138]」と、現場で囚人を観察してきた経験により自らの提案を正当化する。彼が提案するのは、「その結果、起床するとコーヒーか、運がよくてもスープしか口にするものがない。当然ながら、それでは厳しい作業を昼食まで継続することは不可能である[139]」というように、生産目標を意識してのことだった。

この文書は、配給食消費の合理化が「被収容者に対する一日あたりパン配給量に関し、SS‐WVHA・D・Ⅳ部は規定量の半分を配給日の夜、残りの半分を翌朝に配るよう命じた[140]」と、SS‐WVHA・D・Ⅳ部の主導であったことを示す。同じ発想で、「配給食は週全体にならして配分されるべきである[141]」となる。囚人の生産性向上にきわめて重要なその決まりは、「たとえそのせいで仕事量が増えるにせよ、必要不可欠な措置なので[142]」その適用は徹底されるべきとした。そして、食料の横流しや消散を避けるためだろう、「食事の配分作業は、かならず囚人厨房にて行われること[143]」とされた。その結果、「配給食の各ブロックへの一括配給（個々人への配分は囚人に任されていた）は禁止[144]」とされた。新規定は関係各所の責任者にも「管理部ならびに厨房の次長、またコマンド隊長は配給食分配に全責任を負う[145]」と徹底された。

検査

追加食が実際に必要かどうかの検査は二度予定されていた。第一の検査は職能会議所が行い判定を下す。一九四四年一二月一八日付の業務連絡にて、ブーヘンヴァルトの管理部は「総合的な食糧事情に鑑み、追加食は法の規定を遵守するよう心がけること[146]」と注意喚起を行い、「上記指令にしたがい、全コマンドは一九四四年一二月二七日までに准重労働、長時間労働あるいは重労働それぞれの該当者人数を算定のうえ報告すること。同報告書には可能なかぎり詳細を記載し、各労働コマンド隊長がそれに署名する[147]」と定めた。同管理部責任者は各コマンド隊長に対し、「作業現場の検査ならびに提出済み報告内容の実態確認が所管の職能会議所に委託されたため、遠からず検査が行われるので注意のこと[148]」と警告を発した。強制収容所とは無関係の一般行政機関のひとつが囚人用の追加食に関する届け出について不正がなかったか、検査を行う権限を与えられたのである。強制収容所から職能会議所に提出された公式文書から察するに、それは口頭検査のみだったようである。収容所管理部の責任者は「職能会議所が詳細確認ため、電話をしてくることを了承する旨[149]」の回答書に署名を残している。

職能会議所による検査とは別途、各収容所司令官に対しては強制収容所監督官が適正な追加食の配給が行われているかの監視を行っていた。監督官は一九四二年三月一二日付の業務書簡にて、「すでに周知のことであり、苦情も寄せられているが、追加食および重労働者用食事の該当被収容者への配給には統制がなく、まったく満足のいくものではない[150]」と弁解の余地のないほど厳しい検証結果を記した。組織の機能不全に対処するため、監督官は「毎月五日までに、各収容所は前月に追加食を受けた被収容者の人数とその配置先作業所名を報告すること。そのほか、該当する各被収容者による毎日の労働時間も記入すること[151]」との指示を出した。

小包による食料の差し入れ

「もういい加減にしてもらいたい。私たちがドイツに来てから、いちどだって小包が届かない、砂糖の一かけら、本物の食べ物、まったくないのだ。傷口が腐っていくように、工場ではつぎつぎに仲間が倒れる。身体がいうことをきかなくなり、声も出なくなる[152]」と、一九四四年夏に拘禁されたロベール・アンテルムは事実、いちどもフランスからの小包を受けとらなかった。一方のポーランド人は、「いちばん大目に見られていたのはポーランド人で、彼らはほとんど全員がドイツ語を話せたし収容所生活も長く、二月のロシア軍攻勢まで、ずっと小包を受けとっていた[151]」という。当初は禁止されていた強制収容所の囚人宛の小包による差し入れも一九四二年以降は認められるようになった[154]。

小包受け取りの禁止

強制収容所の囚人に対する食料品小包の郵送は、当初厳しく禁止されていた。その禁止については、リヒテンブルク強制収容所の保護拘禁者中隊の隊長（Haftlingskomapanie）による一九三六年七月二一日付報告書がふれている。空腹感に迫られ、隊の一部の囚人は「食品の郵送が禁止されていることを承知していたにもかかわらず[155]」、家族への手紙で食べ物を送ってくれるよう頼んだ。禁止そのものはナッツヴァイラー収容所の「いかなる小包も受けとることはできない[156]」という内部規程、あるいはラーフェンスブリュクの内部規程に「小包あるいは簡易小包の送受[157]」を禁ずる、とあるように正式な禁止事項だった。禁止の痕跡は、同じく所定の郵便葉書に印刷された内部規程の抜粋にも残っている。たとえば、一九四二年二月六日にブーヘンヴァルト収容所から郵送された葉書に、「郵便小包は内容がいかなるものであろうと、その受領を禁じる[158]」と印刷された文章が見られる。

とはいえ、あるカテゴリの囚人は例外的に小包を受けとることができた。ブーヘンヴァルト収容所の司令官に宛てた一九四〇年一二月二〇日付の業務書簡のなかで、強制収容所監督官は「オランダ人人質[159]は月に一個しか小包を受けとることができない[160]」と決めた。司令官はその指示を第Ⅲ部および所内郵便局に伝え、「ブーヘンヴァルト収容所においては、同指示の発効を一九四一年一月一五日以降とする)[161]」とした。その後のある書簡を調べた結果、オランダ人人質に認められたその措置はおそらく国家保安本部（ＲＳＨＡ・Ｄ・６）の責任者の裁断によるものであることが判明した。というのも一九四一年二月二八日、同責任者は「オランダ人人質が受けとる郵便小包に関しては、現在のところ従来適用されてきた規定を変更する予定はありません[162]」と強制収容所監督官に宛てた書簡で確認しているのだ。

禁止の解除

『われらの死の日々』のなかで、アウシュヴィッツのあるポーランド人囚人はポーランド人にとっての小包受領が禁止解除された時期を一九四三年としており、それは一九四二年一〇月二九日付の指令が適用されるまでに必要だった移行期間と理解できよう。「私たちポーランド人が小包を受けとれるようになってから、状況は根本的に変わった。私たちは病棟《レフィア》にも入れるようになったのだ。（一九）

四三年は、私たちの収容所生活における大きな転換期だった」[163]

一九四二年一〇月二九日付条令にて、親衛隊全国指導者兼ドイツ警察長官は食料品の小包を無制限に受けとることを許可したのである。翌日、SS-WVHA・D・I部はその写しを全収容所司令官宛に送った。[164] 許可は焦点を絞っており、「食料品の小包」のみがこの措置の対象となった。食品は小包を受けとった当日もしくは翌日のうちに消費しなければならなかった。「それが不可能であれば、ほかの被収容者と分配される」[165] ことになった。すなわち小包は完全に個人のものではなかったということで、それはSS-WVHA・D局の一九四三年一二月一一日付規則の第三条項によって確認され、「小包はいかなる伝言を内包してはならず、それに違反した場合は小包を没収する」[166] という警告もあった。

その点に関し、ダヴィッド・ルセがつぎの個人的エピソードを披露している。

妻がマルクの写真を入れた小包を送ってくれた。禁止されていることだった。ブロック指導者が没収しようとしたところにフランツが割って入ってくれた。

「ヘル・ブロックフューラー、教授については私が保証します」

トニ・ブルンケンは私を見つめた。

「よし」。彼は言った。「二四時間だけ返してやろう。そのあとは収容所長老に預けるんだ。忘れるなよ」

こうして私は写真をとられずにすんだ。[167]

囚人への小包の配布は、当人が基幹収容所にいるか、あるいは外部収容所にいるかによってだいぶ差があったようである。ブーヘンヴァルトのジョルジュ神父が「もしここに残れるならば、あなたは小包を早く、それもかなり正確に受けとれるでしょう。それが大事なんです。移動隊に入ってしまうと、小包はここの事務所が転送しようと決めたとき、おまけに必要な車あるいは列車があるときにしか受けとれない。あなたの小包は倉庫に積んでおかれるだけです。中身が傷んでしまうだろうし、盗まれる可能性も大きいでしょう(168)」と、着いたばかりのフランス人囚人に説明した。

ヒムラーの上記条令第一条項によれば、囚人の「家族の一員(169)」からの小包のみ受けとることが可能とされている。ということは、慈善団体あるいは他の差出人にはこの禁止解除が適用されなかったのだろうか? そうではなしに、すべての囚人が小包を受けとれる。そうヒムラーは第三条項において、「本指令はドイツ人被収容者のみを対象としているのではなく、食品の小包を送らせることが可能な全被収容者に向けられたものである(170)」と明確な説明を加えた。囚人間に存在する差別と序列は、ドイツ国民《フォルク》に与えられたこの膨大な食糧備蓄をまえにしてしばらくのあいだ霧散してしまった。だが喉元過ぎれば熱さを忘れるように、序列も差別もすぐに元にもどった。

もっともそのように一般化することには慎重でなければならない。第一に、以下で検討するグロース・ローゼン強制収容所司令部のある指令は、小包受け取りに関する指令にユダヤ人およびロシア人囚が除外されていたことを思わせるからである。第二に、一九四四年八月一日付の指令において、SS-WVHA・D局の局長は、囚人宛に外国から届く小包「たとえそれが赤十字からであっても(171)」そのすべての配布を禁じたからである。そして、小包に内包の食品は囚人厨房に回さなければならなかった。

留守家族に対し小包の郵送を奨励

ダヴィッド・ルセは、囚人が家族に食料品の小包を送ってくれるよう葉書で頼むことについて語っている。

通訳のエーリヒが食堂の中央まで進んだ。ゆっくり言葉を区切りながら話しだした。

「全員が家族に便りを書けることになった。今から葉書を配る。全員、ドイツ語で書かなければいけない。読めるようにはっきり書くこと。ちゃんと書いていない葉書は破られてしまう。それから、何を書いてもいいわけではない。大事なことだけ書くように。食べ物が必要だと書くのはいいが、細かいことは書かない(172)」

この葉書については、とくにグロース・ローゼン強制収容所司令官が一九四四年五月二七日付の業務指令I・四四号(173)にて言及した。司令官は同指令において関連規則の条文を引用する(174)。

- SS-WVHA・D・I部が各強制収容所司令官宛に送付の一九四三年一二月一一日付規定。その第四条項にて、一九四三年一二月一一日付の同規定は「その目的のため、特別葉書にて外部収容所の被収容者が家族にそれを知らせる機会を与えるべきである(175)」と定める。
- 強制収容所の被収容者による小包受け取りの許可を与えたヒムラーの一九四二年一〇月二九日付条令。

そのあと司令官は、この二文書に沿って「その理由にて[176]」とつけ加えながら独自の指示を以下のとおり明らかにする。

各被収容者(ロシア人とユダヤ人を除く)は、(もしまだ書いてなければ)ただちに以下の内容で家族宛に葉書を書くこと。〔著者ベルトランは、司令官作成の原文に文法上の誤りがある点を指摘〕

(宛先、日付等)
今、私は□□□□労働収容所にいます。
今後はこの場所に食べ物の小包を送ってくれてだいじょうぶです。ただし、現金や手紙、酒類は禁止されています。
小包の宛先住所は――□□□□
保護拘禁の被収容者氏名――□□・□□、登録番号――□□□□□
労働収容所――□□□□
手紙と郵便為替は今までのように――
保護拘禁の被収容者氏名――□□・□□、登録番号――□□□□□
シレジア、グロース・ローゼン強制収容所
(署名等[177])

この司令官にはやり過ぎの傾向が見られる。彼は「移動してきたばかりの被収容者は(……)ただちに以下の内容で家族宛に手紙を書くこと[178]」とほとんど懇請しているが、SS-WVHA・D局はそのような緊急指令など考えてはいなかった。

家族への葉書の例文は、同じ時期にナッツヴァイラー強制収容時においても見られた。同収容所の郵便担当責任者はある外部収容所責任者に対し、一九四四年六月二二日付で「(……)の被収容者は本人家族宛に、本人がナッツヴァイラー強制収容所に収容されているので、すでに適用された規定に則り、手紙や小包、郵便為替を受けとれる旨をただちに書きおくらなければならない」[179]と命じる業務指示書を送った。同指示は、囚人の家族から本人の消息を問う手紙が送られてきたことがその理由だった。郵便担当は、囚人らがそれを機会に家族に対し小包あるいは現金為替の郵送を頼むよう仕向けたものだった。ナッツヴァイラーの保存文書中に、同様の記録文書が残されている。[180]

囚人らが書かねばならない便りの内容は「被収容者がナッツヴァイラー強制収容所に収容されていることのほか、自分の登録番号、またどういった条件下で家族からの手紙や小包、郵便為替を受けとれるかを告げることである」[181]というように、そのきわめて打算的な目的があからさまだった。

フロッセンビュルク強制収容所のある文書は、一部の外国籍囚人、具体的にはフランス人も家族への便りで自分らが小包を受けとれると書いた事実を確認している。たとえばフランス人の囚人アンリ・ド=Cは妻にドイツ語で[182]書いた一九四四年二月二七日付の手紙にて、食べ物の小包を送ってくれるよう頼んだ。ダヴィッド・ルセも「彼は毎回手紙を書くとき、絶対に必要なもの、どうしても送ってくれなければならないものをひとつひとつあげていった。そのぜんぶが見つからなかったり、自分の要求と小包の内容が違っていたりすると、彼は小包の発送日と送った手紙の配達日とを非常に複雑な計算をして割りだそうとした[183]」と、ベルギー人囚人が妻に送る手紙について語った。

小包受け取り時に発生する違反の処罰

ヒムラーが布告の一九四二年一〇月二九日付条令の五条項のうち二つは、小包を受けとる際の不正に対する処罰を取り扱う。それがSS隊員もしくは囚人による不正であろうとも、いずれの場合も処罰は死刑である。条令第四条項によれば、「被収容者宛に届いた食料品の小包を奪うSS隊員は死刑を宣告される」[184]とある。小包受け取りの許可に隠された目的、すなわち収容所にて強制労働に使役される囚人らの食糧事情の改善、ということは彼らの生産性の向上という点を考慮するなら、囚人は単なる労働力としての価値によってのみ保護されるわけである。したがってライヒに奉仕する強制収容所の生産手段を妨害することは、総統の意向に背き、ドイツ国民《フォルク》の利益に反することである。それがゆえに、それだけのために、囚人宛の小包から盗むことがかくも厳しく断罪されるわけである。[185]「もし被収容者が秘密のメッセージや道具、あるいは何らかの禁制品を入手するために小包を利用したなら[186]」、当人は条令第五条項に基づき死刑に処せられる。同刑には、「本人所属の収容棟《ブロック》は小包の受け取りの三カ月間禁止[187]」の集団罰が加重される。

各収容所における小包受け取りの手続き

文書が良好な保存状態にあるため、ヒムラーが公布の一九四二年一〇月二九日付条令のダッハウ[188]およびナッツヴァイラー[189]、ブーヘンヴァルト[190]、グロース・ローゼン[191]の各強制収容所における適用状況の比較を提供することが可能となった。

ヒムラーが決めた小包受け取りの許可はそれぞれの強制収容所において徐々に実施されていったが、グロース・ローゼンのように遅れるところもあった。上記の収容所数カ所における適用条文の比較は、相互のわずかな制度の違い、たとえば小包の重量とか差出人の規制、内容物あるいは禁制品に関する罰則の違いを見せる。入手可能な原資料が限られているため、残念ながらそれらの違いが各司令官独自の対応策によるものか、ヒムラーによるその後の条令改訂のせいなのか、あるいはまたある

表3	ヒムラーの条令 1942年10月29日	ダッハウ収容所 1944年9月5日	ナッツヴァイラー収容所 1942年11月	ブーヘンヴァルト収容所	グロース・ローゼン収容所 1944年5月27日
小包の差出人	囚人の家族。	規定なし（1943年5月17日に家族への言及あり）。	規定なし。	規定なし。	ヒムラー条令の全文引用。
小包の内容物	食品。	調理を必要としない食品のみ。	食品（重量5キロまで）。	全物品（1945年2月22日）：食料品、布類、下着、靴、タバコは日付なし。	ヒムラー条令の全文引用。
禁制品一覧	秘密のメッセージ、道具のほか全禁制品。	手紙、現金、写真、秘密のメッセージ、道具のほか全禁制品。1943年5月17日以降は酒類、衣類、書籍、新聞、布、写真。	食品以外の全物品、メッセージ。	酒類。	ヒムラー条令の全文引用。
違反の処罰	本人は死刑。ブロック全員の小包受け取りが3カ月間禁止。	差出人と宛先人の処罰（刑は不詳）。	処罰（刑は不詳）。小包受け取りの禁止。	規定なし。	ヒムラー条令の全文引用。

種の囚人に適用されるべき差別措置によるものかを断定することはできなかった。

小包の配布

小包がどのように検査され配布されるのかを、ダヴィッド・ルセが語っている。

> その日がやってくると、部屋係が入り口にテーブルを置く。囚人たちは囲むように中庭で円陣をつくる。テーブルの上に椅子を置き、そこにブロック指導者が座った。フランツが番号を呼ぶ。部屋係らが素早い動きで小包を開き、そのたびに中身をトニ・ブルンケンに見せる。エミールがカポの権限で監視している。ブロック指導者トニがときどき小包に名前が書いてないと言いはっては面白がる。いちばん良いものを自分と収容所長老でとり、残りはその光景をむさぼるように見つめ殺気

だっているウクライナ人の集団に向かって投げた。すると取っ組み合いが始まり、SSは笑いだす。カポらがこん棒か放水で騒ぎを収めようとする。エミールがいるだけで、このばか騒ぎが信じがたいものになる。[192]

一九四三年五月一七日付のダッハウ内部規程は小包の検査に関し明快である。囚人は自分宛の小包をすぐ手にすることができない。「各被収容者にはたった一枚のカードしかわたされておらず、小包の宛先人である者はそのカード持参で食料品が届けられるたびそれを受けとりに行く[193]」。ダッハウの司令官が「いかなる場合も、すべての小包の厳密な検査を実施する[194]」ことで済ませるのとは逆に、グロース・ローゼンの司令官はより細かな指示を出した。たとえば、小包に禁制品が入っていないことを確かめるため、「パンやソーセージ、菓子類にいくつか切れ目を入れなければならない[195]」とした。

ナッツヴァイラー収容所の保存文書のうち、「小包検査のための指示[196]」と題する文書は「本収容所医官の指示により、〈デキストロプーア〉（栄養剤）を含む薬品および食品と異なる包帯やアルコール、コーヒー、茶などの物品は、SS衛生室の薬局に届けること[197]」と、囚人宛に届いた小包の奪取を正式に管理していた。SSのための郵便小包の奪取は医官の指示によるものであり、医学上の理由ということで正当化されていた。また「オートミールや固形コンソメの素などは保護拘禁所指導者に供出のこと[198]」という指示も出ていた。

このナッツヴァイラー収容所では、各囚人は小包の受領を確認するため記録簿に署名することになっていた。一九四四年七月一日に配布分の記入欄には、受領日、場所（もちろん、すべてナッツヴァイラー）、配布担当者（ナッツヴァイラーの所内郵便局）、小包番号、宛先人（囚人）の氏名、登録（囚人）番号、そして受取人の署名も書きこまれた。記録簿への記入は一人の人間が行い、各受取人に署名だけさせた[199]。

囚人に受領の署名をさせるのは全強制収容所に共通の決まりだったようである[200]。それは「届けられた小包については（……）受領記録簿に記入のうえ、宛先人の署名をもって受領証とする[201]」と、一九四三年五月一七日公布のダッハウ収容所内部規程の第四条にも見られる。またグロース・ローゼンにおいても、一九四四年五月二七日付の業務指令書に「署名欄に受取人の被収容者が署名をして受領証とする[202]」との一文が見られるように、郵便記録簿の導入も併せて実施されたのである。同所の司令官は指令書でその点をとくに強調し、「諸君は郵便記録簿への間違いのない記帳と、被収容者がその小包を受けとることに関し、全面的な責任を負う[203]」と部下への督励まで行った。

ダヴィッド・ルセは、ドーラ収容所における小包受け取りの署名について語るが、その署名はブロック指導者が中身を抜いたあとのことだった。

ガブリエルは署名するため身をかがめ、それから小包を腕に抱えた。セップがオイルサーディンを三缶と〈オヴォマルティン〉（粉末麦芽飲料）一箱をブロック指導者シャルターのために抜きとった。ガブリエルは、カポのカッツに〈ゴロワーズ〉一箱をわたした。彼にはあとでまたコンデンスミルクを一缶わたすので、とっておかなければいけない。ドーラでいくらか安心していられるには、それがみんなに納めなければならない年貢だった。小包が続いてくれるかぎり今のところは安全、そのことをガブリエルは分かっていた。だいたい、シャルターはわたされるのを待ってなんかいない、自分でとるのだ。まず彼が選ぶ。そんなことがあったあと、こんどは受領記録簿に署名だ[204]。

小包の配布は往々にして闇取引の舞台となった。ブーヘンヴァルトの囚人医師のロワゼルはその状況を見かね、囚人組織で活動するプレジャンに相談した。

「六月まで、いや七月にもあったかもしれないが」とプレジャンは語りだした。「ということは、まだきちんと郵便が届いていた時期のことで、それぞれの小包から収穫した小麦粉のおかげで、我々は貧窮状態の仲間に一リットルか半リットルのスープを配ってやることができたんだ。赤十字が同時に二つ送ってくる収容所宛の小包はほかに何も届かない連中で分け合った。それ以上、我々にできることはなかった。そこまでやっても利己主義と闘わざるをえない、それがじつに厄介な問題なんだな」

「分かった、でもそれは過去のことだね」。ロワゼルは言った。「現在はどうなんだ？ 私から具体例をあげてみよう。病棟《レフィア》の動けない連中には何も配られない。労働コマンド内での配布のでたらめさは想像を超える。保安係の囚人は小包を一人一個、最悪のケースでは二個も受けとっている。土方仕事をやらされる第I建設コマンドは、よくても小包一個しか受けとらないが、それが五四名分だ。一人あたり砂糖一個あるいはビスケット一枚というわけだ[205]」

強制収容所向け郵便小包に適用される普通法の関税条令

ナッツヴァイラーの司令官による一九四四年八月三日付の業務文書は、財務省管下にある税関とナッツヴァイラー収容所内の小包検査担当部署が密接な協力関係にあったことを示す。それによって分かるのは、シルメック（ナッツヴァイラーの隣町）税関支署の署長が収容所司令官に対し、ナッツヴァイラーに拘禁されている外国人が受けとる郵便物に適用されるべき一九四四年七月八日付の財務省省令についての説明を行ったことである。それを踏まえ、司令官は「郵便物の検査は財務省が定める省令に基づいて行われる」[206]との指示を出した。一九四四年七月八日付の省令、すなわち普通法による規定がナッツヴァイラー強制収容所で適用されることとなった。

普通法である関税法令の適用に伴い、ナッツヴァイラーの検査官に対する教育が実施される。こうして「被収容者宛の郵便小包を検査する職員は、外国から届く小包を検査する職務の内容と義務についての講習をときどき受けなければならない」[207]ことになった。さらに、「検査手順が順調に行われるよう、シルメック税関支署の係員が収容所に出向し、上記省令に則った検査の実施を指導する」[208]ようになった。結局のところ省令は、適用の条文に合致しない郵便小包を上記モルスアイム税関に転送するよう定めていた。

このように協力関係は、関税に関する財務省省令が収容所でも適用され、またその導入に際しても、税関支署員と収容所管理部の事務方とが協力し合ったというように非常に緊密であった。

ナッツヴァイラーのケースは例外ではない。関税に関する一九四四年七月八日付省令は、強制収容所機構の全体で採りいれられることになった。フロッセンビュルク強制収容所の外部収容所ポッテンシュタインとバンベルクの税関支署のあいだで交わされた一九四四年一〇月一日付の書簡が同省令の適用開始にふれている。バンベルク税関支署の「外国から強制収容所に拘禁中の被収容者宛に届く郵送小包の関税処理」[209]に関する業務書簡への返信のなかで、同外部収容所は以後の検査が一九四四年七月八日の財務省省令に則って実施されるが、省令第三節が意味する物品は現在のところ申告する必要なしとすると唐突に明言した。文末で同文書は、外国から届く小包は平均して月に一〇個から一五個のあいだだと伝える。その場合、外部収容所は普通法による税関の管轄下に置かれるものと思われる。実際、ポッテンシュタイン収容所は税関に対し、「早急な指示」[210]を出すよう依頼した。

第11章 減刑（優遇）措置によって労働意欲を鼓舞する

ヒムラーの指導のもと、SS-WVHAは最も生産性の高い強制収容所の囚人に対し、減刑措置を認める一九四三年五月一五日付の規定を発布した。歴史学者ロベルト・ゾンマーの最近の著作のおかげで、その規定の背景が分かるようになった。減刑という似たような措置は「アウシュヴィッツにおいて、IG・ファルベン社とSSの合意に基づく制度が一九四二年から導入されていた。同じ年、SSが賞与券の配布を開始した。同時に、IG・ファルベン傘下の各企業あるいは下請け工房は企業主および技師らによる評価に基づき、特別手当を賞与券のかたちで支払った」[1]と、すでにアウシュヴィッツ第Ⅲ強制収容所（モノヴィッツ）でも試みられていた。それらの賞与券を得た囚人は、収容所食堂で食べ物を買えるようになった。

ロベルト・ゾンマーは、一九四三年五月にヒムラーが最終的に採りいれたシステムとソ連の強制労働収容所《グラーグ》のそれとの興味深い対比をやってみせた。もとよりナチの同制度構築は、ヒムラーがソヴィエトの制度からじかに発想を得たという由来がある。一九四〇年代初頭から各地のナチの強制収容所で見られる出来事には、「［一九］二〇年代末期、グラーグは経済面における存在意義を得るようになっていた。以後は不良分子らが、工場や工事現場、森林開発の現場で働くようになる。こうして強制労働が五ヵ年計画のなかに確固とした場所を得るだろう」[2]と、同一のことがソ連のラーゲリですでに始められていたという背景があった。ソヴィエト政権は囚人の生産性を向上させることを狙い強制労働を導入した。囚人の一定の生産高に対する各自の食事量という相関関係をつくり、それを制度化したのである。各人の生産性を計るのに、「ある囚人の労働が基準に達しない場合、当人には「生かさず殺さず」程度の食事しか与えない。基準を上回れば、追加分として一四〇〇グラムのパンと菓子を与える」[3]という基準を設けた。それのみならず、より成果をあげた囚人には早期釈放さえも約束した。そして、以上の対応策と同じものがナチの強制収容所で見られるようになったが、ソ連のグラーグ方式に加え、強制労働の組織化を、序列が上の囚人らに任すという独創性を得ていった。

この賞与制度がそう簡単に各収容所司令官に歓迎されるわけがないと予感したのだろう、SS-WVHA長官オスヴァルト・ポール大将は一九四三年五月一五日付規定の前文で、このような制度の戦時における必要性を説いた。その際、強制収容所の歴史とその役割の変遷のなかでの同規定の位置づけを試みた。NSDAPが政権についてすぐあと収容所が開設され、それらの収容所は「ただひとつの役割、すなわち国民と国家の存在と安全を脅かす国民と国家の敵すべてを拘禁する使命」[4]を与えられた。当時の収容所には生産機能は求められていなかった。囚人は働いてはいたが、「当時はライヒがまだ失業問題に苦しんでおり、彼ら被収容者を生産的な労働に使役することはなかった」[5]。数年後、労働力が不足し、彼ら囚人がしだいに戦争努力に貢献する企業に送られるようになった。そのような生産状況の変化により、囚人に対する新たな条令が発布された。「かくして、当然遂行すべき拘禁業務に加え、我々は大ドイツ帝国の勝利にめざましい貢献することが求められ、戦争に必要かつ勝利に不可欠な主要生産部門に被収容者の労働力を提供することとなった」[6]。各収容所に振りあてられた新たな任務により、囚人の生産性に特別の注意を向けることが必要とされた。すでにそれは「満足のいく」状況にあるが、とポール大将は言いつつ、けっして十分ではない、それは現下の状況が「被収容者各人から最大限の生産性を引きださねばならないからである[7]」とつけ加えた。それがゆえに、「現時点の成果は改善される余地がある[8]」と。

同規定の前文を締めくくるにあたりポールは、生産性向上は「被収容者に対する指導および教育によって達成されるのであり、それは被収容者各人が享受する優遇措置により報われるであろう[9]」と述べる。ソ連方式にならい、強制収容所に導入されたシステムは囚人労働者が達成する成果を優遇措置付与の可能性に結びつけた。「勤勉さと注意深さ、良好な受刑態度、抜群の就労成績にて突出した被収容者[10]」に対しては、一九四三年五月一五日発布の規定は下記五種の優遇措置を定めた――減刑と追加配給食、成果手当、タバコ支給、そして売春ブロックに行けることである。

当初の制度――模範囚への優遇措置

一九四三年五月一五日付規定が適用される以前、労働生産性が優遇措置の対象となることはなかった。一九四一年八月三一日付の規定には、良好な受刑態度の囚人に対する減刑措置しか用意されていなかった。

減刑措置の種類

ヒムラーの一九四一年八月三一日付規定は、「本来ならば拘禁中の態度が良好であるとの理由で保釈も可能だが、保釈後に当人らを監視する態勢が弱体化している状況下、それが責任ある措置ではないこと、また軍に入隊させるには適せず、したがって恩赦を与える正当性もない[11]」保護拘禁中の囚人に向けられたものだった。ヒムラーは「彼らを現場職長あるいは事務職などの負担の少ない職場、すなわち民間労働者の仕事内容と変わらぬ職場に配置して減刑をはかるべき[12]」と、該当する囚人の減刑を行う道を望んだ。

減刑には、当該囚人の模範的服役態度という厳格なる正当化が必要とされた。収容所における当人の仕事やその生産性については考慮の対象となっていなかった。これら優遇される囚人には、もとよりあまり生産性など要求されないし、また負担も少ない職場を選ぶことが許されていた。

優遇措置を決めるのはゲシュタポ（RSHA・Ⅳ・C・2）の権限であり、それは一九四一年八月の最初の規定を基礎にした同年一二月三〇日付の新規定に基づいていた。第二の規定は、〔優遇のかたちをとる実質上の〕減刑措置として「まずは楽な作業、とくに事務職に就かせること、また喫煙や読書を認めること、面会の範囲を広げる、頭の丸刈りを免除など、要するに保護拘禁を一種の名誉ある収容に仕立てること[13]」を明らかにしたものだ。この文書における「など」の使用は、上記優遇措置が何よりも一種の枠組みであることを示している。

全収容所で一本化された減刑（優遇）措置

ある囚人に対する減刑は二段階を経て行われる。第一に、該当の囚人が全般的な減刑を受けられる旨、ゲシュタポ（RSHA・Ⅳ・C・2）がその決定を下す[14]。第二に、所管の収容所司令官がその囚人が享受することになる減刑措置を定める。その場合、司令官は「減刑の方法とその範囲[15]」に関し、ゲシュタポ（RSHA・Ⅳ・C・2）と囚人に保護拘禁を命じた機関への通知をしなければならない。

実際には、該当囚人らの氏名をあげたうえで、ブーヘンヴァルトの司令官がゲシュタポにその事後承認を申請するような事例もいくつかあった。[16] 以上の事例および減刑一般に関する業務書簡[17]は、いずれも一九四一年八月三一日付のヒムラー規定をいちいち参照している。一九四二年二月に作成された複数の事後承認申請書は、規定の最初の適用に際してためらいがあったからだと思われる。その後の同年四月あるいは五月に同司令官が送った文書[18]は、正規手続きを適用のうえ、減刑すべき囚人の一覧をゲシュタポに申請している。

RSHA宛の文書のなかで、ブーヘンヴァルトの司令官は所内で実施されている減刑措置の詳細を報告する。[19]

- 郵便の送受をそれぞれ週に一回、
- 食堂での買い物に対する優遇制度、
- 追加配給食、
- 頭の丸刈りを免除、
- 工場での現場職長もしくは簡単な事務職に就かせる。

一九四三年五月一五日の規定により、囚人の模範的な服役態度は唯一の基準ではなくなった。基準の重心は、以後、生産性のほうに移ったのである。

成果手当

一九四三年五月一五日規定の第三条項によれば、「以後、労働に就く全被収容者は各人の生産性に応じ成果手当収入を得る」[20]とある。いかなるカテゴリの囚人もこの制度から明確に除外されてはいなかった。同手当は「強制収容所内にて金銭価値を持つ金券」[21]のかたちで与えられた。その価値は、「〇・五、一、二、三ＲＭ」[22]とあり、めったに与えることのない週あたり最高額一〇ライヒスマルクの金券まで存在した。一九四三年五月一五日規定があげるその「突出した例」[23]とは、たとえば「本官は模範的な行動を見せた彼ら被収容者に感謝の意を表する。なお、グストロフ・ヴェルケ社は当被収容者の各人に特別賞与一〇ＲＭを授与した」[24]と消火作業に協力した四名の囚人のことである。このようにブーヘンヴァルトの司令官は、一九四四年二月一日付の文書に書きのこした。それによれば、二名の所内消防隊員と二名のグストロフ・ヴェルケ社に派遣中の電気工二名の計四名が「きわめて大規模な火災になるところを、当人らの慎重さおよび断固とした決意でくいとめた」[25]とある。

　基本的に、賞与金券の財源は収益の多い囚人使役活動の利益からだった。該当する囚人が収容所外（軍需工場あるいは工事現場など）に派遣されている場合、派遣先の企業体がそれを支払った。一方、収容所内の職場、たとえば政治局に配置ならば、収容所の持ち出しとなった。この方式は一九四三年五月一五日の規定に沿ったもので、「賞与金券は、作業を行う被収容者の派遣先の機構がそれを購入する」[26]とした。具体的には、「賞与を出す当事者（工事施工者、商業もしくは軍需企業）は事前に一定期間に必要となる金券を購入しておき、そこから毎週末、該当する囚人に配る分を引きだす」[27]ことになる。やはり一九四三年五月一五日の規定によるが、収容所内で作業する囚人に与える賞与金券についていえば、それは国庫支出として扱われた（規定第二八章・７ｂ）。

　ロベルト・ゾンマーは「（一九四三年五月一五日の規定による）賞与は各収容所によって適用の方法が異なった。ノイエンガンメでは、該当する囚人に賞与が配られたのは一九四三年秋以降である。アウシュヴィッツにおいては、たとえばブーヘンヴァルトのような他の収容所と異なり、ＩＧ・ファルベンおよびSSによる賞与支給はきちんと機能していたようである」[28]と書いた。

賞与制度が囚人らの日常に与えた影響については、歴史学者ヘルマン・カイエンブルクが同措置のきわめて不平等だった適用状況を明らかにした。彼によれば、「結果的に労働条件はしばしば改善をみたが、とりわけそれは代替のきかない技術を持つ囚人のためと限られていた」[29]という。収容所あるいは囚人らが送りだされる外部収容所によって状況はひどく異なり、「多くの外部収容所では賞与金券が配られることがなく、それは派遣先の企業が金券を購入していないか、あるいは食料品を売る食堂などが設置されていなかったからである。しかも、食堂があったにせよ、売っている食品はひどいもので、囚人が買いたいものはタバコ以外になかった」[30]と。

アウシュヴィッツでは、ある囚人が移動中にプリモ・レーヴィや仲間の囚人らに「良く働けば賞与金券をもらえ、それでタバコや石けんを買えるんだ」[31]と説明をした。だが実際には、プリモ・レーヴィがそのだめな点を強調する。

〈マホルカ〉はくずタバコ、木の繊維をまとめたような代物で食堂の購買で正規に売られており、一箱五〇グラム入り、〈ブナ〉工場が優秀な労働者に配るとされている賞与券と交換で入手できる。だが、賞与券はごくまれにしか配られないうえ、その徹底してけちくさい配り方と不公平ぶりはあからさまで、要するにほとんどの賞与券はじかに、あるいは当局の職権濫用により、カポや力のある連中の手にわたってしまうのだが、そのくせ〈ブナ〉の賞与券は収容所内の闇市場では本物の通貨として出まわっており、その相場はといえば、通常の経済法則に基づいて決まるのだった。[32]

ダヴィッド・ルセは、自分の成果手当のことを「ある晩のこと、ちょうど仕事を終えようとしていた私たちに給料を支払ってから（私にとっては最初にしてごく上等な額、一・五〇RM）……[33]」と、まるで「給料」であるかのように語った。

二つの法的文書が賞与を規定していた。SS-WVHA・D・Ⅱ・1課による一九四三年五月一五日付の規定[34]と、その一九四四年二月一四日付の改訂版である。成果手当は囚人のなかでも基本的に選良だけに焦点を絞った措置であり、一九四三年五月一五日の規定による選抜基準はきわめて選別的であった。

賞与支給の基準

一九四三年五月一五日の規定によれば、「報償の額は追加で提供された勤労価値に比例する[35]」ものだった。追加で提供された勤労の価値はどういう基準で評価されるのか？　一九四三年一一月一八日、マウトハウゼン強制収容所司令官は一九四三年五月一五日付規定の主要条文をほぼ一字一句そのまま採りいれて所内規定を制定した。要するに、所内で囚人が使役されている主要職務の一覧をつくり、それぞれに対応する賞与を決めたのである。所内規定にて自ら説明した内容とは異なり、一覧表で示された賞与額は囚人の生産性に依存するだけでなく、むしろ序列のなかの位置もしくは役職が重要視された。収容所長老や囚人の医師長には、「一応の目安として[36]」四RMが手当されるとある。つぎに来るのがブロック長老、囚人医師、薬剤士、大人数の労働コマンドのカポであり、手当は三RM。以上二つのグループの職種について、生産性についての言及がいっさいない。三番目に来るのは、「部屋長老、料理人、少人数コマンドのカポ、看護師、薬剤師助手のほか熟練工[37]」で、「勤労成果を考慮のうえ[38]」二RMを支給する。四番目には、「熟練工あるいは勤労成果を考慮された一般労働者のほか、仕立職人、靴職人、調髪士およびそれらの相当職[39]」の一部が一RMの手当を受けられるとした。そして最後に、「収容所内の職務に就いており、平均を超える勤労成果を出している被収容者[40]」に対しては〇・五RMを支給とある。マウトハウゼン強制収容所についても、成果手当は実際のところ所内で公的な職務に就いている囚人への報酬だった。したがって、賞与は一般囚人とその他に序列をつける役割の一端を担った。そう決められたことで、収容所を機能させ同僚囚人らの仕事をとりしきる役付きの囚人らは十分に報われた。

囚人の服役態度も、ときには賞与支給の理由となることがあった。一九四四年四月六日、フロッセンビュルク強制収容所司令官は、成果賞与の支給決定からその支給日までのあいだに反抗的な態度をとった囚人に対し、その支給を凍結するために「本官の承認により賞与支給のすでに決まっている被収容者の怠慢あるいはほかの不始末が露見した場合、露見後から一〇日間は賞与を減額するか停止するかの措置をとらねばならない[41]」との規則を制定することを考えた。それは減刑を認める一般基準のひとつに「模範的な服役態度」があるので、一九四三年五月一五日の規定と矛盾はしない。

同規定によれば、原則的に賞与は、文字どおり「抜群の成果と勤勉さのほか、職務に特別の関心を向ける被収容者に対する報奨[42]」であり、彼らの成果が賞与支給の決定要因となるべきであった。生産性の評価法として、規定は当人らが集団として働くか、仕立職人や料理人として収容所内で働くかで二種の方法を用意した。

集団労働の評価は、一定の時間内に生産された実際の品数と、あらかじめ設定してあった目標数との比較によって行われた。もし目標数が制限時間まえに達成されたなら、グループの各人は短縮できた時間に比例する賞与額を得るのである。集団出来高協定《グルッペンアッコルト》と呼ばれるこの方式は、ドイツの労働法から直接採りいれ、[43]「働かせる目的の被収容者を受けいれる各生産拠点の責任者、工房の長、工事現場責任者等は、一定時間内に生産すべき品数を定める特別システムを用いてその生産性の目標を設定する。その生産性の確定には、強制収容所のコマンド責任者との綿密な協議を必要とする」[44]という内容である。

この制度がブーヘンヴァルトで適用されたことについて、ダヴィッド・ルセがつぎのように語っている。

一日につき一〇メートルのロープを生産しなければならなかった。それよりも多く生産すればボーナスをもらえる。もし質の良い原材料もあり、若干の技術さえあれば、難しいことではなかった。ところが、作業場ではその肝腎の材料がいつも問題だった。私たちの仕事は革の切り落としや人絹《レーヨン》、布を編むことだった。材料が配られるのは不定期であり、切断と編むのが簡単な上等の材料はポーランド人とロシア人がいつも抱えこんでしまうのだった。[45]

収容所内での作業や収容所職員のような職務に就いている囚人は、「その職務自体、出来高による評価方式の適用が不可能なので、該当する被収容者の生産性評価は司令官もしくは幕僚管理部指導者によってのみ行われる[46]」とされた。このような管理部もしくはその他の部署で働く囚人に対しては、フロッセンビュルクの司令官による一九四四年四月六日付の規定は、「当該の被収容者が管理部もしくはその他の部署にて、勤勉さと喜びをもって自らの義務を果たすならば[47]」賞与を支給すると定めた。

経済効果についての調査

強制収容所機構の中央管理本部は、各収容所における成果手当支給の生産性への影響を評価することを望んだ。たとえばブーヘンヴァルトの司令官は、一九四四年一月一八日、SS-WVHAから一九四四年一月一五日までに提出を命じられていた「被収容者に対する賞与支給の生産性向上への影響」が未提出であるとの注意を受けた。(49) この報告書についてはSS-WVHA・D局が真剣にとり組んでおり、提出期限のわずか三日後には未提出の収容所司令官に対し督促を行った。(50)

報告書の作成にあたり、各強制収容所の司令官は外部収容所が毎月提出する報告書を基本にしたようである。たとえばグロース・ローゼンの司令官は、一九四三年三月一八日、外部収容所指導者やほかの責任者に「生産性向上に対して支給した賞与の効果を労働状況に関する月例報告書（毎月第二日に提出のこと）に加えなければならない」(51) と命じた。

賞与支給の手続き

賞与受給者を選抜する具体的な手続きは、一九四三年五月一五日付の規定では扱われていない。とはいえ、フロッセンビュルクの司令官による一九四四年四月六日付の条文を基に、その状況の再現が可能である。まず、「被収容者に支給する賞与はコマンドごとの一覧表の作成から始まり、それはコマンド指導者あるいは工房の長、専門職（たとえば、厨房では厨房の副責任者、倉庫では倉庫責任者）の提案による」(52) よるものだった。司令官はこの点にこだわり、職場責任者がカポや班長（囚人）らにその決定をさせることがあれば懲戒すると警告した。ダッハウでは、同様の一覧表が該当囚人たちの氏名と登録番号のほか、各人への賞与の提案額、そしてその合計額も記載されていた。提案を行った職場は、たとえば収容所第Ⅲ部[53]、第Ⅱ部[54]、園芸担当[55]、小包配布担当[56]あるいは死体焼却炉担当[57]などどの所内労働コマンドである。

つぎに賞与支給の候補となった囚人のリストは、所内ヒエラルキーを司令官にまで上げられていく。フロッセンビュルクでは、司令官が「複数の職場を統括する責任者、各職場の責任者はその提案内容が実情に基づくものであることを確認し署名する。賞与支給の三日前、同一覧表は提案の承認文書として上記の責任者に返却される[59]」というように定めた。

一九四三年五月一五日付規定は、収容所司令官とその指揮下にある収容所管理（幕僚部）責任者に囚人の生産性を評価する権限を与えた。実態は、司令官が管理指導者にその権限を委任していたので、賞与支給に関する申請のすべては後者に出された。すると管理指導者は、申請書に検印を捺し、「正当な申請と認め、賞与支給を承認する[60]」と書きこみ署名した。手続きがこうして終了すると、「賞与金券が可及的速やかに当該被収容者に支給されるよう手配すること[61]」が要求された。

賞与の支給

一九四三年五月一五日の規定は、全労働コマンド、賞与を支給されない囚人も参列する授与式にて賞与が手渡されるものと定めたが、それは「賞与を支給されない者が以後の生産性向上に努力するよう励ますため[62]」であった。フロッセンビュルクの司令官が一九四四年四月六日付規定にて「賞与の支給は、被収容者の勤労能力を向上させることが目的である。それゆえに、各コマンド指導者はコマンド全員が参列する場で授与式を行い、生産高が多ければ賞与を得られるという点に注意を向けさせなければならない。このようにして、生産性の低い被収容者の向上心を駆りたて、目標を達成させることが求められる。経験値でいえば、それまでの生産能力から五〇パーセント向上させた例がある」[63]と説明したように、賞与授与式は一連の手続きのなかで重要な位置を占めていた。

さてつぎに、囚人は一覧表に署名して賞与受領を確認する。[64]グロース・ローゼンの司令官は一九四三年三月一八日、「賞与受領の確認署名がある被収容者一覧を毎月提出せよ」[65]との指示を出した。賞与を受けた囚人の職場長もまた、賞与の支給を自ら確認しなければならなかった。たとえば、保護拘禁所筆頭指導者[66]や衣服責任者、[67]あるいは機器管理責任者[68]は、所管の囚人への賞与を「正に支給した」[69]と上記一覧表に署名を記入した。

一九四三年五月一五日付規定の適用は収容所により異なった

ロベルト・ゾンマーは、「アウシュヴィッツでは賞与制度が一九四三年六月一日から正規に導入されていたのに、マウトハウゼンではそれが一九四四年一月初旬であり、グロース・ローゼン収容所では一九四四年三月にやっと導入された」[70]ことを明らかにした。フロッセンビュルクの司令官がようやく賞与制度を導入したのは一九四四年四月六日のことである。マウトハウゼン[71]をはじめ、フロッセンビュルク[72]とグロース・ローゼン[73]も成果賞与の制度導入に当たっては、一九四三年五月一五日付SS-WVHAによる規定の精神を踏襲している。[74]つぎの比較表にて、そこにいくらかの違いのあることが分かる。

以上、三人の強制収容所司令官による対応を一望すると、二つの重要な相違点があることに気づく。第一は、マウトハウゼンとグロース・ローゼンの両司令官がまだ模範的服役態度を賞与支給の基準にしている点である。やはり一九四三年五月一五日の規定もその点を減刑措置の一般基準として言及しているので、相互に矛盾しているとは言いがたい。「服役態度」および「高い生産性」という基

表4

	SS-WVHA規定 1943年5月15日	マウトハウゼン司令官の規定 1943年11月18日	グロース・ローゼン司令官の規定 1944年3月18日	フロッセンビュルク司令官の規定 1944年4月6日
1943・5・15付SS-WVHA規定参照の言及		なし。	あり。	なし。
賞与額	週あたり0.5、1、2、3、4RM、例外的に10RM。	週あたり0.5、1、2、3、4RM、例外的に10RM。	週あたり0.5、1、2、3、4RM、例外的に10RM。	0.5、1、2、3、4RM。
賞与支給の一般基準	〝高度の生産性、勤勉さ、職務への特別の関心〟	〝高度の生産性、勤勉さ、職務への特別の関心〟	〝勤勉さ、模範的服役態度、高度の生産性〟	〝突出した生産性〟
収容所内部に就労の被収容者に適用される賞与支給基準	〝突出した勤勉さ〟	〝突出した勤勉さ〟	一般基準と同じ。	〝職務を勤勉かつ喜びをもって遂行すること〟
生産拠点に就労の被収容者に適用される賞与支給基準	グルッペンアッコルト・システム（一定時間よりも早く職務を進める集団は、成員各自が短縮時間に応じた賞与を得る）を適用。	〝高度の生産性〟その他の厳密な基準はなし。	定められた目標を達成した集団に支給される。賞与額は、目標を超えた生産量に比例。	目標の生産品数を達成するかそれ以上を生産した者に支給される。目標の生産品数を達成するかそれ以上を生産した集団に支給される。
一定時間内の生産品数を定める権限者	生産拠点の責任者、工房の長、工事現場責任者などのほか、強制収容所のコマンド指導者と詳細に協議を行った被収容者労働者の派遣先企業。	とくになし。	生産拠点の責任者、工房もしくは被収容者労働者の派遣先の工事現場責任者、ただし収容所司令官または所管外部収容所指導者と緊密な協議をする。	被収容者労働者の派遣先事業体の責任者。
収容所機構の正規役職に配置された被収容者への賞与支給額	現場職長は、所属集団の構成員が受けとる金券のすぐ上の額を支給される。	2〜4RM。	現場職長は、所属集団の構成員が受けとる金券のすぐ上の額を支給される。	現場職長は、所属集団内で最も高額賞与より1RM多い賞与を支給される。
所与金券の支給方法	賞与金券授与式、それには同じ労働コマンド全員が参列する。	賞与金券授与式、それには同じ労働コマンド全員が参列する。	規定なし。	賞与支給はコマンド指導者が行い、その場で指導者は優れた生産性に対する報奨である点を強調する。賞与支給の対象者および非対象者が立ち会う。

準が共存するのは、二つの減刑制度の移行期間においては避けられなかったようだ。とはいえ戦争努力という状況のなか、高い生産性への報奨が優先されねばならなかったがために、一九四三年五月一五日の規定が制定されたのである。第二は、マウトハウゼンの司令官が高能率の囚人労働者に少しか賞与を支給しなかったにせよ、囚人ヒエラルキーの各人に固定手当を支給する制度を考えだした点である。特権を持つ囚人に三～四ＲＭ《ライヒスマルク》の賞与を当人たちの生産性に関係なく払おうというのである。しかしながら、彼らの職務がおそらく集団全体の生産性に重要な役割を果たしていたなら、その手当支給は一九四三年五月一五日の規定により正当化される。もっとも、同規定には手当を機械的に支給するような条文は存在しない。囚人の現場職長には「所属集団の構成員が受けとる金券のすぐ上の額を支給される」[75]というわずかな優遇措置を受けられるだけであり、おそらくそれは当人のおかげで配下の集団に賞与が支給されたからにちがいないのだ。

以上のいくつか見える差異から分かるのは、収容所司令官が少なくともこの分野では、ＳＳ－ＷＶＨＡが制定した規定を適用するにあたり、一定程度の主導権を握っていた事実である。自分の収容所における賞与制度の導入時期、また若干の適用方法をも決定していたことになる。

賞与金券の価値

賞与支給でいかなる恩恵が得られるのか？　賞与金券は、「賞与は〇・五とか一・〇ＲＭという金券で支給される。それは通貨と同じ価値を持ち、強制収容所の食堂購買での支払いに使われる」[76]というように、まず収容所内の通貨である。食堂購買の物品購入あるいは売春ブロックに行くのは賞与金券でしか払うことができない。ただこれは、単なる支払い手段だけではなく、賞与を支給された囚人には収容所管理部が売る品物もしくはサービスを買える可能性も与えられたことになる。その反対に、賞与をもらえなかった囚人は、たとえ所内の個人口座にお金を持っていようが、何ひとつ買うことができない。

食堂購買で物品を購入

一九四三年五月一五日の規定には、「被収容者は賞与券を使ってタバコを買い、また食堂にてその他の買い物をすることができる」[77]とある。タバコの購入については、同規定がその第四条項で各人の生産性を基に、囚人間の競争心を煽っている。まず、きざみタバコにせよ紙巻きにせよ、それは賞与金券でしか買えなかった。加えて、「生産性が高ければ高いほど、食堂で買えるタバコの量は多くなった」[78]。それが実際に意味するのは、「平均的な生産性しか出せない被収容者は、高生産性を誇る者らが買ったあと、つまり売れ残ったものしか買えない」[79]状況だった。競争が頂点に達するのは、規定の最後の条文、目標を達成できなかった囚人にはタバコを買う権利がないと定める箇所であり、「その買えなかった分は、生産性の高い囚人に購入権が移る」[80]結果となった。

一九四三年三月一八日の日付のある文書のなかで、グロース・ローゼン収容所司令官は「被収容者は自分の賞与券を用いて、自分のための消耗品あるいは食品、飲み物を食堂の購買で買うことができた」[81]と、購買での買い物とはどういうものなのかを述べた。一九四三年一一月一八日、マウトハウゼンの司令官は「食堂管理課宛に、被収容者用の食堂をマウトハウゼンおよびグーゼンの基幹収容所、そして外部収容所にさえも設置するようにとの指令が届いた」[82]と、上述のような食堂を設置することに不安を隠さなかった。

強制収容所内の売春ブロックへの出入り

「ヒムラーの指示により、一九四二年から一九四五年にかけて売春施設がマウトハウゼンをはじめ、グーゼン、フロッセンビュルク、ブーヘンヴァルト、アウシュヴィッツ第I、アウシュヴィッツ第III、ダッハウ、ノイエンガンメ、ザクセンハウゼン、ミッテルバウ・ドーラの十大強制収容所内に開設された。SS隊員からは〈被収容者用の特別ブロック〉と呼ばれたその売春ブロック《ボルデル》は、彼らSS隊員のためではなく、男性被収容者のために建てられた。ボルデルに出入りさせれば被収容者の労働効率が向上するものと考えられていたのだ[83]」

ブーヘンヴァルト収容所のボルデルは一九四三年七月一一日に開かれた。ロベルト・ゾンマーがその利用者数を計算した結果からみると、この対策の恩恵を受けた囚人はごく一部すぎなかったことが分かる。ブーヘンヴァルトにおいては「一九四三年七月から一九四五年三月までの期間、基幹収容所の被収容者の〇・〇七～〇・七六パーセントが利用した。合計すると同時期に延べ人数にして一万三七七三名の記帳があり、およそ一五〇〇名の利用者がいた[84]」と思われる。娼婦は強制収容所の被収容者で強制的に雇い入れられた女性たちだった[85]。

アウシュヴィッツのボルデルにポーランド人娼婦の新顔が到着すると賞与券の価値が上がったと、プリモ・レヴィは語る。

またそれとは違う機会に、かなり変な理由で賞与券の価値が上がることがあった。それは女性《フラウエン》ブロックの衛兵交替のことで、そのときがっしりした体格のポーランド女性らが到着するからだった。賞与券があればフラウエンブロックに入れる（一般刑事犯と政治犯のみで、ユダヤ人には認められなかったが、その制限を不満に思うユダヤ人はいなかった）というので、興味ある連中がたちまちそれを使いきってしまい、そういうわけで券の価値は上がったけれど、長続きしなかった[86]。

一九四三年五月一五日の規定はボルデルへの出入りを優等労働者に限るとした。娼婦への支払いが賞与券でなされ、賞与を支給された者にしか認められていなかったとしても、賞与の支給がボルデル出入り許可に直結していたのではなかった。ボルデルに行きたい者は「司令官宛てに簡単な申請書を保護拘禁所指導者を介して提出する必要があった。司令官はただちにそれを検討し裁断を下した」[87]。その申請に関し、保護拘禁所指導者はおそらく調査を行い、認否の提案を添えて申請書を司令官に上げたのだろう。同規定によれば、司令官は「特別の事情があれば、ボルデルの利用を許可する権限を持つが、その許可は週に一回を限度とする[88]」とある。条文は「特別の事情」の定義を「その労働効率が実際に優秀な者に限られる[89]」と説明する。ロベルト・ゾンマーによれば、ユダヤ人とロシア人はボルデルへの出入りを許されなかった[90]。その反対に、「ボルデルの利用が許されるのは、ドイツ人とポーランド人、チェコ人、フランス人、オランダ人の全カテゴリの被収容者[91]」だった。ホルヘ・センプルンも、ブーヘンヴァルトでは「ボルデルはドイツ人専用だった。それもドイツ人全般ではなしに、ライヒスドイチェ、つまり本国のドイツ人にだけ許されていた。ライヒ国境外に住む少数民族としてのドイツ人、民族ドイツ人《フォルクスドイチェ》は除外されるのだ[92]」との記憶を呼びおこしている。

規定に記載はないものの、ブーヘンヴァルト収容所内の希望者はボルデルに行くまえ、医療検診を受けていた。そのことは一九四三年七月二一日付の事故報告書で言及されている。ブーヘンヴァルト収容所の無許可の囚人（複数）が許可を得ている仲間の許可証を使うという手続き違反を犯した。それは、たまたまボルデル内に検査が入ったことで発覚する。事故報告書の作成者はその違反行為を「医療検査の網をかいくぐり、その予防効果を無にした」[93]との理由から、重大事件としてとらえた。

ボルデルに行くことが毎日許されているわけではなかった。ブーヘンヴァルトの場合、懲戒措置(一九四三年八月五日の夜の点呼に遅れた囚人がいたため)[94]、設備上の問題(電気あるいは水道設備の故障)[95]、または一九四三年九月一〇日は総統《フューラー》の演説があり[96]、ときどき閉まることがあった。許可された囚人は、「料金は賞与券で払う」[97]というように、ボルデルで二RMを払った。その二RMを受けとる側の分配は、「ボルデルの娼婦役の被収容者に〇・四五、監視その他を行う女性被収容者に〇・〇五、残りの一・五〇RMは暫定的に保管され、年に二回、SS-WVHA・D局局長に申告する」[98]というように一九四三年五月一五日付の規定が細かく定めていた。

ブーヘンヴァルト収容所の第Ⅲ部(保護拘禁所指導部)は、所内ボルデルによる収支を毎日のように記帳していた。毎日の収支勘定は保護拘禁所筆頭指導者の署名を得たあと、所内文書室に保存された。その内訳をみると、一九四三年五月一五日付規定の指示をそのまま適用していたことが分かる。たとえば、一九四四年一月二七日に記帳されたその前日二六日の収支は、縦六つの列からなる表になっている。[99]一列目が娼婦らの名、二列目が一日の客をとった回数(娼婦によって差があるが、二～七回)、三列目は各娼婦が受けとった一日の合計収入である。この数字は、客の囚人数に二RMを単純に掛けた数字である。残る三列は上記合計金額の分配先が記入された。まず〈報酬1〉は娼婦の取り分、つぎの〈報酬2〉はボルデル監視役の女囚の分、そして最後の列〈収容所会計〉には収容所の取り分を記入した。客の囚人が支払う料金をこのように分配するのは規定を忠実に守った結果である。すなわち、二二・五パーセントが娼婦の女囚、二・五パーセントが監視役の女囚、七五パーセントが収容所当局の収入となった。

ＳＳ－ＷＶＨＡ長官は一九四四年二月一四日に新規定を発布し、ボルデル利用料金を下げて一ＲＭとし、その配分を「以後、ボルデルの利用料金を一ＲＭとする。当料金はつぎのように分配される――ボルデルの被収容者の娼婦が〇・九ＲＭ、監視を務める収容者は〇・一ＲＭ」と改定した。新規定により、強制収容所当局はボルデル利用代金からの収入を得ないようになった。この長官命令はただちに施行され、それはブーヘンヴァルトの一九四四年三月六日のボルデル収支日計表によっても確認できる。

ホルヘ・センプルンもその「何の変哲もない会計書類に記帳されたボルデルの毎日の収支日計」を目にすることがあった。「それには、ブーヘンヴァルトの司令官と管理部指導者の両者の署名があった。管理部指導者は署名のほかに、被収容者財務管理部のスタンプもその複写紙に捺していたが、おそらく本紙はベルリンに送られたにちがいない。というのも、ブーヘンヴァルトでは囚人の金銭をはじめ、工場で生産された製品類、労働および休憩時間、生きている者、死んだ者、死体焼却炉の稼働コスト、同性愛者、ロマ、到着者の腕時計と髪の毛、囚人の職業資格と大学での修学履歴、食堂購買で買ったビールおよび〈マホルカ〉タバコ、さらに売春ブロックの利用回数さえすべてが管理、整理、帳票への記入、分類、承認印の対象となっていた。ＳＳ帝国には官僚主義的秩序が君臨していたのである」

食材の共同購入

ブーヘンヴァルトの外部収容所のひとつベルタ・コマンドからの報告書により、賞与券の共同使用が確認された。一九四四年一二月三一日、同外部労働収容所は囚人の賞与券の使用方法についてブーヘンヴァルトの管理部に報告を行い、賞与券が食材購入に使われたことを伝える。食材と飲み物（ビール）の購入日と量の記載された一覧表が添付されていた。報告書は一九四四年一二月に購入されたそれら食材の供給先を「一部は調理したあと、被収容者への追加配給食と同じように配られ、残りをベルタ・コマンドの食堂購買にて販売した」[103]と詳細に記した。

ダヴィッド・ルセは、復活祭の食べ物を買うという名目で、預金のある囚人仲間——それが賞与を貯めたものかは不明——の口座が略奪されたことを伝えている。「ノイエンガンメでは、復活祭になると魚が配られた。新鮮な魚を生で食べるのだ。赤ビーツも添えられる。この追加食は、金のある連中が否応なしに払わされていた。彼らの口座から職員が一定額を天引きしたにちがいない。それで全員の分を払うのだが、当人らの了解は得ていない」[104]

賞与受給者が享受した最低限の金銭的余裕

一九四三年五月一五日の規定によれば、囚人は支給された賞与を収容所内に開いた預金口座《シュパールコント》に振りこむことができた。[105]「被収容者の所内口座からの現金引出しは禁止」[106]とされていたが、一九四三年五月一五日の規定は賞与受給者が賞与受給額を超えない範囲で引きだすことを特例として認めた。その後、SS-WVHA長官が発布した一九四四年二月一四日付の規定も、「被収容者が良好なその勤務効率に対し賞与を受給した場合、同賞与と同額の現金を引きだすことを認める」[107]とそれを再確認した。賞与の対象とならなかった囚人に口座の使用を禁止したのは、一九四三年五月一五日の規定が「目的は、当収容所に入所時あるいは送金受領時から所内に個人口座を有する被収容者が懸命に働き、賞与を得て所内での個人消費をまかなえるよう、奮起を促すことである」[108]と明記したように、労働意欲を鼓舞しようという意図があった。

そのような制限を考慮し、アウシュヴィッツの管理部は一九四四年一月八日付の規則にて二つの措置を定めた。その一番目は「同じく成果賞与は、被収容者資産課が管理し、当該被収容者が常時利用可能な特別賞与口座に振りこむことも可能とする(109)」と明記した。おそらくこの措置により、アウシュヴィッツ管理部は、引出し限度額が自動的に賞与受給額となる賞与用の特別口座を開かせることで、一九四三年五月一五日付規定の適用簡素化を計ろうとしたにちがいない。二番目に、「被収容者が近親者に頼んで銀行あるいは郵便局を通じ送金させることは無用である。ついては、今後、被収容所が近親者に送金を停止するよう書きおくることを指示しなければならない(110)」と、被収容者の個人口座をただちに凍結させた点である。アウシュヴィッツ第Ⅲ強制収容所第Ⅲ部（保護拘禁所指導部）は一九四四年一月一二日付の文書にて、この二番目の通達を全外部収容所に送付した(111)。

したがって成果賞与は、所内で便宜や物品を購入するにあたり、現金よりも通用したのである。賞与の受給は、受給者が自分の口座から引きだしたり、あるいは物品を買ったりするために絶対不可欠の条件であった。これとは矛盾しているように見えるが、一九四四年二月一四日付SS-WVHA・D・Ⅱ・1課による条令には「労働に配置されない衰弱しているか病気の被収容者は、購買で個人的に必要な物品を購買で購入するために、一週間あたり一〇マルクを個人貯蓄口座より引きだすことが許される(112)」とある。どうして生産活動に無用とされる被収容者がここでは優秀な者らと同じ優遇措置を受けるのかとの疑問が浮かぶ。人道的な措置なのだろうか？　同条令の条文が「何よりもこれは、当人らに食堂購買で補完食材の購入を可能とさせるための措置である(113)」と、かなり明確に答えてくれる。各収容所のレフィアの惨憺たる状態を考慮し、SS-WVHA・D・Ⅱ部は、病気のあるいは瀕死の囚人に自分らの延命費用を単に分担をさせただけのことである。一九四四年二月一四日付条令の適用が一方に、ある囚人収容ブロックがジフテリア発生のため隔離されたときのダヴィッド・ルセの語った状況が他方にあって、その両者をどうしても結びつけないわけにはいかない。ある役付きの囚人が仲間たちをまえにつぎのように訓示する。

きみらが到着時にとりあげられた金を返してもらうことを、エーリヒは収容所当局に承知させた。同時に、（基幹）収容所の食堂購買から紙巻きタバコと漬け物、魚も送らせた。ぜんぶを買えることになった。

タバコだって！　もう何週間も、だれ一人吸っていない。

静かに！　エーリヒはタバコが全員に回るように決めた。金のある者がほかの仲間の分を払う。エーリヒが口を開いた。

「きみたちは全員ＳＳの囚人だろう。だから平等でなくてはいけない」

そういうわけで、各テーブル長がタバコを吸いたい人間のリストをつくることになった。これでいい。

金のある囚人たちが抗議する。

「そういうことなら金を返してもらわなくてもよかった」。ルヴェルが言った。

「タバコは自分が選ぶ相手にあげることができて当然だろう」。ジルベールが言った[114]。「ここには許せないやつもいる。そいつらが私のタバコを吸うんだと思うと気分が悪くなるね」

同じ発想が「新規に収容された者が、隔離期間に備えて必要な追加食料を購入できるよう、一回にかぎり三〇ＲＭの引出しを許可する」[115]と、到着したばかりで隔離された者らに向けた第二の規則の根拠となっていた。

その他の減刑

減刑制度はおそらく強制収容所の創設期より存在したものと思われる。それは、特定の囚人による要請があればそのつど柔軟に運用されてきた。〈要望と苦情〉[116]と題されたラーフェンスブリュック強制収容所の内部規程の一節は、「被収容者は書面にて要望もしくは苦情を申したてることが認められている。その受け付けは各ブロック指導者が行い、その伝達の責任も負う[117]」と言明する。そのような要求が可能とされるのは、主に郵便の送受に関することだった。

一九四三年五月一五日付の規定は、従来は模範的服役態度のみ対象としていたその優遇措置のいくつかを採りいれた。以後、優遇措置は「熱意と丹念さ、良好な服役態度、特別な勤務能率[118]」を見せる囚人にも与えられるようになる。その優遇措置とは髪の刈り方であり、郵便の送受、食事が対象だった。たとえば、「本国ドイツ人《ライヒスドイチェ》は、司令官の許可があれば、髪を伸ばすことが可能だった。当人は髪型を選べたものの、軍隊風の短髪[119]」でなければならなかった。その特別規定については、ロベール・アンテルムが「ある程度の拘禁年数を過ぎた囚人は、髪の毛を丸刈りにされずにすんだ[120]」と、あるドイツ人政治犯の例をあげた。

一九四四年五月二七日にグロース・ローゼン収容司令官が出した指示から、「SS-WVHA本部の指令にしたがい、外部労働収容所に配置される全被収容者は、脱走予防のため額から頭頂を経て首筋に至る規定の筋状刈り込みを入れなければならない[121]」というような髪の刈り方全般についての事情を知ることができる。すなわち、囚人の頭は全体もしくは一部が剃ったように刈られていたわけである。例外として「いわゆる軍隊刈り、すなわち中くらいの長さの刈り方は、減刑を認められた被収容者もしくは本官の承認を得た者のみに許される。承認の申請はその理由を簡略に述べた申請書を提出のこと[122]」。そしてグロース・ローゼンの司令官は、「被収容者の頭髪が三～四センチメートル（マッチ棒の長さ）に伸びたら、刈らなくてはならない[123]」という命令を発した。

ダヴィッド・ルセの話は、SS-WVHAによるその制度の適用についての証言である。彼は自分の「奇妙な丸刈り、つまり、刈りこんだ中央の筋か十字模様、あるいは頭頂だけ残した丸刈り」について、そして「ドイツ人だけが完全な丸刈りを、そして公務員は自分の髪型を保持することが許された[124]」ことを語った。もうひとつの保存文書が、ナッツヴァイラー収容所における丸刈り免除の事情を報告する。一九四四年九月二一日、保護拘禁所指導者は「本収容所附属の外部収容所のなかでは、G・フランツのみが司令官の承認を得て軍隊風の短髪の刈り方を許されている[125]」と外部労働コマンドのある者に告げた。この文書は、外部収容所指導者が保護拘禁所指導者に宛てた一九四四年九月一五日付の「本外部収容所に配置の被収容者および丸刈り免除の該当者一覧[126]」を依頼した文書に対する回答だった。

一九四三年五月一五日の規定（第一条項の最後の節）によれば、外国籍の囚人は国家保安本部《RSHA》が正式に承認しなければその減刑措置を享受することはできなかった。この件に関し、一九四四年一二月一五日付のブーヘンヴァルト収容所の文書に、「個人書類に付記された内容から、収容所司令官（?）の指示により、当人には特別待遇（頭の丸刈りの免除）がされるらしい[127]」と、ユダヤ教徒であるフランス人の航空機製造会社社主の例が見られる。例外的な例として、外国人であってもこのように軍事産業上の価値が考慮される場合[128]、丸刈りにされなかった。ノイエンガンメ収容所にて、ドイツ国防上の戦略的コマンドに属する熟練技術工らも「通常の髪型を保持する[129]」ことが許される特別待遇を受けていた。

ブーヘンヴァルトでは、ヒムラーの一九四一年八月三一日付規定が定める意味での「服役態度良好なる」囚人は、手紙の送受をそれぞれ週に一回認められていた。この減刑措置は一九四三年五月一五日の規定に採りいれられ、「手紙もしくは葉書の送受は、規定上、月に二通を限度に送り、また受けとることが認められているが、その送受数を四通にすることも可能とする。それは司令官が裁断する」[130]と記された。同じく、「卓抜した生産性をあげる」[131]囚人に対する追加食の配給も考えられた。その追加食は、当該囚人が卓抜した生産性をあげているあいだはそのまま配給されていたが、「追加食を配給されている被収容者の生産性が、それまでよりも下がり、その結果、追加食配給の条件を充たさなくなった場合、生産性が回復するまで配給食を減らさなければならない」[132]とされた。そのため、司令官をはじめ、管理部指導者、コマンド指導者、ブロック指導者らはそれぞれ各囚人の生産性を絶えず注視するよう厳命されていた。軍需企業に派遣されていた囚人の場合は、その生産性を監督するのは企業側責任者と連絡をとりあう外部収容所指導者だった。

　そして、一九四四年二月一四日付の改訂された規定は、「成果をあげる被収容者には、その週のニュース映画を鑑賞する機会を与えなければならない。収容所司令官は所内での映画鑑賞会の開催を許可すること」[133]と定めた。映画も映され、ホルヘ・センプルンはブーヘンヴァルトの所内映画《キノ》ブロックでドイツのミュージカルを観た思い出を語っている。[134]

第12章 囚人の死

本章に先行した二章は、ちょうどその時期に強制収容所で見られた囚人の死亡率を考慮すると不謹慎にさえ見えるかもしれない。ハリー・シュタインによれば、「ヘルマン・ピスターがブーヘンヴァルト収容所に（司令官として一九四二年一月）着任して最初の一年間、全囚人の約三分の一が死亡した」という。[1]総数でいうと二三万八九八〇名がブーヘンヴァルトに収容され、一九四五年四月一一日の収容所解放までに三万四三七五名が死亡した。その数字には、外部収容所で死んだ三三五名の女囚と処刑された八〇〇〇名のロシア人、死体焼却室の地下で殺された一一〇〇名の囚人、そして一九四五年四月、収容所退却の行進中に死んだ一万二〇〇〇名の囚人も加えなければならない。つまりブーヘンヴァルトで収容中死亡した男女合わせた囚人の合計は、およそ五万六〇〇〇名を数える。[2]この数字には、強制収容所に拘禁されたことが原因で後に死亡した人びとの数は含まれない。同じく、ブーヘンヴァルトの歴史とともに死亡率が大幅に増えたこと、また彼らが配置された職場によっても死亡率が大きく異なったことはどこにも表れない。そして、収容所においては各囚人がどの範疇に属するかによってその生存率が異なった点も明らかにされるべきだろう。その点に言及するなら、ブーヘンヴァルトでの死亡者の三〇パーセントがユダヤ人の囚人だった。

想像を超えた速度で強制される労働、劣悪な衛生状態、飢えと渇き、懲罰が多くの死を招いた。それらの死は、拘禁制度に基づいて細部まで規定どおりに処理されたものである。

遺体の取り扱い

《ザクセンハウゼン強制収容所の死体焼却炉における死体焼却の段取りについての条令》[3]は、親衛隊全国指導者兼ドイツ警察長官としてのヒムラーが一九四〇年二月二〇日付で署名をしている。その標題にもかかわらず、中身の条文はザクセンハウゼン収容所に固有のものではなく、たとえばブーヘンヴァルト収容所においてもそうだったように、死体焼却炉を備えた全強制収容所にて適用されたものである。[4]

死亡確認

一九四〇年二月二〇日の条令は自然死と変死の区別をつけた。いかなる場合においても、「死亡者が出たら、収容所医官は死因についての死亡診断書を作成する」[5]ことが義務づけられた。変死、すなわち同条令第二条項・2の「たとえば、事故直後もしくは長期療養の後の事故死、自殺、脱走未遂時の銃弾による死亡」[6]に該当すると判明した場合、死体は収容所医官による検視解剖に処されるが、それには司令官が指名する第二の医官およびSS指導者が立ち会わなければならない。検視解剖の後、両医官は〈検視解剖報告書〉[7]を作成し、SS指導者の署名も添えて提出しなければならなかった。さらに、囚人の変死については、ただちに所管の検事に連絡しなければならず、「第四条項・4が定める死体焼却の指示は、所管の検事がその許可を出した後に司令官が発するものとする」[8]と定められていた。

ブーヘンヴァルト収容所の司令部に宛てた一九四二年八月二〇日付の業務書簡のなかで、同収容所の医官はロシア人政治犯に関する死亡報告書（検視解剖報告書）の手続き廃止を意見具申している。すでにその報告手続きは、医官が所定の書式に記入するだけですむように簡略化されてはいた。しかしこの医官は、「昨今、死亡する被収容者の大きな割合を占めるのがロシア人政治犯であることを踏まえるなら、死亡報告書《トーテンベリヒト》の廃止により紙と時間の節約が現行以上に期待できるのではないか[9]」と、それでも繁雑すぎると考えていた。医官は、それら政治犯に適用されている制度をロシア人戦争捕虜に対するものと統一させ、その場合の記入する書式も死亡通知書《トーテンメルドウング》ひとつにすればよいと提案した。

私はそれへの回答文書を発見していない。とはいえ、死亡報告書に付随する大がかりな手続きが実際に適用されていたのは、あるカテゴリの特別待遇の囚人に対してのみだったと考えられる。その他の囚人、たとえばユダヤ人やロシア人には、もっと手っ取り早い手続きが適用されていたのだろう。

死体焼却

一九四〇年二月二〇日付条令の第一条項・1によると、「ザクセンハウゼン強制収容所にて死亡の被収容者は、原則として、所内の死体焼却炉にて焼却処理される[10]」とある。死体を焼却するという原則は、燃料補給の困難さがあったにもかかわらず、引きつづき維持されていた[11]。戦時で、「遺体を出身地に搬送して家族に引きわたすことが禁止されている時期（たとえば戦時）においては、死亡した被収容者はザクセンハウゼン収容所内の死体焼却炉にて焼却処理をするものとする[12]」というように、家族への遺体返還は不可能だった。死体焼却炉のない外部収容所では、付近の森に埋葬されたようである。

ロベール・アンテルムが語っている。

　私たちがガンダースハイムに来てからは、あまり死者は出ていない。最初に死んだのはフランス人だった。（……）SSは遺体を教会向かいの納屋のなかに運び、三日間そのまま放置した。遺体が腐りはじめた。死者の友人二名が埋葬すると申しでた。（……）私たちが工場からもどるとき、彼らとすれ違うことになった。三人いて、二人が遺体を運び、もう一人は歩哨だった。もう一人いれば、葬式になってしまうところだった。SSがそれを許すわけがない。死に何らかの意味を持たせてはならなかったのだ。ここには死体焼却炉がないのだが、それがあるかのように死んだ仲間はやはり消えなくてはならない。自然死であれば、それは睡眠のように、または小便をすることのように見逃してもらえる、ただし痕跡を残してはならない。私たちの記憶あるいは空間のなかにも。死のある場所の位置が知れてはならないのだ。先の仲間二人は林のなかまで死体を埋めに行った。一時間後、二人はもどってきた(13)。

死体の焼却は、事務手続きの終了を待って行われた。一九四〇年二月二〇日付条令の第四条項・2にしたがえば、焼却されるべき囚人の死体は番号を振られ、収容所管理部が管理する死亡者記録簿《トーテンリスト》に記帳された。記録簿には、死亡者番号のほか氏名、登録番号、生年月日、出生地、住所、職業、拘禁理由、死亡年月日、そして死因を記入した。この記録簿は死体焼却炉の稼働状況を管理するうえで主要な役目を果たした。実際、「死亡者番号はその他の書類（死因を記載する死亡診断書、検視解剖調書、司令官による死体焼却指示書）にも記入される(14)」ことになっていた。

焼却される囚人の遺体を納める規定の棺の仕様(15)は細かく定められ、また焼却前の遺体処理も「貴重品があれば死体から回収し、その他の遺品に添えて受領証と引き換えで遺族に引きわたす[16]」と同様に進められた。伝染病による死亡の場合は、収容所医官が注意すべき指示を与える[17]。

「死体焼却費用は遺族に請求しない[18]」とされた。前掲第四条項・4・1によれば、収容所司令官のみが死体焼却の指示を書面にて指示する権限を持つとある[19]。さらに、「司令官は、死因に関する死亡診断書もしくは検視解剖調書を入手していること、そうでない場合、死亡者の家族が来所したあと、もしくは家族による遺体確認の所定期日が過ぎてからはじめてその指示を出すことができる[20]」とも定めている[21]。いずれにせよ同指示書は、死因に関する死亡診断書もしくは検視解剖報告書、変死の場合は所管検事の死体焼却許可および、必要とあらば収容所医官による行政措置（家族が遺体確認のため来所するのを禁じることなど[22]）を添えて死体焼却場の責任者宛に提出される。

第四条項・4・3には、「それらの文書を確認した後に、死体焼却炉の責任者は焼却処理を行うものとする[23]」と明記されている[24]。そして、上記文書は死体焼却担当部署にて保存された[25]。外部収容所では、死体焼却の許可を外部収容所指導者が出していたようである[26]。また、「死体の焼却は指示が出た後、二四時間以内に実施のこと[27]」とされた。その期限が守れない場合、死体焼却炉の責任者はその理由を述べて期限延長を申請しなければならなかった。死体焼却は、原則として公開されなかった。焼却場に服務する者しか立ち会えなかった。

死体焼却作業の適合性検査

死体焼却場の責任者には、条令により死体焼却の規定作業を監査する一定の権限が与えられていた。たとえば、「司令官の指示が本規定の条文に違反している場合、当人（死体焼却場の責任者）はその旨司令官に伝えなければならない。やむをえない事情があれば、強制収容所監督官の判断を仰がなければならない。きわめて重要な事例については、国家保安本部《RSHA》長官の判断を仰がなければならない[28]」とある。このように、ヒムラーの指令に反する強制収容所司令官の指示に関し、死体焼却場の責任者は強制収容所監督官もしくはRSHA長官にさえ提訴できた。とはいえ、収容所司令官に任命されてその絶対指揮下にある死体焼却場責任者が、監視特権を行使し、強制収容所監督官さらにはRSHA長官をまえに、自分の上官の指示に異議を申し立てる事態を想像できるだろうか？

ほかの検査も準備されてあった。第四条項・6は「死体焼却記録簿[29]」について定めており、それは「死体焼却場に搬入される遺体に関し、管理部が管理する死亡者記録簿の内容と同じ項目を記帳[30]」することだった。その死体焼却記録簿が年度末（暦年）で締められると、つぎのように二つの記録簿の比較検査が行われた。「その比較と一致を検証の後、死体焼却記録簿上に年度末締めとしてその旨付記する[31]」焼却と遺灰の送付手続きが終了すると、死体焼却炉の責任者は死体焼却の最終報告を司令官宛に提出した[32]。

第四条項によると、「死体焼却炉の機能状態の年次定期検査を一回、年次不定期検査を一回それぞれ実施しなければならない。その検査実施については、強制収容所監督官が責任を負う[33]」とされた。そのように実施された検査の報告書の宛先は親衛隊全国指導者である。「その写しはRSHA長官にも提出[34]」された。

囚人の死は収容所内の事務処理だけではすむわけにはいかない。何よりもまず近親者にとっては愛しい者を失うという事実だった。死がもたらすその私的な側面もまた枠付けされていた。

家族への通知

ゲシュタポから強制収容所監督官に宛てられた一九三八年一一月一四日付の業務文書[35]は、強制収容所における死体焼却処理に関する前掲条令[36]と同様に、収容所における囚人の死亡は電報にて直接その家族に通知しなければならない、「この通知方法によって、ポーランド人もしくはフランス人の被収容者の家族は通知されなければならない」[37]と定めた。この通知方法にフランス国民は恐怖感を抱き、通知を受けた家族に同情が寄せられることになったと、ジュリアン・ラジュルナードは語っている。たとえば共産党員の市会議員エマニュエル・フルリは、「マリー＝テレーズ・フルリは心筋症にて一九四三年四月一六日にアウシュヴィッツ病院にて死去」という電報を一九四三年四月二〇日に受けとった。電報はロンドンに送られ、BBCが同月末にフランス語放送のニュースとして伝えた。すぐにパリではビラがばらまかれた。しばらくすると、フルリ家のまえを無言の行列が進み、なかには花を持つ者もいたという[38]。

その危険性を察知したナチ当局は、一九四二年以降、従来の通知方法を変更する。しかしシャルロット・デルボは、その時期以降も死亡通知の電報は送られていたと証言する[39]。

一九四二年五月二一日付の規定は、「強制収容所に拘禁中の者の死亡を近親者に電報で通知するという従来の方法は、場合により衝撃が強すぎると受けとめられており、国民《フォルク》に不安を与えることもあった。それら家族を国民共同体に引きこみ、あるいは繫ぎとめておくため、また保安警察の声望を維持するためにも、それは回避すべきである」[40]と、死亡通知によって一般市民がなるべく心理的に動揺されぬよう留意した。これで分かるように、規定の変更は死亡した囚人に、またその延長線上にある家族に敬意を払うためではまったくなかった。囚人の死亡に注意が向けられたのは、体制もしくは警察機構に対する批判をもたらす可能性があったからにほかならない。

ＳＳ－ＷＶＨＡ・Ｄ局が全強制収容所司令官に宛てた一九四三年八月九日付の業務連絡は、囚人の死亡通知手続きについて非難しながら、当の囚人が無視されている点、じつに暗示的である。同文書は、「ある収容所司令官はユダヤ人女性の被収容者が死亡したことをアーリア人の夫に告げることを怠った」[41]と記す。そこに引用される規則は、「半ユダヤ人〔アーリア人と結婚しているユダヤ人〕被収容者の死亡は、現行の条文によれば、いかなる場合にもそれをアーリア人の近親者に通知しなければならない」[42]とあるように明らかだと記す。すなわちその時点で、死亡者のユダヤ人近親者は原則として死亡通知の規定から排除されていたわけである。

ヒムラー署名の一九四二年五月二一日付規定により、一九三八年一一月一一日付の業務文書にて定められた死亡通知制度は改訂された。この「強制収容所における被収容者死亡の近親者への通知」[43]に関する新規定は、一九三八年の旧制度が見逃していた点を是正するためのものだった。

死亡通知

一九四二年五月二一日付規定の第二節によれば、自然死にせよ変死にせよ各収容所の司令官は家族に囚人の死亡を通知することをやめ、その情報を囚人の拘禁を命じた当局に伝えるようにした[44]。つぎに「情報を受けた当局は、ただちに近親者への通知を行わなければならない」[45]とされた。同規定は「基本的には、近親者を所管事務所に呼びだすことは許されず、担当職員もしくはその代理人が近親者宅を訪問し、思いやりと同情心をもって死亡通知を伝えるものとする。さらに、近親者が遺体との対面を希望すれば、どのように収容所司令官に申請するかの方法についても相談に乗らなければならない」[46]と、その場に出向いた職員がどのように口頭で通知をするかまで詳細に指示する。外国居住の家族については、「死亡の通知は在外第三帝国《ライヒ》領事部がそれを専管する」[47]とした。

ヒムラーは、当該囚人の拘禁を命じた当局が本人死亡の情報取得後ただちにその通知を遺族に伝えるべきことをとくに強調、「私は、故人に拘禁措置を命じた機関の長もしくはその代行者に以下の特別な指示を与える。いかなる遅滞――とりわけ日曜祭日および通常の業務時間外における支障――を徹底的に排除するよう特別の注意を払い、遺族からの万が一の苦情を防ぐこと」[48]と注意を与えた。近親者が当該機関の所在地付近に住んでいなければ、居住地の関連機関が指定され、それが適切な方法にて死亡の通知を行った。

SS-WVHA・A・Ⅱ部の一九四三年四月三〇日付書式が囚人の死亡通知に用いられた。書式には、一九四二年五月二一日付規定の条文いくつかがそのまま印刷された。


親衛隊全国指導者の一九四二年五月二一日付指令SⅣC2(……)に鑑み、被収容者の死亡はつぎの事項と併せてただちにその家族に通知することとされたい。

(……)遺体との対面を希望する場合、二四時間以内に収容所管理部宛の電報にてその旨伝える。遺体は○年○月○日までに荼毘に付され、費用は国費にてまかなう。現在のところ、遺体の運搬あるいは埋葬を手配することは不可能である。遺体の焼却に立ち会うことも不可とする。[49]

同書式には「収容所医官の判断にしたがい、遺体との対面は□□□の理由で禁止とする。遺体はただちに荼毘に付される」[50]と、死体のまえで祈ることを禁じる条文も用意されていた。拘禁を命じた機関が故人の近親者に通知するのを容易にするため、書式には収容所管理部が近親者の住所を記入する欄が設けてあった[51]。

処刑された囚人の死亡通知は「家族への通知は原則的に処刑後に行われ、それは事物・土地管轄《ラツィオーネ・マテリエ＝ロツィ》によって決まる国家警察の支部が担当する」[52]と、一九四三年一月六日付の条令第四条ｂにより規定された。ある種の事例では、刑事警察《クリポ》あるいはその上部組織国家保安本部《RSHA》が通知を受けもち、「その通知内容は、報道される場合、その報道内容と同一である」[53]とした。同条例はふれていないが、ポーランド国籍のユダヤ人、というより、おそらく全ユダヤ人は、この家族への死亡通知の手続きから排除されていたのだろう。ＲＳＨＡが発信した一九三九年一一月二三日付の業務書簡によると、「ある特別な事情を考慮し、親衛隊全国指導者は銃殺されたポーランド国籍ユダヤ人らに関する通知手続きが無用との判断を布告した」[54]とある。そこから推定できるのは、おそらくドイツ人の囚人（非ユダヤ系）を対象とした同制度からは、ほかの外国籍の囚人も排除されていたらしいという点である。

終わりにつけ加えておきたいのは、例外ではあったにせよ、遺体に会えた家族もいたことである[55]。ダヴィッド・ルセが、ブーヘンヴァルトで亡くなったシュナイダー牧師の家族についての思い出を語った。

収容所司令官コッホはシュナイダー牧師を忌み嫌っていた。凄まじい拷問にかけた。一筋縄ではいかないシュナイダーだったからだ。責め苦を受けているのに、独房のなかで反ナチの言葉を叫んでいた。死の前夜、袋だたきにされた顔がもう崩れかかっていた。ベルリン当局は、家族に遺体との体面を許可した。コッホは大急ぎで親衛隊の理髪師を呼びつけ、牧師の腫れた顔に化粧をさせた。カツラをとりよせ、牧師がほかの囚人と同じように丸刈りにされていたのを隠した。お膳だてがすんで、それなりに家族も対面を終えた。コッホはほんとうの涙を流し、牧師の家族を見送った。「彼は私の親友でした。私がちょうど釈放されることを伝えようとしていたとき、彼は脳卒中で倒れてしまったのです[56]」と言いながら。

同じくダヴィッド・ルセは、強制収容所で死んだ息子に一目会いたいと望んだドイツ人の父親の例も「父親は工場の警察に所属していた。あとで知ったのだが、彼の妻は死にかけていて、息子は共産党員でどこかの強制収容所に入っており、結核でやはり死にかけていたのだった。彼は、息子が焼かれてしまうまえ、遺体に会う許可をごく控え目に申請した。担当大臣はまだ返事をしてくれないのだという[57]」と語った。

死体焼却のあと

囚人の死体を焼却したあと、強制収容所は死亡証明書と遺品のほか、「死因（肺炎、脱走未遂で銃殺など）を記した文書[58]」も添えて家族宛に送った。また、一九四二年五月二一日付規定は「事務手続き上の文書のほかに、司令官は死亡した被収容者の遺族宛（ポーランド人とユダヤ人は除く）に私的な内容の手紙を送らねばならない[59]」と定める。「私的な」手紙とは、じつのところ形式からその内容に至るまでひどく規制されたものだった。形式は、「ごく私的な書簡に見えなければならないため、〈公務用箋の〈○○強制収容所〉名は切除すること[60]」というように私的な体裁を前面に出さなければならなかった。したがって、白紙を使うことが推奨された。

内容はといえば、一九四二年五月二一日の規定が私的な書簡の例文を添えた。人間味と思いやりのあふれる例文をつぎに引用しておく。

□□・□□様（囚人の妻宛）
前略
□□月□□日、ご主人から具合が悪いとの連絡を受け、治療のため本人を看護ブロックに移しました。本人は可能なかぎりの最良の治療薬と治療を受けました。あらゆる医学上の努力を施したにもかかわらず、ご主人が持病を克服するまでには至りませんでした。
ご逝去につき、心からお悔やみ申しあげます。

ご主人は（いかなる遺言も残しませんでした）／（以下の遺言を残しました）。

本収容所の被収容者資産管理部に対し、私はご主人の遺品を貴方の住所に送るよう指示しました。[61]

一九四〇年二月二八日付の条令によると、「各被収容者の遺灰はそれぞれ特製の骨壺に納められる」[62]とある。条令は、骨壺および蓋の技術的な仕様[63]さえ、空気や水を通さない材質を用いるというように細かく定めた。さらに、一九四〇年二月二〇日付規定の第四条項・5もつぎのように規定した。[64]

蓋は容器にしっかり固定される堅固な金属板を用い、つぎにあげる事項を読みやすい字体にて刻みこむか、もし可能ならば鋳出すこと。

1、死体焼却番号、これは死体焼却記録簿のそれと同一（下記6を参照のこと）および登録番号

2、氏名
3、生年月日と出生地
4、死亡年月日
5、焼却年月日

容器はドイツ規格委員会（ベルリン）が定める〈骨壺の口金〉規格DIN三一九八に適合していること。(65)

収容所以外の死体焼却炉（外部収容所など）で処理される場合、ブーヘンヴァルト基幹収容所から当該死体焼却場に骨壺が届けられる。そのあと遺灰を送る基幹収容所にて、事務手続きが行われる。(66)「遺灰の埋葬」(67)を扱う一九四〇年二月二〇日付規定の第四条項・7には、「遺灰は可能なかぎり収容所内墓地あるいはザクセンハウゼン〔オラニエン〕町の墓地に埋葬することを避け、原則として当人家族の居住地に送りとどけ——身寄りのない者、または特別の事情で支障のある場合を除く——その地にて埋葬されるのが望ましい(68)」とある。もし家族居住地の墓地に埋葬するのが不可能であれば、家族はべつの場所を提案しなければならない。ともかく「遺灰を、たとえ一時的であっても、遺族が保管することは許されない(69)」と明記されていた。つまり、遺灰は直接に墓地の管理事務所に届けられたのである。故人が著名人であった場合は、遺灰を送るまえ、RSHA長官の裁断を仰がなければならなかった。遺灰送付の費用は、原則として遺族の負担だった。(70)遺族に支払い能力のない場合、収容所は所轄の社会福祉局に立て替え費用返済の申請を行うことになっていた。

ブーヘンヴァルト(71)では一九四二年まで遺灰は骨壺に入れられるとヴァイマール市の遺体焼却場に保

管され、一九四〇年まではそこから遺族の居住地に発送された。一九四三年になると、一部の著名人のものを除き、遺灰は袋に詰められたあと収容所の周囲にばらまかれることが多くなる。

一九四二年五月二一日付規定では、骨壺を送るのが強制収容所であることに変更はない。三つの処理方法があり、一番目はポーランド出身の囚人が対象で、遺灰は単純に送られもしなかった。[72] 二番目は、遺灰の送付先が外国もしくは占領地域であり、送付にはRSHAの許可を必要とした。三番目はドイツ本国に住む遺族が対象で、彼らには遺灰が送られた。

上記第二と第三のケースの手続きを行う行政機関の便宜を図るため、一九四二年五月二一日付規定には、遺族に宛てる手紙の例文二つが添えてある。ドイツ本国に住む遺族宛の例文によると、遺灰の送付は居住地の墓地管理事務所からの「規則どおりの埋葬を行う」[73] 旨の証書提出が条件とされている。二番目の例文は遺灰の外国への発送が対象だが、その文書にRSHAの許可を取得後の遺灰発送についての記述は何もない。[74]

そして最後に同規定は、「旧ポーランド領土およびベーメン・メーレン保護領、またその他の占領地域の行政機関」[75] に向けて「本規定の適用に問題、とりわけ交通事情あるいはその他の事情がある場合にかぎり、例外的かつ特例として、現行手続きの維持を許可する」[76] との一般条項を添える。必要とあれば、特例はいつでも可能ということである。

死亡した囚人の遺品処理

囚人は、ほとんど利用する機会がないながら、拘禁中であっても一定の物品と資産の所有者であり続ける。金銭は収容所の個人口座に預けられる。本人の死後、その個人資産は遺族に渡されるか没収される。

囚人所有の物品と資産処理に際して適用された規定の概観

死亡した囚人の個人資産は、当人が収容所に到着した際に所有していた物品と資産、そして拘禁中に取得した物品と資産からなる。[77] 収容所に拘禁されると同時に、囚人が所持する物品と資産を預かる手続きを規定するのが「被収容者会計課の業務規定」[78] である。「到着時、被収容者は金銭のほか貴重品（指輪、時計、万年筆、貯金通帳など）、軍人手帳、徴兵免除証明書もしくは外出許可証を預けなければならない」[79]。預けた金銭については、その額を所定の一覧表に記入する。「被収容者の貴重品は詳細な目録を作成のうえ、本人の登録番号と氏名、生年月日を記入した袋に入れること。本人は袋と記録簿に署名して間違いのないことを確認する」[80]。いくつかの文書は、一九三九年、ブーヘンヴァルトに収容されたユダヤ人たちの所持品を預かった際、所定の手続きが適用されたことを物語っている。そのために作成されたつぎの書式があり、これは一九三九年四月に使用されたものである。[81]

登録番号――

○○○○年○○月○○日、ヴァイマール＝ブーヘンヴァルトにて

ユダヤ人の所有物申告に関する一九三九年二月二一日発布の条令第一節に基づく第三規定にしたがい、私ことユダヤ人○○・○○――○○○○年○○月○○日出生――は、ブーヘンヴァルト収容所にてライヒが設立の物品買取局に預けるため下記の物品を提出しました。

（物品一覧）

私は上記物品の所有者であることを確認します。

（署名）

上記物品を受託した。

（管理部指導者、強制収容所司令官の代理人として署名）

書式の下部に捺されたスタンプには「物品の事務処理上の価格一六・二〇RMは被収容者本人の所内個人口座に記帳済み[82]」と記入された。私はこの一文に同ユダヤ人が署名した二通の文書を確認している。

成果賞与の制度に関してはすでにとりあげたので、ここでテーマとなるのは外部から振りこまれる金銭の処理である。保存された郵便為替の控えから分かるのは、上述の制度がアウシュヴィッツとブーヘンヴァルト、さらにノイエンガンメの各収容所で実施されていたことである[83]。所定の便箋に印刷された「収容所内部規程の抜粋」が示すように、囚人への「送金は郵便為替のみを許可するが、為替証書には被収容者の氏名と出生年月日、登録番号だけを記入し、伝言は不可[84]」とされた。おそらく囚人の家族に送金を促すためだろう、内部規程の抜粋には家族にも分かるよう「収容所内であらゆるものの購入が可能[85]」とつけ加えてあったが、実際の収容所食堂では「一九四〇年以降、だいたいにおいて赤ビーツとマスタードだけが購入可能の食材だった[86]」というように、実情はかけ離れていた。

同じくラーフェンスブリュックの内部規程にも「被収容者には、家族からの郵便為替による送金を受けとることが認められている[87]」とある。ザクセンハウゼンの一九四二年一一月六日付内部規程も、ほぼ同じ制度を導入していた[88]。ナッツヴァイラーの内部規程はもっと簡単で、「送金は認められている[89]」とだけ記した。

ある種の外国籍囚人もまた送金を受けとることが許されていた。SS-WVHA・D局は一九四三年四月一五日の業務連絡で、「保護拘禁下にあるフランス人には、保護拘禁下にあるドイツ人に適用の規定が同じく適用となり、送金の受領が認められる。送金の宛先は当該被収容者の郵便住所であり、為替証書に私的伝言を記入することは許されない」[90]とのRSHA長官の指令を全収容所司令官に伝えた。具体的にザクセンハウゼンでは、「被収容者が受領した送金額は、被収容者会計課によって本人の所内個人口座に入金」[91]された。ラーフェンスブリュックについては「送金額の五RMまでは被収容者が受領する、ただし戦争捕虜は除外。それを超える額は口座に入金され、必要に応じて引きだされる。被収容者本人は引きだした金額受領の署名をしなければならない」[92]と、より詳細である。ラーフェンスブリュックの内部規程は「被収容者が外部に送金するのは原則として禁止とする」[93]ことさえ定めていた。以上すべての規定は、囚人が預金を引きだすたびに署名をするよう義務づけていた。

死亡した囚人の遺品と資産の処理

囚人が死亡すると、その所属ブロック内で規定の目録書式に所持品が記入され、ブロック指導者が確認の署名をした。ブーヘンヴァルト収容所にて一九四五年三月二日に記入の書式、その前日に死んだ囚人の目録が発見されている。〈死亡被収容者の所持品と資産の目録〉[94]と題した特別書式が存在することから、同じ手続きはおそらく全収容所でもふつうに行われていたものと思われる。この目録によると、死亡した囚人は二一・〇五RMを所持していた。一九四五年三月六日作成の払い込み証は、同囚人が収容されていたブロックがこの額を収容所会計に納金したことを示す。払い込み証には、「本ブロックは被収容者M名義宛で被収容者会計課に納金を行った」[95]との記載がある。

おそらく一九四二年九月一日付の規定が、収容所内で死亡した囚人の資産処理に関する制度全体を定める最初の規定だったように思われる。ライヒ内務省の名が印刷された規定書は、前文で「事務処理の簡素化を図り、強制収容所監督官とも協議のうえ、死亡した被収容者の資産の相続に関し下記のように定める[96]」と簡潔に説明する。同規定の策定は強く望まれていたようだ。SS‐WVHA・D・I部が全収容所司令官に宛てた一九四二年七月一一日付の業務書簡のなかですでに言及されていた。書簡のなかで同部は、以後、処刑された囚人の遺品を警察に届けることをやめるよう指示している。実際、「届けられた小包のなかに、弾痕および血痕のある衣服が一部含まれていた[97]」事例が確認されたからである。小包は郵送中に破損し、中身が外部の者の目にふれることとなった。その結果、「死亡した被収容者の資産の差し押さえと没収を総合的に規定し、またその処理全般を扱うRSHAの条令発布を目前に控えているため、今後、同資産処理の手続きが確定するまでの期間、刑死した被収容者の衣服は送付荷物に入れてはならない[98]」とされた。

　一九四二年の同規定は差別主義が濃厚で、ユダヤ人およびポーランド人、ソ連国籍の囚人をその他囚人と区別している。その第一節は、強制収容所にて死亡した「ユダヤ人およびポーランド人、また旧ソ連領出身の被収容者」を扱う。この規定は、明らかに「大ドイツ帝国にて適用の財産没収に関する法律および条令[100]」に基づいたものである。規定を上記の囚人に適用する正当化の根拠はつぎのとおり。

・財産没収に関する法律および条令の主旨にしたがえば、「強制収容所内に残された当人の資産がドイツ国民《フォルク》および国家に敵対的な願望を支えた[101]」。
・財産没収に関する法律および条令に則り、それら被収容者の資産がドイツ国家《ライヒ》に譲与された。
・実務上、「強制収容所は、死亡した被収容者の資産を所轄の税務署長に引き渡し、後者はそれを適切な用途に役立てる[102]」

・しかしながら、公衆衛生上の観点（伝染病の予防）から、当該被収容者の衣服は収容所内に保管のうえ、「洗浄および消毒を施した後、収容所にて活用する[103]」。

したがって死んだ囚人の資産の所有権は、収容所に残される衣服を除き、単純にライヒへと移された[104]。SS-WVHA・A・II部が認証した一九四四年七月一日付の書式により、同制度の適用が確認される。収容所管理部と印刷された書式には司令官が署名した。収容所名は空欄なので、同書式が強制収容所機構の全体に共通だったことが分かる。その文書には、「死亡した被収容者の資産は返却されない[105]」とある。死んだ被収容者たちに対する搾取は事務手続きに則って行われたのである。

第二節は「ドイツ出身もしくは第一節の規定に抵触しないその他の被収容者[106]」を対象とする。該当する場合、収容所は当人の衣服、時計、指輪など貴重品の目録二通を当人の拘禁を命じた機関宛に送らなければならない。宛先の「機関は相続権利者である近親者の有無を調査のうえ、該当者がいれば、遺品を直接届けられるよう、その住所を収容所に知らせなければならない[107]」とした。故人の遺品を家族宛に送付するための書式は一九四三年六月一八日付でSS-WVHA・A・II部の承認を得ている[108]。たとえば一九四三年七月一〇日、ブーヘンヴァルト強制収容所の管理部はオスカール・Bの遺品と現金をテューリンゲンのホルツハウゼン・アルンシュタットの警察に送った。小包の送付状は、地元警察に対し、小包と現金を故人の兄弟に手渡しその受取り証を返信するよう依頼している。この処理[109]をみると、一九四二年九月一日付条令（第二節）の内容と合致しているようだ。

死亡した囚人の母親リーナ・Bは、息子の遺品の返却に関し不満を述べた。とくに彼女が差し入れで送った衣服の一部が不足していたからだ。それに対する回答で、ブーヘンヴァルトの管理部指導者は収容所の管理下にある物品についての責任はあるが、小包で届いた物品のように囚人が所内で使用していたもの、「ご子息が所内で使用していた衣服はご子息自身が責任を持つべき[110]」なので、責任を負えないと答えた。

手続きは、本人が複数の異なる収容所に収容され所持品が分散していると面倒なことになった。たとえばルドルフ・Pは、ブーヘンヴァルトには一九四四年八月五日に移送され、同年九月一日に死亡した。ところが一九四五年二月六日、ブーヘンヴァルトの管理部指導者がノイエンガンメノの同役に書きおくったように、「本人の妻は懐中時計の返却を求めている。本人移送に伴う貴重品の移管が本日時点で未了のため、本件を至急調査のうえ、不足分の時計の可及的速やかな発送を要請する[111]」ことになった。

一部の外国籍囚人も、この第二節の対象となった。ブーヘンヴァルトで一九四三年一〇月二二日に処理されたベルギー人エルネスト・デ・Bのケースは、ベルギーに住むその妻への遺品[112](所持品と六〇〇フラン)の返却についての一証言である。ブーヘンヴァルト収容所が遺族に宛てた回答から、遺品(書類と時計)がまだ届いていないことで遺族が不満を述べていることが分かる。

同じくライヒ内務大臣が一九四四年二月一七日に発布した条令は、一九四二年九月一日の規定で定められた制度を二つの点に関しそれを「進化させ補った[113]」とする。まず、一九四二年九月一日の規定が定めた第Ⅰおよび第Ⅱの範疇(カテゴリ)にさらに範疇または下位範疇を加えた。たとえばジプシーと混血ジプシーは第Ⅰの範疇に属する。「財産没収は純ユダヤ人《フォルユーデン》のみを対象とし、法規定によりユダヤ人となったドイツ人、また非ユダヤ人と結婚したユダヤ人、一級および二級の半ユダヤ人は除外される[114]」というように、第一節が対象とするユダヤ人についての第二条にも同様の説明が加えられた。旧ソ連領出身の囚人に関しては、遺品と金銭は遺族に返送、衣類だけが収容所に残された。囚人の資産は、当人の拘禁を命じた機関に送付された。同機関は、つぎにそれを当人が最後に就労の登録をした雇用管理局に届けることを義務づけられた。この雇用管理局が遺品を遺族に送りとどける任務を負うが、「送付者である強制収容所名も本人の死亡地も記載してはならない(115)」とされた。条令は、「死亡した被収容者の所有物で強制収容所の外部、すなわち元の勤務先など（未払い給与、貯金通帳など）にあって同じように没収を免れたものも、雇用管理局に移管されなくてはならない(116)」と明記した。

第四条は、フランスの〈夜と霧〉関連の囚人に関する条文を集めたものである。彼らの衣類は没収されて収容所にて活用されるが、「貴重品および記念品も含めた所持品はパリに送られ、保安警察《SIPO》兼突撃隊《SD》の駐屯司令官がその保管責任を負う(117)」。

要するに、没収された全資産は、ライヒ国税庁がはずされて、代わりにＳＳ-ＷＶＨＡがその引き取り手になる。以後、それらの資産はドイツ国家ではなく、親衛隊機構がとくに指定されて受けとることになった。「没収遺産の取り扱い(118)」に関する第四条は、たとえば「（各死亡者の）現金は収容所管理部に預けられた後、定期的にＳＳ-ＷＶＨＡに移送のこと(119)」と言明する。ある条項は「（収容時に着用の）衣類は、釈放時にそれを必要とする被収容者に供与するか、または回収物品の在庫に加える(120)」と定める。

刑死した囚人の遺品と資産の取り扱い

私はこの問題を明らかにする文書を入手していない。ただ、ある往復書簡があるので、言及すべきだろうと考えた。一九四一年一一月、グロース・ローゼン強制収容所の司令官は刑死した囚人らの所持品から回収した現金の取り扱いにつき、強制収容所監督官宛ての文書で問い合わせを行った。処刑のため同収容所に移送されてきたあるロシア人囚人が二一七・二〇ルーブルの現金を所持していたので、それをどう処理すべきかと司令官は説明する。彼はそれを故人の近親者に送る可能性を排した。というのは「ソ連国籍ロシア人Bには身寄りがなかった」[121]からだ。そういう事情で、司令官はその現金をナチ国民福祉局（NSV）あるいは負傷SS隊員のための陸軍病院に寄付したいと強制収容所監督官に提案した。

通常、司令官は収容所に処刑のために送られてくるロシア人戦争捕虜から回収したルーブルの処理については指示を仰いでいた。今回、司令官はそれを国立銀行《ライヒスバンク》で両替してから陸軍病院に寄付しようというのである。

残念ながら、強制収容所監督官の回答を入手していない。実際、この書簡を読むとばかばかしさにとらわれてしまう。殺したばかりの一人の男の所持金わずか数RM、なぜその心配をするのか？　勝手にその現金を盗んでしまえば、司令官の憎悪の表れあるいは侮蔑と解釈されるかもしれないからなのだ。ひとつの事務手続きの流れに乗せてしまうことで、関係者はそのような感情を抱かずにすむ。このように分析すると、問い合わせの書簡が大きな意味を持ちはじめる。囚人を処刑したばかりでも、規定の手続きの続行は死刑執行人に良心の呵責の余地など与えない。

ブーヘンヴァルトで死んだ五万六〇〇〇人のうち、どれだけの人が理由なき過度の暴力によって死んだのか？　逆に、どれだけの人が（八〇〇〇名のロシア人捕虜のように）合法的に処刑されたのか、強制労働に関する条文の悪魔的な適用によって衰弱させられたのか、身体を破壊するほどの懲戒罰で痛めつけられたのか、あるいは配給食によりグラム刻みで栄養失調にさせられたのか？

証言となる文献は、独断専行による暴力行為がくり返されていたことを幾度となく伝える。それらの行為に対する寛容さは、囚人に対する理由なき暴力行為が禁じられていたときも含め、彼らの保護などまったく意図しない拘禁制度と併せて考えることで意味を持つ。とはいうものの、被害者と目撃者に深いトラウマを与えたそれら過度の暴力を強調するあまり、強制収容所の生活（起床、就寝、強制労働、食事、外部との連絡、弾圧目的の懲戒、死）があらゆる面で拘禁制度の厳密な適用により規制されていた事実を忘れてはならないのだ。その意味で、独断専行は長く続きはしたが、強制収容所の運行形態を特徴づけるものではなかった。

それに、役付きの囚人らは収容所の官僚的かつ予測可能な機能形態をよく理解していたので、ときには運用規則を逆用することさえあった。たとえば、ブーヘンヴァルトにいたホルヘ・センプルンの消息についてベルリンがにわかに興味を持ちはじめたとき、役付きの囚人らは心配し、多くの規定（労働、病気、死亡）を巧みに利用することで当人の書類上の死亡を仕組む。彼らの一人がセンプルンにどう行動すればいいのか説明した。

今晩、きみは夜勤グループの一員として予定どおり労働事務所に行くんだ。しかし明日の正午点呼のあと、きみは呼ばれる。レフィア（看護ブロック）に収容されるだろう。急性の重病に罹ったからだ……。病名はあとで考えるとしよう。そういうわけで、月曜朝の点呼では、きみは正規にレフィア収容の病人として数えられる。あとはニュース次第で、四八時間後あるいは数日後、元の収容所生活にもどるか、または消えるかだ。もしベルリンからの知らせが相当に深刻なら、きみを事務手続き上で死なせるほかない。かなり面倒になるのはその段階なんだ！　都合のいい時間内に適当な死亡者、きみがその死者の身分をもらうわけだが、それを見つけるのはそんなに簡単じゃないんだ。ＳＳの医官の検査がないとも限らないしな！　すべてうまくいったなら、おそらくきみは外部コマンドに交じってここを出なければならない。ブーヘンヴァルトとの繋がりを切ってしまう。というのも、きみの実名を知っている者がここには多すぎるからな。(1)

同じような状況に置かれたステファン・エセルも、囚人の死亡に関する処理規定の逆用によって死なずにすんだ。(2)

拘禁制度の目的

刑法あるいは監獄法、軍法の影響を受け、また普通法の条文をそのまま借用もする拘禁制度にはひとつの目的がある。それは、制度を運用するにあたり、種々の関係者にとって収容所が通常の組織であるとの印象を持てるということにほかならない。強制労働についていうなら、適用されていた多くの規定からみると、収容所は結局のところ一企業のように稼働していたことが分かる。その正常性のシンボルは、一部の囚人が労働法の条文に基づく重労働手当を給付されていた事実である。また、より有能な者には、同じように計算された成果賞与が与えられた。さらに、囚人間に存在した強烈な差別意識が拘禁制度の目的を和らげるはずもなかった。囚人の序列を優先する差別的な措置が「要領がよくて仕事もしっかりやっていれば、なんとか切りぬけられる」という一見合理的なシステムであるような印象を与えたからだ。囚人も含む種々の関係者は、たとえば囚人が死ぬと、多少それは自業自得の面もあると考えることさえできた。ちゃんと仕事をやり、囚人らの序列のなかで地位を得て、飢えないようにすればよかったのだと。実際は、売春ブロック利用の許可制度のような最も差別的な規則のおかげで、収容所は合理的な仕組みを備えた一機構であるように見えるのであり、そこではやる気のある者に出世の機会が与えられているかのようだった。

またほかにも、拘禁制度を構成する規則と手続きは、職員と囚人間の直接的かつ人間的な関係（暴力行為も含め）を阻止する媒介の役目を果たしていた。収容所内で数十種の書式が用いられていた事実は意味深い。囚人に何か言うときは、書面による手続きを介在させなければならなかったが、それが疑似的な法手続きの枠組みのなかに入る唯一の方法だったからである。介在なしに囚人らと接触することは厳に禁じられていた。たとえばヘルツォーゲンブッシュ強制収容所が発布した一九四四年七月五日付の文書は、囚人の成果に対する報奨としての心付けを禁じており、「被収容者に対し、タバコもしくはその他の物品を与えることを禁止する。もしそれが当該被収容者のとくに目立った生産性を評価するためならば、成果に対する賞与の支給が可能である(3)」としたのである。成果賞与を支給するという介在手続きにより、職員が感謝の気持ちを率直かつ直接に表す危険性は回避されたのである。

抑圧への対応としての法秩序を再考

ミシェル・トロペールによれば、「権力の形態とそこで決断される内容とのあいだにはひとつの繋がりがある(4)」とのことで、「国家ではないひとつの体制、法的な形態で行使されない権力は、その形態ゆえに抑圧的性格の決定を生みだす(5)」という。その仮定の枠組みにおいて、トロペールは自著『Pour une théorie juridique de l'Etat（国家の法理論について）』のなかで「ナチ国家はあったのか？(6)」との疑問を投げかけた。「さて、この〈ヒトラーの国家〉のなかにひとつの法秩序の構造を見いだそうとするなら、そこに法の一般理論が描くようなものを見つけるのは至難の業だろう(7)」とも述べる。私は、ナチ体制において「規範の序列が明確に見えない(8)」という彼の最初の意見には同意する。私もすでに、ナチ体制に固有の形式上の不完全さについての指摘はしているのだから。つぎにトロペールは、ナチ体制が法の静的および動的秩序を有していたのかと問う。彼は、そのような秩序は不可欠である、なぜなら「あらゆる法秩序は（……）必然的にピラミッド構造を持っており、そのなかで法規範が静的に、また動的に序列づけられるからである(9)」と考える。その静的および動的な二つの基準を統合することで、法秩序は他の秩序とは異なっていると。歴史学者マーティン・ブロスツァートの著作『L'Etat hitlérien（ヒトラー主義国家）』[10]に基づき、トロペールは「ナチ体制には、委任をする決定と委任された権限でなされた決定」[11]のあいだの動的序列が存在していたと明言する。しかし、トロペールは静的序列の存在をはっきり否定する、「なぜなら、権限委任の決定はそれが何のために行使されるかを明らかにせず、また下位の〔委任された者の〕決定は上位決定のより概括的な内容のもとに包摂されることがない」[12]からである。彼は「単純に自明なことは、下位の決定が〈総統の意向《フューラーヴィレ》〉の執行措置でなければならないが、その意向は内容を知ることのできる具体的な意志でないことである。（……）各機関が、中央集権的で序列化された組織ではなく多頭制《ポリクラシー》であるように見せるため、総統との関係のカテゴリにより、複数の集団または人が競いあい、それぞれが自立するべく努め、しばしば成功することもあったのだ」[13]とする。私の強制収容所の拘禁制度に関する研究は、この分析とは食いちがう。以下、四つの点を指摘しておきたい。

　第一に、トロペールが論証に用いた文献に強い傾向性がある点である。本書序論で見たように、マーティン・ブロスツァートは、ナチ体制の仕組みには独断専行が全面的に支配する領域がいくつも存在したとの（エルンスト・フレンケルの）二重国家論を基に、ナチ体制における規範の枠組みを説明した。そこからトロペールが結論することは予測できた。しかし、それ以外の著作（ドイツ語原文から訳されてはいないが）が用いられてもよかったと思う。参考にあげておくと、ナチの抑圧体制に関する一九八九年刊行のゲルハルト・ヴェルレによる非常に充実した著作がある。そのなかで、この法学教授はマーティン・ブロスツァートあるいはエルンスト・フレンケルが発展させた概念に反論したうえ、ナチ抑圧体制に固有の法規範の機能を記述している。[14]ナチ法学の手引書、ヴェルナー・ベストによる『Die deutsche Polizei[15]（ドイツの警察）』あるいはテオドール・マウンツの『Gestalt und Recht der Polizei（警察の形態と法）』[16]もやはり、マーティン・ブロスツァートが採った二重国家論がいかに不充分であるかを示す。これらの手引書は、総統の意向《フューラーヴィレ》によって混乱させられたのはたしかだが、固有の有効基準を持つ組織とそのフローチャート、規則を備えた体制についての説明となっている。

　第二点は、静的序列が存在したかどうかの点についてである。私の研究がナチの強制収容所制度（非常に広範ではある）に限定されていたとしても、権限委任が総統の意向だけの執行を命じる全権委任であったとするトロペールの意見とそれは食いちがっている。研究の進展につれ、逆に中央集権的で序列化された体制の存在が明らかになった。拘禁のあらゆる側面（懲戒制度、食事、労働など）において、特殊化し安定した中央管理機構が各収容所の司令官に対し定期的な指示を与えていた。各司令官はそれらの指令を実行に移すこと、すなわち適用措置を講ずる権限を与えられていた。中央からの指示および司令官らに与えられる目標の的確さは、トロペールが描くところの全権委任とは正反対の別物である。もとより司令官は、実施された対策について中央管理機構に定期的な報告をしなければならなかったほか、指令の実施状況は監査の対象ともなっていた。つぎに収容所内の部署は、司令官の指令に対し、より細かい実施要領を作成した。各段階での権限者がそれぞれのレベルである程度の自由裁量権を持っていたのは当然である。[17]一種乱雑に見える（種々の規則の序列関係が柔軟すぎて）その裏に、ほとんどの場合において静態的また動態的な序列に沿って組織化された強制収容所体系がじつは見えるのである。私の研究は強制収容所制度に限定されているため、ナチ体制が法的性格を有するか否かを、ケルゼン法学の基準で断定することはできない。とはいえ、強制収容所における拘禁制度の特殊性に向かいあうとき、トロペールの論証が適応されていないのはたしかなのである。

　第三点は、第二点にも由来し、抑圧への対抗策として法秩序あるいは法治国家をとらえるトロペールの仮説に関してである。収容所における拘禁制度の特殊性をナチ体制全体に広げるまでもなく、私は数百万もの囚人に対する抑圧が見たところ静的にも動的にも序列化された指令にしたがっていること、すなわちトロペールが述べるところの法秩序の形式的特徴のほとんどに合致していることを確認した。ナチ体制の特殊な基盤とフューラーヴィレを原因とする形式上の不備を考慮に入れつつ、私の研究は、収容所内で勤務する公務員が静的かつ動的な序列を備える真の法秩序のなかで活動しているとの印象を持っていられたことを明らかにした。法秩序の形式と仕組みは、抑圧を非人間性の極限まで推しすすめるために用いられた。ある法秩序のいくつかの形式に合致する規制であるなら、非人間化の最深部にまで行き着けるだろう。

　最後の指摘は、ある制度を法系と格付けすることの結果〔影響〕を無とみなす点に関してである。実際、トロペールは「何らかの政体を国家として識別するのは、その行為を肯定もしくは否定することではなく、識別が単にその特性に依存するからである」[18]と、法実証主義の立場から私たちの記憶をよびおこす。したがって個人としての法実証主義の法学者は、ある体制――たとえそれが法秩序もしくは国家と識別されていても――とそれが生みだす法さえも批判できるわけである。この法実証主義的なアプローチは、強制収容所における拘禁制度のような規則集が個人に与える影響を考慮していないので、納得しがたい。その影響は本質的な問題である。というのも、中央集権型で序列もあり、つまりそれ自体が正当化されているひとつの制度があるとの思い込みがあるので、個人は法的かつ合理的な体裁を見せるそのような制度や規則に対し、その正当性など追求しようなどと思わない。正当化はすでにされているわけで、以後の制度に対する批判すべてが抑止される。なぜなら、そのような制度に向きあう法実証主義法学者による批判的審査は具体的には起こったためしがないからだ。その現象は、ヴィシー政権時期のフランス人法学者らに見ることができる。拘禁制度が収容所の当事者らに及ぼした議論の余地なき影響を考慮するなら、法実証主義的な取り組み方法が結局のところ行き詰まりになるのは当然である。その取り組み方は、法学上の倫理的な批判を斥けるものの、序列のある中央集権化がされているかに見える、つまりそれ自体で正当化されているひとつの秩序を、人の意識が例外的にしか批判できない状態にあるという事実を考慮に入れていない。

法に内在する非人間性

あらゆる問題への解決が規制であるとされる今の社会において、私の研究は批判的であろうと望んだ。法の道具が最悪の搾取に貢献するかもしれないことだけを示したのではない。すべての規制に内在する非人間化の問題を提起もした。

法が与える非人道的な〔人に内在する〕威厳(La dignité in-humaine conférée par le droit)

ナチ政権の偉大なる独創性は、人々が「威厳を保とう」と思いながら適用可能な拘禁制度を設けることにある。ドイツ国防軍士官らをまえにした一九三七年の演説で、ヒムラーは身体懲罰刑に正確さと規制があり、なおかつ恣意的な暴力のない執行であればよいとつぎのように正当化した。

残酷さ、嗜虐的な行為、幾度となく外国の報道機関がとりあげたようなもの、これはわが国においては絶対にありえないことである。第一に、全収容所を監督する監督官のみが懲罰刑を決める権限を持ち、収容所司令官といえどもその権限は持たない。第二に、刑は看守中隊の立ち会いのもと、つまり二〇名から二四名の分隊をまえにして執行されるのである。最後に、医官一名と死刑執行始末書を作成する係官一名も立ち会う。正確さの観点から、それ以上を望むのは不可能

である。(19)

拘禁制度が施行されたことで、囚人を殴打することはもはや野蛮な行為ではなく、威厳をもって執行される文明的行為となった。無数ある拘禁制度の条文は、各係官に威厳をもって行動する機会を与え、こうしてごく一部の残忍さと不当行為にはしるサディスティックな者らとの一線を画した。逆説的ではあるが、係官が囚人を強制労働、それもしばしば死にまで追いやる拘禁制度を適用するにあたり几帳面にやればやるほど、彼らはより威厳をもって行動しているように感じられた。

規定手続きを実際に適用することが、逆に彼らを人間性の現実から遠ざけた。例をあげるなら、強制収容所のまじめな管理部責任者は、おそらく上司の司令官からの圧力を感じていたのだろう、囚人用配給食に必要な食材を手に入れるため所管の機関に対し規定の申請すべてを行った。補給状況が困難なため、結果は思わしくなかった。ということは、囚人らを長いあいだ生かしておくための配給量としては少なすぎた。業務規定の存在は、たとえそれが役に立たなくとも不可欠であった。なぜなら、そのおかげで担当者は良心の呵責を覚えずにすむからだ。自分にできることはすべてやった、もし囚人が餓死したとしても、それは自分のせいではない、と管理部責任者は自分に言い聞かせたにちがいない。彼は収容所における糧食の責任者なのだが……。

保存文書から知れることだが、ブーヘンヴァルト収容所の職員の大多数は、収容所から退却する数時間前まで、そのような書面による規定手続きを一字一句遵守していた。目のまえで展開していることの非人間性を見ないですむよう、彼らは拘禁制度にしがみついていたのだ。収容所退却を拒否すること、それが唯一の人道的な対応だったのだが、そうする代わりに、彼らは行進用携行食配布に必要とされる書式にグラム単位の記入をすませ署名をするのだった。行進中の囚人が食べられるような手配をすることこそ不可欠とは思えなかったのだろうか？　一見毅然としたこの態度は、じつのところ収容所退却を、したがってヨーロッパ大陸を横切っての長い死の行進――きわめて多くの囚人がこの行進中に死んだ――の正当化に加担したことにほかならない。

地獄絵のような最悪事への積極的な加担を正当化するという法の能力、これを見て見ぬふりはできない。社会におけるすべての悪への万能薬とされる規制は、非人道的な行為を同じように正当化するために使われているのではないか？　刑務所内の生活を規制することは、受刑者の暮らしをより人間的にするのか、あるいは彼らをもっと物のように扱ってしまうのか？　より一般的にいうと、刑務所関連法の肥大化が拘禁の長期化――その本質からして非人道的である――の正当化に利用され、刑務所に代わる措置をめぐっての議論を抑制しているのではないか？

武力行使を規制すれば戦争がもっと思いやりのあるものになるのか？　それとも規制は、複雑な手続きを踏んでからしか攻撃の火蓋を切れないきれいな戦争、そんな印象をむしろ当事者に与えることで、武力行使の正当化を狙ってはいるのではないのか？　くり返しになるが、いずれにせよ何でもが許されているわけではないのであり、そのことはさまざまな当事者を安心させる。その文脈において、国際法が与える枠組みは重要である。というのは、ある決議案が国連で可決されるかにより――それは世界レベルでの力関係によるのだが――数百人の死が正当化されるか、あるいはされないことが決まる。いくつものぼろぼろになった同じ遺体が平和のための死だったのか、あるいは虐殺だったのか、私たちはその判断を正式な手続きに任せるのだ。

例証はいくらでもあげられる。金融規制はほんとうに経済交流に人間味を与えることができるのか、それとも本来的に不公平な世界経済体系を永続させることの正当化に利用されるのか？　世界市場および私たちの社会の危機に対しては、哲学的あるいは社会学的、神学的な取り組みが、従来の法学・経済学に限定されたアプローチよりも優先されてしかるべきでないのか？

人間性の剥奪に抵抗する

ナチは、その体制の周辺でまだ生き延びていた人間の温情が示すように、囚人らをただの道具とみなすことにまるまる成功はしていなかった。ロベール・アンテルムは二度にわたり、自分が使役されていた工場でそこの従業員からの思いやりを体験した。最初の体験はラインラント出身の民間人によるもので、監視役であったにもかかわらず「ゆっくりやれ！《ラングザーム》」[20]とアンテルムに言った。そんなに急いで作業するなという忠告だった。二度目は、やはり工場の女性従業員だったが、内緒で彼に一切れのパンをわたしてくれた[21]。工場のほかの従業員はといえば、彼らに交じって働くがりがりに痩せた囚人らを見てもべつに何の支障も感じていないようだった。その女性とラインハルト出身の男に関し、ロベール・アンテルムは「工場の女性従業員だった。彼女は、我々の仲間のだれかが親方《マイスター》に叩かれると笑い声をあげる女たちといっしょに働いていていた。ラインハルト出身の男にしても彼女らといっしょだった[22]」と書く。大勢いる同僚のなかで、この男女二人だけが工場で働かされていた囚人らの仕事がふつうで合理的な体裁を見せていてもごまかされなかった。毎日稼働する工場全体の正常な外見にもかかわらず、彼ら二人だけはロベール・アンテルムの内に一人の人間が見え、そして人間をそのように扱うのを正常だとは思わなかった。囚人を助けることで、二人はこうして工場の内部規程を破りながらレジスタンスするところまで行ったのだ。ナチ体制のただ中で、二人は地下潜行者であることを選んだ。

あのパンの一切れと同じように、「だれにもいわないで《ニヒトザーゲン》」と「ゆっくりやれ《ラングザーム》」という言葉は、地下倉の、とうてい私たちが入れないあのカタコンベの鍵、つまり良心、当時のドイツにまだ残っていた良心を届けてくれた。そして、私たちは地下潜行者のドイツ人を待ちのぞみ、嗅ぎわけるだろう、私たちを人間と思ってくれるその人を。[23]

訳者あとがき

サディスティックな暴力が横行していた地獄さながらの空間、それがナチ党（ＮＳＤＡＰ）支配下の強制収容所について抱く私たちのイメージではないだろうか。本書は、それとは逆行する「強制収容所の地獄とは、じつはがんじがらめの規則の産物だったのではないか？」という問いから出発し、従来の看守らによる恣意的な横暴が横行していたとする従来の解釈を、ドイツ連邦公文書館の資料を駆使してパラダイムシフトさせる試みである。

ベルリンの高校生たちに、もし教師から体罰を受けたらどういう反応をするかと質問すると、「教職員にそんな権利はないよ！」と口々に驚きの声があげたと、〈著者まえがき〉でニコラ・ベルトランは伝える。しかし、体罰が校則に明記されていたなら生徒たちはどう反応するだろう、おそらく違った反応があったろうと、著者はつぎの問いを投げかける。

生徒の言った「権利」はドイツ語なら Recht、フランス語ならば droit であり、そのまま「法」を意味する。すなわち、体罰を与えることは規則にしたがうこと、法を遵守することにほかならない。「規則を守る」あるいは「法を遵守する」ことと、その一方で「そうするのは正しい」ことを、私たちは無意識のうちに同一視しているが、その錯覚を利用した欺瞞が生みだされたのではないか。さらに突きつめ、悪法であれ法に則っているなら理不尽な行為も合法になるのかというグロテスクな問いさえ出てくるのではないか、と。

こうして著者は検証作業を始め、その研究を学位論文のテーマにとりあげた。二〇一二年、論文はベルリンのフンボルト大学の最優秀論文賞に選ばれる。それから四年後、ドイツ語の論文はベルトランの母国語フランス語に書きかえられ、ステファン・エセル（一九一七〜二〇一三。全世界で四五〇万部のベストセラーとなったブックレット『Indignez-vous !（諸君、憤るのだ！）』、邦訳『怒れ！ 憤れ！』の著者）による「序文」まで付され、パリの歴史書の老舗ペラン書店から刊行された。

ニコラ・ベルトランは、フランス国立ブルゴーニュ大学内に創設された国立科学研究センターの研究ユニット〈知識　規範と感受性〉の研究員であり、同時にドイツで教鞭もとるほか、元ランゲンシュタイン・ツヴィーベルゲ強制収容所の記念館の館長も務める多忙な法学者である。

さて、上述の体罰の是非に関する問題提起は、もちろん次元のちがいこそあれ、ナチの強制収容所にて適用されていた規則と、それを設けたナチ体制にそのまま当てはまるだろうと、ベルトランは考えた。

第二次大戦後のナチ戦犯を裁く法廷で、戦犯たちは「自分は命令に従い、歯車の一つとなって忠実に任務を遂行しただけだ」とコをそろえて釈明をしたが、その背景が著者の調査により明らかになる。実際、彼らの釈明を、人々は責任回避の常套句として不審の念を抱きながらも、その意味を掘り下げずに今日まできた。さらに、収容所からの生還者たちの証言で明らかにされる日常化していた虐待のイメージと、たとえば五〇〇万人以上のユダヤ人を収容所に送りこんだアイヒマンの「囚人に対する必要のない苛酷さは避けるようにした」という証言を耳にし、その落差にもとまどった。何を根拠にアイヒマンたちは自分の誠実さをこうも堂々と主張したがったのか？

ナチの強制収容所には、無数の規則とそれに付随する諸手続きを規定する拘禁制度が設けられてあった。その目的は、司令官をはじめとする看守側が毅然として任務を遂行できるような環境を整えることだった。たとえば囚人を制裁するにあたっては、正確さを期し、野蛮さを排除、文明的に懲戒を行おうというのである。

手続き上の齟齬、あるいは看守による裁量権の過剰行使があったにせよ、強制収容所の運営が総じて規則および規定の手続きに則っていたと著者は考える。裁量権を濫用した看守もまた、厳格な就業規則により、死刑を含む制裁を受けたからである。そこまで厳しく規則遵守を徹底させた理由は、ユダヤ人をはじめとする囚人たちの人権保護を意図したからでは毛頭なく、あくまでもナチの強制収容所機構で働く全レベルの親衛隊員が毅然として任務を遂行できるようにという首脳部の配慮だった。機構の頂点で警察権と運営権（強制収容所は、軍需産業に労働力を提供する巨大な人材派遣組織でもあった）の両方を握るハインリヒ・ヒムラーの狡猾きわまりない非凡な戦略なのである。そのために、ヒムラーは各種手続きを最重要視し、たとえばよく働いた囚人にタバコを与えるようなことは厳禁とされ、その代わり当該の囚人に成果手当を支給した！　これは、看守と囚人間の直接的かつ人間的な関係（親近感、その逆の憎悪の発露である暴力行為も含め）を阻止するためで、例外なく書面による手続きを介在させねばならず、そのための書式が数十種もあった。すべては、合理的な仕組みを備えた国家の一組織であるとの幻想を与え、正規の法手続きであると錯覚させることだった。その結果、看守は自分らの非人間的な行為をいちいち正当化する必要性を感じなかった。

ある囚人がパンを盗んで食べた。担当の看守は合法的体裁をそなえた合理的な拘禁制度の懲戒規定に則って体刑を執行するので、その正当性を自分の行為の裏づけにできる。棒で何回殴るのか、違反の程度によって量刑までが細かく規定されていた。飢えてパンを盗んだ者を杖で叩くのは残忍である。だが合法性の衣を借りる拘禁制度のおかげで、その非人間的な行為が規範内の懲戒となるのである。

収容所の内部規程の各条項をいちいち追い、それが施行された痕跡を残存文書で確認するという気の遠くなるような著者の作業に読者は立ち合うことになる。処刑したロシア人囚人の所持金わずか数ライヒスマルク（今の数千円）の処理をベルリンの親衛隊本部に書面で問いあわせる収容所の司令官。まるでイヨネスコの劇を観ているようなばかばかしさにとらわれてしまうが、囚人の処刑をしたばかりでも、規定の手続きを進め些末にこだわることで良心の呵責に苦しめられずにすむ。このような一大システムを構築したヒムラーの悪魔的な天才には啞然とさせられる一方で、拘禁制度の規範全般を作製した親衛隊官僚たちの律儀さをはじめ、現場でそれを愚直に適用する看守たちの総統ヒトラーへの赤心が数百万の死を招いたことを思うと、その不条理に背筋が寒くなる。

ナチの犯罪をめぐる裁判のなかで、上述の不審感もあって、「思考欠如の官僚たち」、「ふつうの人間」、「歯車にすぎなかった」、「悪の凡庸さ」、「全人類史において、これほど困難な出来事はない」等々、ハンナ・アーレントはじめ、多くの人が未曾有の災厄を名状しようと試みてきた。どれもに納得しつつ、なんとなく歯がゆさが残った。ナチの強制収容所機構に属し、囚人たちを死に至るまで酷使せよという指令を忠実に実行した親衛隊員らの暗い人間性の一面を、著者ベルトランは規範的人間と位置づけた。もちろん、厳密性を重んじる著者がキャッチフレーズ的に用いたわけではない。けれども、彼らの思考欠如の実直を表すには、その言葉がきわめて適切であるように思える。

本書に「序文」を寄せたステファン・エセルはレジスタンスの闘士で、ブーヘンヴァルトはじめ、いくつかの強制収容所を転々とさせられたにもかかわらず生還した証人でもある。氏の証言から、収容所内である者には一般市民風の髪型が許されており、それが看守長の個人的配慮によるものと思われていたことなどが分かる。ところが本書を読み、氏は髪型さえ規定する文書が存在した(!)ことをはじめて知る。その「序文」は、本書の資料で見る強制収容所の規範世界を元囚人の視点で解説する貴重な一文である。そして本書が、永遠の問題提起、すなわち法は最悪の搾取に奉仕する能力を備えていること、それを私たちに喚起しつつ、強制収容所を記憶する事業に新たなページを加えたと賞賛する。

「序文」にて、ベルトランが政治学者エルンスト・フレンケルらの分析に反論するのは、彼らの「ナチの強制収容所の機能形態が専横を特徴とするなら、そのアンチテーゼの拘禁制度など詳細に研究して何の意味があろうか」としてきた論拠の見直しを迫るほかなくなったからである。ベルトランの検証により、強制収容所が規範を絶対視する世界であり、属人的な恣意や独断専行で機能するだけの空間でなかったことが明らかになった。専横と法、この古典的な二種の概念でナチ体制を分析するのはむだである。なぜなら、ナチ体制はそのどちらでもない、全体主義そのものであると、アーレントは述べた。ベルトランはその分析に与する。

さらに結論にて、「ナチ国家はあったのか?」と問うたフランスの法学者ミシェル・トロペールのナチ法制の形式上の不備を突いたナチ国家否定論にも、「悪法も法なり」と同じシニカルな法実証主義的な立論を見てしまい、強く批判する。むしろ法（規範）の枠組みのなかで遂行されたことすべては正当化（合法化）されるのかという問いこそ究極の課題なのであり、したがって法学的アプローチを最初の基点まで逆戻りさせるべきだろうというのが著者の立場のようだ。

法による規制のない領域においてこそ、正しいふるまいとはどういうものか教える意識がほんとうに役に立つと述べ、著者は「序文」を寄せたエセルの「法には最悪の搾取に奉仕するという能力が備わっている」との注意喚起にも応えた。

二〇一七年二月

吉田恒雄

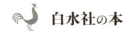

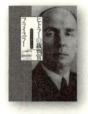

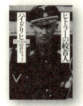

訳者略歴
吉田恒雄（よしだ・つねお）
翻訳家。主要訳書にジョルジュ・ベンスサン『ショアーの歴史　ユダヤ民族排斥の計画と実行』（文庫クセジュ）、ヤン・カルスキ『私はホロコーストを見た　黙殺された世紀の証言1939−43　上・下』（以上、白水社）ほかがある。

ナチ強制収容所における拘禁制度

二〇一七年五月　五日　印刷
二〇一七年五月三〇日　発行

著　者　ニコラ・ベルトラン
訳　者©吉　田　恒　雄
装丁者　日　下　充　典
発行者　及　川　直　志
印刷所　株式会社　理　想　社
発行所　株式会社　白　水　社

東京都千代田区神田小川町三の二四
電話　営業部〇三（三二九一）七八一一
　　　編集部〇三（三二九一）七八二一
振替　〇〇一九〇‐五‐三三二二八
郵便番号　一〇一‐〇〇五二
http://www.hakusuisha.co.jp
乱丁・落丁本は、送料小社負担にてお取り替えいたします。

株式会社松岳社

ISBN978-4-560-09548-5
Printed in Japan

資料

強制収容所制度に関するこの調査がすべてを網羅したと自負するつもりはない。何よりもまず、多くの資料が失われたか破壊されてしまっていた。そのうえ、強制収容所で発見された文書を徹底的に調査するには、何年間ものあいだ世界中の公文書館のある場所への滞在を余儀なくされただろう。約2年間の公文書館における調査では、資料がほぼ全体にわたって保存されている強制収容所のひとつ（ブーヘンヴァルト）をとくに調査することを優先し、強制収容所の管理部門およびその他の収容所に関する調査は下記にあげる公文書館の保存資料（数千もの文書）に限定した。それに、閲覧した資料の詳細すべてをとりあげるなら数千ページの本になってしまったにちがいない。すべて網羅しないまでも、拘禁制度の全体像を引きだせる程度の細かさを備えた著作を提案するためには選択せざるをえなかった。

引用した資料の検索を容易にするため、資料の整理番号はそのまま表記した。ページ番号の振られた資料束はその番号を記した。

Bundesarchiv（BArch）Lichterfelde（Berlin）

BArch Film Nr. 41304, BArch NS 19, BArch NS 20, BArch NS 31, Barch NS 3, BArch NS 4 ANH, BArch NS 4 FL, BArch NS 4 NA, BArch NS 4 RA, BArch NS 4 SA, BArch NS 4 ST, BArch NS 48, BArch R 2, Barch R 3001, BArch R 58, BArch NS 4 AU, BArch NS 4 BU, BArch NS 4 DA.

Thuringisches Hauptstaatsarchiv Weimar（ThHStAW）

NS 4 BU, *Konzentrationslager und Haftanstalten Buchenwald*（KZ. u. Hafta. Bu.）, Konzentrationslager Buchenwald, Thüringisches Oberlandesgericht Jena, Thüringischer Generalstaatsanwalt Jena, Dienststrafkammer Jena.

Brandenburgisches Landeshauptarchiv Potsdam

REP 35 H KZ Sachsenhausen, REP 35 I KZ Ravensbrück.

個人文書については、バート・アロルセンのInternational Tracing Service（ITS）およびブーヘンヴァルト記念館の所蔵資料からの提供を受けた。

主な参考文献

- Agamben Giorgio, *Homo sacer I. Le pouvoir souverain et la vie nue*, Paris, Seuil, 1995.（『ホモ・サケル　主権権力と剝き出しの生』以文社、2007）
- Antelme Robert, *L'Espèce humaine*, Paris, Gallimard, 2005.（『人類　ブーヘンヴァルトからダッハウ強制収容所へ』未来社、1993）
- Arendt Hannah, *Responsabilite et jugement*, Paris, Payot et Rivages, 2009.（『責任と判断』ちくま学芸文庫、2016）—, *Les Origines du totalitarisme. Le système totalitaire*, Paris, Seuil, 2005.（『全体主義の起原 3　全体主義』みすず書房、1974）—, *Les Origines du totalitarisme. Eichmann à Jerusalem*（全体主義の起原—イェルサレムのアイヒマン）, Paris, Gallimard, 2002.
- Billig Joseph, *L'Hitlérisme et le Système concentrationnaire*（ヒトラー主義と強制収容所制度）, Paris, PUF, 2000.
- Broszat Martin, *L'État hitlérien. L'origine et l'évolution des structures du Troisième Reich*（ヒトラー国家　第三帝国の構造の起原と変遷）, Paris, Fayard, 1985.
- Browning Christopher R., *Des hommes ordinaires. Le 101e bataillon de réserve de la police allemande et la solution finale en Pologne,* Paris, Les Belles Lettres, 1994.（『普通の人びと　ホロコーストと第 101 警察予備大隊』筑摩書房、1997）
- Hilberg Raul, *La Déstruction des juifs d'Europe*, Paris, Gallimard, 3 vol., 2006.（『ヨーロッパ・ユダヤ人の絶滅』柏書房、1997）
- Kogon Eugen, *L'État SS. Le système des camps de concentration allemands*, Paris, Seuil, 1993.（『SS 国家　ドイツ強制収容所のシステム』ミネルヴァ書房、2001）

Lajournade Julien, *Le Courrier dans les camps de concentration. Système et rôle politique 1931–2945*（強制収容所の郵便　政治の制度と役割　1933～1945）, Paris, Éditions L'image document, 1989.
- Levi Primo, *Si c'est un homme*, Paris, Julliard, 1987.（『アウシュヴィッツは終わらない　あるイタリア人生存者の考察』朝日新聞社出版局、1980）
- Rousset David, *Les Jours de notre mort*（われらの死の日々）, Paris, Éditions du Pavois, 1947.
- Semprun Jorge, *Le Mort qu'il faut*（もってこいの死体）, Paris, Gallimard, 2001. —, *Quel beau dimanche !*（なんとうるわしい日曜日！）Paris, Grasset et Fasquelle, 1980. —, *Le Grand Voyage*,（大旅行）Paris, Gallimard, 1963.

Welzer Harald, *Les Exécuteurs. Des hommes normaux aux meurtriers de masse*（死刑執行

者　大量虐殺に臨む普通の人々), Paris, Gallimard, 2007.

著者注解

この注解は、フランス人一般読者を対象にしているため、必要箇所のみフランス語で書かれ、文献等については原文（ほとんどドイツ語）のままである。訳者はその方針を踏襲し、著者によるフランス語注解のみ訳出した。

訳者

略語

dir. 監修、編纂。ed. 出版社、版。ibid. 同書、同上。op. cit. 前掲。sq. 以下。

序文

(1)　この序文は、私の学位論文について書かれたものである。論文の公開審査の後に本として刊行するにあたり、私はかつての被収容者の声も聞きたいと思い、ステファン・エセルに連絡をしたのだった。やりとりをしていて私が感じた氏の格別な優しさと飾り気のなさ、そして多忙にもかかわらず序文執筆を快く引きうけてくれた好意を忘れられない。この場を借り、心から氏の遺徳を称えたい。

著者まえがき

(1)　Charles Leben, Université Panthéon-Assas Paris 2, rapport de présoutenance, Paris, 16 juin 2011.（パリ第Ⅱ大学アサス・パンテオン校、公開予備審査報告書、2011 年 6 月 16 日）(2)“法”と記したのは、語の一般的な意味を示すためである。ナチ規範の法的特性の有無に関する見解ではまったくない。

序論

(1)　Hannah Arendt, *Les Origines du totalitarisme. Le système totalitaire*, Seuil, 2005, p. 283.（『全体主義の起原』みすず書房、1972–1974）(2) 一部の著作家は、ユダヤ人絶滅作戦についてナチの規範枠という特殊性を前面に出すことなく、単に現代の法体系の延長としか見ようとしない。本書はショアーの問題を扱うものではないので、ジェノサイド（集団殺戮）へと向かうプロセスを解明する種々の主張についての論議はしない。それについては Zygmunt Bauman, *Dialektik der Ordnung: Die Moderne und der Holocaust*, Eva Taschenbücher, 2002、ほかにも Harald Welzer, *Les Executeurs. Des hommes normaux aux meurtriers de masse*（死刑

執行人　ふつうの人間から大量殺戮者になるまで）Gallimard, 2007 を参照されたい。（3）Hannah Arendt, Les Origines du totalitarisme, *op. cit.*, p. 285.（4）Ministere de l'Éducation nationale（DGESCO）, Histoire, Troisieme — II / Thème 2（国民教育省学校教育総局、中学校 3、歴史 II・主題 2）: « Les régimes totalitaires dans les années 1930（1930 年代の全体主義体制）», Web ページ eduscol.education.fr（最終閲覧：2013/03）.（5）参考図書についての批評，Gerhard Werle, *Justiz-Strafrecht und polizeiliche Verbrechensbekampfung im Dritten Reich,* de Gruyter, 1989 を 参照されたい。研究分野での“二重国家論”の重要性については Michael Wildt, « Die politische Ordnung der Volksgemeinschaft. Ernst Fraenkels "Doppelstaat" neu betrachtet», *Mittelweg 36*, avril-mai 2003, p. 45–61; Ulrich von Hehl, *Nationalsozialistische Herrschaft*, R. Oldenbourg Verlag, 1996, p. 5; Horst Dreier, « Rätselhafter Doppelstaat. Ernst Fraenkels klassische Studie», *Merkur, Deutsche Zeitschrift fur europaisches Denken* 739（2010）, p. 1190–1196; Bernhard Blanke, « Der deutsche Faschismus als Doppelstaat», *Kritische Justiz,* 1975, p. 221–243; Michael Stolleis, *Juristenzeitung,* 1984, p. 1096–1097, p5–56 を参照されたい。また同理論は、第三帝国における官僚主義の分析にも用いられている：Wolf Gruner, Armin Nolzen, « *Burokratien », Initiative und Effizienz. Beitrage zur Geschichte des Nationalsozialismus 17,* Assoziation A, 2001, p. 10–11, 73, 170.

（6）Martin Broszat, Der Staat Hitlers: Grundlegung und Entwicklung seiner inneren Verfassung, Deutscher Taschenbuch Verlag, 2000, p. 404.（7）Wolfgang Benz, Hermann Graml, Hermann Weiß, *Enzyklopadie des Nationalsozialismus* Deutscher Taschenbuch Verlag, 2007, p. 88.（8）Ernst Fraenkel, *Der Doppelstaat*, Europäische Verlagsanstalt, 2001, p. 49.（9）*Ibid.*（10）Ernst Fraenkel, Der Doppelstaat, *op. cit.*

（11）*Ibid.*, p. 55.（12）*Ibid.*, p. 119.（13）*Ibid.*, p. 136.（14）Lothar Gruchmann, « Nationalsozialistisches Herrschaftssystem und demokratischer Rechtsstaat », *Schriftenreihe der niedersachsischen Landeszentrale fur politische Bildung*, 1962, Heft 14, p. 72–73.（15）Lothar Gruchmann, « Die "rechtsprechende Gewalt" im nationalsozialistischen Herrschaftssystem: Eine rechtspolitisch-historischeBetrachtung », in Wolfgang Benz, Hans Buchheim, Hans Mommsen（ed.）, *Der Nationalsozialismus: Studien zur Ideologie und Herrschaft,* Fischer, 1993, p. 85.（16）Ernst Fraenkel, *op. cit.*, p. 55.（17）*Ibid.*（18）Bernd Jürgen Wendt, *Das nationalsozialistische Deutschland*, Landeszentrale für politische Bildung, 1999, p. 101.（19）Ernst Fraenkel, *op. cit.*, p. 55.（20）Günter Morsch, « Organisations-und Verwaltungsstruktur der Konzentrationslager », in Wolfgang Benz, Barbara Distel（ed.）, *Der Ort des Terrors: Geschichte der nationalsozialistischen Konzentrationslager*, vol. 1, Beck, 2005, p. 71. 強制収容所が“二重の法秩序（doppelte Rechtsordnung）”のもとにあったと考えるフ

リッツ・フォン・ヒッペルの Fritz von Hippel, *Die Perversion von Rechtsordnungen,* Tübingen, J. C. B. Mohr, 1955, p105–108 もあげておく。さらには、“一般的に強制収容所は、規範的また非規範的な態度および行動が絡みあっているという点で興味深い研究の対象である。たとえ強制収容所が、じつは反規範的政権に特有の機構でありつづけ、もちろん囚人らにとっての保証となることはけっしてなかったにせよ、きわめて多様な“規範のルール”が発展を見せたのである”とするハンス・ブッフハイムもいる。その“規範のルール”の適用を受ける囚人は、いつそれを享受できなくなるかもしれなかった。このようにブッフハイムは、専横と隣り合わせにルールが存在したことを認めたものの、その分析を先に進めようとはしなかった。« Befehl und Gehorsam », in Hans Buchheim, Martin Broszat, Hans-Adolf Jacobsen, Helmut Krausnick（ed.）, *Anatomie des SS-Staates,* Deutscher Taschenbuch Verlag, 1999, p268. 収容所における専横については、Herbert Jäger. *Verbrechen unter totalitarer Herrschaft: Studien zur nationalsozialistischen Gewaltkriminalitat,* Suhrkamp, 1982, p. 27–35 を参照されたい。（21）Jan Erik Schulte, « Die Konvergenz von Normen-und Maßnahmenstaat: Das Beispiel SS-Wirtschafts-Verwaltungshauptamt, 1925–1945 » p. 104 の注解を参照。Wolf Gruner, Armin Nolzen（ed.）, *Burokratien: Initiative und Effizienz. Beitrage zur Geschichte des Nationalsozialismus 17,* Assoziation A, 2001 に収録。（22）*Ibid.* p. 170. 規律のいわゆる専横性については、Christian Dürr, Jenseits der Disziplin: Eine Analyse der Machtordnung in nationalsozialistischen Konzentrationslagern, Passagen Verlag, 2004, p. 81 を参照。（23）Rüdiger Lautmann, « Körperzwang im Konzentrationslager: Zu einer Soziologie der Rechtlosigkeit », *Zeitschrift fur Rechtssoziologie,* 28, 2007, Heft 1, p. 3–20.（24）*Ibid.*p. 6.（25）*Ibid.*,p. 7.（26）Rüdiger Lautmann, 引用文。（27）*Ibid.*（28）*Ibid.*（29）Wolfgang Sofsky, *Die Ordnung des Terrors: Das Konzentrationslager*, Fischer Taschenbuch, 1997, p. 22.（30）*Ibid.,* p. 27.（31）*Ibid.*（32）Wolfgang Sofsky, Die Ordnung des Terros, *op. cit.*, p. 35.（33）*Ibid.,* p. 35–36.（34）イェルグ・バルッケはヴォルフガンク・ゾフスキの著作について、ことにその“概念上の矛盾”をとりあげて批判している。Jörg Balcke, Verantwortungsentlastung durch Organisation: Die « Inspektion der Konzentrationslager » und der KZ-Terror, Diskord, 2001, p. 15–17.（35）Gedenkstätte Buchenwald（ブーヘンヴァルト記念館）（ed.）, Konzentrationslager Buchenwald 1937–1945: Begleitband zur standigen historischen Ausstellung, Wallstein-Verlag, 1999, p. 104–111.（36）*Ibid.*,p. 110.（37）これに関連し、ファルク・ピンゲルの“強制収容所のシステム”についての論稿も参照されたい。ピンゲルは、収容所内で発生した虐待事件を追訴しようとしたドイツの司法機関の失敗をとりあげ、看守らが恣意的に行動する選

択肢を常に持っていて、したがってそれが強制収容所の歴史の特徴だったとする（p. 20）。« Das System der Konzentrationslager », in Ludwig Eiber（ed.）, *Verfolgung-Ausbeutung-Vernichtung: Die Lebens-und Arbeitsbedingungen der Haftlinge in deutschen Konzentrationslagern 1933–1945*, Fackelträger, 1985, p. 12–33. （38）Johannes Tuchel, Die Inspektion der Konzentrationslager: Das System des Terrors, Hentrich, 1994, p. 100.
（39）*Ibid.* （40）Johannes Tuchel, « Der organisierte Terror: Die nationalsozialistischen Konzentrationslager 1933–1936 », *Antifa Spezial,* jan. 1998, p. 17. （41）Johannes Tuchel, Konzentrationslager: Organisationsgeschichte und Funktion der « Inspektion der Konzentrationslager » 1934–1938, Harald Boldt, 1991, p. 146.
（42）Johannes Tuchel, Konzentrationslager...,*op. cit.*, p. 149. （43）Stanislav Zámečník, *Das war Dachau*, Stiftung Comité International de Dachau, 2002, p. 125. （44）*Ibid.*,p. 134–135. （45）*Ibid.*,p. 135. （46）哲学者クリスティアン・デュルは、懲戒手続きについてごく表面的に言及したあと、収容所における〈制裁〉の原則は、このように規律秩序と客観性の体裁を与えようと試みてはいるが、専横性に特徴づけられていたと結論する。Christian Dürr, *Jenseits der Disziplin: Eine Analyse der Machtordnung in nationalsozialistischen Konzentrationslagern*, *op. cit.*, p. 81. （47）編集上の都合から、いくつかの節は短縮せざるをえなかった。また時間的な制約もあり、拘禁制度の広い意味での医学的側面に関する膨大な量の文書をつぶさに調査することもできなかった。つまり、囚人に適用された保健衛生制度をはじめ、囚人に対して行われた医学実験、労働災害時の対応にはふれていない。しかしながら、それら文書の最初の分析から、本書で述べる拘禁制度の分析について全面的な裏付けは得られたものと明言できる。（48）Hannah Arendt, Les Origines du totalitarisme, *op. cit.*, p. 289. （49）（ナチ刑法体系というコンテキストにおける）総統の意向については：Gerhard Werle, *op. cit.*, p. 681–732. （50）Werner Best, *Die deutsche Polizei*, L. C. Wittich, 1940, p. 15. （51）Georges Dupuis, Marie-José Guédon, Patrice Chrétien, *Droit administratif*（行政法）, Dalloz, 2009, p. 659.
（52）Gérard Cornu（dir.）, *Vocabulaire juridique*（法律用語）, PUF, 1996, p. 63.
（53）Hannah Arendt, *Responsabilité et jugement*, Payot et Rivages, 2009, p84,（『責任と判断』筑摩書房、2007）（54）*Ibid.* （55）ヘルマン・カイエンブルクは、ほんの数行だけ強制収容所における懲戒の手続きに言及するのだが、収容所が専横性により特徴づけられると結論する。Hermann Kaienburg, *Vernichtung durch Arbeit: Der Fall Neuengamme*, J.H.W. Dietz Nachf, 1990, p. 51. （56）Wolfgang Sofsky, *Die Ordnung des Terrors*, *op. cit.*, p. 132. この行動余地（Handlungsspielraum）という概念は多くの議論を呼び、ドイツ国防軍（Wehmacht）兵士による犯罪との関連で理論づけされた。したがってこの問題は、ドイツ国防軍による犯罪につ

いての例の展示場に備えられたパンフレットにもその議論が収録された。Ulrike Jureit, Jan Reemtsma, *Verbrechen der Wehrmacht: Dimensionen des Vernichtungskrieges 1941–1944*, Hamburger Edition, 2002, p. 579 sq.　ウルリケ・ユライトはその議論の抜粋を Christian Hartmann, Johannes Hürter, Ulrike Jureit（ed.）, *Verbrechen der Wehrmacht: Bilanz einer Debatte*, Beck, 2005 に収録の « Motive-Mentalitäten-Handlungsspielräume: Theoretische Anmerkungen zu Handlungsoptionen von Soldaten » に提供している。ユライトは、ことにドイツ国防軍の指揮形態が兵士らの自発性に基づいていた点を強調する。命令はむしろ達成すべき目標であって、それが達成されるべく、兵士に一定の主導権を与えていたとする。（57）Pierre Truche（dir.）, *Juger les crimes contre l'humanité vingt ans après le procès Barbie*（バルビー裁判から 20 年後、人道に対する罪を裁く）, ENS Éditions, 2009, p. 179 に収録の Johannes Schwartz, « Les marges de manœuvre de trois gardiennes à Ravensbrück（ラーフェンスブリュックの女性看守 3 名の行動余地）».（58）Christopher R. Browning, Des hommes ordinaires: le 101e bataillon de réserve de la police allemande et la solution finale en Pologne, Les Belles Lettres, 1994.（『普通の人びと―ホロコーストと第 101 警察予備大隊』筑摩書房、1997）（59）これら"ふつうの"殺人者について、まさにクリスチャン・シュヴァンディエの注意を引いたのは、彼らが"過激化した人種偏見の殺人者のイメージとは幼いころから無縁であり、なぜなら大人になってからの大部分をヴァイマール共和制のもとで過ごしたからで、おまけに――彼らの上官が指摘したように――命じられた殺人の任務を拒否する可能性も与えられていた。だがほんの 10〜20 パーセントだけが虐殺に加わらなかった"という点だった。Christian Chevandier の書評サイト « Christopher R. Browning. "Des hommes ordinaires. Le 101e bataillon de réserve de la police allemande et la solution finale en Pologne" », Clio, 1995, no 1, http://clio.revues.org/index537.html（最終閲覧：2013/03).（60）ほかにも、国防軍特別行動（SAW)〉や〈夜と霧（NN)〉指令,〈労働による再教育〉,〈矯正拘禁〉などの特別措置が個人を強制収容所拘禁するための根拠となった。囚人に関する業務書簡のなかに、しばしば氏名のわきに拘禁の根拠となった措置の略号が書きこまれている。アネッテ・エーベルレは、強制収容所への拘禁の決定根拠となった各種条文を一覧表にまとめた。Annete Eberle, *« Häftlingskategorien und Kennzeichnungen »*, in Wolfgang Benz, Barbara Distel（ed.）, *op. cit.*, t.1, p. 102–106.（61）保護拘禁（Schutzhaft）刑に適用された制度については：Gerhard Werle, *op. cit.*, p533–554.（62）BArch R 58/264 Bl. 42.（63）Gerhard Werle, *op. cit.*, p. 539.（64）同規定の規範的な価値については：*Ibid.*,p. 522–537.　以後の条文、主に 1934 年 4 月 12・26 日付および 1938 年 1 月 25 日付の規定が個人を保護拘禁

にて収容する手続きを改訂また補完する。（65）BArch R 58/264 Bl. 43.（66）BArch RD 19/3, Bl. 200 sq.（67）予防拘禁（Vorbeugungshaft）制度については：Gerhard Werle, *op. cit.*, p. 499–521. 同制度は、主に1937年12月14日付規定に準拠：*Ibid.*,p. 489–492.（68）Annette Eberle, *op. cit.*, p. 95. ブーヘンヴァルト強制収容所に続々と拘禁された囚人グループについては：Gedenkstätte Buchenwald（ed.）, *op. cit.*, p. 60–85.（69）それらの警察の行動については：Annette Eberle, *op. cit.*, p. 102–106.（70）この表現は：Gerhard Werle, *op. cit.*, p. 521.（71）〈夜と霧〉指令とは、1941年以降、狙いを定めた人びとを秘密裡にドイツへ送り、そこで裁判にかけて拘禁せよというヒトラーの命令に基づく作戦だった。彼ら囚人の消息について、ドイツ当局は完全な沈黙を守った。それは拘束された人びとの近親者に恐怖感を与える目的のためだった。本書第Ⅰ部2“〈夜と霧〉指令による囚人”を参照。（72）これは1937年に刊行の法学書のタイトルである：Werner Spohr, *Das Recht der Schutzhaft*, Georg von Stilke, 1937. とりわけ著者は“保護拘禁を宣告することの法的根拠”の分析を行った。50ページを数える第2部は、“法律、法規、法令そして判例”にすべて割かれている。（73）Hans Tesmer, *« Die Schutzhaft und ihre rechtlichen Grundlagen »*, Deutsches Recht, Heft 7/8, 15 avril 1936, p. 135–137. この論文の閲覧は：BArch R 58/264 Bl. 87–92.（74）BArch R 58/1027 Bl. 109.（75）Nikolaus Wachsmann, *Gefangen unter Hitler*, Siedler, 2006.（76）それら多くの収容所の歴史を概観した著作：Wolfgang Benz, *« Nationalsozialistische Zwangslager: Ein Überblick »*, in Wolfgang Benz, Barbara Distel（ed.）, *op. cit.*, t.1, p. 11–29.（77）各種収容所の詳細については：Martin Weinmann（ed.）, *Das nationalistische Lagersystem*（*CCP*）, Zweitausendeins, 2001, p. 715–728.（78）1943年、アウシュヴィッツ強制収容所は三つに分割された。アウシュヴッツ第Ⅰは基幹収容所、第Ⅱ（ビルケナウ）は殺人施設、そして第Ⅲ（モノヴィッツ）は工場集団である。アウシュヴィッツの組織構成については：Raul Hilberg, *op. cit.*, t.3. Gallimard, 2006, p. 1666–1667.（79）ヨーロッパのユダヤ人絶滅作戦については、ラウル・ヒルバーグの膨大な著作を参照：Raul Hilberg, *La Destruction des juifs d'Europe*, 3 vol., Gallimard, 2006.（『ヨーロッパ・ユダヤ人の絶滅』柏書房、2012）〈絶滅収容所（Vernichtungslager）〉の語の定義については：Wolfgang Benz, *« Nationalsozialistische Zwangslager: Ein Überblick »*, in Wolfgang Benz, Barbara Distel（ed.）, *op. cit..*, vol. 1, Beck, 2005, p. 23–25.（80）殺人施設の詳細については：Raul Hilberg, *op. cit.*, p. 1595–1657.（81）“クルムホフおよび総督府内の強制収容所は犠牲者処理が主な活動になっており、作業班の数は比較的少ないほうだった”：Raul Hilberg, *op. cit.*, p. 1680. 彼らは収容所の保全と絶滅作業に使役されていた。トレブリンカについてはp. 1704

を参照。（82）*Ibid.*, p. 1595. （83）Raul Hilberg, *op. cit.*, p. 1664. （84）アウシュヴィッツおよびマイダネクでの囚人使役については：*op. cit.*,p. 1697–2719. （85）Gedenkstätte Buchenwald（ed.）, *op. cit.*, p. 129. （86）マイダネクとアウシュヴィッツ第Ⅱ収容所だけにガス室が設けられていたのではなかった。ほかにも多くの収容所でガス室は稼働していた。とはいえ、これらは殺人施設としての収容所とは異なり、大量殺戮のために使われることはなかった。（87）ラウル・ヒルバーグは、死の収容所6カ所における絶滅作戦の犠牲者の数を表にして記した：Raul Hilberg, *op. cit.*, p. 2272. （88）Klaus Drobisch, Günther Wieland, *System der NS-Konzentrationslager 1933–1939*, Akademie Verlag, 1993, p. 11. （89）BArch NS 3/426. （90）BArch NS 3/426. ドイツが1929年7月27日の〈俘虜の待遇に関する条約〉を適用したのは1934年からであった。（Reichsgesetzblatt 1934, II. p. 227）: www.icrc.org（最終閲覧：2013/03）. （91）BArch NS 19/1542 Bl. 43. （92）*Ibid.* （93）BArch NS 19/1919 Bl. 26. （94）BArch R 58/3557. （95）BArch NS 19/1919 Bl. 29. （96）その定義の基準は学術文献でもコンセンサスとなっている。しかし〈International Tracing Service 1947〉が用いるようなより古い分類法は、RSHAの管轄かどうかを基準にしていた。これについては：Martin Weinmann, *op. cit.*, p729, ou Gudrun Schwarz, *Die nationalsozialistischen Lager*, Campus, 1990, p. 143. （97）BArch NS 19/1919 Bl. 29. 似たような指令がRSHA（Ⅳ・C・2）長官名で1940年5月3日付指令として同一文章で以下の強制収容所を例にあげた：ダッハウ、ザクセンハウゼン、ブーヘンヴァルト、フロッセンビュルク、マウトハウゼン、ラーフェンスブリュック。各〈強制収容所〉の強制収容所監督官への帰属化は徐々に進められた。1939年12月、親衛隊全国指導者は“既存の全強制収容所はただちに強制収容所監督官の管轄下に入るものとする”と命じた。BArch NS 19/1919 Bl. 5. （98）このSS-WVHAへの帰属は、強制収容所に期待されていた経済上の貢献を決定的なものにした。一収容所を強制収容所体系に組みこむ諸手続きの関する詳細な関連書類の研究がたいへんに興味深い。これについては、ヒムラーの書簡を参照されたい：BArch NS 19/369. （99）BArch NS 19/1919 Bl. 5. それはつぎにあげるように、新規の強制収容所が指令書に基づいて建設されたことの確認となる：1943年6月11日に開設のワルシャワ強制収容所（BArch NS 3/426 Bl. 105）、リガ強制収容所（BArch NS 3/426 Bl. 46）、シュトゥットホーフ強制収容（BArch R 58/1027 Bl. 238）、ルブリン（マイダネク）強制収容所（BArch R 58/1027 Bl. 290）、コヴノおよびヴァイヴァラ強制収容所（BArch R 58/1027 Bl. 313）、そしてヒムラーによる通過収容所ソビボルを強制収容所に変換するための1943年7月5日付計画案（BArch NS 19/1571）。（100）たとえ

ば、1942年1月12日付の強制収容所監督官に宛てた書簡（BArch NS 3/52 Bl. 113）、あるいは歴史文献にも見られる：Martin Weinmann, *op. cit.*, p. 729.（101）たとえば1940年7月1日付で強制収容所監督官の管下に入った〈ヒンツァート SS特別収容所〉の例：BArch NS 4 HI 54 Bl. 3.（102）ヒンツァートと同じような例は少なくない。ほかにも、折衷機能を持つ収容所は存在した。ヒムラー自身、〈強制収容所〉の厳密な定義による正規の基準を用いていたわけではない。彼は、サライスピルスに所在の〈労働による再教育収容所〉に関する1943年5月の書簡で、"これは保安警察司令官の所管にあるが、実際面では強制収容所である"と説明している：BArch NS 19/369 Bl. 1.（103）ヒンツァート強制収容所については、Wolfgang Benz, Barbara Distel（ed.）, *op. cit.*, vol. 5, Beck, 2007, p. 17–4に収録の Uwe Bader, Beate Welter, « *Das SS-Sonderlager Hinzert* » を参照のこと。（104）ThHStAW, KZ. u. Hafta. Buchenwald Nr. 18, Bl. 381. 後に検討することになるが、警察による拘禁を想起させる点については、広い意味でとらえる必要がある。たとえば囚人の家族に適用される例があった経済支援は、RSHAがその制度を定めていた。その支援は国民の動揺を防ぐためであり、したがって社会福祉というより、警察としての対応である。同じくRSHAは、ある種の囚人が外部とやりとりする郵便の規制も管轄していたのである。（105）Geheime Staatspolizeiの略、"秘密国家警察"を意味する。（106）アウシュヴィッツ強制収容所の管理体制の研究から出発して、アレクサンデル・ラスィックは各強制収容所管理組織に関する唯一の総括的な論文を発表した：Aleksander Lasik,« Die Organisationsstruktur des KL Auschwitz », in *Auschwitz 1940–1945, Studien zur Geschichte des Konzentrations-und Vernichtungslagers Auschwitz*, vol. I, Verlag des Staatlichen Museums Auschwitz-Birkenau, 1999, p. 165–320. 強制収容所の管理組織について、私の調査はその研究に基づいて進められた。より最近の文献あげておくと、ギュンター・モルシュの強制収容所の管理機構に関する著作もあるが、かなり厳密さに欠ける：« Organisations-und Verwaltungsstruktur der Konzentrationslager », in Wolfgang Benz, Barbara Distel（ed.）, *op. cit.*,t.1, p. 58–75.（107）別表Iを参照。（108）Aleksander Lasik, *op. cit.*, p. 168.（109）Reichsgesetzblatt 1939, Teil I, Nr. 182, p. 1825, ausgegeben zu Berlin, den 18. September 1939. この文書はつぎのWebページにて参照可能：http://alex.onb.ac.at（最終閲覧：2013/03）.（110）1943年の終わり、ブーヘンヴァルトに収容のほぼ半分（46パーセント）の囚人が外部収容所に移された：Gedenkstätte Buchenwald（ed.）, *op. cit.*,p. 177.（111）ときには"衛星収容所"とも呼ばれた。（112）強制収容所中央機構は、各囚人の配置を類別するための明確な用語を定めなかった。囚人の種々の配置を示すにあたり、収容所文献上の用語にある種のあいま

いさがあるのはそのせいである。最近の著作より、必要とされていたその明瞭化がようやく実現した。本書では、ザビーネ・シャルムが明らかにした用語上の複雑さを説明しないが、彼女が自著にて用語問題を扱っている部分をぜひ読んでいただきたい：Sabine Schalm, *Uberleben durch Arbeit ?* Metropol, 2009, p. 45–50. 〈外部コマンド〉や〈労働コマンド〉、〈外部収容所〉、〈労働収容所〉などの語は、その類別があいまいなまま管理文書のなかで使われている。読みやすさを重視し、訳す際、用語のぶらつきをあえて反映させぬようにした。基幹収容所に帰属する実際の収容所、つまり囚人らがそこで使役され就寝もする場所を指す場合、原語の呼称が何であれ、本書では一律に〈外部収容所〉と呼ぶようにした。ひとつの作業に配置された囚人らで構成される集団を〈労働コマンド〉もしくは単に〈コマンド〉とした。強制収容所当局も外部収容所の呼称統一は試みたようだ。たとえば1943年6月、SS-WVHA・D・Ⅱ部は“軍需産業内に最近創設された被収容者らで構成されるコマンドは、統一の呼称〈外部収容所〉にすべきである”とした：BArch NS 4 NA 3. (113) Gedenkstätte Buchenwald (ed.), *op. cit.*, p. 177. (114) Sabine Schalm, *op. cit.*, p. 48. (115) *Ibid.*, p. 49.

第1部

(1) Jorge Semprun, *Le Grand Voyage* (大旅行), Gallimard, 1963, p. 192. (2) *Ibid.* (3) David Rousset, *L'Univers concentrationnaire* (強制収容所という世界), Éditions du Pavois, 1946, p. 37. (4) Règlement intérieur du camp de concentration de Ravensbrück (ラーフェンスブリュック強制収容所の内部規程書), *Dienstvorschrift fur das Fr. K.Z.-Ravensbrück* (*Lagerordnung*), BArch Film Nr. 41304, p. 14. (5) 強制収容時の拘禁の囚人らを対象とした郵便物送受の特別制度はごく早い時期に設けられた。1937年3月4日付の条令によれば、郵便の送受に関し、ダッハウ強制収容所の囚人は親衛隊全国指導者兼ドイツ警察長官ヒムラーが発布した収容所内部規程の条文にしたがうこととなった：BArch R 58/264 Bl. 293–297. (6) Julien Lajournade, Le Courrier dans les camps de concentration. Système et rôle politique (強制収容所における郵便物　システムと政治的役割) 1933–1945, Éditions L'image document, 1989, p. 54. (7) *Ibid.*

第1章

(1) 日付欄の下には、おそらく家族が問いあわせてくるのを思いとどまらせるためだろう、ドイツ語で“釈放時期は現在のところ通知できない。接見も禁止。いかなる要請も受けつけない”と印刷してある：BArch NS 4 BU 104. (2)

郵便用の用紙（便箋、はがき）の種類については：Julien Lajournade, *op. cit.*, p. 143–151. （3）Julien Lajournade, *op. cit.*, p. 149. （4）BArch NS 3/379 Bl. 92. （5）BArch NS 3/379 Bl. 92. 同じくこれも BArch NS 4 NA 62 Bl. 20. （6）BArch NS 4 BU 104. ブーヘンヴァルト強制収容所に拘禁中の囚人ヴィリー・Sが 1942年2月6日に出した葉書には、印刷された内規抜粋の上にさらにスタンプが捺してあり，“私は3カ月に1通の手紙を書き、また受けとることができます”というドイツ語の一文が読める. ：BArch NS 4 BU 104. このスタンプの文言は、郵便物送受の一般制度そのもの変更なのか、あるいはこの囚人だけが対象の措置だったのか？ （7）Règlement intérieur du camp de concentration de Ravensbrück, *op. cit.*, p. 36. 同規程によれば、“公用郵便は制限数から除外され”、その送受は収容所司令官の承認――2.）の末節――を得ることとある：*Ibid.*, p. 30. （8）*Lagerordnung Konzentrationslager Sachsenhausen*/1.1.38.0 O.Nr.7, p. 4, IST Archives, Bad Arolsen. 注意すべき唯一の相違点は、〈被収容者たち〉が〈それぞれの被収容者〉と入れかわること。 （9）BArch NS 4 NA 8 Bl. 9. （10）« Allgemeine Anordnungen für den Briefverkehr und Paketempfang der Häftlinge im Konzentrationslager Dachau »: BArch NS 4 DA 29 Bl. 206–208. これは私たちが知るかぎり、囚人の郵便送受についての最も詳細な資料である。署名は司令官のものだが、レターヘッドは収容所第Ⅲ部（管理部、すなわち所内郵便局を所管）である。（11）*Ibid.*, Bl. 206. （12）BArch NS 4 DA 29 Bl. 206. （13）BArch NS 3/379 Bl. 50. ブーヘンヴァルトにて使われていたカード：ThHStAW, KZ u. Hafta. Bu. Nr. 18, Bl. 388–389. ブーヘンヴァルトの司令官の 1939年11月22日付指令によると、カードの管理はブロック指導者に任せられたとある。囚人らが自らその管理をすることは禁じられており、司令官はその注意喚起を行った。それに違反するようなことがあれば、ブロック指導者は収容所からの外出を2週間禁じられるという制裁処分を受けた：Barch NS 4 BU 33. （14）マウトハウゼンおよびザクセンハウゼン両強制収容所の囚人に届いた郵便物に捺された幾種類かのスタンプはつぎを参照：Julien Lajournade, *op. cit.*, p. 80. （15）葉書に書く日と便箋に書く日は交互に設定された：BArch NS 4 NA 80 Bl. 3. （16）*Ibid.* （17）BArch NS 4 GR 6 Bl. 15. （18）*Ibid.* 司令官は、自分の指示が正しく適用されるように手本まで用意させた：BArch NS 4 GR 6 Bl. 15. ナッツヴァイラー収容所においても、囚人の拘禁場所を秘密にすることと、実際に郵便物を配布しなければならないというディレンマに陥った。1944年8月22日付の文書にて、ナッツヴァイラーの所内郵便局はネッカレルツ外部収容所の指導者に対し、“いかなる場合にも、被収容者宛の郵便物に当人が収容されている外部収容所の所在地を特定できるような〈Neck〉や〈Ng〉の語を書いて

はならない”と、1944年8月10日および18日付の通達にある規則を守るよう要望した：BArch NS 4 NA 9 Bl. 138. 同郵便担当はその郵便物を外部収容所の届けたものの、今後はそれらを廃棄のうえ、宛先人が受領したものとして受信制限数に勘定すると警告する。一方、外部収容所名の記載がないことで郵便物の配布作業には支障が起きていた。それに対処するため、ナッツヴァイラーの所内郵便局は外部収容所オーバーエーンハイム（Oberehnheim）に1943年1月8日付の通知を送り、そのなかで“差出人住所に〈ブロック・O〉を加え、それを宛先人にも知らせる。これを全囚人に周知されたい”との指示を与えた：BArch NS 4 NA 80 Bl. 3. 関係者にとって、“ブロック・O”は外部収容所オーバーエーンハイムを意味した。基幹収容所ナッツヴァイラーの囚人宛の郵便物にブロック名を書くことはない。通常、囚人宛の住所には囚人の氏名のほか、出生年月日、登録番号、そして収容所と住所を書くことと決まっていた：BArch NS 4 NA 87. （19）BArch NS 4 GR 6 Bl. 15. （20）David Rousset, *Les Jours de notre mort*（われらの死の日々）, Éditions du Pavois, 1947, p. 185. （21）その例外とは保護拘禁中の本国ドイツ人のみに適用されるもので、彼らには軍事郵便の利用が認められていた：BArch NS 4 DA 29 Bl. 207. 原典に訂正が加えられているため、例外適用がどの範囲までなのかは断定できない。（22）BArch NS 4 DA 29 Bl. 207. “封筒なし”は手書きで加筆されているが、元の文は“印刷された封筒”である。（23）David Rousset, Les Jours de notre mort, *op. cit.*, p. 145. （24）Règlement intérieur du camp de concentration de Ravensbrück, *op. cit.*, p. 36. （25）David Rousset, Les Jours de notre mort, *op. cit.*, p. 94. （26）« Kochen »、おそらく外部収容所コッヒェンドルフ・フリードリヒシャル。（27）BArch NS 4 NA 90 Bl. 2. 同月22日付の文書により、その指令書の典拠が判明した：BArch NS 4 NA 9 Bl. 138. （28）BArch NS 4 NA 90 Bl. 2. （29）ナッツヴァイラーの所内郵便局は業務書簡のなかで、同外部収容所に8月19日付で規定の〈便箋葉書〉用紙を送ったことを確認し、白紙に書かれた信書はその〈便箋葉書〉に書き写された後、所内郵便局に再送されるべきと指示した。同年7月26日付のネッカーエルツ外部収容所の指導者宛の書信でも、信書に白紙を使うことの禁止は“基本的に、被収容者は厳密に14日おきの周期を守る必要はないが、月に出せる手紙は2通である”という信書送受の回数制限よりも重要であるとの見解を示した：BArch NS 4 NA 64 Bl. 1. （30）その原則は、“被収容者が宛先人または差出人の手紙や葉書は、インクにて書かれるものとする”というナッツヴァイラーの内部規程第2条によっても確認された：BArch NS 4 NA 8 Bl. 4. （31）それについては、強制収容所監督官が異なる郵便物取扱の規則間で起きる抵触問題を解決しなければならなかった。強制収容所監督官グリュックス

は、1940年10月10日付の全強制収容所司令官に宛てた文書にて、ポーランド人戦争捕虜に適用の信書送受制度と、強制収容所の囚人らに適用の制度間にある矛盾を解決しようと試みた。ポーランド人戦争捕虜に適用の規定では手紙を書くのは鉛筆だけが認められ、強制収容所の囚人にはインクしか認められないため、両カテゴリ間の文通は不可能になってしまったからだ。したがって監督官は、“そのように届いた信書は、戦争捕虜収容所の消印にて識別が可能なので、強制収容所内では検閲を終えたあと宛先人の被収容者にわたすこと”を奨励した：BArch NS 4 NA 6 Bl. 1. （32）BArch NS 4 DA 29 Bl. 206. （33）BArch NS 4 BU 104. （34）BArch NS 4 NA 87. （35）BArch NS 4 NA 62 Bl. 18. 所内郵便局の手紙は、その規則の適用は信書だけが対象であり、小包については差出人がだれであろうと構わないと説明する。1943年当時、おそらく食材小包の重要さが増していたため、囚人は小包を受けとることはできても、添付された伝言を読むことが許されないという、ひどくばかげた規則がつくられたのだろう。（36）BArch NS 4 NA 80 Bl. 2. （37）*Ibid.* （38）Julien Lajournade, *op. cit.*, p. 91–92.

第2章

（1） Règlement intérieur du camp de concentration de Ravensbrück, *op. cit.*, p. 42. ナッツヴァイラーの第Ⅲ部（保護拘禁所指導部）は1942年5月22日、所内の信書検閲の担当部署に脱走未遂犯の布バッジを着用した囚人への信書送受禁止令を解くよう通知。以後、当人らは2週ごとに手紙を書けるようになった。この禁止解除（逆に禁止もある）も、司令官指令に基づく：BArch NS 4 NA 57 Bl. 114. ブーヘンヴァルトでは、信書送受の禁止は収容所全体に及ぶこともあった：BArch NS 4 BU 104. 懲戒と郵便物送受の禁止については、本書第2部にて詳述する。懲戒処分としての郵便送受禁止についての総論は：Julien Lajournade, *op. cit.* 章 , p. 83–85. （2）本国ドイツ人に適用の優遇制度についてはふれない。（3）BArch NS 3 426 Bl. 49. （4）SS-WVHA・D・Ⅰ（親衛隊経済管理本部D局Ⅰ部）のレターヘッドの通達にSS-WVHA・D局長グリュックスが署名：BArch NS 4 NA 6 Bl. 24. （5）1943年5月17日付のダッハウ強制収容所の規則第2条も参照のこと：Barch NS 4 DA 29 Bl. 206. （6）BArch NS 3 426 Bl. 49. （7）*Ibid.* （8）*Ibid.* （9）BArch NS 3/426 Bl. 49. （10）BArch NS 4 GR 6 Bl. 15. （11）*Ibid.* これと食いちがう“業務指令1・44第1条が定めるユダヤ人被収容者の郵便送受の許可は取り消しとなり、新たな指示のあるまで全郵便の送受が禁止となる”との一文が通達の終わりに追記されている：BArch NS 4 GR 6 Bl. 21. この禁止条項は最後に加えられたようである。これが

同収容所に限定されたものか、あるいは全収容所のユダヤ人囚人が対象だったのかは不明。（12）BArch NS 4 BU 35 Bl. 8. （13）BArch NS 4 BU 35 Bl. 8. （14）ただし、それを明言するだけの確証はない。（13）の規則はユダヤ人に限定されたのか、あるいは全囚人が対象だったのか？ （15）Julien Lajournade, *op. cit.*, p. 113. （16）BArch NS 4 DA 29 Bl. 203. （17）*Ibid.* （18）Julien Lajournade, *op. cit.*, p. 138. （19）BArch NS 3/426 Bl. 88. （20）BArch NS 4 BU 31 Bl. 19. （21）David Rousset, Les Jours de notre mort, *op. cit.*, p. 185. （22）*Ibid.*,, p. 375. （23）Julien Lajournade, *op. cit.*, p. 69. （24）BArch NS 4 DA 29 Bl. 206. （25）Julien Lajournade, *op. cit.*, p. 65–67. （26）*Ibid.*, p. 66. （27）Julien Lajournade, *op. cit.*, p. 67. （28）BArch NS 3/426 Bl. 88. （29）この規制は、1941年12月7日付の国防軍参謀本部長カイテルが署名した条令（その後、ことに1941年12月12日付および1942年2月6日付などいくつかの条令によって改訂された）に基づく。つぎの著作を参照のこと：Lore Maria Pechel-Gutzeit, *Das Nurnberger Juristen-Urteil von 1947. Historischer Zusammenhang und aktuelle Bezuge,* Nomos, 1996, p. 101–127. （30）1944年7月11日付のナッツヴァイラー強制収容所司令官に宛てたゲシュタポ（RSHA- Ⅳ・C・2）の書簡：BArch NS 4 ST 1 Bl. 2. （31）たとえば、1942年9月8日付の文書：BArch NS 4 NA 57 Bl. 121. （32）ThHStAW, KZ u. Hafta. Bu, Nr. 14, Bl. 148. （33）BArch NS 4 ST 1 Bl. 2. （34）David Rousset, Les Jours de notre mort, *op. cit.*, p. 250. （35）BArch NS 3/426 Bl. 155. （36）*Ibid.* （37）オリジナル文書の判読困難。（38）BArch NS 4 NA 3 Bl. 10. （39）*Ibid.* （40）*Ibid.*, （41）BArch NS 4 NA 57 Bl. 115. ナッツヴァイラー強制収容所司令官の指示は、単に中央本部の指令をそのまま適用したものと思われる。ヒムラーが各強制収容所司令官に宛てた1936年3月23日付の累犯の囚人（つまり、強制収容所に拘禁されるのが2度目以上）に関する条令は、“本官は該当する被収容者対し、年に4通の信書送受を承認する”と適用すべき郵便物取扱いの規則を指定している：BArch R 58/264 Bl. 202. ということは、累犯者に対する年に4通という規則は従来どおり変わっていないことが分かる。（42）BArch NS 4 NA 57 Bl. 114. （43）Gedenkstätte Buchenwald（ed.）, *op. cit.*, p. 70. （44）BArch NS 4 BU 32 Bl. 6/8. （45）Règlement intérieur du camp de concentration de Ravensbrück, *op. cit.*, p. 30. （46）BArch NS 4 NA 65 Bl. 76. （47）BArch NS 4 NA 65 Bl. 9. 入手できた書式を見ると、何ヵ所か細部が異なる3種類が用いられていた。白紙に申請書を書くことも許されていた：BArch NS 4 NA 65 Bl. 80. 1943年5月19日付の白紙に書かれた申請書は正確に書式の形式をまねているが、唯一の相違点は保護拘禁所指導者宛ではなく司令官宛である点。（48）BArch NS 4 NA 65 Bl. 9. （49）BArch NS 4 NA 65 Bl. 60. 理由

の異なる申請、たとえば腹痛に効く薬を家族から送らせるため手紙を出したいという例もある。その薬を所内衛生室で入手できなかったとの理由をつけ加えている。この事例では、ナッツヴァイラー収容所医官による承認の書き込みもある：BArch NS 4 NA 65 Bl. 21. （50）BArch NS 4 NA 65 Bl. 89. （51）BArch NS 4 NA 65 Bl. 8–9. （52）BArch NS 4 NA 65 Bl. 80. （53）BArch NS 4 NA 65 Bl. 60. ほかの例、たとえば収容所に手紙を宛てた囚人の妻に夫が返事を出すには制限数を超過するので、保護拘禁所指導者がコマンド指導者に当人から申請書を出させるよう指示している：BArch NS 4 NA 65 Bl. 75–76. （54）BArch NS 4 BU 102. （55）ThHStAW, KZ u. Hafta Bu. Nr. 12, Bl. 98. （56）*Ibid.* （57）David Rousset, Les Jours de notre mort, *op. cit.*, p. 139. （58）*Ibid.*, p. 139–140. （59）1940 年 3 月 21 日、ある囚人のニューヨークに住む姉がブーヘンヴァルトの司令官宛に手紙を書き，そのなかで 1 年以上も弟の消息がなくて心配しており、弟が外国に手紙を書くことを許可することと、添付の手紙を本人にわたすことを依頼した：BArch NS 4 BU 104. （60）たとえば、1940 年 9 月 4 日、刑事警察（クリポ）はブーヘンヴァルト収容所に対し、2 カ月前から連絡のない息子の心配をしているその両親に手紙を書くよう当人に命じることを要請した：BArch NS 4 BU 104. （61）囚人は予防拘禁（Vorbeugungshäftling）中であるため、クリポの所管であった。（62）BArch NS 4 BU 104. （63）*Ibid.* （64）BArch NS 4 NA 91 Bl. 54. 何が理由で注意の対象となったのかは不明。1944 年 8 月 2 日付の文書にて、ナッツヴァイラーの政治部は保護拘禁所指導部に対し、やはりある囚人が妻への手紙を 2 カ月以上も書いていないと通知している。政治部は最後の手紙の日付も伝えた：BArch NS 4 NA 65 Bl. 121. （65）BArch NS 4 GR 6 Bl. 15. ザクセンハウゼン強制収容所の 1942 年 11 月 6 日付内規第 10 条は、最少から“各被収容者はその留守家族に消息を伝えなければならない”と囚人に対し義務づけていた：*Lagerordnung Konzentrationslager Sachsenhausen*/1.1.38.0 O.Nr.7 ITS Archives, Bad Arolsen. （66）BArch NS 4 GR 6 Bl. 15. （67）1944 年 6 月 21 日、ナッツヴァイラーの所内郵便局は、レオンベルク労働コマンド隊長が配下の囚人エミール・B に対し、ただちに妻宛の手紙を書く命令を出すよう要求した。それには“この措置がある依頼に基づいていることを本人に知らせないこと”と明記されてあった。郵便担当部署は外部収容所などの責任者が同様の指示を実施したかを知ることができた。それは、“当人の妻宛の手紙は本状に添付のうえ、当郵便局に返送すること”になっていたからである：BArch NS 4 NA 64 Bl. 2. （68）BArch NS 4 NA 65 Bl. 75. （69）BArch NS 4 NA 65 Bl. 76. （70）Jorge Semprun, *Le Mort qu'il faut*（おあつらえ向きの死人）, Gallimard, 2001, p. 187–188. （71）BArch NS 4 BU 104. （72）*Ibid.*

第3章

(1) BArch NS 4 BU 104. (2) 第4条と6条：Règlement intérieur du camp de concentration de Ravensbrück, *op. cit.*, p. 30–31. (3) BArch NS 4 BU 33. (4) Julien Lajournade, *op. cit.*, p. 81. (5) Règlement intérieur du camp de concentration de Ravensbrück, *op. cit.*, p. 31. (6) BArch NS 4 BU 33. (7) *Ibid.* (8) Julien Lajournade, *op. cit.*, p. 73. (9) BArch NS 4 BU 33. (10) *Ibid.* そのため、検閲者は各書状に氏名を記入させられたのだろう。(11) BArch NS 4 BU 1. オランダ人囚人宛にその妻から届いた手紙で問題となった内容につき、強制収容所監督官は庁内およびRSHAにおいても検討した結果、"オランダ人の妻"を追訴する必要なし、手紙は当該囚人にわたされることになった。ただし監督官がブーヘンヴァルトの司令官に要求したのは、"当のオランダ人"が今後は妻にそのような表現を使わせぬよう言い聞かせることだった：BArch NS 4 BU 1 Bl. 66. (12) BArch NS 3/426 Bl. 169. 外部収容所には、囚人の郵便物を検閲できる規模の所内郵便局はなかった。とはいうものの、ラーフェンスブリュックの内規が指示するように、役付き囚人らが最初の検閲を行った。それは、主に外部収容所から回されてくる郵便物の発送手順を定めるグロース・ローゼンの司令官の1944年5月27日付指令書の第2条項により確認できる。検閲のため基幹収容所に送られる手紙は、"最初の検閲を受けた後、12ペニッヒの切手（フランス向けは25ペニッヒ）が貼られ、被収容者の登録番号順に整理"しなければならないとある：BArch NS 4 GR 6 Bl. 15. (13) Règlement intérieur du camp de concentration de Ravensbrück, *op. cit.*, p. 30. (14) *Ibid.* (15) *Ibid.* (16) *Ibid.* (17) *Lagerordnung Konzentrationslager Sachsenhausen*, 1.1.38.0 O.Nr.7, p. 4, ITS Archives, Bad Arolsen. (18) *Ibid.* (19) *Ibid.* (20) BArch NS 4 NA 8 Bl. 4. (21) *Ibid.* (22) *Ibid.* (23) BArch NS 4 GR 6 Bl. 15. (24) BArch NS 4 BU 31 Bl. 19. (25) *Ibid.* (26) *Ibid.* (27) *Ibid.*

第2部

(1) Règlement intérieur du camp de concentration de Ravensbrück, *op. cit.*, p. 34. 〈Vergehen〉の語は、〈違反〉もしくは〈規律違反〉と訳した。語はドイツ刑法典の〈軽罪〉を示すので、直訳すべきでないと考えた。〈規律違反〉という訳語ならば、その位置づけは司法（または刑法）でなく規律の領域に入る。〈違反〉とだけ訳せば、フランス刑法の〈刑法違反〉との混同をもたらすが、その混同は原語自体にも共通する。訳語はその曖昧さを尊重したことになる。〔訳者は、そのまま日本語訳にも有効な注解と考える〕

第4章

(1) 下記参照。(2) その文書 PS-778は、部分的に〈Disziplinar-u. Strafordnung fur das Gefangenenlager(囚人収容所の懲戒および抑止規定)〉とのタイトルでDer Prozess gegen die Hauptkriegsverbrecher vor dem Internationalen Militargerichtshof, vol. XXVI, 1947, p. 291-296に収録されている。これが最初の強制収容所用の規定ではない。すでに初期の強制収容所において、内部規程や懲戒規定がそれら収容所を管轄する機関により自発的に設けられていた:Klaus Drobisch, Günther Wieland, System der NS-Konzentrationslager 1933-1939, Akademie Verlag, 1993, p. 76-81. 初期の規程のひとつが、おそらく1933年5月、ダッハウ収容所のために定められたものだろう:(Sonderbestimmungen für das « Sammellager Dachau »), D-922, Der Prozess gegen die Hauptkriegsverbrecher vor dem Internationalen Militargerichtshof, vol. XXXVI, 1949, p. 6-10. (3) 1934年8月1日発布のエスターヴェーゲン強制収容所の懲戒規定が連邦公文書館に保存されている:BArch NS 4 ANH 8 Bl. 1-7. その抜粋は:Gertrud Meyer, *Nacht uber Hamburg: Berichte und Dokumente 1933-1945*, Röderberg, 1971, p. 281-284. エスターヴェーゲンとリヒテンブルク両収容所の規定を基に、ダッハウの規定(PS-778)の完全版の複製が可能となった。(4) この規定はつぎに収録されている:Ernst Antoni, *KZ: Von Dachau bis Auschwitz: Faschistische Konzentrationslager 1933-1945*, Röderberg, 1979, p. 97-101. 1935年12月、ドイツ共産党の一組織(ドイツ赤色救援会)は強制収容所に拘禁された人々が味わう苦痛を世間に知らしめるため、この規定をビラにして配った。エルンスト・アントーニの著作はそのビラを収録している(p. 99-100)。(5) Wolfgang Sofsky, *Die Ordnung des Terrors, op. cit.*, p. 344. Wolfgang Benz, Barbara Distel (ed.), *op. cit.*, vol. 2, Beck, 2005, p. 237に収録の Stanislav Zámečník, « Dachau-Stammlager ». Johannes Tuchel, *Die Inspektion der Konzentrationslager: Das System des Terrors*, Hentrich, 1994, p. 34. Wolfgang Benz, Barbara Distel (ed.), *op. cit.*, vol. 1, Beck, 2005, p. 52に収録の Johannes Tuchel, « Organisationsgeschichte der "frühen" Konzentrationslager », あるいはまた « Der organisierte Terror: Die nationalsozialistischen Konzentrationslager 1933-1936 », *Antifa Spezial*, janvier 1998, p. 17-20. Robert Sommer, *Das KZ-Bordel: Sexuelle Zwangsarbeit in nationalsozialistischen Konzentrationslagern*, Ferdinand Schöningh, 2009, p. 52. Bernd Jürgen Wendt, *Das nationalsozialistische Deutschland*, Landeszentrale für politische Bildung Berlin, 1999, p. 98. ダッハウの内部規程の条文が全強制収容所にて終戦まで適用されていたとするイレナ・スチェレツカの Irena Strzelecka, « Strafen und Folter » は Wacław Długoborski, Franciszek Piper (ed.), *Auschwitz 1940-1945: Studien zur*

Geschichte des Konzentrations-und Vernichtungslagers Auschwitz, vol1, Verlag des Staatlichen Museums Auschwitz-Birkenau, 1999, p. 452 に収録。そのなかでイレナ・スチェレツカは、アウシュヴィッツの元司令官ルドルフ・ヘスによる 1936 年実施の内部規程を収録した彼自身の回想録（1946 年）に言及しているが、私たちはその文書を参照していない。カリン・オルトは、はっきりした説明のないまま、ダッハウにて適用の懲戒規定がすべての強制収容所においても適用されていたという立場をとる：Karin Orth, « Die nationalsozialistischen Konzentrationslager », in Peter Reif-Spirek, Bodo Ritscher（ed.）, *Speziallager in der SBZ: Gedenkstatten mit «doppelter Vergangenheit »,* Links, 1999, p. 30.　イザベル・シュプレングラーはグロース・ローゼン強制収容所に関する 1995 年の学位論文のなかで、それまで毎日のように囚人らを苦しめていたあらゆる種類の刑に、ダッハウ内部規程の刑罰がさらに加えられたと述べている：Isabell Sprengler, *Gros-Rosen: Ein Konzentrationslager in Schlesien,* Böhlau, 1996, p. 173. Jan Erik Schulte, « Die Konvergenz von Normen-und Maßnahmenstaat: Das Beispiel SS-Wirtschafts-Verwaltungshauptamt, 1925−1945 », in Wolf Gruner, Armin Nolzen（ed.）, *Burokratien: Initiative und Effizienz/Beitrage zur Geschichte des Nationalsozialismus 17,* Assoziation A, 2001, p. 184.（6）Harry Stein, « Buchenwald-Stammlager », in Wolfgang Benz, Barbara Distel（ed.）, *op. cit.*, vol. 3, Beck, 2006, p. 334. Emil Carlebach, Willy Schmidt, Ulrich Schneider, *Buchenwald ein Konzentrationslager: Berichte − Bilder − Dokumente,* Pahl-Rugenstein, 2000, p. 83.（7）Günter Morsch, « Organisations-und Verwaltungsstruktur der Konzentrationslager », in Wolfgang Benz, Barbara Distel（ed.）, *op. cit.*, vol. 1, Beck, 2005, p. 61.（8）*Ibid.*, p. 67.（9）*Ibid.*（10）Hans-Günter Richardi, *Schule der Gewalt: Das Konzentrationslager Dachau,* Piper, 1995, p. 128（初版 C.H. Beck, 1983）& « Schule der Gewalt: Das KL Dachau als Modell für den Aufbau des KL-Systems », in Ludwig Eiber（ed.）, *Verfolgung-Ausbeutung-Vernichtung: Die Lebens-und Arbeitsbedingungen der Haftlinge in deutschen Konzentrationslagern 1933−1945,* Fackelträger, 1985, p. 51.（11）PS−3751（未発表、引用のみ）in Martin Broszat, « Nationalsozialistische Konzentrationslager 1933−1945 », in Hans Buchheim, Martin Broszat, Hans-Adolf Jacobsen, Helmut Krausnick（ed.）, *Anatomie des SS-Staates, op. cit.*, p. 366−367.　同じく、つぎを参照：Ortwin Domröse, *Der NS-Staat in Bayern von der Machtergreifung bis zum Rohm-Putsch,* Dissertationsdruck Schön, 1974, p. 125.（12）たとえば、Gedenkstätte Buchenwald（ed.）, *op. cit.*, p. 336.　囚人の処刑に至る手続きについてはつぎの文献第 2 部を参照。（13）BArch NS 4 BU 142.（14）全強制収容所司令官に宛てた 1944 年 4 月 11 日付の通達で、SS-WVHA・D 局はライヒ国有資産に対する破壊活動については、当の囚人の処刑を申請すべきであ

り、よくあるように身体刑の申請をしてはならないとした：BArch NS 3/427 Bl. 37. ともかく、収容所司令官には破壊活動を犯した囚人に対し、独自に死刑宣告する権限が一切なかった。（15） BArch NS 4 BU 142. （16）*Ibid.* （17）*Ibid.* （18）*Ibid.* （19）強制収容所における最初の死刑は、1938年6月4日、ブーヘンヴァルトにて執行された。（20）これについては、つぎを参照：Bernhard Strebel, Das KZ Ravensbrück: Geschichte eines *Lagerkomplexes*, Ferdinand Schöningh, 2003, p. 25. （21）ラーフェンスブリュック強制収容所内部規程の施行時期は定かでない。ここで、ラーフェンスブリュック強制収容所を専門とする歴史学者ベルンハルト・シュトレベルが主張する現行の定説について、私の批判的な分析を簡単に述べておきたい。時期の特定にあたっては、〈強制収容所の目的と組織〉と題する内規冒頭の2ページが欠落しているという最初の問題にぶつかる。連邦公文書館に単独で保存されていた2ページ（BArch NS 3/391 Bl. 1）がそれに該当するとシュトレベルは考えるが、それは妥当である。同一の活字と用語の使用がそれを示す。ところが、施行時期を特定するための手がかりを、彼は問題の2ページのなかに見つけたのである。“戦時においては、特別の規定を設ける”という一文から、内規が開戦まえに書かれたと結論したのだ。この特定には問題がある。その2ページがおそらく問題の内規の冒頭であるにしても、それがたしかにラーフェンスブリュックの内規の2ページなのかという疑問はつきまとう。同一の手本をなぞったほかの収容所のものかもしれないからである。ほかにも、ラーフェンスブリュックの内規の中身の一文が、こんどはシュトレベルによる時期特定の仮説と食いちがうのだ。タイプで打たれた36ページの“戦争終結まで、消灯時間に関する条文は有効とする”という文、これは明らかに内規が開戦後に書かれたことを示す。“戦争終結まで”の部分は“戦時においては”と手書きで修正されている。より最近の著作 Henning Fahrenberg, Nicole Hördler, « Das Frauen-Konzentrationslager Lichtenburg: Einblicke, Funktion, Tendenzen », in Stefan Hördler, Sigrid Jacobeit（ed.）, *Lichtenburg: Ein deutsches Konzentrationslager*, Metropol, 2009, p. 180において、同書の両著者もとりわけその点に異議をとなえた。施行時期を戦前とするベルンハルト・シュトレベルの主張は後退を余儀なくされる。ラーフェンスブリュックの内部規程は、（同収容所に固有のものでないという可能性もある冒頭の2ページを考慮に入れずに）戦中に書かれたことが十分に考えられるが、遅くとも1942年3月より以前である。というのは、同内規は1942年3月に創設されたSS-WVHA・D局にはまだふれず、強制収容所監督官のみに言及しているからである。（22）Règlement intérieur du camp de concentration de Ravensbrück, *op. cit.*, p. 34. （23）ラーフェンスブリュック強制収容所では、食事抜きの罰はやはり

夕食が対象であり、女囚なので懲罰部隊ではなく懲罰ブロックへの収容となった。禁錮について、禁足3段階の書式（表Ⅱを参照）にある4日ごとの普通食は3段階それぞれに適用されるが、ラーフェンスブリュックにおいては段階Ⅱのみに適用だった。これら些細な違いは、おそらく懲戒規定の変化に起因するのだろう。私たちが入手できたラーフェンスブリュックの内規は、ある一定時期の懲戒制度を規制していたものにすぎないのだ。（24）用語の矛盾が見られる。たとえば、収容所“所長”の直轄する収容所第Ⅰ部は“司令部”のままである：Règlement intérieur du camp de concentration de Ravensbrück, *op. cit.*, p. 3.（25）BArch NS 4 MA 1 Bl. 97.（26）ラーフェンスブリュックが新しい1940年2月22日付〈内部規程〉を受けとらなかったのは、おそらく女性用収容所に合わせて条文の女性化が図られていたためだろう。（27）BArch NS 4 FL 343：1938年11月25日にフロッセンビュルク強制収容所で用いられた科罰指令書の書式は、ラーフェンスブリュック内規の懲戒部分と同じ強制収容所の刑体系に準拠したものである。ということは、1938年11月24日付でブーヘンヴァルトをはじめ、ダッハウ、ザクセンハウゼン、フロッセンビュル、マウトハゼンの各収容所に送られたこの条令は、その時点でダッハウ懲戒規定が有効でなかったことを示す追加証拠であり、それはまた禁足3段階の刑についてもふれているのである。ダッハウの規定にはないその3段階の禁足刑は、ラーフェンスブリュックの禁足刑の書式および規程に記載されている：BArch NS 4 BU 105 Bl. 8.（28）Alyn Beßmann, « Das Arrestgebäude des Frauenkonzentrationslagers Ravensbrück », in Insa Eschebach（ed.）, *Ravensbrück: Der Zellenbau,* Metropol, 2008, p. 22.（29）Johannes Tuchel, Konzentrationslager: Organisationsgeschichte und Funktion der « Inspektion der Konzentrationslager » 1934–1938, Harald Boldt, 1991, p. 147.（30）*Ibid.*, p. 147.（31）*Ibid.*（32）*Ibid.*（33）Ortwin Domröse, *op. cit.*, p. 125.（34）*Ibid.*（35）*Ibid.*, p. 127.（36）*Ibid.*, p. 128.（37）*Ibid.*, p. 128–129.（38）Falk Pingel, Häftlinge unter SS-Herrschaft: Widerstand, Selbstbehauptung und Vernichtung im Konzentrationslager, Hoffmann und Campe, 1978, p. 242.

第5章

（1）　Strafmeldungは事故報告書と訳したが、これは特殊なケースについて収容所政治部が司令官に提出する調査報告書をも意味する。事故報告書と同様に、調査報告書も違反状況の詳細な報告するが、前者と異なる点は尋問あるいはその他の予審措置の後に提出されることである。そのような1941年12月4日付ブーヘンヴァルトの政治部による調査報告書は、ある囚人が3回の尋問で嘘の供述をしていたが、共犯者と対決させたところ真実を述べたという報告であ

る。以上の理由から、政治部は司令官にそのドイツ人刑事犯（BV）を厳刑に処するよう要請した：ThHStAW, KZ u. Hafta. Bu. Nr. 18 Bl. 93.（2）Règlement intérieur du camp de concentration de Ravensbrück, *op. cit.*, p. 22.（3）*Ibid.*, p. 7. この条文はまえの条文との整合性がある。保護拘禁所指導者は看守の長であるから、看守からの事故報告を受ける権限を持つのだ。（4）David Rousset, *Les Jours de notre mort*, *op. cit.*, p. 399–400.（5）*Ibid.*, p. 400–401.（6）Règlement intérieur du camp de concentration de Ravensbrück, *op. cit.*, p. 16.（7）*Ibid.*, p. 17.（8）BArch NS 3/427 Bl. 35.（9）Primo Levi, *Si c'est un homme*, Julliard, 1987, p. 46.（『アウシュヴィッツは終わらない―あるイタリア人生存者の考察』朝日新聞出版局、1980）（10）Règlement intérieur du camp de concentration de Ravensbrück *op. cit.*, p. 39.（11）*Ibid.*, p. 39–41.（12）ブーヘンヴァルトでは、生産性の低い囚人は、制裁として所内雑役をやらされた。同収容所司令官の署名がある1944年2月1日付の文書には、囚人のリストが2種類、非常に生産性の高い者ととくに低い者とに区分けされていた。司令官は、感心な囚人らには“感謝の意を表し”、“とくに成績の悪い者らを1944年2月6，13，20日の各日曜日の懲罰使役に指名する”との裁断を下した：BArch NS 4 BU 213.（13）ラーフェンスブリュックの内部規程を書いた者はレズビアン（lesbisch）の言葉を知らず、〈lespisch〉と書いている：Règlement intérieur du camp de concentration de Ravensbrück, *op. cit.*, p. 41.（14）BArch NS 4 BU 31 Bl. 31.（15）ダッハウ強制収容所の1944年9月19日付の文書〈工事現場におけるカポの義務および被収容者の態度〉：BArch NS 4 DA 29 Bl. 196. もうひとつの文書は、たとえば収容所外に移される囚人らの義務を定めている：BArch NS 4 DA 2. ブーヘンヴァルトの1937年10月9日付の文書：Barch NS 4 BU 31，あるいは空襲警報時に囚人が守るべき態度については：BArch NS 4 BU 19 Bl. 26.（16）« Blockeinteilung und Lagerordnung im K.L. Natzweiler », BArch NS 4 NA 8 Bl. 7–9. 同規程の法学面ではない分析については：Wolfgang Kirstein, *Das Konzentrationslager als Institution totalen Terrors: Das Beispiel des KL Natzweiler*, Centaurus, 1992, p. 85–93.（17）Lagerordnung Konzentrationslager Sachsenhausen/1.1.38.0 O.Nr.7 ITS Archives, Bad Arolsen.（18）BArch NS 4 NA 8 Bl. 4–6.（19）BArch NS 4 NA 8 Bl. 4.〈Lagerstrafe〉の語は懲戒罰と訳した。（20）Primo Levi, *op. cit.*, p. 126.（21）これについては：Stanislav Zámečník, *op. cit.*, p. 132–133.（22）留意すべき点、それはギュンター・モルシュによるなら、SS看守が“ごくわずかな例外を除き、恣意的に”物事を報告するか、ただちに囚人に制裁を加えるということである：Günter Morsch, *op. cit.*, p. 67.（23）BArch NS 4 AU 5; BArch NS 4 BU 258; BArch NS 4 NA 55; ThHStAW, KZ u. Hafta. Bu. 12, 13, 18.（24）David Rousset, *Les*

Jours de notre mort, op. cit., p. 112–113. (25) BArch NS 4 BU 101. (26) BArch NS 4 BU 133. (27) フランス人は収容所のSS管理部（幕僚部）をこう呼んでいた．(28) David Rousset, *Les Jours de notre mort, op. cit.*, p. 408. 民間人マイスターによる報告書については：*Ibid.*, p. 532. (29) David Rousset, *op. cit.*, p. 693. (30) BArch NS 4 BU 31. 同条例の写し一部をたしかに受領したことの確認に、各ブロックは収容所控えに手書きでブロック番号を記入した（ブロック：9、2、7、8、10、13、14、15、16）．(31) BArch NS 4 BU 31. (32) *Lagerordnung Konzentrationslager Sachsenhausen*/1.1.38.0 O.Nr.7 ITS Archives, Bad Arolsen. 第175節の違反とは同性愛関係を意味する．(33) Règlement intérieur du camp de concentration de Ravensbrück, *op. cit.*, p. 41. (34) 囚人は、世間話のなかで、仲間の一部が収容所の食事に対する不満あるいは脱走する気持ちをもらしたかどうかを尋問された。脱走があると、調査が開始され、仲間の囚人たちはどうしてそれを収容所当局に通報しなかったのかを釈明しなければならなかった。三つの釈明があり、それは囚人同士の会話では頻繁すぎてまじめに受けとめなかった、怖かった、そして報復への恐怖である：BArch NS 4 NA 55 Bl. 152, 153, 154 et 156. (35) ふつうの囚人が自分の仲間による虐待を司令官に訴えた事故報告書は1例あるのみである：BArch NS 4 NA 55 Bl. 167. 本人手書きの文書を読むかぎり、彼が所内で役付きだった形跡は見あたらない．(36) SS当局に仲間の規律違反を通報する収容所長老の良心の問題については：Harry Naujoks, Mein Leben im KZ Sachsenhausen 1936–1942: Erinnerungen des ehemaligen Lageraltesten, Dietz Verlag, 1989, p. 57–59. (37) ナッツヴァイラー強制収容所における1944年3月28日付の事故報告書については：BArch NS 4 NA 55 Bl. 196. (38) ナッツヴァイラー強制収容所の事故報告書：Barch NS 4 NA 55 Bl. 101. (39) BArch NS 4 NA 55 Bl. 74. (40) BArch NS 4 FL 324/2. (41) David Rousset, Les Jours de notre mort, *op. cit.*, p. 133. (42) *Ibid.*, p. 236. (43) Stanislav Zámečník, *op. cit.*, p. 133. (44) BArch NS 4 NA 55 Bl. 196. (45) Robert Antelme, *L'Espece humaine*, Gallimard, 1957, p. 55.（『人類　ブーヘンヴァルトからダッハウ強制収容所へ』未来社、1993）(46) *Ibid.*, p. 136. (47) David Rousset, Les Jours de notre mort, *op. cit.*, p. 548. (48) *Ibid.*, p. 485. (49) たとえば、ブーヘンヴァルトのある看守による1944年3月15日付の事故報告書（Meldung）：ThHStAW, KZ. u. Hafta. Bu. Nr. 13 Bl. 272. 同じく、ナッツヴァイラーのブロック長老による1944年4月28日付の報告書：BArch NS 4 NA 55 Bl. 196, あるいは、ある囚人によるもの：BArch NS 4 NA 55 Bl. 167. (50) たとえば、1943年4月23日付でSS-WVHA・A・II部による認可の事故報告書の書式：BArch NS 3/379 Bl. 52A. (51) 違反を報告するこの印刷された書式は、男女どちらか囚

人の違反にも使えるようになっている。(52) BArch NS 3/379 Bl. 52A. (53) *Ibid.* (54) BArch NS 4 GR 6 Bl. 19. これは、サボタージュを犯した囚人を処刑するための申請手続である。たとえグロース・ローゼン収容所内でのやりとりであっても、その手順は全強制収容所に共通のものとなる。当該囚人の処刑がSS-WVHAに申請する手続きの一部となるからである。(55) 1944年1月12日付のこの通達は、SS-WVHA・D・I-1課の1944年1月5日付業務指示に準拠していると明記してあるが、業務指示書自体は未発見。(56) BArch NS 4 AU 5 Bl. 37. (57) 同通達改訂版は連邦公文書館に保存されているが不完全、つまり末尾が欠けている：BArch NS 4 AU 5 Bl. 44. (58) *Ibid.* (59) BArch NS 4 AU 5 Bl. 48. 要注意：この文書の判読はきわめて困難であり、若干の転載ミスの可能性もある。(60) *Ibid* (61) *Ibid.* (62) *Ibid.* (63) *Ibid.* (64) *Ibid.* (65) BArch NS 4 AU 5 Bl. 44. 要注意：この文書の一部は判読が困難なため、若干の転載ミスの可能性あり。(66) ダッハウ収容所の例：Stanislav Zámečník, *op. cit.*, p. 133, & Hans-Günter Richardi, *Schule der Gewalt: Das Konzentrationslager Dachau*, Piper, 1995, p. 141–142. 元囚人で人類学者のパウル・マルティン・ノイラートもその"30〜60秒"の捜査に言及している：Paul Martin Neurath, *Die Gesellschaft des Terrors: Innenansichten der Konzentrationslager Dachau und Buchenwald*, Suhrkamp, 2004, p. 137. (67) Aleksander Lasik, *op. cit.*, p. 226. (68) ザクセンハウゼン強制収容所については、保護拘禁所筆頭指導者が"収容所の規則に違反した囚人らに対する尋問を主導し、彼らを制裁するようにとの申請書を司令官に提出した"とターニャ・フォン・フランゼッキーは明言する：Tanja von Fransecky, « Die lagerinterne Verwaltungsstruktur des Konzentrationslagers Sachsenhausen », in Petra Haustein, Rolf Schmolling, Jörg Skriebeleit (ed.), *Konzentrationslager Geschichte und Erinnerung: Neue Studien zum KZ-System und zur Gedenkkultur,* Verlag Klemm und Oelschläger, 2001, p. 137. (69) ThHStAW, KZ u. Hafta. Bu. Nr. 15 Bl. 45. (70) ThHStAW, KZ u. Hafta Bu. Nr. 15 Bl. 46. (71) ThHStAW, KZ u. Hafta. Bu. Nr. 12 Bl. 68. (72) *Ibid.*, Bl. 67. 戦後に書いた報告書のなかで、元ブーヘンヴァルト司令官のピスターは、自分の官舎で配置の囚人が酔っているのを見つけたと、同じような話に言及した：NO-254, Buchenwaldarchiv, Sign. 83-3-59, p. 4. (73) ThHStAW, KZ u. Hafta. Bu. Nr. 15 Bl. 110. (74) ThHStAW, KZ u. Hafta. Bu. Nr. 15 Bl. 111. (75) *Ibid.* (76) Règlement intérieur du camp de concentration de Ravensbrück, *op. cit.*, p. 43. (77) BArch NS 4 NA 55 Bl. 39. この例では、尋問調書が保護拘禁所指導者のレターヘッドではなく、ナッツヴァイラー司令官の用箋を用いていた点に留意したい。(78) ThHStAW, KZ u. Hafta. Bu. Nr. 12 Bl. 42. (79) *Ibid.*, Bl. 43. (80)

Ibid. (81) Jorge Semprun, *Quel beau dimanche !, op. cit.*, 1980, p. 464. (82) ThHStAW, KZ u. Hafta. Bu. Nr. 15 Bl. 105. (83) BArch NS 4 BU 103. (84) *Ibid.* (85) *Ibid.* (86) *Ibid.* この書き込みの日付は1938年8月19日。(87) *Ibid.* (88) *Ibid.* (89) BArch NS 3/427 Bl. 12. このGerichtsoffizierあるいはGerichtsabteilung（法務課）がどの組織に属していたのかは明らかでない。ギュンター・モルシュによれば、第Ⅱ部（政治部）か司令官直属だったという：Günter Morsch, *op. cit.*, p. 64–65. ブーヘンヴァルトでは、第Ⅰ部（司令部）に属していたようだ：Gedenkstätte Buchenwald（ed.）, *op. cit.*, p. 46. (90) BArch NS 3/427 Bl. 12/13. (91) BArch NS 3/427 Bl. 13. (92) ThHStAW, KZ u. Hafta. Bu. Nr. 12 Bl. 209. (93) *Ibid.* (94) BArch NS 3/427 Bl. 13. (95) ThHStAN, KZ u. Hafta. Bu. Nr. 12 Bl. 212. (96) 思うに、司令官の懲戒権限の範囲内の刑であろう。所内科罰に該当しない死刑は、したがって除外される。(97) ThHStAW, KZ u. Hafta. Bu. Nr. 12 Bl. 210. (98) BArch NS 4 NA 55 Bl. 47. (99) ThHStAW, KZ u. Hafta. Bu. Nr. 15 Bl. 25. (100) *Ibid.*, Bl. 23. (101) Aleksander Lasik, *op. cit.*, p. 195. (102) Règlement intérieur du camp de concentration de Ravensbrück, *op. cit.*, p. 11. (103) *Ibid.* (104) 収容所内の噂流布の調査は第Ⅱ部ではなく、普通法権限を持つ第Ⅲ部の管轄だった。ナッツヴァイラーの第Ⅲ部は1942年6月、採石場に配置の民間人12名が処刑されたとの噂の流布についての調査を行った。噂を聞き、それをくり返した保護拘禁中の囚人2名の尋問が第Ⅲ部の主導のもとに行われたことからそれが確認される。量刑はすぐ尋問調書上に書きこまれ、1名は杖刑25回と6カ月の採石場配置（判読困難）、もう1名も同じく杖刑25回と6カ月採石場（判読困難）とある：BArch NS 4 NA 55 Bl. 35/43. (105) ThHStAW, KZ u. Hafta. Bu. 15, Bl. 94. (106) BArch NS 4 NA 55 Bl. 209. (107) BArch NS 4 NA 55 Bl. 135. (108) ThHStAW, KZ u. Hafta. Bu. Nr. 15 Bl. 81. (109) ThHStAW, KZ u. Hafta. Bu. Nr. 15 Bl. 80. (110) David Rousset, Les Jours de notre mort, *op. cit.*, p. 580. (111) 調書は8月17日付、17日の事件の報告もある。この2文書は、単にゲシュタポ担当者のミスによる重複と思われる：ThHStAW, KZ u. Hafta. Bu. Nr. 15 Bl. 56. (112) *Ibid.*, Bl. 63. (113) ThHStAW, KZ u. Hafta. Bu. Nr. 15 Bl. 54. (114) *Ibid.*, Bl. 52. (115) Vernehmung von Ernst S., *Ibid.*, Bl. 60. (116) Robert Zagolla, Im Namen der Wahrheit. Folter in Deutschlang vom Mittelalter bis heute, be.bra Verlag, 2006, p. 155. (117) アウシュヴィッツにおける“非合法な”拷問の使用に関する親衛隊裁判所による捜査については、1964年3月9日のフランクフルト裁判所にて証人喚問された元SS裁判官の証言を参照されたい。彼はアウシュヴィッツの政治部責任者を、同部にてとりわけ“違法の”拷問手段を用いていた事実があったため逮捕したと明

言した（p. 17）：*1. Frankfurter Auschwitz-Prozess*（*20.12.1963–20.08.1965*）, *Strafsache gegen Mulka u.a., 4 Ks 2/63, Landgericht Frankfurt am Main, 25. Verhandlungstag, 9.3.1964, Vernehmung des Zeugen Konrad Morgen*, disponible en ligne a http://www.auschwitz-prozess.de/download.php?file＝Morgen-Konrad.pdf（最終閲覧：2014/10）.

（118）BArch R 58/243 Bl. 154A.　その通達（規定）では、“拷問”の語は使われず、“強化尋問法”などと婉曲に表現された。“拷問”行為を事務的に婉曲法で説明することは、拷問自体に合理的かつ適法であるとの体裁を付与する。このような心理操作をフランス語話者の読者に理解していただこうと欲し、私はナチの規定類を訳す場合、直訳をするように心がけた。（119）*Ibid.*（120）*Ibid.*（121）BArch R 58/243 Bl. 326.（122）残念ながら、拷問の枠組みを定めた1937年7月1日付の総合規程を読む機会はなかった。（123）この1941年10月6日および1942年6月12日付の両文書は、最高機密扱い（Geheime Reichssache）とされていた。（124）BArch R 58/243 Bl. 337 et Bl. 326.（125）第Ⅱ部政治警察（ゲシュタポ出先機関）がとくに策定した。（126）あるいはRSHA・Ⅳ局.（127）BArch R 58/243 Bl. 337.（128）BArch R 58/243 Bl. 326.（129）BArch R 58/243 Bl. 337（130）*Ibid.*, Bl. 338.　1942年6月12日施行の規定第5条を参照。（131）*Ibid.*, Bl. 339.（132）*Ibid.*（133）BArch R 58/243 Bl. 337.（134）BArch R 58/243 Bl. 338.（135）*Ibid.*（136）BArch R 58/243 Bl. 339.（137）*Ibid.*, Bl. 327.（138）BArch R 58/243 Bl. 328.（139）*Ibid.*（140）BArch R 58/243 Bl. 338.（141）*Ibid.*, Bl. 339.（142）*Ibid.*（143）*Ibid.*（144）*Ibid.*（145）BArch R 58/243 Bl. 338.（146）BArch R 58/3517.（147）*Ibid.*（148）BArch R 58/243 Bl. 339.（149）*Ibid.*, Bl. 326/327.（150）*Ibid.*, Bl. 326.（151）*Ibid.*, Bl. 339.（152）調査（捜査）の結果、被疑者が違反を犯していないことが判明すると、調査担当部署は調査を打ちきり、被疑者に持ち場にもどるよう命じる。同様の判断がブーヘンヴァルトの政治部によりロシア人の保護拘禁対象者に出された場合については：ThHStAW, KZ. u. Hafta. Bu. Nr 15 Bl. 80.

第6章

（1）PS-778, *op. cit.*, p. 292.（2）とはいえ、司令官は本部に対する責任を負った。その“責任”についての定義はない。たとえば、司令官の決定が規制を受けていたかについての記述はない。（3）Règlement intérieur du camp de concentration de Ravensbrück, *op. cit.*, p. 7.（4）*Ibid.*〈補佐〉はStellvertreterの直訳である.（5）1937年2月1日付の強制収容所監督官による条令には、“保護拘禁所筆頭指導者は収容所司令官を補佐する”とある：BArch NS 31/372 Bl. 18.（6）BArch NS 3/426 Bl. 16.　この命令は, SS-WVHA・D・Ⅰ・1課が1943

年 1 月 20 日付の文書にて全強制収容所司令官に通知したもの。（7）BArch NS 4 BU 105 Bl. 8. 当時、囚人に禁足刑のⅠ～Ⅲ段階を宣告するには、強制収容所監督官の承認が必要だったと解釈すべきなのか？ 残念ながら、それを証言する資料はない。（8）BArch NS 31/372 Bl. 31. （9）*Ibid.* （10）BArch NS 4 BU 103. （11）*Ibid.* （12）*Ibid.* （13）BArch NS 4 GR 6. （14）BArch NS 3/425 Bl. 103. （15）*Ibid.* （16）*Ibid.* （17）*Ibid.* 読者はこの条文に隠された意味を理解なさったにちがいない。なんとしてもこの種の違反行為が検事局に伝わってはならなかったのだ。（18）これについては：Gerhard Werle, *op. cit.*, p. 724–732.

（19）Règlement intérieur du camp de concentration de Ravensbrück, *op. cit.*, p. 39. （20）*Ibid.*, p. 43. 身体刑を宣告された兵士に対する健康診断は、1841 年施行のプロイセン陸軍の懲戒規定に見られる。当時、第 7 節にて定められた診断は、強制収容所での手続きとは異なり、すべてに適用されたわけではなかった。それは“当該兵士の身体刑への耐久力に疑問がある場合のみ、軍医の診断によりそれを確認する”となっていた：*Verordnung uber die Disziplinar-Bestrafung in der Armee, de Dato Sanssouci, den 21. Oktober 1841*, Decker, 1845, p. 6. （21）BArch NS 3/379. （22）ザクセンハウゼン強制収容所については：BArch NS 4 SA 1 Bl. 1. フロッセンビュルク強制収容所は：BArch NS 4 FL 343. （23）BArch NS 4 FL 343. （24）BArch NS 3 425 Bl. 128. （25）Martin Broszat, « Nationalistische Konzentrationslager 1933–1945 », *op. cit.*, p. 367. このような許可についての条文は 1933 年 10 月 1 日付のダッハウ懲戒規定にはない。ということは、すでに 1935 年の時点で同規定が有効ではなかったことを示す。（26）Règlement intérieur du camp de concentration de Ravensbrück, *op. cit.*, p. 43. （27）BArch NS 3/426 Bl. 16. （28）*Ibid.* （29）BArch NS 4 BU 105 Bl. 2. （30）BArch NS 3/379 Bl. 33 （31）BArch NS 3/379 Bl. 33. おそらく紙を倹約するためだろう、廃止されてから久しい SS-TV・KL 指導者用の署名欄が印刷されている。同じくグロース・ローゼン強制収容所の 1944 年 3 月 28 日付の科罰指令書では、“強制収容所監督官（SS-TV・KL 指導者）”を訂正線で消し、SS-WVHA・D 局長のスタンプが捺されている。（32）BArch NS 4 FL 343 ou BArch NS 4 BU 105 Bl. 5.
（33）BArch NS 3/427 Bl. 30. この SS-WVHA・D・Ⅰ部長が署名した文書は、1944 年 3 月 23 日に各強制収容所の政治部責任者に宛てた解説を再録したものである。もちろん親衛隊全国指導者は囚人に対する刑宣告の権限を持つ。たとえば、親衛隊全国指導者の命令にて 1944 年 9 月 5 日、RSHA はストルートフ強制収容所の囚人に対し杖刑 25 回の執行を命じた。収容所司令官は RSHA に刑執行の報告を行った：BArch NS 4 ST 1 Bl. 37. （34）BArch NS 3/379 Bl. 33. それ以前の科罰指令書には、写しの送り先として強制収容所監督官が印

刷されてあった。（35）BArch NS 4 NA 47 Bl. 2.（36）*Ibid.*（37）BArch NS 4 BU 105. 通達のなかで、アイケは1939年3月23日付指令を参照しているが、その指令は未発見である。（38）BArch NS 3 425 Bl. 128.（39）*Ibid.* このなかで、SS-WVHA・D局はほとんど一字一句ヒムラーの1942年11月15日付文書を書きうつした：PS-1583, *Der Prozess gegen die Hauptkriegsverbrecher vor dem Internationalen Militargerichtshof*, vol. XXVII, 1948, p. 349-351. 同文書は女性の囚人を対象にしており、（女性看守など）女性専用の収容所運営に固有の字句が見られる。しかし、このSS-WVHA・D局の指令は男女それぞれの収容所を対象にしていたものと思われる。（40）*Ibid.*（41）*Ibid.*（42）*Ibid.*（43）*Ibid.* 親衛隊全国指導者の意向が同指令においてくり返し引用されるのは、策定された条文の規範的価値を評価するうえで決定的な意味を持っていた。全収容所司令官がこれらヒムラーの指令に真剣に取り組んだことは容易に想像できる。総統の意向（この場合は、その代理のSS最高指導者ヒムラー）に沿っているがゆえ、同指令はナチ組織において有効な規則の特徴を備えており、必要とあらば、いかなる既存の規範であろうが、その優先順位または呼称にかかわらず、変更あるいは廃止される可能性があったのだ。（44）BArch NS 4 NA 49 Bl. 48.（45）BArch NS 3/427 Bl. 37.（46）BArch NS 3/426 Bl. 147.（47）*Ibid.*（48）*Ibid.*（49）*Ibid.*（50）*Ibid.*（51）*Ibid.*（52）*Ibid.*（53）SS-WVHAもしくは強制収容所監督官は、原則としてすべての科罰処置とその対象となった囚人の氏名の報告を受けていた。氏名、カテゴリ、刑と判決理由を記入したきわめて詳細なリストが定期的に作成されており、各収容所における懲戒的制裁の詳細な実態を提供していた：BArch NS 4 BU 143. 1938年の文書から分かるのは、禁足刑も含む各科罰指令書が中央本部によって綿密に審査されていたことである。強制収容所監督官が各収容所司令官に宛てた1938年11月24日付の通達：BArch NS 4 BU 105 Bl. 8. そして、ある司令官が所内の全部署に宛てる指令（司令官指令）は、その写しをSS-WVHA・D局（1942年3月以前は強制収容所監督官）にも送ることがあった。それは司令官指令が、多くの場合、収容所内の規律を粛正するためだったにもかかわらずである。その種のラーフェンスブリュック強制収容所司令官による指令の例：BArch NS 4 RA 1 Bl. 3-5（4ページ目後段はとくに規律に関わる）（54）Règlement intérieur du camp de concentration de Ravensbrück, *op. cit.*, p. 39.（55）*Ibid.*（56）軍隊で銃殺隊に入れられる懲罰に相当。（57）Konzentrationslager Esterwegen, Kommandantur, Disziplinar-u. Strafordnung für das Gefangenenlager, BArch NS 4 ANH 8 Bl. 6.（58）BArch NS 4 ANH 8.（59）*Ibid.* Bl. 7.（60）*Ibid.*（61）*Ibid.*（62）BArch NS 4 ANH 8.（63）ナッツヴァイラー収容所司令官の1943年7月27日の裁断によ

り、ルクセンブルク人2名が郵便小包と書簡を受けとれないことになった。この件に関し所内郵便局は、“小包も含め送受すべての郵便物を司令官に預ける”よう指示された：Barch NS 4 NA 62 Bl. 5.　送受の禁止期間が過ぎたあと、両人は郵便物を回収できたのだろうか？　小包はどうなったのか？　上記文書では不明である。（64）ブーヘンヴァルトの司令官が1937年9月17日に下した決定によると、あるリストに記載の囚人複数は、怠惰と不服従の理由により、1937年9月19日の食事を抜かれたうえ収容所の門の脇で2時間立たされたとある：ThHStAW, KZ. u. Hafta. Bu. Nr. 12 Bl. 180.　同様の1937年におけるリストについては：*Ibid.*, Bl. 181, 182, 185, 186, 187, 189.　司令官は、食事を抜いたうえに収容所の門の脇に立たせたことで、正規の規定からはずれたことになる。（65）Règlement intérieur du camp de concentration de Ravensbrück, *op. cit.*, p. 42.（66）*Ibid.*（67）1944年3月当時の未使用の書式（KL18）には、本書式の使用を認める旨のSS-WVHA・A・Ⅱ部によるスタンプが捺してある：BArch NS 3/379 Bl. 33.　この科罰指令の書式は、すでに1938年から全収容所で使われていたようである。

ザクセンハウゼンにおける1944年11月1日付の手続き：BArch NS 4 SA 1 Bl. 1.

グロース・ローゼンにおける1944年3月28日付の手続き：BArch NS 4 GR 10 Bl. 2.

フロッセンビュルクにおける1938年11月25日付の手続き：BArch NS 4 FL 343.

ブーヘンヴァルトにおける1943年9月3日付の手続き：BArch NS 4 BU 105 Bl. 5.

細部の変更があったにせよ、科罰指令書の書式は1938年から1944年まで不変だった。ただし、ブーヘンヴァルトでは1940年、より簡略化された書式も使われていた。これは1ページだけの書式。最初の項目は科罰対象者の身許確認で、氏名から始まり、カテゴリ、出生地とその年月日のあと、刑の一覧が続く。

—独房への禁錮。

—禁錮。

—臀部および背中への杖刑。

—懲罰隊への配置。

——定の日を決めて配給食を停止、もしくは週単位の郵便送受の禁止。

SS責任者が該当する刑の日数、週数、回数などを記入した。可罰理由は、“なぜなら当人は□□□□”という記入欄がある。第2項目は刑の執行に

関する事項、刑の開始日あるいは執行日、そして執行を担当する部署の指定。第3項目は身体刑にのみに関係する内容で、空欄に刑執行の前後それぞれ行われる健康診断の日時、執行時の立会人の氏名を記入、そして執行部署による署名。第4項目は、当書式を所内政治部の囚人個別ファイルに保存義務のあることを確認する。従来の2ページ構成の書式と異なり、当書式には身体刑に関する詳細な規定が欠けている。印刷された日付から、当書式は1930年代に使われるべきものだった……？　レターヘッドが示すように、当書式は特別にブーヘンヴァルトだけで使われていたのだろうか？　この書式による科罰指令書は3通保存されている：BArch NS 4 BU 105 Bl. 2, 3 et 13. （68）フロッセンビュルクにおける1938年11月25日付の科罰指令書書式に印刷されていた懲罰部隊への配置は、1944年3月18日付SS-WVHA・A・Ⅱ部の認可の書式からは消えている。1943年9月3日にブーヘンヴァルトで使用された書式には、それがまだ印刷されている：BArch NS 4 BU 105 Bl. 5.　その制裁措置がいつ廃止されたのか不明である。（69）BArch NS 4 BU 105 Bl. 5. （70）BArch NS 3/379 Bl. 33. （71）David Rousset, Les Jours de notre mort, *op. cit.*, p. 133. （72）*Ibid.*, p. 113. タバコ支給を停止するという制裁は、同じ収容所のSS隊員が囚人らをまえにした演説でも言及されている：*Ibid.* p. 133. （73）Fritz Fielitz, *Kommentar zur Disziplinar-Strafordnung und zur Beschwerde-Ordnung fur die kaiserliche Marine*, Ernst Siegfried Mittler und Sohn, 1911.　このフリッツ・フィエリッツは、かつてドイツ帝国海軍の法律家だった。（74）§ 45, Fritz Fielitz, *op. cit.*, p. 90–91.　身体刑の対象となるのは見習い水兵だけだった。（75）§ 46：身体刑および禁足刑について。（76）Verordnung uber die Disziplinar-Bestrafung in der Armee, de Dato Sanssouci, den 21. Oktober 1841, Decker, 1845. （77）*Ibid.*, p. 5. （78）ドイツ国防軍に向けた1937年1月15〜23日の教育実習におけるヒムラーの演説全文：PS–1992（A), *Der Prozess gegen die Hauptkriegsverbrecher vor dem Internationalen Militargerichtshof*, vol. XXIX, 1948, p. 206–234. （79）*Ibid.*, p. 221. （80）拘禁制度については：Max von Baehr, Zuchthaus und Gefangnis（Strafvollzug und Fursorge): Eine Darstellung des modernen Strafvollzuges und seiner Wichtigkeit fur die Allgemeinheit, Dr. P. Langenscheidt, 1912, p. 39–40. （81）*Ibid.*, p. 16.　マックス・フォン・ベーアは統計をもとに、1899年以来、かならずしも不服従が身体刑の理由となることはなかったと述べた。しかも1899年から1908年の時期、身体刑の件数が減少したとさえ言明する。1908年、8度あった反乱に対し、身体刑が言いわたされたのは皆無だった。フォン・ベーアが刑事施設管理機構の成員だったことをつけ加えておく。（82）*Ibid.*, p. 105.　当時、刑の執行は1897年10月28日施行の“共通規則の施行をまえに、自由拘束刑の執行に際して裁

判所が認める原則”により規制されていた：(Grundsatze, welche bei dem Vollzuge gerichtlich erkannter Freiheitsstrafen bis zu weiterer gemeinsamer Regelung zun Anwendung kommen. Zentralblatt fur das Deutsche Reich, 1897, p. 308–313)．ところがこの文書の第 34 節第 2 段に刑務所における懲戒罰の一覧には身体刑に関する記載がない。とはいえ、それは第 34 節第 1 段の一覧の例外として第 2 段に“第 1 段にあげた以外の、また刑事施設に収容中の囚人らに適用されている懲戒措置は、これまでの方法にしたがい適用されるものとする”と暗示的に挿入されているのだ。（83）第 34 節によれば、一部の学校（Volksschulen 国民学校）の同年齢で同性の生徒に適用の懲戒罰は、未成年の囚人にも適用とある。ところが、国民学校の生徒に対しても、懲戒罰の一部として体罰が認められていた。国民学校における規律については：Hanno Bohnstedt, « Die Zucht in der Volksschule: auch ein Wiederaufbaukapitel », *Friedrich Mann's Padagogisches Magazin*, 1920, Heft 781, p. 3–27.（84）“自由拘束刑の執行に関しての原則”については、つぎの p. 137〜146 を参照：« Grundsätze für den Vollzug von Freiheitsstrafen », 27. Juni 1923, Reichsgesetzblatt Teil II, p. 263–282.（85）Règlement intérieur du camp de concentration de Ravensbrück, *op. cit.*, p. 39.（86）BArch NS 4 NA 8 Bl. 1.（87）アウシュヴィッツの外部収容所ゴレシャウにおける 1943 年 8 月 25 日付の事故報告書：BArch NS 4 AU 5 Bl. 13. 同報告書に用いられた SS-WVHA・A・Ⅱ部による 1943 年 4 月 23 日認可の科罰指令書書式：BArch NS 3/379 Bl. 52A.（88）Gedenkstätte Buchenwald (ed.), *op. cit.*, p. 107. ブーヘンヴァルトにおける量刑に決定的な要因を、ハリー・シュタインが簡潔に言いあてた。つまり、囚人の役職、違反の重大さ、過去の違反歴である。（89）1942 年 4〜8 月の事故報告書について：ThHStAW, KZ u. Hafta Bu. Nr. 13 Bl. 233. 8 月から 9 月を除いて 12 月までは：*Ibid.*, Bl. 163, 172, 175, 183; ou juin 1942: BArch NS 4 BU 101.（90）そのスタンプの捺された事項報告書（書式あるいは自由形式のもの）はすべてブーヘンヴァルトのもので、時期は 1942 年。その時期にブーヘンヴァルトのみでとられた措置で、その後また廃止されたのか？ 同様の事故報告書がほかでも用いられたが、すべて紛失したか破棄されたのか？ 保存資料の不完全な状態ゆえに、スタンプ使用が準拠した規定を知るには至らなかった。（91）Règlement intérieur du camp de concentration de Ravensbrück, *op. cit.*, p. 39. 懲戒に関する個人情報が吟味されることは，“(3) それぞれの科罰指令書には、すでに執行された身体刑すべてを所定欄に記入のこと”と 1938 年 11 月 24 日の条令に見られる：BArch NS 4 BU 105 Bl. 8. ということは、その時期の事故報告書には身体刑の受刑歴を記入する欄があった。下線を引いてあることから分かるのは、強制収容所監督官の関心の深さである。（92）BArch NS 3/426 Bl.

2. 同通達の意図は、本部の要求が身体刑に関するもののみと示す点にあった。（93）*Ibid.* “収容所内における現在までの受刑態度”という言い回しは、そのままラーフェンスブリュック内部規程書にも使われている：Règlement intérieur du camp de concentration de Ravensbrück, *op. cit.*, p. 39. （94）SS-WVHA・D・Ⅰ・1 課は、1943 年 1 月 4 日付の通達に関し、ナッツヴァイラーの司令官宛の 1944 年 8 月 31 日の業務文書のなかでふれている。同文書はそれらの条文が適用されていたことを示す。履歴書がどのように書かれるべきかを述べている。ナッツヴァイラーに到着したとたん、外部収容所に移送される囚人らは 2 週間以内に手書きの履歴書を書かねばならなかった。それを保管するのは外部収容所の政治部である。また同文書は、外部収容所に入って 2 週間未満の囚人（したがって、まだ履歴書を書いていない）が規律違反となってしまうケース、“その場合、履歴書は郵便にても要求可能”との想定もしていた。身体刑の申請には、可能なかぎり本人の写真も添付された：BArch NS 4 NA 49 Bl. 48. （95）BArch NS 3/426 Bl. 16. （96）BArch R 58/1027 Bl. 284. （97）*Ibid.*

第7章

（1） NO−2366, Buchenwaldarchiv, p. 46. （2）*Ibid.* 処刑に関するヒムラーの権限の根拠と、警察命令による処刑に関する 1939 年 9 月 3 日および 20 日付の規定については：Gerhard Werle, *op. cit.*, p. 582−602. （3）NO−2366, *op. cit.*, p. 46. ナチ体制における死刑執行の発令権限については，（親衛隊全国指導者兼ドイツ警察長官）ヒムラーによる 1944 年 11 月 1 日付文書が死刑囚の出身（本国ドイツ人あるいは異民族か）およびある種の（テロなど）外的事情により所管部局の異なる手順を整理している。ヒムラーの専権事項という点が原則：BArch R 58/243 Bl. 364. （4）NO−2366, *op. cit.*, p. 46. 戦後、元ブーヘンヴァルト収容所の司令官ピスターは、1944 年 3 月、親衛隊全国指導者から“敵軍の接近に伴い、秩序攪乱を起こす恐れのある被収容者ら”を除去する権限を与えられたと報告文書のなかで述べた：NO−254, *op. cit.*, p. 37. コンラート・モルゲンは 1965 年裁判において、収容所司令官はつぎの 2 種の例外的状況にかぎり、囚人処刑の決断権限を有していたと証言した：“被収容者の不服従が明白か、もしくは被収容者が SS 隊員に危害を加えた場合で、見せしめのための緊急措置が必要とされる状況”：*1. Frankfurter Auschwitz-Prozess*（*20.12.1963–20.08.1965*）, *Strafsache gegen Mulka u.a., 4 Ks 2/63, Landgericht Frankfurt am Main, op. cit.*, p. 33. （5）*Ibid.* （6）*Ibid.*, p. 46/47. （7）*Ibid.*, p. 47. （8）*Ibid.* これに関しては、第 12 章〈囚人の死〉も参照されたい。（9）*Ibid.* （10）*Ibid.* （11）*Ibid.* （12）*Ibid.*, p. 48. （13）BArch NS 3/427 Bl. 28. この文書は、1944 年 3 月

23日に実施された各強制収容所の政治部長を対象とした講習で伝えられた内容と同じ。（14）*Ibid.*（15）*Ibid.*（16）1944年9月27日、グロース・ローゼンの司令官はあるユダヤ人（Transportjuden 移送ユダヤ人）の処刑を命じたが、それは1944年9月11日付SS-WVHA・D・Ⅰ部の指令に基づいたものと思われる。この例に関し、SS-WVHA・DはRSHAが署名した処刑指令を司令官に伝えただけと考えられる：BArch NS 4 GR 1 Bl. 80.（17）BArch NS 3/427 Bl. 28.（18）*Ibid.*, Bl. 29.（19）これについては：ThHStAW, KZ u. Hafta. Bu. Nr. 15 Bl. 114.（20）処刑準備の手続きについては：Gerhard Werle, *op. cit.*, p. 592–594. 著者ヴェルレは、1939月3・20日付規定も含めた分析を行っている。（21）BArch NS 3/426 Bl. 19.（22）*Ibid.*（23）*Ibid.*（24）*Ibid.*（25）発見文書に欠落があるため、それらふたつの違反のみが死刑の対象だったとは断言できない。ある種の窃盗もしくは暴力的抵抗も死刑の対象となったようである。（26）BArch NS 3/427 Bl. 37の文書からとくに結論されるのは、サボタージュが死刑とされた点である。強制収容所における指揮については、つぎを参照されたい：Günther Kimmel, « Das Konzentrationslager Dachau. Eine Studie zu den nationalsozialistischen Gewaltverbrechen », in Martin Broszat, Elke Fröhlich (ed.), *Bayern in der NS-Zeit Bd. II: Herrschaft und Gesellschaft im Konflikt Teil A,* Oldenbourg, 1979, p. 378–379.（27）BArch NS 3/427 Bl. 13.（28）*Ibid.*, Bl. 29.（29）ThHStAW, KZ u. Hafta. Bu. Nr. 12 Bl. 207.（30）*Ibid.*, Bl. 206.（31）Pour un cas similaire: *Ibid.*, Bl. 208r.（32）BArch NS 3/427 Bl. 28.（33）ThHStAW, KZ u. Hafta. Bu. Nr. 12 Bl. 209.（34）David Rousset, Les Jours de notre mort, *op. cit.*, p. 370.（35）*Ibid.*（36）ThHStAW, KZ u. Hafta. Bu. Nr. 15 Bl. 97.（37）*Ibid.*（38）同収容所の第Ⅲ部に宛てた書簡：ThHStAW, KZ u. Hafta. Bu. Nr. 13 u.13/1, Bl. 292.（39）David Rousset, Les Jours de notre mort, *op. cit.*, p. 133.（40）BArch NS 3/427 Bl. 37.（41）BArch NS 4/105 Bl. 21.（42）BArch NS 4/105 Bl. 22.（43）ThHStAW, KZ u. Hafta. Bu. Nr. 13 u.13/1, Bl. 291.（44）*Ibid.*（45）*Ibid.* 私たちが知るかぎり、SS-WVHA・D局に囚人の処刑を決定する権限はないはずだが……。しかし“収容所の内部”問題については、SS-WVHA・D局の意見が求められるべきと主張しているようである。（46）*Ibid.*

第8章

（1） Règlement intérieur du camp de concentration de Ravensbrück, *op. cit.*, p. 39.（2）BArch NS 4 NA 55.（3）ThHStAW, KZ. u. Hafta. Bu. Nr. 15, Bl. 109. 事故報告書に手書きで加筆される刑について：BArch NS 4 BU 101 ou ThHStAW, KZ. u. Hafta. Buchenwald Nr. 13 Bl. 171, 172, 175, 183, 185, 268, 283.（4）ThHStAW, KZ

u. Hafta. Bu. Nr. 12 Bl. 69. （5）BArch NS 4 NA 55 Bl. 216. （6）*Ibid.*, Bl. 215/225. （7）Règlement intérieur du camp de concentration de Ravensbrück, *op. cit.*, p. 21b. （8）ThHStAW, KZ u. Hafta. Bu. Nr. 12 Bl. 74. 当文書からは、それがたしかに身体刑であると結論することは不可能である。（9）帝国海軍の1902年11月1日施行の懲戒規定第45節を参照：Fielitz, *op. cit.*, p. 91. （10）BArch NS 31/372. （11）*Ibid.* （12）BArch NS 4 SA 1 Bl. 1. （13）1939年11月1日に使用された科罰指令書書式：*Ibid.* （14）BArch NS 4 GR 6 Bl. 21. （15）*Ibid.* （16）BArch NS 4 FL 343. （17）BArch NS 3/425 Bl. 100. （18）*Ibid.* （19）*Ibid.* （20）BArch NS 4 BU 105 Bl. 5. （21）BArch NS 4 GR 10 Bl. 1. （22）この追記は、ブーヘンヴァルトではタイプライターで、グロース・ローゼンでは手書で書きこまれた。（23）BArch NS 3/379 Bl. 33. （24）BArch NS 4 GR 6 Bl. 21. （25）BArch NS 4 GR 6 Bl. 19. （26）BArch NS 3/427 Bl. 50. 科罰指令書の書式には、もともとその署名欄がない。囚人の氏名を記入する欄が記入ミスを招きやすいのはたしかだ：BArch NS 3/379 Bl. 33 （27）David Rousset, Les Jours de notre mort, *op. cit.*, p. 543. （28）BArch NS 3/425 Bl. 100. （29）女性囚人に限られていたため、この指令書はアウシュヴィッツとラーフェンスブリュック、ヘルツォーゲンブッシュ、ルブリン、シュトゥットホーフの各収容所司令官にしか送られなかった。（30）BArch NS 3/426 Bl. 107. （31）*Ibid.* （32）BArch NS 3/379 Bl. 33. （33）ダッハウでは：Stanislav Zámečník, *op. cit.*, p. 129. （34）BArch NS 3/379 Bl. 33. （35）ブーヘンヴァルトで使用されていたのと同様の〈プルゲルブロック〉模型写真は：Gedenkstätte Buchenwald（ed.）, *op. cit.*, p. 108.〔https://commons.wikimedia.org/wiki/File: Pr%C3%BCgelbock.jpg（最終閲覧：2016/10）〕（36）Harry Stein, « Buchenwald-Stammlager », *op. cit.*, p. 336. （37）BArch NS 3/379 Bl. 33. （38）BArch NS 3/425 Bl. 65. （39）*Ibid.* （40）David A. Hackett（ed.）, Der Buchenwald-Report. Bericht uber das Konzentrationslager Buchenwald bei Weimar, Beck, 1996, p. 87. （41）David Rousset, Les Jours de notre mort, *op. cit.*, p. 331. （42）Robert Antelme, *op. cit.*, p. 198–199. （43）David Rousset, Les Jours de notre mort, *op. cit.*, p. 259. （44）*Ibid.*, p. 134–135. （45）BArch NS 4 BU 31 Bl. 18. （46）*Ibid.* （47）BArch NS 3/426 Bl. 30. 収容所における16歳以下の未成年者の処刑手続き適用について（執行命令、収容所への移送、執行始末書）：BArch NS 4 GR 1 Bl. 4, 6, 7, 8, 9. （48）Gerhard Werle, *op. cit.*, p. 582–599. （49）BArch NS 3/426 Bl. 19. （50）同条令第4条項は、条令が適用される地域、ライヒ（ドイツ本国）全土、保護領（チェコスロヴァキを占領後）、アルザス、ロレーヌ、ルクセンブルクを指定のうえ、“その以外の地域にある各部署は、当該地域の特殊状況が許す範囲でのみ規定を適用すること”

とした：BArch NS 3/426 Bl. 24. 条令は“当該地域の特殊状況”を定義しないが、“各事例に関し、厳正さが求められるのは当然ながら、責任者の SS 指導者はいかなる暴力行為もなきよう配慮しなければならない”と、ひとつの制限を設けて地域の特殊状況に順応させるようにした：BArch NS 3/426 Bl. 24. 規定の策定者は、処刑自体に固有の暴力性には目を向けないようだ。禁止の対象は手続きを逸脱した暴力行為、すなわち恣意的なものである。（51）BArch NS 3/426 Bl. 17. （52）*Ibid.* 残念ながら、その規定文は発見されていない。そのため、私たちは 1943 年 1 月 6 日付条令の分析で満足するほかなかった。（53）ゲルハルト・ヴェルレは 1943 年 1 月 6 日条令に言及している：Gerhard Werle, *op. cit.*, p. 594–596. （54）BArch NS 3/426 Bl. 19. （55）BArch NS 4 GR 1 Bl. 8. （56）BArch NS 3/426 Bl. 19. （57）BArch NS 4 GR 1. （58）*Ibid.* （59）BArch NS 4 GR 1 Bl. 6. （60）BArch NS 3/426 Bl. 20. 第3 条 A が収容所内もしくは収容所外で行われる処刑に適用されたのは明らかである。（61）*Ibid.* （62）Gerhard Werle, *op. cit.*, p. 595. （63）BArch NS 3/426 Bl. 20. 第 3 条 A が収容所内もしくは収容所外で行われる処刑に適用されたのは明らかである。（64）*Ibid.* （65）BArch NS 3/426 Bl. 17. （66）*Ibid.* （67）ブーヘンヴァルトでは、数千名の囚人が特別ブロックのなかで処刑された。資料が乏しいこともあるので、処刑段取りについてこれ以上の言及は避けたい。（68）BArch NS 4 GR 1 Bl. 7. （69）BArch NS 3/426 Bl. 20. （70）*Ibid.* （71）*Ibid.*, Bl. 21. （72）*Ibid.* （73）戦後に書いた報告書のなかで、元ブーヘンヴァルト司令官のピスターは、法務官（司法将校）に代行させたと明言した：NO–254, *op. cit.*, p. 20. （74）BArch NS 3/426 Bl. 20. （75）BArch NS 4 GR 1 Bl. 10. （76）1942 年 5 月 6 日付の業務連絡（したがって 1943 年 1 月 6 日条令の施行前）にて、ヴァイマールのゲシュタポ（II・E・2）はブーヘンヴァルトの司令官に対し、ポーランド人の囚人を収容所外で処刑するように命じた。その文書には、該当するポーランド人のリストと、親衛隊全国指導者の指令に則り、彼らを犯行現場にて処刑するよう、その正確な場所と時刻、処刑の準備に関する指示が書かれている。業務連絡の作成者は、さらに“医官に対し、その立ち会いが必要な旨を通知すること”と書いた：BArch NS 4 BU 105 Bl. 20. 1943 年 1 月 6 日の条令以前の規定は、したがって収容所当局が組織したが、収容所外で執行される処刑にも、SS 医官（収容所医官）の立ち会いを義務づけた。（77）1943 年 1 月 6 日付条令の第 3 条 B・a：BArch NS 3/426 Bl. 21. （78）BArch NS 3/426 Bl. 20. （79）BArch NS 4 GR 1 Bl. 10. （80）BArch NS 3/426 Bl. 20. （81）BArch NS 4 GR 1, Bl. 80. 当文書は、処刑執行役の囚人に対する代償の現物供与についてふれていない。（82）David Rousset, L'Univers concentrationnaire, *op. cit.*, p. 81.

（83）BArch NS 3/426 Bl. 22.（84）第３条Ａが収容所内もしくは収容所外で行われる処刑に適用されたのは明らかである。（85）BArch NS 3/426 Bl. 22.（86）*Ibid.* 処刑が予定される場所の安全確保のため、秩序警察（一般の警察官）を動員することも同じ条項にて定められている。（87）BArch NS 3/426 Bl. 22.（88）*Ibid.*（89）BArch NS 3/427 Bl. 37.（90）David Rousset, Les Jours de notre mort, *op. cit.*, p. 16.（91）*Ibid.*, p. 17（92）Primo Levi, *op. cit.*, p. 231.（93）David Rousset, Les Jours de notre mort, *op. cit.*, p. 122.（94）一例として、強制収容所監督官に送られたグロース・ローゼンで1941年10月4日に処刑されたロシア人のリスト：BArch NS 4 GR 9, Bl. 17.（95）BArch NS 3/426 Bl. 21：事務手続きを簡略化するための書式類。たとえば、1943年4月23日でSSWVHA・A・II部により認可された死亡証明書の書式（BArch NS 3/379 Bl. 54)、あるいは1943年4月30日付で同部により認可された死刑執行始末書の書式（BArch NS 3/379 Bl. 62)。（96）BArch NS 3/426 Bl. 22.（97）第３条Ｂ・g：BArch NS 3/426 Bl. 22.（98）BArch NS 3/426 Bl. 21. 第３条Ａ・hは、同時に所内また所外における死刑執行にも有効である。とはいえ、所外の死刑執行に関し、第３条Ｂ・hはその説明が警察責任者（Stapoleiter）またはその代理のSS指導者によってなされるよう指示する。（99）*Ibid.*（100）*Ibid.*（101）*Ibid.*（102）BArch NS 4/FL 394.（103）BArch NS 4 GR 1, Bl. 61.（104）*Ibid.*（105）BArch NS 4 BU/106.（106）*Ibid.*（107）*Ibid.*（108）*Ibid.*（109）*Ibid.* その書き込みには残念なことに日付がなく、背景も分からないため、いかに解釈すべきか判断はむずかしい。

第9章

（1）Herbert Jäger, Verbrechen unter totalitarer Herrschaft: Studien zur nationalsozialistischen Gewaltkriminalitat, Suhrkamp, 1982, p. 226–227.（2）1937年9月6日付の指令書で、ブーヘンヴァルト収容所の司令官は“指導者も含む司令部全員は1937年9月9日の点呼時に下記文書「(……) 3. 被収容者の処遇に関する特別指示」に署名のこと”と命じた：BArch NS 4 BU 33. すでに1937年、囚人の処遇についての指示がSS隊員に出されていた。（3）BArch NS 4 ANH 3 Bl. 8, 10. ここに再録した1943年12月30日付の文書は、兵器工場〈ミッテルヴェルケ・GmbH・ベルリン社〉がドーラの外部収容所のために用いたもの。もうひとつの保存文書は、ブーヘンヴァルトにおける条令の適用について言及している。上記とはべつの保存文書には、“本収容所の管理ブロックにて雇用の被収容者につき、下記の親衛隊全国指導者兼ドイツ警察長官の指令を遵守するよう再度ここで全員の注意を喚起する”とある：ThHStAW, KZ u.

Hafta. Bu. Nr. 9 Bl. 517. （4）BArch NS 4 ANH 3 Bl. 10. （5）*Ibid.* （6）*Ibid.* （7）*Ibid.* （8）*Ibid.* （9）囚人と距離をおいて接すべしという点については、SS-WVHA長官が全収容所司令官に宛てた1943年7月12日付の書簡も参照されたい。長官はそのなかで、囚人を看視する任務中に起きる事故は、看守が与えられた指示を真剣に守らないからだと指摘した。とりわけ、“頻繁に見られる間違いは、（移動中の車のなかでとくに多い）囚人との会話、囚人との距離の持ち方である”とした。そして、看守と囚人間における人間関係の成立は収容所の保安にとっては危険であると断じる：BArch NS 3/426 Bl. 103 （10）同条例は、親衛隊全国指導者の責任のもと、強制収容所監督官（グリュックス）および強制収容所配属の親衛隊看守隊の監督官（親衛隊髑髏部隊総監）により策定された。（11） BArch NS 31/372 Bl. 116. （12）*Ibid.* （13）*Ibid.* （14）*Ibid.* 囚人に物品を贈ることについては、ブーヘンヴァルトおよびナッツヴァイラーの司令官らが、たとえば所内理髪室でのチップなど、囚人に対する心付けの支払いをつぎのように禁止した：1938年1月5日付ブーヘンヴァルトの例（*Kommandantur-Befehl Nr. 29*: BArch NS 4 BU 33）、1941年8月15日付ナッツヴァイラーの例（*Kommandantur-Befehl Nr. 7/41*: BArch NS 4 NA 9）。（15）BArch NS 31/372 Bl. 116. （16）当時は収容所名がまだ確定しておらず、当指示書のなかでは〈コロンビアハウス刑務所〉とされた。（17）BArch R 58/264 Bl. 69. （18）*Ibid.* （19）*Ibid.* （20）BArch NS 31/372 Bl. 60. 同条令（*Befehlsblatt Nr. 5, Mai 1937*）は種々の行政当局、とりわけダッハウをはじめ、リヒテンブルク、ザクセンブルク、ザクセンハウゼン、バート・ズルツァの各収容所に送られた。（21）*Ibid.* （22）*Ibid.*, Bl. 69. （23）*Ibid.*, Bl. 70. （24）*Ibid.*, Bl. 58. （25）*Ibid.* （26）*Ibid.*, Bl. 70. （27）*Ibid.* （28）BArch NS 3/426 Bl. 104. （29）*Ibid.* （30）*Ibid* （31）BArch NS 3/426 Bl. 167. （32）*Ibid.* （33）*Ibid.* （34）*Ibid.* （35）*Ibid.* （36）*Ibid.* （37）*Ibid.* （38）BArch NS 3/426 Bl. 121. （39）*Ibid.*, Bl. 125. （40）BArch NS 4 BU 33. （41）*Ibid.* （42）*Ibid.* （43）*Ibid.* （44）〈ダッハウ〉あるいは〈D〉が括弧でくくられているのは、この文書をダッハウのみならず全強制収容所に適用させよる予定だったためだろう。（45）BArch NS 4 DA 9, Bl. 4. （46）*Ibid.* （47）ThHStAW, KZ. u. Hafta. Bu. Nr. 12 Bl. 176. （48）*Ibid.* （49）*Ibid.* （50）BArch NS 4 RA 1, Bl. 4. （51）Règlement intérieur du camp de concentration de Ravensbrück, *op. cit.*, p. 22. （52）*Ibid.* （53）BArch NS 4 FL 346. この宣誓書は全強制収容所にて義務づけられていたようである：Robert Zagolla, *op. cit.*, p. 153 （54）BArch NS 4 HE 2. （55）BArch NS 4 DA 29 Bl. 196. （56）*Ibid* （57）BArch NS 4 BU 18. （58）Règlement intérieur du camp de concentration de Ravensbrück, *op. cit.*, p. 22. （59）この規則

は、SS の威信保全のための囚人の虐待を禁じる方針と合致している。（60）R がある囚人に言ったというこの言葉を、保護拘禁所指導者が報告書に書いた：BArch NS 4 NA 72 Bl. 1. （61）*Ibid.* （62）政治部主導で進められた懲戒手続きに K が登場する。今日までの調査では、その手続きの理由と 1942 年 7 月 28 日に実施された尋問の目的は不明である：BArch NS 4 NA 55 Bl. 73. （63）ドーラ収容所の歴史につき、また基幹収容所ブーヘンヴァルトの管理下におかれた事情については：Wolfgang Benz, Barbara Distel（ed.）, *op. cit.*, vol. 3, Beck, 2006, p. 412–415. （64）BArch NS 4 ANH 3 Bl. 8. （65）*Ibid.* （66）*Ibid.* （67）*Ibid.* （68）*Ibid.* （69）*Ibid.* （70）Lothar Gruchmann, *Justiz im Dritten Reich 1933–1945. Anpassung und Unterwerfung in der Ara Gurtner*, 3e ed., Oldenbourg Wissenschaftsverlag, 2001, p. 1120 *sq.* 同じく：Klaus Drobisch, Günther Wieland, *op. cit.*, p. 217–227. （71）戦後に書いた報告書のなかで、元ブーヘンヴァルト司令官のピスターは、ブーヘンヴァルト収容所が所在する軍区の SS 指導者がその隊員に対する親衛隊裁判所の判決の有効性を認否する権限を持っていたと説明した：NO–254, *op. cit.*, p. 44. ナチ規範体制下における判決の“修正”については：Gerhard Werle, *op. cit.*, p. 599–602. （72）Lothar Gruchmann, *op. cit.*, p. 1121. 私が進めた調査で、SS の汚職を追求する司法手続きに関する希少な文書が見つかった。1944 年、カール・オットー・コッホは汚職および囚人を殺害した事件で SS 裁判所に追訴されていた：NO–2366, *op. cit.* 囚人の所持品を盗んだことを自供した SS 看守 2 名に対する 1944 年 12 月 20 日の SS 裁判所による死刑判決については：BArch NS 3/427 Bl. 71. ある SS 隊員が囚人の手紙を収容所外へ不法に持ちだした事件で、当の SS 隊員は SS 裁判所により死刑を宣告された：BArch NS 3/426 Bl. 82. （73）1938 年から、収容所に配属の SS 隊員は、所外ではあるが有刺鉄線からわずか数メートルしか離れていない小さな動物園に家族を連れて入園することが許されていた。クマを飼育していた堀跡が今でも残っている。（74）BArch NS 4 BU 33. （75）BArch NS 4 NA 55. （76）ナッツヴァイラーの内部規程（BArch NS 4 NA 8 Bl. 7）、芝生に座るのも寝転がるのも禁止だった。（77）BArch NS 4 NA 55 Bl. 133. （78）*Ibid.* （79）BArch NS 4 NA 55. （80）ナッツヴァイラーの内部規程では、ブロック長老が進めるべき手続きに関し、“ブロック内での個別の事件、収容所内部規程の違反などについては、ブロック長老がただちに文書による事故報告書を作成しなければならない”とされていた：BArch NS 4 NA 8 Bl. 7. （81）BArch NS 4 NA 55 Bl. 200. （82）*Ibid.*, Bl. 187. （83）*Ibid.*, Bl. 200. （84）*Ibid.* （85）Robert Antelme, *op. cit.*, p. 174–175. （86）BArch NS 4 NA 55 Bl. 25. （87）*Ibid.*, Bl. 8. （88）*Ibid.*, Bl. 2. （89）*Ibid.* （90）*Ibid.* （91）*Ibid.* （92）*Ibid.*, Bl. 8. （93）*Ibid.*, Bl. 2.

（94）*Ibid.*, Bl. 9. （95）*Ibid.* （96）*Ibid.*, Bl. 3. （97）*Ibid.*, Bl. 29. （98）*Ibid.*, Bl. 27. （99）*Ibid.* （100）*Ibid.*, Bl. 29. （101）つぎの虐待の事例も追加調査に値する内容である。1944 年 8 月 18 日付の事故報告書にてある SS 看守は、収容所内作業に就く役付き囚人がもう 1 人の囚人を、その場に民間人がいたにもかかわらず棒で 5 回殴った件を上官のコマンド隊長に報告した。翌 19 日、コマンド隊長は、その報告書を基幹収容所アウシュヴィッツ第Ⅲ収容所の保護拘禁所筆頭指導者に提出。どうしてこの事例が報告手続きに入るのか？ 事故報告書で言及されている民間人の存在が、事故報告書作成と基幹収容所への報告義務の理由だったものと思われる：BArch NS 4 AU 5 Bl. 127, 129. （102）ThHStAW, KZ u. Hafta. Bu. Nr. 12 Bl. 177. （103）*Ibid.* （104）*Ibid.* （105）*Ibid.* （106）*Ibid.* （107）ThHStAW, Generalstaatsanwalt Jena Nr. 979 Bl. 22. （108）*Ibid.*, Bl. 26. （109） *Ibid.* （110）*Ibid.* （111）*Ibid.* （112）*Ibid.*, Bl. 27. （113）Werner Best, *op. cit.*, p. 20.

第3部

（1）Règlement intérieur du camp de concentration de Ravensbrück, *op. cit.*, p. 36. （2）収容所の強制労働について述べるにあたっては、つぎの書を参考にした：Hermann Kaienburg, « Zwangsarbeit: KZ und Wirtschaft im Zweiten Weltkrieg », in Wolfgang Benz, Barbara Distel（ed.）, *op. cit.*, vol. 1, Beck, 2005, p. 179–194 （3）*Ibid.*, p. 185. （4）ThHStAW, KZ. u. Hafta. Bu. Nr. 18 Bl. 382. （5）*Ibid.* （6）Robert Sommer, *op. cit.*, p. 58. （7）BArch NS 4 AU 5 Bl. 126. （8）農業に関しては、1942 年 5 月 4 日付の SS-WVHA・D・Ⅱ部による条令の施工以後、熟練農事労働者も単に農業労働者と呼ぶようになった：ThHStAW, KZ. u. Hafta. Bu. Nr. 18 Bl. 59. （9）Jorge Semprun, *Quel beau dimanche !*, *op. cit.*, p. 331–332. （10）*Ibid.*, p. 337. （11）BArch NS 4 BU 229; BArch NS 3 427 Bl. 54. これら熟練工（専門職、農業労働者）は、たとえば 1942 年 12 月 20 日にブーヘンヴァルトで行われていたように、特別の一覧表に記入された：BArch NS 4 BU 207. （12）BArch NS 3/426 Bl. 141. その内容は強制収容所に向けられたものではなかったが、SS-WVHA・D・Ⅰ・1 課は全強制収容所の司令官に“適用時の参考に”との言葉を添えて配布した：*Ibid.*, Bl. 140. （13）BArch NS 3/426 Bl. 141. （14）*Ibid.*, Bl. 142. （15）*Ibid.* （16）*Ibid.* （17）BArch NS 3/426 Bl. 142. （18）BArch NS 4 AU 5 Bl. 18. この条令の指示にしたがい、1943 年 10 月 9 日、あるコマンド隊長が自隊では“ユダヤ人がカポであり、その配下にドイツ人はおりません”と答えた：BArch NS 4 AU 5 Bl. 20.

第10章

（1）David Rousset, Les Jours de notre mort, *op. cit.*, p. 215.（2）ThHStAW, KZ u. Hafta. Bu. Nr. 18 Bl. 132.（3）*Ibid.*（4）Robert Antelme, *op. cit.*, p. 81.（5）ThHStAW, KZ. u. Hafta. Bu. Nr. 18 Bl. 33.（6）BArch NS 4 BU 8 Bl. 91.（7）Règlement intérieur du camp de concentration de Ravensbrück, *op. cit.*, p. 7.（8）ナッツヴァイラーでは、1942年3月19日に施行された規定で、囚人に土曜の午後と日曜日の自由時間を与え、採石場に配置の者と所内配置の者との区別をつけた：BArch NS 4 NA 9 Bl. 99. 同年2月27日付のもうひとつの規定は、とくに必要のない場合を除き、囚人が日曜全日と土曜午後は労働しないと決めていた。労働コマンドは、所外の作業所から午後5時30分にもどると7時30分まで所内の労役に就いた：BArch NS 4 NA 9 Bl. 102.（9）1944年2月26日、ナッツヴァイラーの司令官は全部課につぎの指令を出した：BArch NS 4 NA 13 Bl. 3. 保護拘禁所筆頭指導者による署名の囚人の就労時間割については：BArch NS 4 NA 9 Bl. 13.（10）1944年12月14日付の指示書：BArch NS 4 GR 6 Bl. 13.（11）*Ibid.*（12）*Ibid.*（13）Robert Antelme, *op. cit.*, p. 116.（14）ThHStAW, KZ. u. Hafta. Bu. Nr. 18 Bl. 382.（15）*Ibid.*（16）*Ibid.*（17）*Ibid.*（18）ThHStAW, KZ. u. Hafta. Bu. Nr. 18 Bl. 32. ブーヘンヴァルトの司令官からSS-WVHA・D・Ⅱ部宛の1942年6月10日付の報告書は、同所の囚人に適用の労働時間および時刻が1942年6月3日付の同部による指示に合致しているとの報告をした。同司令官は注意書きで、同年6月14日の日曜以降、コマンド派遣先の大多数の民間企業では、囚人が日曜の午前（6時45分〜12時、つまり5時間15分）労働していることも強調しつつ報告する：ThHStAW, KZ. u. Hafta. Bu. Nr. 18 Bl. 34.（19）BArch NS 4 BU 33.（20）1942年2月2日、各強制収容所司令官は、同月1日時点の各所において適用の囚人の労働時間を報告するよう、強制収容所監督官から指示された。これには、“ドイツの労働者が軍事産業において毎日10時間も働いているというのに、一部の強制収容所の囚人らが6時間しか働かないという現状、これは許しがたいことである”というように、各司令官に対して囚人の労働時間を増やすよう督励する意味もあった：ThHStAW, KZ. u. Hafta. Bu. Nr. 18 Bl. 34. 労働時間と時刻についてのブーヘンヴァルト司令官によるもうひとつの1942年6月10日付SS-WVHA・D・Ⅱ部宛の報告書は：ThHStAW, KZ. u. Hafta. Bu. Nr. 18 Bl. 34.（21）David Rousset, Les Jours de notre mort, *op. cit.*, p. 209.（22）Robert Antelme, *op. cit.*, p. 173, 179. 民間工場が日曜は閉まるので、SSは囚人にやらせる収容所内の雑役を日曜の午前ときめていた。*Ibid.*, p. 81.（23）トート機関に属する事業所にて適

用の労働時間は、同機関の責任者らが自ら決めた：BArch NS 4 DA 29 Bl. 35, 54 et 74. （24）強制収容所の医官の人事管理も含む、全親衛隊組織の保健衛生を統括する部署。（25）BArch NS 48/26. （26）*Ibid.*, p. 6. （27）（Sanitatsdienstgrad）の略号、SS医官の指揮下にあるSS看護室。（28）BArch NS 4 BU 49. （29）*Ibid.* （30）Jorge Semprun, *Le Mort qu'il faut*, *op. cit.*, p. 25–26. （31）David Rousset, Les Jours de notre mort, *op. cit.*, p. 642. （32）明確な区別のないかぎり、つぎの規定は男女の区別なく適用された。"婦女子も、男子と同様に職種別の労働集団に組みこむこと"とされた：BArch NS 4 BU 209. （33）BArch NS 4 BU 71 Bl. 1. （34）*Ibid.*, Bl. 9. （35）*Ibid.* （36）*Ibid.* （37）*Ibid.* （38）*Ibid.* （39）*Ibid.*, Bl. 12. （40）*Ibid.*, Bl. 17. 囚人の配給食もここでは総合的な糧食補給のなかに含まれている。（41）*Ibid.*, Bl. 11. （42）*Ibid.* （43）*Ibid.* （44）*Ibid.* （45）たとえば1944年4月28日付の一覧表を見ると、労働する囚人には週に2800グラムのジャガイモを与えるが、非就労者に対しては約3分の1の量、1050グラムしか与えなかったとある：BArch NS 4 BU 252 Bl. 49. （46）BArch NS 4 BU 71 Bl. 11. （47）強制収容所におけるロシア人捕虜の取扱制度に関し、1942年3月12日の強制収容所監督官による条令が最終的な規定となった。それまで収容所によって食い違いを見せていた規則に、"ロシア人戦争捕虜に対しては、強制収容所の被収容者に適用の制度にならい配給食を支給することとし、これを即時、一律に適用する"と、混乱に終止符を打った：Barch NS 3/386 Bl. 13. （48）ThHStAW, KZ u. Hafta. Bu. Nr. 18 Bl. 132. （49）BArch NS 4 BU 252 Bl. 49. 同一の内容は前掲1943年6月1日の規定にも見られる：BArch NS 4 BU 71 Bl. 11. （50）外部収容所は基幹収容所を通さず、直接に最寄りの食糧管理局から糧食券を受けとっていたようだ。保存文書のなかから、ある外部収容所が糧食券を請求する食糧管理局宛の文書が見つかっている。ブーヘンヴァルトの外部収容所ベルタがデュッセルドルフの食糧管理局に宛てた1944年6月12日付の請求文書：BArch NS 4 BU 252 Bl. 87. 似たような1945年2月8日付の文書にてブーヘンヴァルトのある外部収容所は、囚人向けに昼用の温かい追加食の調理に必要な食材をデュッセルドルフの食糧管理局に請求した：BArch NS 4 BU 252 Bl. 4. 同じく1944年11月10日付の文書にて、ブーヘンヴァルトの外部収容所ボッフマー・フェラインは、同所が収容する囚人500名のための糧食券を同地の食糧管理局に対し請求した：BArch NS 4 BU 248. 外部収容所による請求は、所定の書式を用いる場合もあった：BArch NS 4 BU 248. その書式は、糧食券請求の手続きの根拠と思われる食糧農業省の1940年1月16日付省令に言及している：（Erlasse des Reichsministers fur Ernahrung und Landwirtschaft vom 16.1.1940 –II C 948–und 5.4.1940–II C 2–320）.

(51) ブーヘンヴァルトの管理部が発信した1944年8月14日付の通達：BArch NS 4 BU 252 Bl. 71. (52) BArch NS 4 BU 252 Bl. 1. (53) Hauptabteilung I/5, Dienststelle Buchenwald. (54) 1942年3月以降はSS-WVHA管下に入る．(55) BArch NS 4 BU 37. (56) *Ibid.* (57) *Ibid.* (58) 1941年2月19日付ブーヘンヴァルト収容所の報告書：*Ibid.* (59) 1941年8月19日付ブーヘンヴァルト収容所の報告書：*Ibid.* (60) BArch NS 4 LI 1 Bl. 12：当文書は、囚人用の食事に関する監査が初期の強制収容所の時代から存在していたことを示す。その時期、すべての報告書は収容所警備の中隊長が作成、それを保護拘禁所指導者が回収のうえ審査して司令官に提出。司令官はそれをまとめた報告書をつくって強制収容所監督官宛に送っていた。(61) *Ibid.*, Bl. 9, 10, 11. (62) *Ibid.*, Bl. 10. (63) *Ibid.*, Bl. 11. (64) BArch NS 3/426 Bl. 10. それら監査に伴う会計検査院らの勧告はSS-WVHA・D・Ⅳ部に送られ，こんどⅣ部はそれをSS-WVHA・D局に上げた。(65) *Ibid.*, Bl. 11. (66) *Ibid.* (67) Règlement intérieur du camp de concentration de Ravensbrück, *op. cit.*, p. 20. (68) BArch NS 4 BU 33. (69) ブーヘンヴァルトにおける1943年9月11日の記録簿の参照は：BArch NS 4 BU 75 Bl. 11. (70) BArch NS 4 BU 49. (71) *Ibid.* (72) David Rousset, Les Jours de notre mort, *op. cit.*, p. 258. (73) BArch NS 4 BU 209. 要請は、ヴァイマールの武装親衛隊警察の建設指導部から。(74) BArch NS 4 BU 211. (75) *Ibid.* (76) NO–254, *op. cit.*, p. 5. (77) BArch NS 4 BU 209. (78) *Ibid.* ヴァイーマール・ブーヘンヴァルト武装親衛隊警察現場責任部が1942年6月16日、はじめて承認した要請である。第2の署名があることから、6月17日には2番目の権限者による審査のあったことが分かる。(79) Reichsgesetzblatt 1939, Teil I, Nr. 182, S. 1825. 同文書はつぎのWebページでも参照可能：http://alex.onb.ac.at（最終閲覧：2013/03）. (80) *Ibid.* (81) *Ibid.* (82) *Ibid.* (83) Richtlinien fur die Auswahl der Zulageberechtigten, BArch NS 4 BU 209. (84) *Ibid.* (85) *Ibid.* このリストおよび同じ職種がブーヘンヴァルト基幹収容所から各外部収容所に送られた1944年12月18日付文書のなかにも見られる：BArch NS 4 BU 252 Bl. 15. (86) BArch NS 4 BU 209. (87) BArch NS 4 BU 210. (88) 戦後に書いた報告書のなかで、元ブーヘンヴァルト司令官のピスターは、外部収容所における重労働従事者用の配給食の申請手続き内容を説明した。各外部収容所は、管轄の食糧管理局に直接その配給食申請を行った。ピスターいわく、申請が認められないケースもときにはあったという。その場合、通常の手続きではなしに、外部収容所は申請をブーヘンヴァルトの管理（幕僚）部に提出、すると管理部はそれをヴァイマールの食糧管理局に提出したという：NO–254, *op. cit.*, p. 8. 申請書は一覧表の形をとっていた。

該当する囚人の人数がコマンドまたは外部収容所べつに記入された。たとえば、1943年8月13日付の申請（BArch NS 4 NA 59 Bl. 8）、1944年1月13日付のもの（BArch NS 4 NA 60 Bl. 46）、あるいは1944年3月29日のもの（BArch NS 4 NA 13 Bl.32）。ある部署（たとえば、保護拘禁所や労働力配置指導者）は外部収容所の申請をとりまとめ、それを所内管理部に提出していたようである。保護拘禁所筆頭指導者宛の申請書はより細かく、各囚人の業務内容も記した。1941年8月30日および1942年3月4日付の申請書は：BArch NS 4 BU 209.　どの申請書にも、申請理由として、要求される作業内容、その重要性および困難さが主張されている。（89）BArch NS 4 BU 209.　ある特殊な囚人に関する1941年8月30日付もうひとつの申請書については：BArch NS 4 BU 252 Bl. 50.　（91）*Ibid.*　（92）BArch NS 4 BU 209.　1945年2月24日、すなわち収容所が解放される1カ月半前、これら手続きは続行しており、ブーヘンヴァルトの労働力配置指導者は“収容所拡張工事”に伴う重労働者用の配給食申請を受けつけている：*IIbid.*　（93）BArch NS 4 BU 252 Bl. 50.　（94）*Ibid.*　同様のリストも発見されたが、ブーヘンヴァルトの管理部が外部のコマンドのために作成したもので非常に短い：BArch NS 4 BU 252 Bl. 15.　（95）BArch NS 3/426 Bl. 10/11.　SS-WVHA-D局は同本部A局Ⅳ部の1943年1月15日付業務書簡を引用しているが、それがおそらく当制度の根拠法であろう。（96）1943年6月1日付条令は：BArch NS 4 BU 71 Bl. 11.　この言い回しは、1944年4月28日付条令にもほぼ一字一句なぞるように使われている：BArch NS 4 BU 252 Bl. 50.　（97）« *Bis zu* »: BArch NS 4 BU 71 Bl. 11.　（98）BArch NS 4 BU 209.　文書は1945年2月13日の電話会話からの書き起こし。（99）ThHStAW, KZ. u. Hafta. Bu. Nr. 12 Bl. 221.　（100）BArch NS 4 AU 5 Bl. 57.　（101）BArch NS 4 DA 29 Bl. 24.　“強制収容所における被収容者の1人当たり週単位の食事”量。（102）BArch NS 4 DA 29 Bl. 24.　（103）David Rousset, Les Jours de notre mort, *op. cit.*, p. 202.　（104）Primo Levi, *op. cit.*, p. 129.　（105）BArch NS 4 BU 209.　（106）BArch NS 4 BU 71 Bl. 11.　（107）BArch NS 4 BU 209.　（108）1945年2月15日付の申請書、収容所医官（Standortarzt der Waffen-SS Weimar）の署名がある：BArch NS 4 BU 209.　（109）1945年1月23日付の申請書、ブーヘンヴァルト政治部責任者の署名あり：BArch NS 4 BU 209.　同じく1945年2月3日の申請書、測量班コマンドのため：*Ibid.*　（110）*Ibid.*　1945年2月3日付のブーヘンヴァルト労働配置指導者宛の申請書、武装SS警察現場責任者の署名あり。（111）*Ibid.*　（112）*Ibid.*　（113）*Ibid.*　（114）BArch NS 4 BU 71 Bl. 11.　より顕著な例は：BArch NS 4 BU 252 Bl. 50.　（115）1943年5月10日付規定（Barch NS 4 BU 209）による“戦争に多大な貢献をしている企業に長期配置の被収容

者に対する配給食”は、この節では扱わない （116）BArch NS 4 BU 71 Bl. 13、同じく BArch NS 4 BU 252 Bl. 50. （117）BArch NS 4 BU 92. （118）Robert Antelme, *op. cit.*, p. 230. 同じくアウシュヴィッツからの退却時、プリモ・レーヴィも携行食について述べている：Primo Levi, *op. cit.*, p. 239. （119）Robert Antelme, *op. cit.*, p. 20. （120）*Ibid.*, p. 23. （121）*Ibid.*, p. 34. （122）David Rousset, Les Jours de notre mort, *op. cit.*, p. 175. （123）BArch R 58/3523. （124）*Ibid.* （125）BArch NS 4 BU 252 Bl. 50. （126）*Ibid.* どの部署に許可の権限があるかは不明。（127）David Rousset, *Les Jours de notre mort*, *op. cit.*, p. 190. ダヴィッド・ルセはふたたび〈ダイエットスープ〉を話題にする（p. 447）。（128）Jorge Semprun, *Le Mort qu'il faut*, *op. cit.*, p. 62–63. （129）航空幕僚部（Jägerstab）については：Martin Weinmann（ed.）, *Das nationalistische Lagersystem*（*CCP*）, Zweitausendeins, 2001, p. xlv-xlvi. （130）BArch NS 4 BU 209. （131）このSS-WVHA本部から同本部D局宛の1944年7月15日付の業務文書は、指示の伝達とその適用を促したもの。したがって、イェーガー計画関連の追加食制度は1944年7月から各地収容所で適用されるようになった：BArch NS 3 1643 Bl. 80. （132）BArch NS 4 BU 251 Bl. 101. （133）BArch NS 3 1643 Bl. 80. （134）BArch NS 4 BU 209. （135）*Ibid.* （136）*Ibid.* （137）*Ibid.* （138）*Ibid.* （139）*Ibid.* （140）*Ibid.* （141）*Ibid.* （142）*Ibid.* （143）*Ibid.* （144）*Ibid.* （145）*Ibid.* （146）BArch NS 4 BU 252 Bl. 15. （147）*Ibid.*, Bl. 16. （148）*Ibid.* （149）1945年3月、フロッセンビュルク収容所で使用の書式については：Barch NS 4 FL 354/2. （150）BArch NS 4 BU 209. （151）*Ibid.* （152）Robert Antelme, *op. cit.*, p. 176. （153）*Ibid.*, p. 142. （154）強制収容所ならびにコマンドにおける郵便小包の受領についての簡単な説明：Julien Lajournade, *op. cit.*, p. 97–99. （155）BArch NS 4 LI 1 Bl. 9. （156）BArch NS 4 NA 8 Bl. 4. （157）Règlement intérieur du camp de concentration de Ravensbrück, *op. cit.*, p. 37. この規定は、正当な理由さえあれば収容所の所長権限にて禁止が除外されることもあった。（158）BArch NS 4 BU 104. （159）ドイツ軍によるオランダの占領後、人質にとられたオランダ人たち。分散されて各地の強制収容所に収容されたが、労働させてはならなかった：Gedenkstätte Buchenwald（ed.）, *op. cit.*, p. 81–82. （160）BArch NS 4 BU 1 Bl. 64. （161）*Ibid.* （162）*Ibid.*, Bl. 67. （163）David Rousset, Les Jours de notre mort, *op. cit.*, p. 214. （164）BArch NS 4 NA 57 Bl. 112. （165）*Ibid.* （166）BArch NS 3/426 Bl. 169. 小包に伝言を入れることを禁止するテキストの例は、グロース・ローゼンの司令官が発した1944年5月27日の業務指令になかに見られる：BArch NS 4 GR 6 Bl. 16. （167）David Rousset, Les Jours de notre mort, *op. cit.*, p. 474. （168）*Ibid*, p. 67. （169）

BArch NS 4 NA 57 Bl. 112. （170）*Ibid.* （171）BArch Berlin, Film Nr. 41304. 赤十字委員会の〈強制収容所小包（CCC）サービス〉については：Julien Lajournade, *op. cit.*, p. 106–109. （172）David Rousset, Les Jours de notre mort, *op. cit.*, 1947, p. 94. （173）BArch NS 4 GR 6 Bl. 16. （174）1942年10月29日付条令の全文を転載。1943年12月11日の規定は第1〜4条項のみ転載、同第5条項はとくに各司令官宛の内容だった。（175）BArch NS 3/426 Bl. 169. （176）BArch NS 4 GR 6 Bl. 16. （177）*Ibid.* （178）*Ibid.*, Bl. 17. （179）BArch NS 4 NA 64 Bl. 3. （180）手紙や小包、郵便為替を受けとるのが可能なことを家族に知らせるよう囚人に奨励した例については：BArch NS 4 NA 64 Bl. 5, 12, 14. （181）*Ibid.*, Bl. 9. （182）この手紙はフロッセンビュルク強制収容所記念館のパンフレットに転載されている：KZ-Gedenkstätte Flossenbürg, Stiftung bayerische Gedenkstätten（ed.）, *Konzentrationslager Flossenburg 1938–1945: Katalog zur standigen Ausstellung,* KZ-Gedenkstätte Flossenbürg, 2008, p. 92–93. （183）David Rousset, Les Jours de notre mort, *op. cit.*, p. 189. （184）BArch NS 4 NA 57 Bl. 112. （185）囚人の所持品を盗んだSS隊員2名はSS裁判所および警察（SS-und Polizeigericht III）により死刑宣告を受け、1944年12月20日に処刑された：BArch NS 3/427 Bl. 71. （186）BArch NS 4 NA 57 Bl. 112. （187）*Ibid.* （188）BArch NS 4 DA 29 Bl. 205–208. （189）BArch NS 4 NA 3 Bl. 6. （190）BArch NS 4 BU 104 et BArch NS 4 BU 31 Bl. 19. （191）BArch NS 4 GR 6 Bl. 16. （192）David Rousset, Les Jours de notre mort, *op. cit.*, p. 472. （193）BArch NS 4 DA 29 Bl. 207. （194）*Ibid.* （195）BArch NS 4 GR 6 Bl. 17. （196）BArch NS 4 NA 62 Bl. 4. （197）*Ibid.* （198）*Ibid.* （199）BArch NS 4 NA 91 Bl. 2. （200）ノイエンガンメとマウトハゼンの両収容所に収容の囚人らが署名した小包受領証の参照は：Julien Lajournade, *op. cit.*, p. 98. （201）BArch NS 4 DA 29 Bl. 208. （202）BArch NS 4 GR 6 Bl. 17. （203）*Ibid.* （204）David Rousset, *Les Jours de notre mort*, *op. cit.*, p. 140–141. （205）*Ibid.*, p. 551. （206）BArch NS 4 NA 56 Bl. 6. （207）*Ibid.* （208）*Ibid.* （209）BArch NS 4 FL 324/2. （210）*Ibid.*

第11章

（1）Robert Sommer, *op. cit.*, p. 70. 賞与（特別手当）制度の強制収容所への導入に関し、資料に基づいた詳しい経緯については：*Ibid.*, p. 68–76. （2）*Ibid.*, p. 73. （3）*Ibid.*, p. 74. （4）BArch NS 3/426 Bl. 61. （5）*Ibid.* （6）*Ibid.* （7）*Ibid.* （8）*Ibid.* （9）*Ibid.* （10）*Ibid.* （11）BArch R 58/1027 Bl. 208. （12）*Ibid.* （13）BArch NS 4 HI 1 Bl. 14. （14）〈RSHAの指令による減刑〉と題する囚人のリストは減刑の内容について何の説明もない。RSHAの決定は、減刑の

対象となりうる囚人の所内での身分変化でしかない：ThHStAW, KZ. u. Hafta. Bu. Nr. 14 Bl. 104.　ブーヘンヴァルトの司令官が2名の囚人に対する減刑を、ゲシュタポ（RSHA－Ⅳ・C・2）宛に“減刑許可”として申請したが、どのような減刑措置かは明記していない。（15）BArch NS 4 HI 1 Bl. 14.（16）ThHStAW, KZ. u. Hafta. Bu. Nr. 14 Bl. 121, 122.（17）ブーヘンヴァルトの保護拘禁所指導部から司令官に宛てた業務連絡には“下記の被収容者らは親衛隊全国指導者の1941年8月31日付規定により減刑措置の対象となります”とある：ThHStAW, KZ. u. Hafta. Bu. Nr.4 Bl. 123、あるいは*IIbid.*, Bl. 118, 120.（18）順に1942年4月29日付、同年5月30日付：ThHStAW, KZ. u. Hafta. Bu. Nr. 14 Bl. 118 et 120.（19）ThHStAW, KZ. u. Hafta. Bu. Nr. 14 Bl. 121 et 122.（20）BArch NS 3/426 Bl. 62.（21）*Ibid.*（22）*Ibid.*　賞与は具体的に〈賞与金券〉という体裁とっていた。私たちはSS-WVHA・A・Ⅱ部が1942年7月31日正規に承認した0.50 RMおよび1.00 RMの金券2枚を実際に確認した：BArch NS 3/379 Bl. 121.　これは、1943年5月15日の規定以前、すでに一部の収容所で賞与が制度化されていたというロベルト・ゾマーの主張を裏付ける。彼は自著に、アウシュヴィッツおよびフロッセンビュルクにて使われていた1.00 RMの賞与金券を転載している：Robert Sommer, *op. cit.*, p. 225–226.（23）BArch NS 3/426 Bl. 62.（24）BArch NS 4 BU 213.（25）*Ibid.*（26）BArch NS 3/426 Bl. 63.（27）*Ibid.*　この規則は、グロース・ローゼンの司令官が1944年3月18日に施行した規定にも採りいれられた：BArch NS 4 GR 6 Bl. 8.　1945年2月2日付の支払い指示書から察するに、給付される賞与は収容所の負担のようだ。ダッハウ管理部は、同所の保護拘禁所に対する3295.50 RMの支払い指示を受けた。支払い名目は“1945年1月29日～翌2月4日の週の被収容者に対する賞与”である。指示書の署名はダッハウ管理部責任者：BArch NS 4 DA 21 Bl. 62.（28）Robert Sommer, *op. cit.*, p. 80.　しかし、戦後に書いた報告書のなかで、元ブーヘンヴァルト司令官のピスターは賞与制度を1942年には導入していたと述べた。45年3月までに総額30万RMが囚人に対して支払われたとしている：NO–254, *op. cit.*, p. 6.（29）Hermann Kaienburg, « Zwangsarbeit: KZ und Wirtschaft im Zweiten Weltkrieg », *op. cit.*, p. 192.（30）*Ibid.*, p. 192.（31）Primo Levi, *op. cit.*, p. 32.（32）*Ibid.*, p. 122–123.（33）David Rousset, Les Jours de notre mort, *op. cit.*, p. 261.（34）同規定は、SS-WVHA長官オズヴァルト・ポールにより1943年10月26日に再度、全強制収容所司令官宛に送られた：BArch NS 3/386 Bl. 102.（35）BArch NS 3/426 Bl. 62.（36）BArch NS 4 MA 57 Bl. 13.（37）*Ibid.*（38）*Ibid.*（39）*Ibid.*（40）*Ibid.*（41）BArch NS 4 FL 352.（42）BArch NS 3/426 Bl. 62.（43）ドイツ労働法の集団出来高協定については、1938

年に発表の法学論文を参照：Heinz-Adolph Hönnecke, *Der Akkord im Arbeitsrecht*, Berhard Sporn Verlag, 1938.　著者はp. 46–48にて、同一品の生産に労働者の集団が従事する場合の成果手当制度について説明をする。（44）BArch NS 3/426 Bl. 62.　グロース・ローゼンの司令官が下した1944年3月18日の決定は、43年3月15日付SS-WVHA規定に準拠することを明記のうえ、各囚人の生産性を評価するのは企業主または工房責任者、工事施工責任者であり、収容所司令官または当該の外部収容所責任者の同意のもとに決定するとした：BArch NS 4 GR 6 Bl. 8.（45）David Rousset, *Les Jours de notre mort*, *op. cit.*, p. 205–206.（46）BArch NS 3/426 Bl. 63.（47）BArch NS 4 FL 352.（48）BArch NS 4 BU 213.（49）SS-WVHA本部長官ポールが期限1944年1月15日とした報告書は、前年10月26日、全強制収容所の司令官に宛てた業務書簡にて要求されていた：BArch NS 3/386 Bl. 103.　それによると、"賞与の配布、そしてことに生産性向上への効果について"の報告が求められていた：BArch NS 3/386 Bl. 103.（50）アウシュヴィッツの司令官があるコマンド隊長に宛てた1944年4月20日付の業務書簡で、同コマンド内で支給される賞与に関する詳細がSS-WVHA宛提出の報告書に不可欠なので報告せよと督促している。これは、SS-WVHAから再三の注意を受けての反応だった。成果賞与の追跡調査は、この例で見るように非常にきめ細かく行われていた：BArch NS 4 AU 5 Bl. 93.（51）BArch NS 4 GR 6 Bl. 8.（52）BArch NS 4 FL 352.（53）BArch NS 4 DA 21 Bl. 64/65.（54）*Ibid.*, Bl. 95.（55）*Ibid.*, Bl. 84.（56）ダッハウの小包配布担当コマンドについては：*Ibid.*, Bl. 96.（57）*Ibid.*, Bl. 91.（58）*Ibid.*, Bl. 87.（59）BArch NS 4 FL 352.　当文書はこの部分が欠落している。（60）たとえば、ダッハウの1945年1月30日付の文書を参照：BArch NS 4 DA 21 Bl. 96.（61）これは1944年4月18日付グロース・ローゼンの司令官の命令：BArch NS 4 GR 6 Bl. 8.（62）BArch NS 3/426 Bl. 63.　この言い回しは、マウトハウゼンの司令官の署名入り1943年11月18日付の規定にも採りいれられた：BArch NS 4 MA 57 Bl. 13.（63）BArch NS 4 FL 352.（64）ダッハウにおける同様の一覧：BArch NS 4 DA 21 Bl. 63, 65, 82, 84, 87, 91, 92, 95, 96.（65）BArch NS 4 GR 6 Bl. 8.　入手できた一覧のすべてに賞与の支給対象者による署名がある。（66）BArch NS 4 DA 21 Bl. 63.（67）*Ibid.*, Bl. 66.（68）*Ibid.*, Bl. 87.（69）*Ibid.*, Bl. 87.　この言い回しは全一覧表に共通。（70）Robert Sommer, *op. cit.*, p. 81.　マウトハウゼンの司令官は、この制度を1943年11月18日にはもう導入していた：BArch NS 4 MA 57 Bl. 13.　当文書はまだ所内の売春ブロック建設には言及しておらず、ロベルト・ゾマーも〈ボルデル〉に関する著作のなかでふれていない。（71）BArch NS 4 MA 57 Bl. 13.（72）BArch NS 4 FL 352.（73）BArch NS 4 GR 6 Bl. 8.

（74）BArch NS 3/426 Bl. 61–64. （75）BArch NS 3/426 Bl. 62. （76）BArch NS 3/426 Bl. 63. （77）*Ibid.* （78）*Ibid.* （79）*Ibid.* （80）*Ibid.* （81）BArch NS 4 GR 6 Bl. 8. （82）BArch NS 4 MA 57 Bl. 13. （83）Robert Sommer, *op. cit.*, p. 15. ブーヘンヴァルトの〈ボルデル〉に絞っての説明は：*Ibid.*, p. 123–128. （84）*Ibid.*, p. 242–243 （85）売春婦の雇い入れについては：*Ibid.*, p. 87–109. （86）Primo Levi, *op. cit.*, p. 123. （87）BArch NS 3/426 Bl. 63. ロベルト・ゾマーは、ダッハウのおけるその申請書の書式を転載：« Antragschein für den Bordellbesuch », *Abbildung 3*, in Robert Sommer, *op. cit.*, p. 225–226. （88）BArch NS 3/426 Bl. 64. 戦後になって書いた報告書のなかで、元ブーヘンヴァルトの司令官ピスターは、"ボルデル出入り許可証の発行"は第Ⅲ部（保護拘禁所指導部）の権限だったと明言する：NO–254, *op. cit.*, p. 11. ということは、ブーヘンヴァルトの司令官は第Ⅲ部に権限を移譲していたものと考えられる。（89）BArch NS 3/426 Bl. 64. （90）Robert Sommer, *op. cit.*, p. 125. （91）*Ibid.* （92）Jorge Semprun, *Le Mort qu'il faut*, *op. cit.*, p. 37. De meme, *Ibid.*, p. 75 et 122, あるいは同著者の：*Quel beau dimanche !*, *op. cit.*, p. 326–327. （93）BArch NS 4 BU 41. ロベルト・ゾマーは、ボルデルに行く前後、囚人が受ける健康診断について簡単に述べる：Robert Sommer, *op. cit.*, p. 181–182. （94）BArch NS 4 BU 41. （95）*Ibid.* （96）*Ibid.* （97）BArch NS 3/426 Bl. 64. あとでふれるように、料金は1回 1.00 RM に下げられた。（98）*Ibid.* （99）BArch NS 4 BU 41. （100）BArch NS 3/427 Bl. 18. （101）以後、保護拘禁所指導者が署名する日計表の記入欄は5列となった。収容所会計の欄はなくなり、収入の分配は娼婦の取り分Ⅰ（Vergütung I）と見張り役女囚の取り分Ⅱ（Vergütung II）で分けられることになった：BArch NS 4 BU 41. 同様の1945年3月23日付の日計表：*Ibid.* （102）Jorge Semprun, Quel beau dimanche !, *op. cit.*, p. 466. （103）BArch NS 4 BU 252 Bl. 22. （104）David Rousset, Les Jours de notre mort, *op. cit.*, p. 241. （105）戦後になって書いた報告書のなかで、元ブーヘンヴァルトの司令官ピスターは、現実的な理由から囚人に自分の口座に入金する可能性を与えたと肯定。食堂への糧食補給が非常に困難となった結果、賞与金券があっても買える物品がなかった。体裁をつくろうには口座への入金を認める以外なかったのである：NO–254, *op. cit.*, p. 7. ある古銭学専門家が発表した著作は、ブーヘンヴァルトにて賞与が口座に入金されたということに疑問を呈した。同著者は、賞与金券はすぐに食堂購買部で物品を買うか、あるいはボルデルへ行くために使われたとしている。Hans-Ludwig Grabowski, *Das Geld des Terrors: Geld und Geldersatz in deutschen Konzentrationslagern und Gettos 1933–1945*, Battenberg, 2008, p. 113–114. （106）BArch NS 3/426 Bl. 63. （107）BArch NS 3/427 Bl. 18. （108）BArch NS

3/426 Bl. 63. (109) BArch NS 4 AU 5 Bl. 36. (110) *Ibid.* (111) *Ibid.* (112) BArch NS 3/427 Bl. 18. (113) *Ibid.* (114) David Rousset, Les Jours de notre mort, *op. cit.*, p. 94. (115) BArch NS 3/427 Bl. 18. (116) Règlement intérieur du camp de concentration de Ravensbrück, *op. cit.*, p. 37. (117) *Ibid.* (118) BArch NS 3/426 Bl. 61. (119) *Ibid.* (120) Robert Antelme, *op. cit.*, p. 20. (121) BArch NS 4 GR 6 Bl. 19. (122) *Ibid.* (123) *Ibid.* (124) David Rousset, Les Jours de notre mort, *op. cit.*, p. 395. (125) BArch NS 4 NA 79 Bl. 10. 同様の文書、これはアウシュヴィッツの労働コマンドが出所と思われる文書で 1944 年 2 月 28 日の日付がある：BArch NS 4 AU 5 Bl. 60. (126) BArch NS 4 NA 79 Bl. 11. (127) BArch NS 4 BU 231. 同文書の筆者は外国籍囚人に対する髪の刈り方に関する制度を知らなかったようだ。疑問符を書きこんだことで、どこから丸刈り免除の許可が出たのか知っていなかったことが分かる。1943 年 5 月 15 日規定はその点に関し、RSHA のみに減刑の権限があることを明らかにしている。(128) ハリー・シュタインによれば、この著名な囚人〔マルセル・ダッソー〕はドイツの航空産業のために働くことを拒否したという：Gedenkstätte Buchenwald (ed.), *op. cit.*, p. 162. (129) David Rousset, Les Jours de notre mort, *op. cit.*, p. 457. (130) BArch NS 3/426 Bl. 61. (131) *Ibid.*, Bl. 62. (132) *Ibid.* (133) BArch NS 3/427 Bl. 18. ブーヘンヴァルトでは、1941 年 5 月から映画ブロック（棟）にてときおり映画会があったという。そのブロックは後に身体刑の執行場となった：Gedenkstätte Buchenwald (ed.), *op. cit.*, p. 98. (134) Jorge Semprun, Quel beau dimanche !, *op. cit.*, p. 468–469.

第12章

(1) Gedenkstätte Buchenwald (ed.), *op. cit.*, p. 140. (2) ハリー・シュタインによる数字：Harry Stein, « Buchenwald-Stammlager », *op. cit.*, p. 346–348. (3) BArch NS 3/425 Bl. 1. (4) 1943 年 5 月 28 日、SS-WVHA は独自の死体焼却炉を保有する全強制収容所に対し、1940 年 2 月 20 日付条令を改訂する旨を通知した。そこから結論できるのは、1940 年の条令が該当の全収容所にて適用されていた事実である：BArch NS 3/426 Bl. 77. (5) 1940 年 2 月 20 日条令の第 2 条項 (1)：BArch NS 3/425 Bl. 1. (6) *Ibid.* (7) *Ibid.* (8) *Ibid.* (9) BArch NS 4 BU 52. (10) BArch NS 3/425 Bl. 1. ブーヘンヴァルトでは、1937 年 8 月から 1940 年半ばまで囚人の死体はヴァイマールの公営焼却場で焼却されていた。その後、収容所は所内焼却炉を設け、1942 年にはそれを拡張した：Harry Stein, « Buchenwald-Stammlager », *op. cit.*, p. 348. (11) 物質面、とくに最寄りの死体焼却炉まで運搬する燃料の欠乏を考慮するなら、外部収容所近辺の墓地に埋葬す

ることも考えられたのではないか？　否、ともかくそれがツァイツ郡（Landkreis Zeitz, Thuringen）の質問に対する、1944年7月20日のブーヘンヴァルト収容所のSS医官による回答だった。回答のなかで、医官は“ある秘密指令によれば、拘禁中の被収容者の遺体は焼却すべしとの親衛隊全国指導者の厳命がある”ゆえに、外部収容所の近くにある（ロシア人兵士の）墓地に土葬するとの案は拒否すると告げた：BArch NS 4 BU 54.　この医官は遵守すべき規則をよく知っており、死体焼却に関する例外措置は“最高執行部による承認”が不可欠であると注意喚起されることになった。実際、1940年2月28日条令の条文（第4条項）に関し、その適用除外を決める権限は親衛隊全国指導者のみにあった。RSHAも、埋葬のために遺体を家族に引きわたす権限を持っていた（1940年条例Ⅰ条項1）。しかしながら、1944年8月11日、同じ医官が複数の死体を焼却場まで運搬できないとの理由で、同じ外部収容所の囚人らの遺体を例のロシア人兵士の墓地に土葬するための許可をSS-WVHA・D・Ⅲ部宛に申請した。その回答は、残念ながら発見されていない：TRHStAW, KZ. u. Hafta. Bu. Nr. 9, Bl. 42.　(12) BArch NS 3/425 Bl. 1.　(13) Robert Antelme, *op. cit.*, p. 102–103.　(14) 1940年2月20日発布の条令第5条2（2）：BArch NS 3/425.　たとえば、SS-WVHA・A・Ⅱ部が1943年4月30日付で認可した死亡診断書書式には、死亡者一覧表番号を記入しなければならなかった：BArch NS 3/379 Bl.　ところが、ブーヘンヴァルトにおける1944年から1945年までの検屍調書にその番号の記入はない。記入されているのは囚人（登録）番号だけである：ThHStAW, KZ. u. Hafta. Bu. Nr. 10, Bl. 50/52.　(15) 1940年2月20日条令の第4条項3（2）および（3）。(16) BArch NS 3/425 Bl. 2.　死者の歯の金冠を回収する件については：BArch NS 3/426 Bl. 152.　(17) 1940年2月20日条令の　第4条　項3（2）。(18) BArch NS 3/425 Bl. 5.　1943年4月30日　付SS-WVHA・A・Ⅱ部認可の書式は、実費が国庫負担であると明記している：BArch NS 3/379 Bl. 86.　(19) BArch NS 3/425 Bl. 5.　(20) 第4条項4・2に要求された書面による指示は、SS-WVHA・A・Ⅱが1943年6月16日付で認可したそのための書式によって確認できる。同書式には、囚人の死亡および出生年月日、住所、職業の記入欄がある：BArch NS 3/379 Bl. 103.　(21) BArch NS 3/425 Bl. 2.　(22) たとえば1943年4月30日認可の書式には、収容所医官が“衛生上の観点からただちに死体を焼却”することを所内政治部に指示するための欄もあった：BArch NS 3/379 Bl. 77.　(23) 1943年4月30日にSS-WVHA・D・Ⅱが認可の書式は、収容所司令官による死体焼却指令後に得なければならない各種承認すべてを1ページにまとめたものである：BArch NS 3/379 Bl. 75.　書式は四つの部分からなっており、1番目は死亡した囚人の身許、2番目は戸籍係

が署名する死亡証明書である。そして、死亡者（一覧表）番号が振りあてられる。3番目は死因に関する医官の死亡診断書。4番目は国家刑事警察による記入欄で、死亡が違反行為の結果でないことを保証する。これは同書式に印刷の普通法による許可条件である：死体焼却に関する1934年5月15日の法律第3節（§ 3 Abs. 2 Ziff. 3 des Gesetzes uber Feuerbestattung vom 15. Mai 1934）。つまり遺体の焼却は、当該人物（この場合は被収容者）の死亡時、いかなる違反もなかった場合にのみ可能とされる。強制収容所だけで用いられたこの書式を通じ、普通法の条文がそこに収容の囚人にも適用されていたことが分かる。書式の終わりは司令官から死体焼却場責任者に対する死体焼却命令の形をとり、“24時間以内に死体を焼却せよ”と結ばれている。（24）BArch NS 3/425 Bl. 2.（25）1940年2月20日条令の第4条項8（2）。（26）たとえば、企業内にあった外部収容所ゲレーテバウ（Gerätebau GmbH Muhlhausen）の責任者は、1945年2月1日付の死体焼却許可の署名をしている。その際、“死体焼却に関する1934年5月15日のライヒ法および SS-WVHA・D局長の承認に基づき、本職は本状によって故□□・□□の遺体焼却を許可する”と決定するにあたって準拠した条文を挙げた。したがって、ブーヘンヴァルト収容所の管下にある外部収容所の囚人の遺体焼却は、普通法に則り、また SS-WVHA・D局長の承認のもとに行われたことが分かる。許可状の末尾で、外部収容所の責任者は“法の条文に則り、死体焼却は無料とする”と明記した：BArch NS 4 BU 255.（27）BArch NS 3/425 Bl. 2. 同じように、1940年2月20日条令は、第4条項4（5）、（6）、（7）、（9）にて作業上の詳細をも定めている。24時間という時間制限は、1943年4月30日に SS-WVHA・A・Ⅱ部認可の書式にも印刷されている：BArch NS 3/379 Bl. 75.（28）第4条項1（2）：BArch NS 3/425 Bl. 2.（29）BArch NS 3/425 Bl. 4.（30）*Ibid.* 死体焼却記録簿には、焼却日時のほか、遺灰の送付先となる機関名の記入欄もあった。（31）*Ibid.*（32）1940年2月20日条令第4条項8（1）。〈遺体焼却証明書〉と題する書式もあげておく（SS-WVHA・A。Ⅱ部による1943年4月30日の認可）。強制収容所司令官は、囚人の氏名を記入し、その遺体が“関連の規定に則り焼却された”との書面に署名をする：BArch NS 3/379 Bl. 85. 同証明書は、司令官に焼却の最終報告が届けられた後に作成されたのだろう。（33）BArch NS 3/425.（34）*Ibid.*（35）BArch R 58/1027 Bl. 64.（36）第3条 項（1）～（4）：BArch NS 3/425.（37）Julien Lajournade, *op. cit.*, p. 155.（38）シャルロット・デルボの証言：Charlotte Delbo, *Le Convoi du 24 janvier*（1月24日の貨物列車）, Minuit, 1968, p. 115, in Julien Lajournade, *Le Courrier dans les camps de concentration*, *op. cit.*, p. 155.（39）実際に確認することはできなかったが、ジュリアン・ラジュルナドは“たとえば

フランス人についていえば、1943年7月23日の法令（IV C 2 all N°　103/42 g）により、強制収容所司令官は、死亡した囚人がそのカテゴリの区別なく〈夜と霧〉指令の適用対象となる旨通知された”と明言する：*op. cit.*, p. 81.（40）BArch NS 3/425 Bl. 84.　同文書の写しの閲覧は：BArch R 58/1027 Bl. 248.（41）BArch NS 3/426 Bl. 133.（42）*Ibid.*（43）BArch R 58/1027 Bl. 248.　保護拘禁の囚人のみを対象にした1938年11月11日付の業務文書とは逆に、この規定は強制収容所に収容されていたほぼ全囚人、すなわち保護拘禁に予防拘禁、警察拘禁（Polizeihaft）の囚人を対象とすると明記してあった。（44）それを機に、同条令は〈Einweisungsstelle〉の語に“拘禁を命じた当局”との明確な定義を与えた：BArch NS 3/425 Bl. 84.（45）*Ibid.*　本国ドイツ人以外のスペイン内戦で戦った共和国派の元戦士は唯一の例外とされた。収容所から囚人の死亡報告があると、ゲシュタポ（RSHA−Ⅳ・A・2）は遺族への通知を受けもった。これについては：BArch NS 4 DA 28 Bl. 5.（46）BArch NS 3/425 Bl. 85.（47）*Ibid.*（48）*Ibid.*（49）BArch NS 3/379 Bl. 86.（50）*Ibid.*（51）1943年4月30日付でSS-WVHA・A・Ⅱ部から同様の認可を得た第2の書式があり、それは囚人の死亡をSS-WVHA・D・Ⅰ部とゲシュタポ、さらに刑事警察（RSHA・Ⅳ・C・2・V）に通知するためだった。それは、ふたつの中央本部機構が“□□・□□の拘禁を命じた当局は、その遺族への死亡通知を行うための情報を□□日付の電報で受けとった”というように、死亡通知手続きが滞りなく処理されるのを監視することを可能にした：BArch NS 3/379 Bl. 90.（52）BArch NS 3/426 Bl. 23.（53）*Ibid.*（54）BArch R 58/1027 Bl. 114.（55）*Ibid.*（56）David Rousset, *Les Jours de notre mort*, *op. cit.*, p. 526–527.（57）*Ibid.*, p. 542.（58）BArch R 58/1027.（59）BArch NS 3/425 Bl. 84.（60）BArch R 58/1027 Bl. 249.（61）BArch NS 3/425 Bl. 87.（62）*Ibid.* Bl. 4.　骨壺の写真を掲載：PS–2430, Der Prozess gegen die Hauptkriegsverbrecher vor dem Internationalen Militargerichtshof, vol. XXX, 1948, p. 429.（63）1940年2月28日の条令に沿って適用された遺灰の回収手続きは、その後1943年5月28日にSS-WVHA・S・Ⅰ・1課が全収容所司令官宛に送ったヒムラーの同年5月26日付条令にて改訂された：BArch NS 3/426 Bl. 77.　この条令は、1940年条令の第4条項5（1）が義務づけた柩の金属製名札を骨壺のなかに入れることを廃止した。遺灰のみ骨壺に入れ、名札は個人書類に保存。（64）BArch NS 3/425 Bl. 4.（65）*Ibid.*（66）ThHStAW, KZ. u. Hafta. Bu. Nr. 9, Bl. 417.（67）BArch NS 3/425.（68）*Ibid.*, Bl. 4.　収容所内の焼却場から遺灰を送るときに用いた書式は、1943年4月30日付でSS-WVHA・A・Ⅱ部による認可を受けた：BArch NS 3/379 Bl. 64.　この書式には骨壺といっしょに受領証も添付するようになっており、宛先人は受領証

を収容所に返送しなければならなかった。（69）BArch NS 3/425 Bl. 4.（70）1940年条令第4条項7（6）: *Ibid.*, Bl. 4.（71）Harry Stein, « Buchenwald-Stammlager », *op. cit.*, p. 348.（72） この手続きには1944年7月1日にSS-WVHA・A・Ⅱ部の認可による書式が用いられた。収容所で記入された同書式は遺族に送られた。初期の書式には、該当の囚人の遺体は焼却されたが、その遺灰および死亡証明書、遺品は送付されない旨通知する内容が印刷されてあった。その後改訂された書式には、死亡証明書は0.72 RMの支払いがあれば送付すると変わった。これらの書式は（Barch NS 3/379 Bl. 118, 119）にて保存されている。死亡証明書を送らなかったことによる法律面での影響は深刻だったと考えられる。死亡証明書がなければ、囚人は死亡してないことになる。したがって遺族は、死亡証明書を必要とするすべての行政手続き（恩給、年金、保険など）を進められなかった。（73）BArch R 58/1027 Bl. 250. これとほとんど同じ手本が1943年4月30日付でSS-WVHA・A・Ⅱにより認可された。レターヘッドに収容所名を冠した遺族宛のこの書式は、埋葬予定の墓地による証書の提出を求めていた。個人の遺品を送付する文章も印刷された : Barch NS 3/379 Bl. 87. SS-WVHA・A・Ⅱ部が1943年4月30日に認可の書式は、焼却場から墓地へ骨壺を送る手続きを簡略化 : BArch NS 3/379 Bl. 64.（74）BArch NS 3/425 Bl. 86.（75）*Ibid.*, Bl. 85.（76）*Ibid.*（77）これは概観にすぎない。収容所における囚人の所持金については、古銭学の専門家によるつぎの優れた著作を参照されたい : Hans-Ludwig Grabowski, *op. cit.* この著者がとくに調査したのはブーヘンヴァルトとその外部収容所における囚人らの金銭である : p. 110–140. 口座帳票には引出し額および振込額の記載がある : p. 44–45, p. 70. 一部のユダヤ人にも口座保有が許されていた : p. 44–45. ブーヘンヴァルトでは、エホバの証人と懲罰部隊隊員、累犯者は所内口座から現金の引き出しが禁じられていた。1939年7月4日付の司令官命令 : BArch NS 4 BU 33。ブーヘンヴァルトにおける囚人の所内口座の使われ方の詳細は : Barch NS 4 BU 118.（78）*Brandenburgisches Landeshauptarchiv*, REP 35 H, KZ Sachs., Nr. 4. 同文書はザクセンハウゼン強制収容所に関する保存文書の一部。（79）*Ibid.*（80）*Ibid.*（81）BArch NS 4 BU 274 Bl. 1. ここに転載の書式は無記入であるが、私たちは1989年4月4日に記入されたもの2通を入手している。（82）*Ibid.*
（83）Julien Lajournade, Le Courrier dans les camps de concentration, op. *cit.*, p. 100.
（84）BArch NS 4 NA 70 Bl. 20. この抜粋は、ナッツヴァイラー強制収容所で使われた便箋に印刷されたもの。同じ文章がもうひとつの用箋にも印刷されている : BArch NS 3/379 Bl. 92. 1945年2月22日にヴァイマールにて使用された書式はいくらか異なっているが、振込みについての規定はまったく同じであ

る。ほかにも、家族からの手紙に現金を入れることは禁止されていた：BArch NS 4 BU 104. 現金送付の禁止については：Règlement intérieur du camp de concentration de Ravensbrück, *op. cit.*, p. 32 の 第 9 条 末 尾。（85）BArch NS 4 NA 62 Bl. 20. （86）Julien Lajournade, *op. cit.*, p. 97. （87）Règlement intérieur du camp de concentration de Ravensbrück, *op. cit.*, p. 37. ラーフェンスブリュック強制収容所では、各囚人の所内で所持できる金額は制限されており、それは脱走を警戒しての措置だった。ブーヘンヴァルトにおいても、一定の基準があったようだ：Hans-Ludwig Grabowski, *op. cit.*, p. 43, 113–114. （88）*Lagerordnung Konzentrationslager Sachsenhausen*/1.1.38.0 O Nr.7 ITS Archives, Bad Arolsen. ザクセンハウゼンの規定の言い回しが一字一句ラーフェンスブリュックのそれと同じである点に注意したい。（89）BArch NS 4 NA 8 Bl. 9. （90）BArch NS 3/426 Bl. 52. （91）*Lagerordnung Konzentrationslager Sachsenhausen*/1.1.38.0 O.Nr.7 IST Archives, Bad Arolsen. この 1942 年 11 月 6 日に施行されたザクセンハウゼンの内部規程にある規定はナッツヴァイラーの内部規程においても確認された：Barch NS 4 NA 8 Bl. 9. （92）Règlement intérieur du camp de concentration de Ravensbrück, *op. cit.*, p. 37. （93）*Ibid.*, p. 32. 三つの例外が明記されており、それは年金受給者による家族への定期的な送金、裁判費用、そして借金の返済である。そのような例では、政治部が許可申請を審査し司令官の決裁を仰いだ：*Ibid.*, p. 37. （94）BArch NS 4 BU 127 ou BArch NS 4 BU 126. 同収容所の看護ブロックで囚人が死亡した際、看護ブロックは個人の所持金を所内の被収容者資産管理課に届けた。1945 年 1 月 2 日に行われたその手続きについては：BArch NS 4 BU 127. （95）BArch NS 4 BU 127. （96）BArch R 58/1027 Bl. 261. （97）BArch NS 4 BU 31 Bl. 15. （98）*Ibid.* 業務書簡によるその指示が徹底されなかったことを踏まえ、SS-WVHA・D 局は 1943 年 1 月 19 日付で第 2 の条令を発布し、死亡者の血痕のある衣服を遺族に送ることの禁止を全司令官に再度徹底させた。その書簡は注意喚起のみにとどまらず、ふたつの重要な変更も伝えた：(1) 死者の衣服を警察に送る件に関する場合のみならず、それを遺族に送ることにもふれた。(2) 同条令は、刑死者だけでなく収容所内で死亡した全囚人を対象にした。上記ふたつの条文が遺族に死者の遺品を送ってはならないとする 1942 年 9 月 1 日の規定と矛盾している点に気づく。1943 年 1 月 19 日の条令では、衣服を遺族に送るまえにそれを洗濯させることまで奨励しているのだが、1942 年 9 月 1 日の条令によれば衣服は消毒と洗濯をした後、収容所内での使用に供すと定めていたので食いちがう：BArch NS 3/426 Bl. 15. （99）BArch R 58/1027 Bl. 261. （100）*Ibid.* （101）*Ibid.* （102）*Ibid.* （103）*Ibid.* （104）ユダヤ人の囚人については、ブーヘンヴァルトにて保存されていた文書

によれば、彼らの死後、所持品は没収されずに残してあったという。1940年12月19日、ユダヤ人マーティン・Aの所持品が収容所の倉庫に保存されていたが、それは“ベルリンの刑事警察によると、本人の両親および兄弟も死亡しているため、ほかの相続権利者が見つかっていない”からだった：BArch NS 4 BU 125.　ほかに近親者がいるか警察が調べたとすると、その時点ではべつの制度が適用されていたものと思われる。それが42年9月1日の条令によって改定されることになるにせよ、死亡したユダヤ人の遺品は没収されず、遺族に送られていたようである。（105）BArch NS 3/379 Bl. 118/119.（106）BArch R 58/1027.（107）*Ibid.*（108）BArch NS 3/379 Bl. 99. これについては、つぎも参照のこと：BArch NS 3/379 Bl. 48.（109）BArch NS 4 BU 126.（110）BArch NS 4 BU 126　（111）ThHStAW, KZ. u. Hafta. Bu. Nr. 12 Bl. 275.　戦後になって書いた報告書のなかで、元ブーヘンヴァルトの司令官ピスターは、収容所管理部が死亡した囚人の遺品の遺族への発送を担当していたと明言した：NO–254, *op. cit.*, p. 12.（112）BArch NS 4 BU 3 Bl. 15.（113）BArch NS 4 HI 1 Bl. 23.（114）*Ibid.*（115）BArch NS 4 HI 1 Bl. 24.（116）*Ibid.*（117）*Ibid.*（118）*Ibid.*（119）*Ibid.*（120）*Ibid.*（121）BArch Berlin NS 4 GR 9 Bl. 48.

結論

（1） Jorge Semprun, *Le Mort qu'il faut*, *op. cit.*, p. 22.（2）Jorge Semprun, Quel beau dimanche !, *op. cit.*, p. 452.（3）BArch NS 4 HE 2 Bl. 2.（4）Michel Troper, Pour une theorie juridique de l'Etat（国家の法理論について）, PUF, 1994, p. 181.（5）*Ibid.*（6）*Ibid.*, p. 177–182.（7）*Ibid.*, p. 180–181.　ミシェル・トロペールのこの分析についての批評は：Denys de Béchillon, *Qu'est-ce qu'une règle de droit?*（法の規則とは何か？）, Odile Jacob, 1997, p. 256.　著者ドゥニ・ド・ベシヨンは、断定こそしないが、まず規範のヒエラルキー（法の優先順位）がなければ国家は存在しないという仮定を設けること、つぎに第三帝国下に規範のヒエラルキーがなかったとすることに疑問を呈した。（8）*Ibid.*, p. 181.（9）*Ibid.*, p. 179.（10）Martin Broszat, L'Etat hitlerien. L'origine et l'évolution des structures du Troisième Reich（ヒトラーの国家　第三帝国の起源および構造の変遷）, Fayard, 1985.（11）Michel Troper, *op. cit.*, p. 181.（12）*Ibid.*（13）*Ibid.*（14）ゲルハルト・ヴェルレは、たとえばゲシュタポによる〈Sonderaktionen（特別行動）〉に関するマーティン・ブロスツァートの分析を批判する。ブロスツァートが“非規範的”行動として描くものを、ゲルハルト・ヴェルレはナチ警察の規範的枠組みの特質であるコンテキストのなかでとらえようとしたのである：*op. cit.*, p. 526–528.　ナチ体制を、法的領域と専横に走る思想的領域との共存ととらえる（ハ

ンス・ブッフハイムやエルンスト・フレンケルによる）概念も批判する：*Ibid.*, p. 30 *sq.*, p. 69. （15）Werner Best, *Die deutsche Polizei*, L. C. Wittich, 1940. （16）Theodor Maunz, *Gestalt und Recht der Polizei*, Hanseatische Verlagsanstalt, 1943. （17）ミシェル・トロペールは、任意の法秩序における自由裁量権の慣例があったことは認めている：*op. cit.*, p. 176. （18）Michel Troper, *op. cit.*, p. 178. （19）Nationalen Mahn-und Gedenkstätte Buchenwald（ed.）, *Buchenwald. Mahnung und Verpflichtung: Dokumente und Berichte*, 4e ed., VEB Deutscher Verlag der Wissenschaften, 1983, p. 49–50. 演説のこの部分はつぎの資料でも閲覧可能である：Stanislav Zámečník, *op. cit.*, p. 135. 1937年1月23日に行われた国防軍対象の講習におけるヒムラーの演説の全文は：PS–1992（A）, *op. cit.* （20）Robert Antelme, *op. cit.*, p. 62. （21）*Ibid.*, p. 68. （22）*Ibid.* （23）*Ibid.*, p. 69.